DAS WOHNMOBILREISEBUCH ITALIEN

Die schönsten Campingziele entdecken
Highlights, Traumrouten und Aktivitäten

DAS WOHNMOBIL REISEBUCH

ITALIEN

Die schönsten Campingziele entdecken
Highlights, Traumrouten und Aktivitäten

BRUCKMANN

INHALTSVERZEICHNIS

Pastaherstellung im Piemont. Mit dem Van in den italienischen Alpen. Wandschmuck an der Amalfi-Küste. Gondeln in Venedig. Italiener lieben Schuhe! Heiliger vor San Paolo Maggiore, Neapel (von links nach rechts).

EMILIA ROMAGNA

TOSKANA, UMBRIEN UND DIE MARKEN

INHALTSVERZEICHNIS

Wurst und Schinken schmeckt nicht nur in der Region Parma. Die Blaue Grotte am Kap Palinuro, Cilento. Zu Gast im Weingut Bellavista, Franciacorta. Dächer der Trulli-Rundhäuser in Alberobello. Vanlife in den Weinbergen. Pizza Napoletana (von links nach rechts).

SIZILIEN

SARDINIEN

Genfer See
Lausanne
GENF
Thun
Thuner See
Vierwaldstätter See
Schwyz
Bludenz
Lech
Zugspitze 2962
Isar
Inn
Kufstein
Salzburg
Innsbruck
Saalfelden
H. Dachstein 2995
Rhone
Wildhorn 3248
Sierre
Jungfrau 4158
Aare
Andermatt
Vorderrhein
Rhein
Chur
Davos
Brig
Simplonpass
Brennerpass 1379
Großglockner 3798
Bruck
Hochtor 2505
FRANKREICH
Martigny
Simplon Dorf
Domodossola
Hinterrhein
Inn
Meran/ Merano
Schnalstal
Bruneck/ Brunico
Lienz
Mt. Blanc 4807
Aostatal
M. Rosa 4634
Lago Maggiore
Bellinzona
P. Bernina 4055
Ortler 3905
Brixen/ Bressanone
Drei Zinnen
Albertville
Aosta
C. du Pt. St. Bernard 2188
Gran Paradiso 4061
Dora Baltea
Lugano
Sondrio
Bozen/ Bolzano
Seiser Alm und Schlern
Col del Iseran
Biella
Arona
Varese
Comer See/ Lago di Como
Edolo
Schloss Trauttmansdorff
Marmolada 3342
Gail
Villach
Como
Lecco
Darfo
Riva d. Garda
Cima d'Asta 2847
Trient
Belluno
Tarvisio
Ceres
Legnano
Monza
Bergamo
Lago d'Iseo
Gardasee
Piave
Moretttine
Gemona d. Fr.
Susa
Novara
Iseo
Rovereto
Feltre
Pardenone
Udine
TURIN
Chivasso
MAILAND
Treviglio
Brescia
Garda
Schio
Bassano del Grappa
Pinerolo
Pavia
Crema
Vicenza
Treviso
M. Viso 3841
Asti
Po
Brenta
Burano
Grado Aquileia
Monfalcone
Saluzzo
Cremona
Verona
V. Mestre
Alba
Alessandria
Piacenza
Mantua
Padua
Jesolo
Grado
Triest
Mondovi
Tanaro
Langhe
Murano
Brenta-kanal
Venedig
Koper
Legnago
Bobbio
Guastalla
Adige
Chioggia
Cuneo
Varazze
GENUA
Parma
Mirandola
Adria
Golf von Venedig
Istrien
Savona
Nervi
Rapallo
Taro
Po
Ferrara
Portofino
Reggio nell'Emilia
Modena
Rovinj
Finale Ligure
Sestri Lev.
Ventimiglia
Imperia
Reno
Comacchio
Nizza
San Remo
Golf von Genua
Cinque Terre
Carrara
BOLOGNA
Pula
La Spezia
Massa
M. Cimone 2165
Lugo
Cres
Lérici
Imola
Ravenna
Faenza
Viareggio
Lucca
Pistoia
Cesenatico
Cesena
Pisa
Prato
Florenz
Rimini
Arno
Ligurisches Meer
Livorno
Cascina
San Marino
Cattolica
Maremmana
Pesaro
Poggibonsi
Chianti
Bibbiena
Fano
Cecina
San Gimignano
Siena
Arezzo
Urbino
Senigallia
Capráia
Crete
Ancona
Venturina
Piombino
Montalcino
Perugia
Fabriano
Elba
Lago Trasimeno
Assisi
Civitanova Marche
Pianosa
Grosseto
Abbazia di Sant'Antimo
Tevere
Foligno
Fermo
Maremma
Orvieto
Montecristo
Porto S. Stefano
Orbetello
Lago di Bolsena
S. Benedetto del Tronto
Spoleto
Nórcia
Giglio
Montalto di Castro
Terni
Amatrice
Vetralla
ITALIEN
Gr. Sasso d'Italia 2912
Lago di Bracciano
Civitavecchia
Pescara
Ortona
Chieti
ROM
Tivoli
Sulmona
Avezzano
Lido di Ostia
Frascati
Vasto
Velletri
Sora
Termoli
Sangro
Anzio
Latina
Cassino
Isernia
Terracina
Liri
Gaeta
Caserta
Benevento
Ponza
NEAPEL
Pompeji
Pozzuoli
Vesuv 1281
Avellino
Tyrrhenisches Meer
Sorrento
Salerno
Capri
Costiera Amalfitana/ Amalfiküste
Battipáglia
Propriano
Aullène
Sartène
Porto-Vecchio
Bonifacio
Archipelago di La Maddalena
S. Teresa Gallura
La Maddalena
Í. Asinara
Golfo dell' Asinara
Palau
Costa Smeralda
Stintino
Castelsardo
Témpio Pausánia
Golfo Aranci
Porto Torres
Ólbia
Argentiera
Mártis
Monti
Sássari
L. de Coghinas
Óschiri
Alghero
Torralba
Siniscóla
Ozieri
Bitti
Tirso
Bosa
Orosei
Macomer
Sardinien
Núoro
Golfo di Orosei
Monti d. Gennargentu 1834
Riola Sardo
Tortolì
Arbatax
Oristano
Láconi
Lanusei
Uras
Barúmini
Mandas
Costa Verde
Sanluri
Fluminimaggiore
Gúspini
Muravera
Iglésias
Quartu S. Elena
Portoscuso
Í. di S. Pietro
Carloforte
Carbonia
Cagliari
Villasimíus
S. Antioco
Capo Carbonara
Teulada
Í. di S. Antioco
C. Teulada

Maremma
Orvieto
Tevere
Foligno
Fermo
S. Benedetto del Tronto
Porto S. Stefano
Orbetello
Lago di Bolsena
Nórcia
Giglio
Spoleto
Montaldo di Castro
Terni
Amatrice
Vetralla
ITALIEN
Gr. Sasso d'Italia 2912
Lago di Bracciano
Civitavecchia
Pescara
Ortona
ROM
Tivoli
Chieti
Lido di Ostia
Frascati
Avezzano
Sulmona
Vasto
Velletri
Sora
Termoli
Tremiti
Sangro
Anzio
Latina
Cassino
Isernia
Terracina
Liri
Parco Nazionale del Gargano
Vieste
S. Severo
Manfredonia
Gaeta
Foggia
Ponza
Caserta
Benevento
Cerignola
Barletta
NEAPEL
Pompeji
Molfetta
Pozzuoli
Andria
Bari
Vesuv 1281
Avellino
Corato
Melfi
Mola di Bari
Sorrento
Salerno
Capri
Costiera Amalfitana Amalfiküste
Altamura
Monopoli
Battipáglia
Golf von Salerno
Paestum
Potenza
Fasano
Matera
Alberobello
Ostuni
Agropoli
Brindisi
Pisticci
Tarent
Pisciotta
Scanzano
Manduria
Lecce
Lauria
Pollino-Nationalpark
Golf von Policastrao
M. Pollino 2248
Castrovillari
Amendolara
Gallipoli
Maglie
Costa dei Cedri/ Zedernküste
Corigliano Calabro
Crati
Leuca
Paola
Cosenza
Cariati
Sila-Nationalpark
Amantea
Ciro Marina
Nicastro
Catanzaro
Crotone
Golf von S. Eufemia
Tropea
Isola di Capo Rizzuto
Catanzaro Marina
Gioia Tauro
Monasterace Marina
Aspromonte-Nationalpark
Locri
Reggio di Calabria
Str. v. Messina
Messina
Trogir
Split
Mostar
Vis
Hvar
Lastovo
Mljet
Dubrovnik
Adriatisches Meer
Tyrrhenisches Meer
MITTELMEER
Ustica
Liparische Inseln
Stromboli
Salina
Panarea
Lipari
Vulcano
Lo Zingaro
Trapani
PALERMO
Marsala
Bagheria
Capo d'Orlando
Alia
Mazara del Vallo
Selinunt
Lercara Friddi
Randazzo
Sciacca
Nicosia
Ätna 3323
Taormina
Caltanissetta
Paternò
Acireale
Agrigent
Enna
Catania
Porto Empedolce
Golf von Catania
Caltagirone
Licata
Augusta
Gela
Ionisches Meer
Vittoria
Ragusa
Siracusa
Noto
Marina di Ragusa
Pachino
Capo Passero
Linosa
Gozo
Malta
Valetta
MALTA
Highlights
Traumstraßen

Morgennebel über dem Toblacher See. Von Süden öffnet sich das Höhlensteintal; links die markante Nasswand

Eine Bucht für jede Italien-Sehnsucht, am Gargano mit den Tremiti-Inseln ganz leicht zu finden – Blick von San Domino auf San Nicola (oben). Venedigs Piazza San Marco vor der gleichnamigen Kathedrale gehört zum Pflichtbesuch in der Lagunenstadt (rechte Seite oben). Feinschmecker zieht es aber auch auf die Obst- und Gemüsemärkte (rechte Seite unten).

WOHNMOBILREISE DURCH BELLA ITALIA

Der italienische Stiefel sprüht vor Kultur, Natur und Erlebnissen. Schon Johann Wolfgang von Goethe hielt seine Reise nach Italien schriftlich fest. Damals, im Jahr 1786, reiste er mit der Postkutsche. Heute würde er vielleicht auch mit dem Wohnmobil reisen. Denn die vielen Städte, Küsten und Landschaften lassen sich am besten mit dem eigenen rollenden Zuhause erkunden. Allerdings gibt es auch einiges zu beachten.

Wer mit dem Wohnmobil nach Italien fährt, wird ausnahmslos die Alpen über- oder unterqueren. Soweit kein Problem. Mit modernen Fahrzeugen sind Fahrten über den legendären Brennerpass kein Abenteuer mehr. Auch viele andere Pässe, auf denen man den Gebirgszug überquert, sind heute keine große Herausforderung mehr. Dennoch muss man ja auch heil wieder runter. Und das gilt nicht nur bei der Anreise, sondern auch bei der Fahrt innerhalb des Landes, zum Beispiel im Aostatal, in der Lombardei oder in der autonomen Provinz Südtirol. Je nachdem, für welche Passüberquerung man sich entscheidet, ist es oft mehr als hilfreich, die Abfahrt so langsam wie möglich angehen zu lassen.

IM KLEINSTEN MÖGLICHEN GANG BERGAB

Die Faustregel besagt, man solle für die Talfahrt den Gang wählen, mit dem man auch hinauffahren würde. So bremst man am wenigsten und sorgt einer Überhitzung der Bremsen vor. Alternativ kann man sich auch für eine Tunnelfahrt entscheiden.
Die Schweiz lockt beispielsweise mit dem Gotthardtunnel, durch den man gleich zu den oberitalienischen Seen wie dem Lago Maggiore und dem Comer See gelangt. Und schon erlebt man Italien von einer seiner schönsten Seiten. Mediterranes Flair, obwohl das Mittelmeer noch einige Fahrstunden entfernt ist, gepaart mit der Kulisse der südlichen Alpenausläufer. Spätestens jetzt fällt der Stress der Anreise ab und man fährt gemütlich und gelassen durch die Städte Italiens. Wem das trotz der Urlaubsvorfreude ein zu schneller Übergang in das quirlige Stimmengewirr Italiens war, der kann natürlich zunächst die Berge und Pässe im deutschsprachigen Südtirol besuchen. Von Bozen aus ist es nur noch eine kurze Fahrt, bis der beliebte Gardasee am Südrand der Alpen auftaucht.

TUTTO
A
9,00€-AL-Kg
Euro

Stille Buchten an der langen Küste des italienischen »Stiefels« laden zum Baden ein.

AN DEN UFERN DER SEEN GEN SÜDEN

Nicht nur am Gardasee, sondern auch an den anderen oberitalienischen Seen wird man dann schnell merken, dass man es ruhig angehen lassen soll. Zum einen ist man ja im Urlaub, zum anderen scheinen die Straßenverhältnisse oftmals aus einer anderen Zeit zu stammen. Die Postkutsche, mit der Goethe nach Italien reiste, war vermutlich wesentlich schmaler als die heutigen Wohnmobile, ganz gleich ob Van oder sogenanntes Dickschiff. Jedenfalls geraten die Insassen von heutigen großen Wohnmobilen hin und wieder ins Schwitzen, wenn die Straße mal wieder zum Sträßchen wird und der Gegenverkehr auf Tuchfühlung mit dem Seitenspiegel geht. Alles halb so wild – wenn man denn gelassen bleibt. Immerhin lässt es sich hier fahren. Andernorts ist das leider nicht möglich.

WO WOHNMOBILE AN GRENZEN STOSSEN

Malerisch liegt die kleine Ortschaft Portofino in einer Bucht am Mittelmeer zwischen Genua und La Spezia. Theoretisch wäre eine Reise mit dem Wohnmobil dorthin möglich. Praktisch lässt man es lieber bleiben. Der Ort ist zu eng, der Parkplatz zu klein und der Stress vor Ort dann viel zu groß. Weiter östlich befinden sich wiederum die berühmten fünf Dörfer der Cinque Terre. Ein Traum, sie zu sehen. Aber hier funktioniert das weder mit dem Wohnmobil noch mit dem wesentlich kleineren Pkw. Die Orte sind schlicht autofrei. In solchen Fällen bleibt einem nichts übrig, als das Wohnmobil weit außerhalb des eigentlichen Ziels auf einem Campingplatz oder Wohnmobilstellplatz abzustellen und sich dann mit dem Bus, dem Fahrrad oder dem Roller auf den Weg zu machen, um die Schönheiten zu erkunden. Für den flexiblen Wohnmobiltouristen ist das natürlich keine große Sache, aber es ist hilfreich, es vorab zu wissen.

MIT DEM WOHNMOBIL IN DIE STÄDTE

Ähnlich verhält es sich mit den größeren Städten des Landes. Kein Mensch käme auf die Idee, das Wohnmobil bis zu den Kanälen in Venedig zu steuern. Wobei das dank Stellplatz in der Lagunenstadt sogar noch erstaunlich gut funktioniert. Aber auch andere Städte haben schöne Zentren, und die will man sich natürlich nicht entgehen lassen. Seien es die Scala in Mailand, die Geschlechtertürme in Bologna oder die Arena in Verona – sie alle wollen besucht werden, haben aber die Eigenschaft, zwischen kleinen Gassen und Straßen zu stehen, die man mit dem Wohnmobil tunlichst meidet. Da ist man dann dankbar für einen Campingplatz oder Stellplatz, von dem aus man zu Fuß oder mit dem öffentlichen Nahverkehr zur Stadtbesichtigung aufbrechen kann.

UNTERWEGS IM SÜDEN ITALIENS

Ganz besonders heikel wird es an der berühmten Amalfiküste. Diese ist tagsüber für Wohnmobile und Wohnwagengespanne gesperrt. Sie nachts zu befahren ist natürlich nicht das, was man sich unter einer Traumreise entlang der Küste vorstellt. Also bleibt auch hier die Besonderheit, dass man zwischendurch das Verkehrsmittel wechselt. Während der Norden des Landes mit seiner kulturellen Vielfalt und den Landschaften an der ligurischen Küste und der nördlichen Adria mit zahlreichen Campingplätzen und Wohnmobilstellplätzen begeistert, dünnt sich das Netz an Campingmöglichkeiten etwas aus, je weiter man nach Süden reist. Überwiegend befinden diese sich dann an den Küsten, was sicherlich kein Schaden ist, aber wenn man dann doch mal den einen oder anderen Nationalpark im Landesinneren aufsuchen möchte, sind Campingplätze unter Umständen eher rar gesät. Ähnlich schwierig ist es auf den Liparischen Inseln, auf denen es gerade mal einen einzigen Campingplatz gibt. Und dennoch will man sich natürlich die Vulkaninseln, insbesondere Stromboli, gerne genauer anschauen. Das bedeutet, dass man den Campingurlaub mit vielen Schifffahrten kombinieren wird.

DIE HAUPTSTADT MIT DEM WOHNMOBIL ERLEBEN

Wer mit seinem Camper so weit in den Süden gereist ist, der wird Rom in den wenigsten Fällen links liegen lassen. Gerade die Hauptstadt legt auf das, was Italien zu bieten hat, noch einmal eine Schippe drauf. Das Kolosseum, die Spanische Treppe, der Trevi-Brunnen und natürlich nicht zu vergessen der Petersdom in Vatikanstadt sind historische Bauten, für die man jede Menge Zeit mitbringen sollte. Hier fährt man nicht einfach mit dem Wohnmobil in das Zentrum, um einen dreistündigen Spaziergang zu unternehmen. Hier will man tagelang bleiben und übernachten. Das funktioniert zwar auch, aber die Möglichkeiten, mit dem Camper unterzukommen, sind bedauerlicherweise rar gesät, was einer Stadt wie Rom leider gar nicht gerecht wird.
Dies alles stellt einen Camper in der Regel nicht vor Probleme. Aber es hilft ungemein, dies vorher zu wissen, damit man sich im Vorfeld darauf einstellen kann. Denn das traumhaft schöne Reiseland Italien ist so vielseitig, abwechslungsreich und spannend, dass man lieber gut vorbereitet in die entsprechenden Regionen zwischen Südtirol und Kalabrien reist. Dieses Buch soll ihnen dabei eine Stütze sein. Genießen Sie die Reise, so wie es schon Goethe getan hat.
Michael Moll

Im Landesinneren findet man historische Schätze, wie das kleine Dörfchen Monteriggioni in der Toskana.

ALPEN

Zerklüftete Gipfel und beschauliche Almen

Die Tracht gehört einfach zu Südtirol, auch heute noch (oben). Mit dem Van kommt man auch in den Alpen fast überall hin (unten). Sellastock und Langkofel spiegeln sich in einem kleinen Weiher auf der Seiser Alm (links).

In der Bozner Altstadt, zwischen Obstmarkt und Waltherplatz, herrscht oft ein ziemliches Gewusel (oben). Die herrliche Landschaft rund um Bozen lässt sich gut mit dem Wohnmobil erkunden (rechte Seite oben). Runkelstein ist eine der besterhaltenen Burgen der Bozner Gegend (rechte Seite unten).

1 VIEL MEHR ALS NUR SÜDTIROLS HAUPTSTADT – BOZEN

Eine Stadt im Wandel

Bozen hat sich verändert, und zwar zu seinem Vorteil. Die Landeshauptstadt ist bunter, moderner geworden, ohne dabei ihr Erbe zu verleugnen. Neben Altem steht oft Neues, der Blick geht eher in die Zukunft als zurück in jene »gute alte Zeit«, die ja auch nicht immer so gut war, wie ein Blick in die Historie beweist. Bozen heute: eine Stadt voller Überraschungen.

Wie heißt es so schön? Das einzig Beständige ist der Wandel. Das passt ganz gut auf die jüngere Geschichte der Südtiroler Landeshauptstadt, auch auf ihre Zukunftsperspektiven. Vor gerade mal einem Jahrhundert war Bozen eine Kleinstadt, Handwerk und Gewerbe dominierten, ein paar Hotels versorgten die Touristen, und alles zusammen ernährte rund 13 000 Einwohner. Nach dem Krieg war die k.-u.-k.-Monarchie Geschichte, und aus Südtirolern wurden mit einem Mal Italiener.

Nach der zweiten Weltkatastrophe ging's bergauf. Mit dem Tourismus kam der Wohlstand, das »Land an der Etsch und im Gebirg'« entwickelte sich zu einem Wachstumsmotor für die italienische Wirtschaft. Die rußgeschwärzten alten Fabrikareale aus Mussolinis Zeit wichen modernen Bürohäusern, Lagerhallen und Fertigungsstätten. Umfragen sahen Bozen in Sachen Lebensqualität bald an der Spitze aller italienischen Städte.

Die historische Altstadt

Die meisten Besucher Bozens interessieren sich aber vor allem für Historisches, für alte Mauern, Traditionen. Die Altstadt ist und bleibt ihr erstes Ziel. Hier ist das gotische und barocke Erbe noch ganz lebendig. Und die Eindrücke, die ein Spaziergang durch das Geviert des historischen Bozen vermittelt, sind ganz klar vielfältiger, bunter als früher.

Das liegt auch an der Trend-Mode, die in den Schaufenstern der Lauben ausliegt und die von jungen Italienerinnen mit angeborener Grazie getragen wird.
Der Weg zu den berühmten Bozner Lauben führt über den weiten Waltherplatz, vorbei am Denkmal für den möglicherweise aus Südtirol stammenden Minnesänger Walther von der Vogelweide (um 1170–1230). Es wurde während der Mussolini-Zeit auf den kleinen Roseggerplatz verbannt, steht jetzt aber wieder an seinem angestammten Ort: ein Held in Übergröße.
Das Denkmal wird allerdings deutlich überragt vom 65 Meter hohen Turm des Bozner Doms. Die dreischiffige Hallenkirche mit ihrem reich gegliederten Umgangschor wurde um 1295 begonnen, aber erst zu Beginn des 16. Jahrhunderts vollendet – mit dem filigranen Turmabschluss im Stil der ausklingenden Gotik.

Shoppingparadies und Wirtshäuser

Vom Waltherplatz sind es nur ein paar Schritte zur Dominikanerkirche, einem gotischen Bauwerk mit reichem Sterngewölbe. Die kleine Johanneskapelle – seitlich an den Chor angebaut – ist vollständig ausgemalt; die hervorragenden Fresken (1330–1340) sind deutlich von der Kunst Giottos inspiriert.

Ganz weltlich sind dann die Eindrücke am Obstmarkt, von dem schon Goethe fasziniert war. Es herrscht ein lebhaftes Kommen und Gehen, ein echter Augen- und Gaumenschmaus, dazu schon fast italienisches Flair. In den Lauben schlägt das merkantile Herz des alten Bozen – allerdings in neuem Gewand. Denn längst hat sich die (junge) Mode dieser Einkaufsoase bemächtigt. Geblieben ist der historische Rahmen – unter den jahrhundertealten Lauben lässt es sich auch bei Regenwetter gut shoppen.
Eine der ältesten Straßen Bozens ist die Bindergasse, die Anfang des 13. Jahrhunderts erstmals in einer Urkunde auftaucht und früher auch Vordere Gasse genannt wurde. An ihr stehen mehrere Wirtshäuser, darunter das »Weiße Rössl« als ältestes der Stadt. Gleich um die Ecke stößt man auf das »Batzenhäusl«, vor dem Ersten Weltkrieg ein beliebter Künstlertreff, jetzt mit eigener Brauerei und dazupassender Speisekarte. Wie wär's nach der Einkehr mit einem Verdauungsspaziergang, vielleicht auf einer der Talfer-Promenaden oder – sozusagen im ersten Stock über den Dächern der Stadt – auf der Guntschna- oder der Oswald-Promenade, Blick auf die Dolomitzinnen des Rosengartens inklusive?

STELL- UND CAMPINGPLÄTZE

WOHNMOBILSTELLPLATZ BOZEN

Pfarrhofstraße 8, 39100 Bozen, GPS: 46.473163, 11.337347. Einfacher Stellplatz an einer Hauptstraße gegenüber von einem Friedhof. Etwas abgelegen, aber mit dem Rad kommt man gut in die Altstadt. Ver- und Entsorgung vorhanden.

CAMPING MOOSBAUER

Meraner Str. 101, 39100 Bolzano, moosbauer.com, GPS: 46.503308, 11.299687. Außerhalb von Bozen gelegener Stellplatz mit etwas engen Parzellen und einer leckeren Pizzeria. Gute Busanbindung an die Stadt.

TOP ★ ERLEBNISSE

★ BESUCHERMAGNET ÖTZI

Eine der größten Attraktionen Südtirols ist eine Mumie: Ötzi. Der Mann aus dem Eis zieht die Massen an, jeder will einen Blick auf den Steinzeitmenschen werfen, der vor über 5000 Jahren geboren wurde und oben am Tisenjoch unter mysteriösen Umständen den Tod fand. 1991 gab ihn das Eis am Hauptkamm der Ötztaler Alpen frei, und seit 1998 ist er im Bozner Archäologiemuseum ausgestellt. Die modern konzipierte Ausstellung präsentiert viel Interessantes über die Welt des Ötzi und seine Zeit.
iceman.it

★ MMM FIRMIAN

Vor den Toren der Stadt thront über der Etsch die mächtige Burgruine Sigmundskron. Seit 2006 beherbergen ihre über ein Jahrtausend alten Mauern Reinhold Messners Mountain Museum Firmian. Auf einem spannenden Parcours beleuchtet es die Beziehung zwischen Mensch und Berg aus verschiedensten Blickwinkeln.
messner-mountain-museum.it

★ SALTEN

Der Höhenrücken nördlich über Bozen ist ein ruhiges Wanderrevier, bequem mit der Seilbahn nach Jenesien erreichbar. Einmalig ist es hier im Herbst, wenn sich die Lärchenwälder golden verfärben!
jenesien.net

WEITERE INFORMATIONEN
Museion: Dantestraße 6,
Tel. 0471/22 34 13,
museion.it

2 DER BERÜHMTESTE DREIZACK DER ALPEN – DREI ZINNEN

Wunder aus Stein

Im Hochpustertal wird fleißig geworben mit dem steinernen Dreizack, diesem einzigartigen Symbolberg der Dolomiten. Alle wollen den berühmten Nordwänden der Drei Zinnen nahe kommen, und weil das nur zu Fuß geht, machen sich an sommerlichen Schönwettertagen ganze Heerscharen auf zum Paternsattel, zur Drei-Zinnen-Hütte, die einst der legendäre Bergführer Sepp Innerkofler bewirtschaftete.

Klassische Nordwandansicht der Drei Zinnen (unten). Der Parkplatz am Rifugio Auronzo lässt sich auch mit dem Wohnmobil ansteuern (rechte Seite oben). Kleiner Mensch – großer Berg (rechte Seite unten).

Wenn es in den Dolomiten ein Pendant zum Matterhorn, dem Top-Gipfel der Alpen gibt, dann können es nur jene drei sein, die – exakt abgezählt – eigentlich fünf sind und nicht einmal einen richtigen Namen haben, genau wie jener Sehnsuchtsberg über Zermatt, den die Einheimischen auch nur Horu (Horn) nennen: die Drei Zinnen. Was ist nicht alles geschrieben worden über dieses grandiose Felsgebilde! Vor allem über die Nordwände natürlich, über gescheiterte und gelungene Durchsteigungsversuche, über Dramen im Fels. »Der Tod klettert mit!«, war in den Gazetten zu lesen, und als in den 1960er-Jahren die Zeit der »Direttissime« anbrach, schickten sogar seriöse Zeitungen Korrespondenten. Die Routen des »fallenden Tropfens« sollten es sein, eine neue Dimension des Extremkletterns – die durch den riesigen Materialaufwand auch gleich ad absurdum geführt wurde. Die »Superdirettissima« an der Großen Zinne (2999 m), von Peter Siegert, Gert Uhner und Rainer Kauschke im Winter 1963 eröffnet, bildete den Höhepunkt dieser unguten Entwicklung. Die drei Sachsen benötigten nicht weniger als 17 Tage für die 600 Klettermeter!

Die Erstbesteigungen

Knapp ein Jahrhundert zuvor waren die Zinnen überhaupt erst bestiegen worden, alle

drei von den Innerkoflern aus Sexten. 1869 stand Franz Innerkofler zusammen mit Paul Grohmann und Peter Salcher auf der Großen Zinne, zehn Jahre später bestiegen Michael Innerkofler und Georg Ploner die Westliche Zinne – am hartnäckigsten widerstand die Kleine Zinne. Auch der Innerkofler hatte da seine Zweifel (»Ja, wann'st Flügel hätt'st!«), doch er räumte sie auch gleich aus: 1881 fand er, begleitet von seinem Bruder Johann, den Weg zum Gipfel. Und der wird noch heute mit dem Schwierigkeitsgrad IV bewertet, immerhin.

Innerkofler, eine Bergführer-Dynastie

Sie haben über viele Jahre hinweg das Bergsteigen in den Sextener Dolomiten maßgeblich geprägt, dabei zahllose Erstbesteigungen und Neurouten geschafft, hinter sich am Seil meistens die zahlende Kundschaft: die Innerkofler aus Sexten. Begründet wurde die Dynastie von Josef Innerkofler (1802–1887),

dem »alten Steinmetz«. Er begleitete Paul Grohmann bei einem ersten erfolglosen Versuch an der Dreischusterspitze. Sein Sohn Josef war dann einer der Führer bei der Erstbesteigung im Sommer 1869. Die Innerkofler standen als Erste auf der Großen, der Westlichen und der Kleinen Zinne. Michael Innerkofler (1844–1888), der bei einem Spaltensturz am Cristallo ums Leben kam, war wohl der bedeutendste Bergführer der Sippe. Sein Führerbuch umfasst eine schier unglaubliche Anzahl von Neutouren, er war unter anderem als Erster auf dem Elfer, Zwölfer und Einser in den Sextenern, auf der Croda da Lago und der Grohmannspitze (solo!).

Der Sepp

Berühmtester Innerkofler ist der Sepp, was sicher auch mit seinem Kriegstod am Paternkofel zusammenhängt, um den sich einige Legenden ranken. Zum Heldenepos verklärt wurde er im Roman »Der Sepp« (1931) des bekennenden Nationalsozialisten Hans Springenschmid (der für die Salzburger Bücherverbrennung 1938 verantwortlich war). Innerkofler hatte nach der Kriegserklärung Italiens darauf gedrängt, den Paternkofel – Nachbargipfel der Drei Zinnen – seiner strategisch wichtigen Lage wegen zu besetzen. Weil die österreichische Führung zögerte, nisteten sich die Alpini auf dem Gipfel ein und befestigten ihn umgehend. Ein Versuch im Sommer 1915, den Paternkofel im Sturmangriff zurückzuerobern, scheiterte, musste wohl scheitern.

Sepp Innerkofler, noch nicht ganz 50-jährig, fand dabei den Tod – ob durch italienische Verteidiger oder möglicherweise sogar (unabsichtlich) durch eigenes Sperrfeuer, ist bis heute ungeklärt.

STELL- UND CAMPINGPLÄTZE

WOHNMOBILSTELLPLATZ AM RIFUGIO AURONZO

GPS: 46.612742, 12.293439. Keine offizielle Stellmöglichkeit, doch es wird geduldet, über Nacht direkt am Rifugio Auronzo in luftiger Höhe zu bleiben. Gegebenenfalls fallen dann jedoch Mautgebühren für die Bergstraße an zwei Tagen an.

WOHNMOBILSTELLPLATZ MISURINASEE

GPS: 46.588472, 12.256689. Einfacher kostenpflichtiger Stellplatz am Fuße der Drei Zinnen, noch vor der Mautstation. Ausgangspunkt, um wandernd oder mit dem Shuttlebus zum Rifugio Auronzo zu gelangen.

CAMPING ALLA BAITA

Via Guide Alpine, 4, 32041 Auronzo di Cadore BL, campingallabaitamisurina.com, GPS: 46.587986, 12.257718. Großes Campingareal gegenüber vom Stellplatz und direkt am Ufer des Misurinasees gelegen.

TOP ★ ERLEBNISSE

★ DIE DREI-ZINNEN-RUNDE

Die Drei Zinnen von allen Seiten. Das bietet die Wanderrunde mit Ausgangspunkt beim Rifugio Auronzo (2320 m). Einmalig natürlich der Blick in die Nordwände, in denen Klettergeschichte geschrieben wurde. Gehzeit etwa dreieinhalb Stunden, Wendepunkt der Tour auf halber Strecke bei der Drei-Zinnen-Hütte. Übrigens: Wer mit dem Bus anreist, kann die Wuchermaut auf der Drei-Zinnen-Straße umgehen.
dreizinnenhuette.com

★ BÜLLELEJOCHHÜTTE

Klein, aber fein. So lässt sich die Büllelejochhütte charakterisieren, die ein wenig Abstand zum Rummel um die »Drei« hält. Freundliche Wirtsleute, gutes Essen. Zu den Stockbetten – das wird Klettersteigler besonders interessieren – geht's über eine senkrechte Leiter.
buellelejoch.it

★ NATURPARK DREI ZINNEN

Rund 120 Quadratkilometer, das Kerngebiet der Sextener Dolomiten auf Südtiroler Boden, stehen als Naturpark unter Schutz. Er erstreckt sich vom Höhlensteintal ostwärts bis zum Kreuzbergpass. Höchster Punkt ist die Dreischusterspitze (3145 m), absoluter Hotspot sind natürlich die Drei Zinnen (2999 m).
drei-zinnen.info

Vor etwa hundert Jahren war das Kurhaus die große Attraktion Merans, schön gelegen am Ufer der Passer (oben). Wie in Bozen laden auch die Meraner Lauben zum Flanieren und Shoppen ein, sogar bei Schlechtwetter. Wenn die Sonne scheint, sitzt man gern bei einem Apéro draußen (rechte Seite unten). Das Schloss Tirol ist immer einen Ausflug wert (rechte Seite oben).

3 NOSTALGIE UND MODERNE – MERAN

Kurstadt an der Passer

Meran war schon einiges in seiner Geschichte: Tiroler Hauptstadt, vergessenes »Kuhstadtl«, dann Kurort und Treff der High Society. Und gerade – so scheint es – häutet sich die Stadt am Eingang ins Passeiertal erneut, verpasst sie sich ein neues, moderneres Image. An ihrer Beliebtheit als Reise- und Urlaubsziel wird sich wenig ändern, dafür sorgen unter anderem Klima und Kulisse: beides erstklassig.

Natürlich wissen die Meraner, was sie an der Kaiserin aus dem fernen Wien hatten. Schließlich war es Elisabeth, die das ziemlich verschlafene Städtchen an der Passer durch ihren ersten Kuraufenthalt 1870 zurück in den Fokus der europäischen Hautevolee schubste. Zeitungen gab's zu k.-u.-k.-Zeiten ja schon, Klatschspalten auch, und so erfuhr die Schickeria bald, wohin die Prominenz zur Erholung reiste. Aus der ehemaligen Hauptstadt Tirols wurde so ein Kurort von Weltruf. Dass Sissi mit ihrer Entourage damals ausgerechnet in jenem Schloss Trauttmansdorff logierte, dessen Gärten heute die Top-Sehenswürdigkeit Merans sind, ist eine nette kleine Pointe. So ist die Kaiserin in gewissem Sinn erneut angekommen in »ihrem« Schloss, und der Weg von der Stadt herauf, den sie vor über hundert Jahren oft nahm, ist heute ausgeschildert: natürlich als »Sissi-Weg«. Die österreichisch-ungarische Monarchie ist längst Geschichte, das Reisen eine Angelegenheit der Massen. Elisabeths steinernes Ebenbild sitzt an der Sommerpromenade, ihr Blick lässt allerdings nicht erkennen, ob der Kaiserin das muntere Treiben unserer Zeit gefällt. Bestimmt hätte sie sich aber gern in jenem Restaurant niedergelassen, in dem Andrea Fenoglio seit 1991, inzwischen mit einem Michelin-Stern geadelt, magistral den Kochlöffel schwingt: im »Sissi«.

Die Altstadt

Vom Restaurant sind es nur ein paar Schritte bis in die Meraner Lauben. Reiseführer vermerken gern, dass sie ein Stück länger sind als jene in Bozen. Das Gedränge ist vergleichbar und in den Schaufenstern dominiert Mode. Das Thema interessiert, natürlich, und es lässt sich sogar noch vertiefen: im »Frauenmuseum Evelyn Ortner«, das im ehemaligen Klarissenkloster untergebracht ist.
Gewissermaßen eingerahmt wird die Laubengasse von der gotischen Pfarrkirche St. Nikolaus mit ihrem unverkennbaren achteckigen Turmabschluss auf der einen, der Landesfürstlichen Burg (15. Jh.) auf der anderen Seite. Durch das Bozner Tor und über die Postbrücke kommt man in wenigen Minuten zur Spitalkirche zum Heiligen Geist. Kunstliebhaber werden diesen kleinen Abstecher nicht versäumen. Merans vielleicht schönstes Gotteshaus, ein spätgotischer Bau, der Stefan von Burghausen zugeschrieben wird, besticht sowohl durch seine ausgewogenen Proportionen in einem originellen Grundriss mit Umgangschor als auch durch seinen plastischen Schmuck. Neun Säulen tragen das schöne Sternrippengewölbe.

Matteo Thuns Meraner Therme

Bloß 200 Meter, aber mehr als sechs Jahrhunderte liegen zwischen der Spitalkirche und dem neuen Hingucker Merans, der modernen, von Matteo Thun entworfenen Therme, einem Wellnesspalast der Superlative mit 25 Pools, Saunen, Dampfbädern und einem schönen Park. Das radonhaltige Wasser wird übrigens nicht in Meran, sondern am Vigiljoch gefasst.
Bemerkenswerte Architektur auch auf der anderen, der orografisch rechten Seite der Passer: das Meraner Kurhaus, ein Juwel des Jugendstils, das in mehreren Etappen entstand und erst 1914 mit dem Bau der Kuppel und des großen Kursaals vollendet wurde. Die Pläne dazu stammten von dem Wiener Architekten Friedrich Ohmann. Ihm schwebte ursprünglich ein noch weit größerer Komplex vor, doch der Ausbruch des Ersten Weltkriegs setzte diesen Plänen ein abruptes Ende. Angestoßen hatte den Bau eines neuen Kurhauses Josef Valentin Haller, fast vier Jahrzehnte lang Bürgermeister Merans, das er vom schlechten Ruf eines »Kuhstadtl« befreien und dem er zu neuem Ansehen in der Welt (vor allem der Reichen und Schönen) verhelfen wollte.

STELL- UND CAMPINGPLÄTZE

CAMPER SCHNEEBURGHOF

Segenbühelweg, 26, 39019 Dorf Tirol, schneeburghof.com, GPS: 46.676014, 11.167306. Auf einer Anhöhe oberhalb von Meran mit toller Aussicht zwischen den Apfelplantagen. Zum Tappeiner-Panoramaweg sind es nur wenige Gehminuten. Auch das Dorf Tirol inklusive Schloss ist schnell zu Fuß erreicht.

TOP ★ ERLEBNISSE

★ MARLINGER WAAL

Wer in der Meraner Gegend wandert, kommt an ihnen nicht vorbei: den kilometerlangen, oft uralten Bewässerungskanälen (Waalen), mit deren Hilfe die Bauern dem extrem trockenen Klima trotzten und für ausreichendes Nass auf ihren Kulturflächen sorgten. Der längste Waal im ganzen Land verläuft rechts der Etsch und führt von der Töll zwölf Kilometer weit bis nach Oberlana. Initiiert wurde sein Bau durch die Mönche des Kartäuserklosters im Schnalstal, die in der Marlinger Gegend mehrere Weingüter besaßen. Heute ist der Marlinger Waal ein Klassiker unter den Meraner Wanderwegen. Infotafeln vermitteln Wissenswertes über das Südtiroler Waalwesen, und natürlich fehlen auch Einkehren unterwegs nicht. merano-suedtirol.it

★ SCHLOSS TIROL

Wer sich für die Geschichte Tirols interessiert, darf einen Besuch der Stammburg des Landes nicht versäumen. Die mächtige Feste thront auf einem Felsrücken nordwestlich über Meran. Ihre Glanzzeit hatte sie als Sitz der Landesfürsten im 14. Jahrhundert. Heute beherbergt Schloss Tirol das Südtiroler Museum für Kultur- und Landesgeschichte. schlosstirol.it

Bilderbuch-Südtirol: Die Seiser Alm mit den Felszinnen des Langkofelmassivs.

4 ZWISCHEN TRADITION UND MODERNE – DAS SCHNALSTAL IM VINSCHGAU

Der Mann im Eis

Das Schnalstal, das längste Seitental des Vinschgaus, ist das Tal des »Ötzi« und das der Schafe, die alljährlich über hohe Pässe auf die Weiden in Nordtirol ziehen. Hier gibt es ein altes Kloster, das heute ein Dorf ist, und über der Mündung thront: Schloss Juval, Museum und zeitweise Wohnsitz von Reinhold Messner.

Ob Schafe Frühaufsteher sind? An einem Tag im Juni jedenfalls schon. Für mehr als tausend Schafe geht es über den Berg, über die hohen Pässe hinten im Schnalstal, das Hoch- und das Niederjoch (3016 m), zu den Weidegründen im Nordtiroler Ötztal. Ein beschwerlicher Weg, da und dort liegt noch der Schnee vom vergangenen Winter, der Pfad ist oft schmal und steil. Mitten in der Nacht startet der Treck in Vernagt und Kurzras. Kürzer ist der Weg von Kurzras aus; mehr als 1300 Höhenmeter liegen zwischen Vernagt und dem Niederjoch (das kurioserweise höher ist als das Hochjoch). Es ist ein langer Geisterzug, der da in dunkler Nacht unterwegs ist, zitternde Lichtkegel, vielstimmiges Blöken, dazwischen menschliche Stimmen. Immer wieder verdecken Wolken die Mondsichel, es ist empfindlich kühl, doch das macht den Tieren nichts aus. Im Dämmerlicht, eine gute Stunde später, wird der lange Zug allmählich sichtbar: farbig markierte Schafe auf ihrem Weg zum Tisenberg, von ein paar Dutzend Treibern und vielen Hunden geführt. Transhumanz nennt sich diese archaisch uralte Form der Weidewirtschaft mit wechselnden Standorten, die ihre Ursprünge in den Westalpen hat und mittlerweile weitgehend verschwunden ist. Im Schnals- bzw. Ötztal gibt es sie seit mindestens 6000 Jahren, wissenschaftlich nachgewiesen.

Bauen einst und jetzt: die uralten Bauernhöfe und der Vernagt-Stausee (unten). Denkmal für den Schnalser Tourismuspionier Leo Gurschler (rechte Seite oben). Das erste Messner Moutain Museum: Schloss Juval (rechte Seite unten).

Ötzi und der »König des Schnalstals«

Vor fast so langer Zeit war ein Mann hier unterwegs, und auch er wollte über den Alpenhauptkamm: Ötzi. 5300 Jahre ist es her, dass er am Tisenjoch (3206 m) starb, heute liegt seine Mumie im Museum in Bozen, und Zigtausende wollen jedes Jahr den »Mann im Eis« sehen. Auch im Schnalstal kann man auf seinen Spuren wandeln, und dazu muss man nicht einmal den fünfstündigen Anstieg zur Fundstelle unternehmen. Im ArcheoParc beim Dorf Unser Frau (1527 m) können Besucher Ötzis Lebensraum, seine Welt entdecken, beim Gang durch das Museumsgebäude und bei einem Abstecher ins Freigelände mit seinen drei (rekonstruierten) steinzeitlichen Hütten. Hier darf der Homo sapiens des frühen 21. Jahrhunderts sogar eine echte Zeitreise unternehmen und nach Art seiner Vorvorfahren Brot backen, Bogen schießen und töpfern.

Einst Kloster, heute Dorf

Ein Stück weiter talabwärts liegt auf einer kleinen Anhöhe gegenüber der Mündung des Pfossentals das Dorf Karthaus (1327 m), ein malerisches Ensemble, das als Ganzes unter Denkmalschutz steht. Der Name ist kein Zufall, geht die Siedlung doch auf ein 1326 gegründetes Kartäuserkloster zurück. Nach dessen Auflösung im Jahr 1782 entwickelte sich in den und um die verlassenen Bauten herum ein kleines Dorf, das 1924 durch einen Brand weitgehend zerstört wurde. Erhalten (und sorgfältig restauriert) blieben das Priorhaus, einige Mauern und der Südflügel des großen Kreuzgangs. Der Rundgang durch das historische Ensemble führt an dem kleinen Gewürzgarten des ehemaligen Klosters vorbei. Ein paar dieser feinen Kräuter findet man auch in der Küche des Hotels »Zur Goldenen Rose« wieder. Das Haus steht ebenfalls auf den Fundamenten des Klosters, und im uralten Weinkeller lagern einige ganz feine Tropfen.

Der Schnalser Waal und Schloss Juval

Ein Stück unterhalb von Karthaus, bei Altratheis, wird der Schnalser Waal gefasst, einer der längsten in Südtirol. Er stammt aus dem frühen 16. Jahrhundert und leitet das Wasser des Schnalser Bachs elf Kilometer weit auf die Felder oberhalb von Tschars. Der Waal ist noch heute in Betrieb – und ein beliebter Wanderweg. Das liegt nicht zuletzt daran, dass der Wasserweg im Mündungsbereich ganz in der Nähe von Schloss Juval vorbeiläuft.

STELL- UND CAMPINGPLÄTZE

CARAVANPARK SCHNALSTAL

39020 Kurzras, caravanpark-schnals.com, GPS: 46.754209, 10.784347. Nach eigener Aussage der höchstgelegene Wohnmobilstellplatz Europas. Ganz am Ende des Tals, noch hinter dem Vernagt-Stausee, in wunderschöner idyllischer Berglage. Komplett mit Ver- und Entsorgung, WLAN, Strom und Sanitäreinrichtungen ausgestattet.

TOP ★ ERLEBNISSE

★ MMM JUVAL

Schloss Juval ist nicht nur Wohnsitz des berühmten Südtiroler Bergsteigers und Alpinphilosophen Reinhold Messner, sondern auch Teil seines Mountain Museums (MMM). Die im Kern aus dem 13. Jahrhundert stammende Burg thront auf einem Felssporn über dem Eingang ins Schnalstal. Nur ein paar Schritte sind es vom Schloss zum Schlosswirt, einer beliebten Einkehr.
messner-mountain-museum.it,
schlosswirtjuval.it

★ EISHOF

Bis 1987 war der um 1290 erstmals urkundlich erwähnte Eishof im innersten Pfossental die höchstgelegene Dauersiedlung der Ostalpen: Er steht auf 2071 Meter. Heute ist die Sommerwirtschaft ein beliebtes, familientaugliches Wanderziel (2 Std. von Vorderkaser).
eishof.com

★ GRAWAND

Wer ganz hoch hinaus will, nimmt die Seilbahn in Kurzras, am Ende der Talstraße. In sechs Minuten schwebt man hinauf zur Bergstation (3212 m) am Alpenhauptkamm. Und da wird sich bei gutem Wetter niemand den kurzen Aufstieg zum Gipfel der Grawand (3251 m) mit der Aussichtsplattform Iceman Ötzi Peak entgehen lassen. Grandioses Panorama der Ötztaler Alpen mit Fernblicken bis in die Dolomiten.
schnalstal.com

5 DIE GROSSE DOLOMITENSTRASSE

Das 100-Kilometer-Kurvenkarussell quer durch die »Bleichen Berge«

Die am 13. September 1909 eröffnete Große Dolomitenstraße ist längst zu einem »Big point« des Dolomitentourismus geworden – eine 100 Kilometer lange, aber nie langweilige Abfolge von Serpentinen mit Aussicht auf fast alle großen Gipfel des Gebirges.

Ein Straßenzug mit 100 Serpentinen ist entweder ein Verkehrshindernis oder eine echte Sensation. Die Große Dolomitenstraße ist beides, heute zumindest. An verstopfte Straßen und Parkplatznot dachte vor 120 Jahren, als die Idee für eine Straße quer durch die Dolomiten aufkam, natürlich noch niemand. Initiant des kühnen Projekts war der Deutsche und Österreichische Alpenverein, beteiligt war auch der Südtiroler Theodor Christomannos. Angedacht war eine Eröffnung zum 50. Regierungsjubiläum von Kaiser Franz Joseph im Jahr 1898, eingeweiht wurde die Große Dolomitenstraße schließlich 1909.

Ein Blickfang am Pordoijoch ist das Langkofelmassiv.

Schwarzer Asphalt und weißer Schnee

Anno dazumal

Der legendäre Straßenzug verbindet Bozen und Cortina d'Ampezzo, führt dabei über drei hohe Pässe: Karer (1745 m), Pordoi (2239 m) und Falzárego (2105 m). Eine frühe Reiseschilderung (»Hochalpen«, Meyers Reisebücher, 1927) bezeichnet sie als »bequemsten Zugang in die Hochgebirgswelt der Dolomiten«. Und weiter kann man da nachlesen: »Die außerordentlich empfehlenswerte Wagenfahrt führt an den hervorragendsten Sehenswürdigkeiten zahlreicher Gebirgsstöcke vorbei und ist an abwechslungsreicher Schönheit in dieser Ausdehnung in den Alpen fast ohnegleichen.« Stimmt!

Quer durch die Dolomiten

Die 100-Kehren-Reise startet im Eisacktal mit einer längeren Schluchtstrecke, der zwei Tunnels einiges von ihrem romantischen Flair genommen haben. Immerhin gibt's noch einen kurzen Rückblick auf Schloss Karneid, das hoch über der Klammmündung auf einem schroffen Porphyrfelsen hockt. Hellgraues, nicht rotes Gestein kommt später ins Blickfeld: der Latemar. Oberhalb von Welschnofen folgt das obligate Fotoshooting am Karersee, beim ehemaligen Grand Hotel Karersee, das in Würde gealtert ist, wird der Blick auf die lang gestreckte Mauer des Rosengarten-Hauptkamms frei. Am Karerpass überquert man die Grenze zum Fassatal, das von berühmten Bergstöcken umrahmt wird: Rosengarten, Langkofel, Sella und Marmolada.

In Canazei beginnt das Kurvenkarussell hinauf zum Pordoijoch. Dabei rückt die gewaltige Felsmauer des Sellamassivs immer näher; direkt vom Pass zieht die Pordoi-Seilbahn hinauf zur Aussichtskanzel des Sas de Pordoi (2950 m).

Im Links-rechts-Takt geht's hinunter nach Arabba. Hinter dem Weiler Andraz beginnt der Anstieg zum Passo Falzárego. Von der Scheitelhöhe kann man sich hinauf zum Kleinen Lagazuoi (2752 m) tragen lassen: noch ein tolles Panorama!

Bei der Fahrt hinunter nach Cortina d'Ampezzo ist die gewaltige Südwand der Tofana di Rozes ein absoluter Hingucker: wow! Die letzten Kilometer führen über ein paar Schleifen hinunter zum Boite und hinein nach Cortina d'Ampezzo. Da kann man die schöne Reise stilvoll mit einem Apéro am Corso Italia ausklingen lassen. Salute!

STELL- UND CAMPINGPLÄTZE

1 WOHNMOBILSTELLPLATZ BOZEN

Pfarrhofstraße 8, 39100 Bozen, GPS: 46.473163, 11.337347

2 CAMPING MOOSBAUER

Meraner Str. 101, 39100 Bolzano, moosbauer.com, GPS: 46.503308, 11.299687

3 CAMPING SEISER ALM

Dolomitenweg 10, 39050 Völs am Schlern, camping-seiseralm.com, GPS: 46.533141, 11.534142

4 WOHNMOBILSTELLPLATZ AN DER SPORTHÜTTE

Tioslerweg, 3, 39040 Kastelruth, GPS: 46.567023, 11.565084

TOP ★ ERLEBNISSE

★ KARERSEE

Das Motiv schmückte schon zahllose Kalender und findet sich in fast jedem Bildband über Südtirol und die Dolomiten: ein kleiner Bergsee, in dem sich die fahlweißen Felsen des Latemars spiegeln. Siehe auch Kapitel 82. eggental.com

★ VAJOLETTAL

Eine der schönsten Dolomitenwanderungen führt ins Vajolettal, von der Bergstation der Rosengarten-Seilbahn via Gardecia zur Vajolethütte (2243 m). Von der Schutzhütte steigt man hinauf ins Gartl, wo sich ein fantastischer Blick auf die Vajolettürme bietet (3 Std. von der Seilbahn, markiert, Trittsicherheit notwendig).

★ PORDOIJOCH

Der Pass markiert den höchsten Punkt der Großen Dolomitenstraße (2239 m). Wer noch höher hinaus will, nimmt die Seilbahn und schwebt in wenigen Minuten hinauf zum Sas de Pordoi (2950 m). Einmaliges Panorama. fassa.com

★ BINDELWEG

Wer am Pordoijoch die Wanderschuhe schnürt, hat in der Regel den Bindelweg im Visier. Die wenig anstrengende Höhenwanderung glänzt mit dem schönsten Marmolada-Blick überhaupt. Im Rifugio Vièl dal Pan gibt's dazu eine feine Brotzeit; legendär ist »Großmutters Omelette«. Unbedingt probieren! rifugiovieldalpan.com

★ KLEINER LAGAZUOI

Auch der Passo Falzàrego (2105 m) hat seine Seilbahn. Die Fahrt auf den Kleinen Lagazuoi (2778 m) lässt sich gut mit einer Besichtigung der alten Kriegssteige und Tunnels an der Südflanke des Bergstocks verbinden (Galleria Lagazuoi, Cengia Martini). lagazuoi.it

Kletterer auf der Santnerspitze (oben). Unverkennbar: das Profil des Schlern mit seinen beiden Felszähnen, der Santner- und der Euringerspitze (rechte Seite oben). Alles aus Holz (rechte Seite unten).

6 BUNTE WIESEN UND GRAUER FELS – SEISER ALM UND SCHLERN

Südtiroler Wahrzeichen

Die Seiser Alm, der Schlern und das Langkofelmassiv bilden ein Landschaftsensemble, das sogar in den Dolomiten seinesgleichen sucht. Die sanftwellige Hochalm gibt den idyllischen Kontrast zu den beiden schroffen Felsprofilen, die es umrahmen. Der Schlern, sagenumwoben und bereits in vorgeschichtlicher Zeit von Menschen besucht, gilt als Südtiroler Wahrzeichen.

Berühmtsein hat seinen Preis, alle Welt will dich sehen. Da ist es dann rasch vorbei mit der Ruhe, schnell wird ein Leben fremdbestimmt. Das gilt auch für die Seiser Alm, diese Südtiroler Bilderbuchlandschaft, die ihren Namen vom Dorf Seis hat, aber irgendwie auch zum Grödner Tal gehört. Ihr sanftwelliges Profil macht sie zum idealen Wanderrevier: viel Aussicht bei nur wenig Anstrengung. Im Blick hat der Wanderer dabei stets den Langkofel oder (wenn er sich umdreht) den Schlern, beides unverwechselbare Felsprofile. Wettergebräunte Holzstadel stehen in der Wiese, Kuhglocken bimmeln, und an Einkehrmöglichkeiten fehlt es natürlich auch nicht. »Des Gletschers Silberspitze, des Waldes feuchtes Grün / Der Seen blaue Spiegel, der Alpenrosen Blühen / Des Wasserfalles Brausen hat manches Bergland wohl / Doch eine Seiseralpe – hat nur das Land Tirol«, so lautet eine etwas holperig geratene Hymne auf das weitläufige Almrevier südlich des Grödner Tals. Raul Heinrich Francé zitiert das Gedicht in seinem monumentalen, 1912 erschienenen Buch »Die Alpen« und bezeichnet die Seiser Alm – ganz zu Recht – als die »größte Alpe in den Gesamtalpen und zugleich ein Paradies der Alpenpflanzen, das zu Anfang des XIX. Jahrhunderts ein wahres Wettrennen der Pflanzenkenner nach dem Schlern und der Seisealpe veranlasste«. Francé erwähnt ein paar Endemiten: das Zwerg-Kugelschötchen, die Dolomiten-Hauswurz, die Südtiroler Primel, Facchinis Steinbrech, den Ostalpen-Baldrian und Morettis Glockenblume.

Schlernzähne (unten). Morgennebel über der Seiser Alm (ganz unten). Mountainbiker auf der Seiser Alm (rechte Seite oben). Gesundbaden nach Südtiroler Art: das Heubad (rechte Seite unten).

Vielfalt ist ein Merkmal der Seiser-Alm-Landschaft, auch in der Pflanzenwelt. Dafür, dass hier eine berühmte artenreiche Flora entstehen konnte, war neben den sehr unterschiedlichen Gesteinen, aus denen die Alm und ihre Randberge aufgebaut sind, auch eine extensiv betriebene Landwirtschaft verantwortlich.

Bedrohte Vielfalt

Kein Düngeeintrag, keine Übernutzung der Böden. Das hat sich in der zweiten Hälfte des letzten Jahrhunderts erst einmal geändert, dazu kamen immer gravierendere Eingriffe des Tourismus. Aus den Magerwiesen wurden ertragreiche Wiesen, dank reichlicher Düngung. Dass die Biodiversität entsprechend zurückging, teilweise bis um drei Viertel, wurde in Kauf genommen. Besonders empfindliche Pflanzenarten wie die Brunelle, der Stengellose Enzian, Küchenschelle und Schwefelanemone verschwanden nach und nach, und aus den bunten Wiesen, von denen Francé und seine Zeitgenossen schwärmten, entwickelte sich zunehmend eine Monokultur: Löwenzahn und Hahnenfuß.

Die Seiser Alm – ein bedrohtes Paradies? Ja, sagte die Landesregierung und handelte. 1974 wurde der erste regionale Naturpark Südtirols eingeweiht, damals gegen den heftigen Widerstand von Bauern, Jägern und Hoteliers. So sind Teile der Hochebene der touristischen Erschließung und der Intensiv-Landwirtschaft entzogen, und die berühmte Flora bleibt erhalten. Seit einigen Jahren wird auch der Autoverkehr innerhalb der Alm streng reglementiert; dafür verbindet eine Gondelbahn Seis mit der Hotelsiedlung Compatsch im nördlichen Teil der etwa 60 Quadratkilometer großen Alm. Der Erschließungsdruck wird dadurch gemildert, immerhin, aber die Besucher kommen trotzdem, sommers wie winters.

Der Schlern – mehr als nur ein Berg

Der Schlern ist Blumenwunder und Naturdenkmal, Namensgeber für das hauptsächlich gebirgsbildende Gestein der westlichen Dolomiten und eine Südtiroler Kulturzeitschrift (Der Schlern), eine Aussichtswarte von Rang und vermutlich einer der ersten von Menschen aufgesuchten hohen Berge in den Alpen überhaupt. Als die Römer sich anschickten, das Land an Etsch und Eisack ihrem Reich einzuverleiben, war die »Eroberung« des Schlern längst Geschichte.

Die Funde vom Schlernplateau werden in die jüngste Eisenzeit (La Tène, 450–50 v. Chr.) datiert. Ungeklärt ist allerdings, ob sie mit einer Almsiedlung oder einer Kultstätte in Zusammenhang stehen. Keinesfalls handelt es sich um Spuren einer prähistorischen Gipfelexpedition – so etwas gab es damals noch nicht. Erst im 19. Jahrhundert, mit der Romantisierung des Hochgebirges, folgten die Städter den Spuren der Jäger und Hirten, man stieg der schönen Aussicht wegen oder des Gefühls, »oben zu sein«, auf die Gipfel.

Die Schlernhäuser

Die Schlerntour gehört längst zum richtigen Bergurlaub in den westlichen Dolomiten, und so verwundert es nicht, dass man bereits in den 1880er-Jahren den Bau eines Schutzhauses plante. 1884 erwarb die Sektion Bozen des Deutschen und Österreichischen Alpenvereins von der Gemeinde Völs ein Grundstück, wobei im Kaufvertrag festgeschrieben wurde, dass »bei der Vergebung der Wirtschaft die Eingeborenen von Völs zu berücksichtigen und Unfug und Unsittlichkeit in der Hütte möglichst hintanzuhalten« sei. Zwei Jahre später konnte das Schlernhaus eröffnet werden, und bald schon erfreute sich das hoch gelegene Refugium großer Beliebtheit. Im Jahr 1903 wurde deshalb auch das danebenstehende kleine Gasthaus von Christian Marsoner erworben und später immer mal wieder modernisiert. Trotzdem verströmt der stattliche Bau mit seiner gediegenen Innenausstattung noch etwas vom unverwechselbaren Flair der »guten alten Zeit«.
Heute kommen die meisten Gipfelstürmer von der Seiser Alm herauf, weil Straße bzw. Gondelbahn den Anstieg angenehm verkürzen. Die alten Wege aus dem Tierser Tal durch die Bärenfalle, von Völs oder vom ehemaligen Bad Ratzes herauf sind länger, anstrengender, weisen auch Respekt einflößende Höhenunterschiede auf und eignen sich also nur bedingt für einen Tagesausflug. Doch wozu die Eile? Da sind doch die Schlernhäuser, die haben ein Dach, darunter ist's gemütlich, und was beim Wirt Harald Gasser auf den Tisch kommt, stillt auch einen ausgewachsenen Bergsteigerhunger. Hinterher kann man ja den kleinen Abstecher hinauf zum Petz (2563 m) unternehmen und vom höchsten Punkt des Schlernmassivs das traumhafte Panorama im Abendlicht genießen, bis die letzten Sonnenstrahlen an den Wänden des Rosengartens rot aufleuchten und dann verglimmen. Bevor's dann wirklich Nacht wird, ist man längst wieder unten bei den Schlernhäusern.
Hier steigt die Stimmung, der Rote wärmt von innen, und als Gutenachtlektüre nimmt sich der wissbegierige Gast die Broschüre Naturpark Schlern-Rosengarten vor. Ein paar Hundert Meter dick – kann er da nachlesen – soll das Paket aus solidem Schlerndolomit sein, auf dem er bald sein Haupt zur verdienten Ruhe betten wird, dem (Bergsteiger-)Himmel näher als dem Alltag, rechtschaffen müde, glücklich.

STELL- UND CAMPINGPLÄTZE

CAMPING SEISER ALM

Dolomitenweg 10, 39050 Völs am Schlern, camping-seiseralm.com, GPS: 46.533141, 11.534142. Die Anlaufstelle für den Campingurlaub an der Seiser Alm. Komplett ausgestatteter Campingplatz mit Pool und bestem Blick auf den Schlern sowie idealer Ausgangspunkt für Touren auf der Seiser Alm.

WOHNMOBILSTELLPLATZ AN DER SPORTHÜTTE

Tioslerweg, 3, 39040 Kastelruth, GPS: 46.567023, 11.565084. In Kastelruth darf man auf dem Parkplatz hinter der Pizzeria übernachten. Der Platz ist allerdings vollkommen ohne Ausstattung. Erwartet wird eine Einkehr in der Sporthütte.

TOP ★ ERLEBNISSE

★ VÖLSER HEUBAD

Dass man auch im Heu baden kann, wissen die Südtiroler schon lange. In Völs pflegt man diese besondere Art der Regeneration seit über 100 Jahren – mit zunehmendem Erfolg. Im Hotel Heubad passt alles zusammen: eine angenehme Atmosphäre, für die herzliche Gastgeber sorgen, eine feine Küche. Und dass einem mitunter der feine Duft des Heus in die Nase steigt, tut dem Wohlbefinden garantiert keinen Abbruch.
hotelheubad.com

★ PUFLATSCH

Klein, zumindest im Vergleich mit den großen Bergen Grödens, ist der Puflatsch (2174 m). Trotzdem kann sein Panorama locker mit dem höherer Berge mithalten, und dazu ist der Aufstieg weniger anstrengend, gut eine Stunde über die sanft abfallende, weitgehend baumfreie Südseite. Ein Augenschmaus!
seiseralm.it

★ GOSTNER SCHWAIGE

Wer das Ungewöhnliche liebt, wird auf der Seiser Alm gerne in der Gostner Schwaige einkehren. Hier werkelt Franz Mulser, meistens in Lederhose, blauem Schurz und Tiroler Hut, in seiner winzigen Küche, und was er auf den Tisch zaubert, ist auch ganz ungewöhnlich. Beste kleinste Küche halt.
aussergost.com

7 WO ES GRÜNT UND BLÜHT – SCHLOSS TRAUTTMANSDORFF

Die schönsten Gärten des Landes

Natürlich schwebt auch hier über all der blühenden Pracht der Geist der Kaiserin, die für Meran so etwas wie den Schlüssel zur Wiedergeburt darstellte. Schließlich war sie 1870 Gast im Schloss Trauttmansdorff, was der Yellow Press ihrer Zeit nicht entging und der Stadt zu neuem Ruhm verhalf. Sissi-Fans spazieren auf dem nach der Kaiserin benannten Weg hinauf zu den Gärten des Schlosses.

Ein Netz von Spazierwegen durchzieht die Gärten von Trauttmansdorff (unten). Hier grünt und blüht es fast das ganze Jahr über (rechte Seite oben). Das Touriseum präsentiert anschaulich die Entwicklung Südtirols vom Bauernland zur weltweit bekannten Tourismus-Destination (rechte Seite unten).

Seit ihrer Eröffnung im Juni 2001 werden die Gärten von Schloss Trauttmansdorff mit Auszeichnungen überhäuft; erst 2013 kürte sie die Garden Tourism Conference in Toronto zum »Internationalen Garten des Jahres«. Man kann solchen Wettbewerben durchaus skeptisch gegenüberstehen, fast eine halbe Million Besucher pro Jahr sprechen aber für sich: Trauttmansdorff ist ein Big Point des Südtiroler Tourismus und eine wirklich genial realisierte Gartenlandschaft, von der auch Meran erheblich profitiert. Allerdings – das darf nicht unterschlagen werden – drohen die Gärten auch irgendwie ein Opfer ihrer Beliebtheit zu werden. Denn allzu viele Besucher schaden dem Zauber des Platzes, beeinträchtigen das Naturerlebnis. Das leidet auch unter einer Manie, die epidemisch um sich greift: fotografieren und filmen statt zu schauen.

Tausend Pflanzen, Farben und Düfte

Denn auf einer Fläche von rund zwölf Hektar gibt es ja so viel zu sehen, zu riechen. Der Besucher erlebt ein faszinierendes Fest der Sinne, das sich übers Jahr ständig wandelt: lebendige Natur in tausend Farbfacetten, herrlich duftend. Die Saison auf Trauttmansdorff startet im Frühling mit einer Farbenorgie. Überall blüht es bunt, man kann das Leben riechen, und das Auge ist überwältigt von einer einmaligen Vielfalt. Die Gärten verwandeln sich in einen Blumenteppich: Narzissen, Tulpen und Kaiserkronen mit ihrem typischen Laubblattschopf, Asiatischer Hahnenfuß (Ranunkel) und Islandmohn und viele andere Pflanzen sorgen für ein herrlich buntes Bild, Kamelien und japanische Zierkirschen für exotische Akzente. Die Rhododendren-Zeit beginnt (rund 400 verschiedene Züchtungen), die Pfingstrosen

entfalten ihre tiefrot-üppigen Blüten. Im Sommer verströmt das Lavendelfeld unterhalb des Schlosses seinen lila Provence-Duft; Oleander und Seidenakazie blühen, und im großen Teich schwimmen Seerosen und Lotosblüten. Der Herbst bringt die Laubbäume zum Leuchten, ihre Blätter verfärben sich rot und gelb; Trauben, Granatäpfel, Feigen und Oliven reifen. Und auf den Gipfeln der Texelgruppe liegt schon der erste Schnee.

Raritäten

Auch so manche sensationelle Überraschung haben die Gärten zu bieten. Hier steht heute ein aus Sardinien stammender, rund 700 Jahre alter Olivenbaum mit einem Stammumfang von drei Metern! Eine echte Rarität ist die *Wollemia nobilis*, ein Nadelbaum, der als ausgestorben galt, bis er in Australien von Wildhütern wiederentdeckt wurde. Ein Exemplar kann seit 2006 im Farntal bewundert werden. Im gleichen Jahr übernahmen die Gärten die Patenschaft für den »Versoaln«, die weltweit größte und wahrscheinlich auch älteste Rebe. Bei Schloss Katzenzungen in Prissian breitet sich ihr Laubdach über eine Fläche von fast 20 mal 20 Meter aus. Sehr interessant sind auch die bepflanzten Lehmwände, die Orangerie, die im Sommer blühenden Hortensien und die Sukkulenten-Halbwüste mit vielen stacheligen Exponaten.

Vielfältige Flora und Fauna

Überwältigend ist die Vielfalt der Gartenlandschaften: In den Waldgärten überraschen ein Reisfeld und ein Teegarten, in den Sonnengärten kann man den Süden erleben, in den Terrassengärten mit Beispielen europäischer Gartenarchitektur blühen den Sommer über 80 verschiedene Rosen. Auch den Landschaften Südtirols ist ein Bereich der Gärten gewidmet: Auwald, Obstanger, Bauerngarten, ein Weinberg mit alten Rebsorten. Und auch Tiere haben natürlich ihren Platz in den Gärten, u. a. Papageien (in der Voliere), Enten, Schafe und Pfauen.

STELL- UND CAMPINGPLÄTZE

LIVE MERANO CAMPING

Piavestraße, 46, 39012 Meran, livemeranocamping.com, GPS: 46.663954, 11.158607. Zentraler geht es nicht. Mitten in Meran gelegen, dafür aber auch mit entsprechender Geräuschkulisse. Auch die top gepflegte Sanitäreinrichtung ist ein großes Plus, lässt den Platz jedoch hochpreisig werden. Nur für Wohnmobile und Wohnwagen, keine Zelte.

TOP ★ ERLEBNISSE

★ TOURISEUM

Im neugotischen Schloss Trauttmansdorff, das auf den Fundamenten einer Burg aus dem 13. Jahrhundert steht, befindet sich das Touriseum, das auf originelle Weise die Geschichte des Südtiroler Fremdenverkehrs von den Anfängen bis in die Gegenwart thematisiert. Besonders bei den kleinen Besuchern kommt das Südtirol-Spiel gut an: ein Flipper-Automat, von Grödner Holzschnitzern gestaltet, der zu einer rasanten, aber nicht ganz ernst gemeinten Fahrt durch das Tourismusland Südtirol einlädt.
trauttmansdorff.it

★ DER SISSI-WEG

Mehr als nur ein Hauch von Nostalgie umweht diesen einstündigen Spazierweg, der vom historischen Zentrum Merans zum Schloss Trauttmansdorff führt, durch die Villen- und Gartenlandschaft von Obermais, vorbei an so manch malerischem Winkel. Sissi, die bei ihren Meran-Aufenthalten zweimal im Schloss logierte, soll den Weg sehr gemocht haben. Was lag da näher, als ihn nach der Kaiserin zu benennen? Noch ein Steinchen im Meraner Sissi-Mosaik, ideal für Alt und Jung. Im Anschluss kann man die historischen Räumlichkeiten des Schlosses besichtigen.
merano-suedtirol.it

VOM GARDASEE NACH VENEDIG

Durch das schöne Venetien

Von der Piazzetta San Marco schaut man in Venedig direkt auf die kleine Insel San Giorgio Maggiore mit der gleichnamigen Kirche und ihrem Kloster (links). Ferienlaune kommt hier schnell auf (oben). Die kleine Venedig-Nachbarin Burano ist bekannt und beliebt wegen ihrer bunten Fischerhäuser (unten).

An der Punta San Vigilio liegt die vielleicht schönste Villa am Gardasee. Ihr Gästehaus (im Bild) ist heute ein kleines exklusives Hotel (oben). Der Strand von Torbole bietet viel Platz zum Sonnenbaden (rechte Seite).

8 EIN SEE WIE AUS DEM BILDERBUCH – DER GARDASEE

Zwischen Sportgeist und Dolce Vita

Oben im Norden Berge, die ins Wasser stürzen, und weiter gen Süden Weinreben, die auf sanften Hügeln in lieblichen Kulturlandschaften wachsen. Reizende Städtchen mit palmengesäumten Promenaden atmen Geschichte. Ein Dorado für die Sportlichen auf dem und am Wasser und all jene, die unter südländischer Sonne nur die Seele baumeln lassen wollen. Bei Pizza und Pasta, Bardolino und Lugana. Mediterranes Dolcefarniente, beliebt schon bei den Römern. Das Bilderbuch Gardasee kennt viele wunderschöne Kapitel.

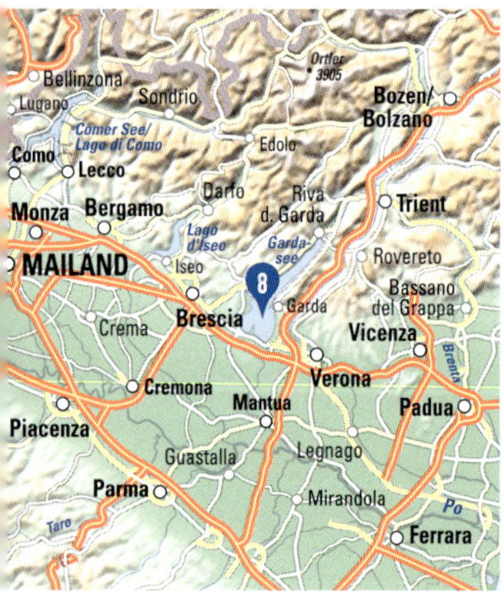

Der Gardasee hinterließ beim englischen Schriftsteller D. H. Lawrence vor gut 100 Jahren bleibende Eindrücke: »Ich saß und schaute auf den See. Es war schön wie das Paradies, wie die erste Schöpfung.« Diese poetische Sicht auf den See spricht den gut 22 Millionen Menschen, die jedes Jahr an den Ufern und in den Bergen dahinter Urlaub machen, aus der Seele. Schließlich findet an und auf dem 52 Kilometer langen, im Süden 18 Kilometer breiten und bis zu 350 Meter tiefen Gewässer jeder, was er zum Ferienglück braucht. Die Sonne scheint aus einem blauen Himmel, strahlt auf den Gardasee wie auf eine Bühne, die in Windeseile, hinter jeder Kurve, ihr Bild wechselt. Südländische Stimmung am Fuß 2000 Meter hoher Berge. Das macht den Reiz aus: Kaum ist der Brenner überquert, beginnt der Süden Europas. Und die Alpen sind der Vorhang, hinter dem sich wettertechnisch alles Glück der Erde verbirgt: im Frühling und Sommer Sonne satt, im Herbst und Winter mildes Klima, Frost und Schnee nur in den Bergen. Wie sonst könnten Palmen und Datteln wachsen, Oliven, Bananen und das farbintensive Tropengewächs Bougainvillea? Und natürlich Zitronen?

Es ist die große Bühne für die Fun-Aktiven, mit dem Brett auf dem Wasser, dem Bike in den Bergen, Adrenalin in den Felsen. Die anderen ruhen sich aus, räkeln sich in der Sonne, schlendern durch die Gassen und wandern gemächlich in den Wäldern.

Schwierige touristische Anfänge

Die Geschichte des Gardasees ist lang und bewegt, aus strategisch-militärischer Sicht; der Tourismus dagegen ist noch jung und begann damit, dass Straßen gebaut wurden. Denn wer bis Ende des 19. Jahrhunderts aus dem Norden kommend am See urlauben wollte, musste in Riva oder Torbole ein Boot nehmen, um in südlichere Gefilde zu kommen. Die Gardesana Orientale, die Straße entlang des Ostufers, wurde 1929 fertig. Zwei Jahre später hatte man sich im Westen des Sees einen Weg durch die Felsen gesprengt: Auch heute noch schwärmen die Menschen von der Gardesana Occidentale als eine der schönsten Straßen Europas, wenn nicht gar der Welt.

Die ersten motorisierten Touristen wurden aber bald schon durch den Ausbruch des Zweiten Weltkriegs gestoppt. Die Schlagzeilen, die der See fortan machte, waren eher negativ: Benito Mussolini ließ sich mit seiner faschistischen Regierung unter Hitlers Gnaden in Salò, Gardone und Gargnano nieder. Später profitierte auch der Gardasee von den Segnungen des deutschen Wirtschaftswunders, den sich die drei Regionen Trentino, Lombardei und Venetien teilen. Alles Sehenswerte rund um den See prangte in einem Prospekt: die stilvollen Palazzi aus der k.-u.-k-Zeit in Riva, auf der Ostseite die herrschaftliche Skaligerburg in Malcesine, die Anmut eines Monte Baldo und die Pracht von Gardas Bucht; im Westen die anheimelnde Enge Limones und der Glanz stilvoller Häuser von gestern und heute in Gardone Riviera, Gardone di Sopra und Salòs Strebsamkeit.

Glückliches Sirmione, weltberühmtes Verona

Und dann Sirmione im Süden, wo schon die alten Römer ihre müden Glieder im Bade kurierten, wo die Skaliger eine Postkartenfestung errichteten, wo die Sonnenuntergänge das Wasser verzaubern. Sirmione sehen und glücklich sterben, mögen sich viele in Unwissenheit und Anlehnung an den alten römischen Dichter Catull gesagt haben, der vermeintlich in den gleichnamigen Kuranlagen sein Seelenheil fand. Und dann natürlich Verona, einen Katzensprung entfernt. Einmal Julias kupfernen Busen tätscheln, damit sie einem Glück in der Liebe bringe. Einmal eine Belcanto-Aufführung in

Blick auf Torbole (linke Seite). Schöne Promenade am Strand von Torbole (unten). Die Stellplätze direkt am Wasser sind am Gardasee besonders beliebt (ganz unten).

In der Enoteca della Valpolicella in Fumane (unten). Der Campingplatz von Toscolano Maderno liegt am ruhigeren Westufer des Sees (ganz unten). Befestigungsanlagen im Val di Gresta (rechte Seite oben). Die wunderschöne Isola del Garda (rechte Seite unten).

der sagenumwobenen Arena miterleben, um den Daheimgebliebenen genüsslich davon zu berichten. Einmal eben nach Verona. Und Brescia? Die Stadt steht etwas düpiert abseits, was sie nicht verdient hat, auch wenn der Puls hier anders schlägt als im selbstverliebten Verona: Wer die harte Schale der Industriestadt pellt, stößt auf einen liebenswerten Kern rings um bedeutende römische Hinterlassenschaften wie das Capitol.

Ein See für alle und alles

Ende der 1970er-Jahre erlebte der Gardasee einen weiteren unverhofften Aufschwung: Surfer entdeckten das Gewässer für ihren Sport. Heute sind Teile im nördlichen Seebereich für Badegäste und die motorisierte Schifffahrt gesperrt – die Gefahr, dass Surfer Badende nicht erkennen oder aber selbst von Motorbooten »rasiert« werden, ist nicht zu unterschätzen. Es windet halt immer auf dem Wasser, denn Sover, Tramontana und die berüchtigte Ora blasen zur Freude aller Wassersportfanatiker beständig und kräftig aus unterschiedlichen Richtungen. Eine eigene Tourismusindustrie hat sich entwickelt, denn Surfer campieren längst nicht mehr nur in VW-Bussen und kochen auf der Gasflamme, auch sie brauchen Unterkünfte und Verpflegung. Genauso wie die waghalsigen Gipfelstürmer der Rocchetta und die Wanderer, die hinauf auf den Monte Baldo kraxeln.

Berg und Täler

Dieser Monte Baldo ist fürwahr ein veritabler »Monte Miracolo«. Über das Tal und auf das Wasser stülpt sich dieser so eigentümliche Frühdunst, die Almen und Gipfel im Westen sind nur schemenhaft zu erkennen. Nur der Monte Baldo streckte während der letzten Eiszeit kühn seine Gipfel der kühlen Sonne entgegen, so überlebten Samen, Kräuter, Pflanzen und zauberten diesen »Monte Miracolo«. Rund zwei Dutzend Pflanzen wachsen ausschließlich auf dem Monte Baldo, und so tragen diese Endemiten auch seinen Namen, wie die Baldo-Anemonen oder die *Knautia baldense*, dieses niedliche kleine Gewächs mit dem vielsagenden Namen Witwenblume.

Die schmelzenden Gletscher in den Alpen gruben sich immer tiefer in das Gebirge und ließen das Etsch- und das Sarcatal und schließlich auch den Gardasee entstehen, der mehr und mehr auch zu einem Paradies für die Schönen und Reichen wurde. Sie kamen zur Jahrhundertwende, der Belle Époque, und bevölkerten vor allem das Westufer.

Das gemeine Volk trudelte Jahrzehnte später nach. Limone, Gardone Riviera und Salò waren Flecken, die man bis dahin besonders gern im Winter aufsuchte, vornehmlich, weil es sich im Schutz des Monte Pizzocolo und umgeben von mediterraner Flora gut leben ließ. Im Winter sinkt das Thermometer nur

selten nahe null Grad, und in den Sommermonaten lässt es sich bei durchschnittlichen 27 Grad prima aushalten.

Der Geschmack des Sees

Die Seefische und die frischen Weine, schon die alten Römer fanden schnell Geschmack an Lukullus' Geschenken. Olivenöl, Zitronen und Orangen waren im Mittelalter die Spezialitäten für Bewohner nördlich der Alpen, denn frisch konnten diese Köstlichkeiten nur vom Gardasee kommen. Die Zeit der Zitronen und Orangen ist vorbei. Ins Leere streben in Limone die Säulen der Limonaien – einer Symbiose aus Gewächshaus und Wintergarten –, die in der kalten Jahreszeit Dächer trugen, um die Wärme zu speichern. Heute fungieren sie als stumme Zeugen dafür, dass hier der Handel mit den sauren Südfrüchten einst ein zuckersüßes Leben bescherte.

Wer heute Zeugnis von der typischen Gardaseeküche ablegen soll, könnte es schwer haben, wenn er sich ausschließlich auf Touristenpfaden bewegt. Pizzen können schon mal aufgebacken, Pasta aufgetaut und Polenta aufgewärmt sein. Abseits speist es sich genüsslicher, dort, wo der Padrone noch die Gäste bedient und gestikulierend erzählt, was die Küche gerade Frisches im Angebot hat. Auch bei der Auswahl des passenden Weins werden die heimischen Gewächse bevorzugt: der leichte, süffige Bardolino oder der etwas bittermandelige Valpolicella von der Ostseite des Sees, der kräftige Groppello oder die Rosévariante Chiaretto vom Westufer oder die Weißweine Lugana oder Custoza aus der Gegend südlich von Sirmione.

Die blauhaarige Nymphe

Dass Engardina schon all diese Köstlichkeiten kannte, ist zu bezweifeln. Sie spielt die entscheidende Rolle, wenn es darum geht, die wahre Geschichte des Gardasees zu erzählen: Engardina hieß dereinst eine wunderschöne Fee mit langen, blauen Haaren. Der Wassergott Benacus hatte ein Auge auf sie geworfen und lockte sie mit dem Versprechen, ihr einen eigenen See zu schenken. Dreimal klopfte er mit dem Dreizack an einen Felsen, und schon sprudelte die Quelle des Gardasees. Sogleich hielt Engardina ihr liebliches Haar ins Wasser. Seither leuchtet der See im schönsten Blau und verströmt einen wundersamen Feenduft.

STELL- UND CAMPINGPLÄTZE

CAMPER STOP TORBOLE

Via al Còr, 2, 38069 Nago-Torbole TN, camperstoptorbole.it, GPS: 45.872846, 10.872527. Stellplatz mit kompletter Ausstattung neben einem herkömmlichen Campingplatz. Guter Ausgangspunkt für das Nordufer mit Riva del Garda.

WOHNMOBILSTELLPLATZ PESCHIERA DEL GARDA

Via Milano, 37019 Peschiera del Garda, GPS: 45.438912, 10.684256. Zentraler Stellplatz im kleinen Ort am Südufer des Gardasees. Zur Zitadelle bzw. ins Stadtzentrum sind es nur wenige Schritte. Man übernachtet nicht direkt am Seeufer, aber dafür ist hier fast immer noch eine Parzelle frei. Ver- und Entsorgung sowie Strom vorhanden, sehr gutes Preis-Leistungs-Verhältnis insbesondere im Vergleich zu den vielen Campingplätzen am Gardasee.

TOP ★ ERLEBNISSE

★ DIE SCHÖNE IM SEE

Die Isola del Garda ist die größte der fünf Inseln im Gardasee, 900 Meter lang und nicht breiter als 125 Meter. Ein mediterranes Schmuckstück mit ihren vielen Pflanzen, Gärten und dem märchenhaften Wäldchen aus Pinien und Zypressen. Gräfin Cavazza lebt seit ihrer Kindheit auf der Isola. Ihr ganzer Stolz sind die Rosen, die dank des warmen Mikroklimas und der schützenden Mauern sagenhaft große Blüten treiben. Führungen April bis Oktober. isoladelgarda.com

★ JAZZ-SOMMER IN GARGNANO

Juni bis September, meist freitags ab 21 Uhr, erklingt an der kurzen Uferpromenade von Gargnano Jazz. Vom musikaffinen Wirt des Baccaretto organisiert, der nicht nur dann besondere Leckereien auftischt. Via Lungolago Zanardelli 10, Tel. 033 3293 0469.

★ DIE SCHÜSSELN IM FELS

Gletschermühlen nennt man schüsselartige Vertiefungen in Felsen, die durch die schmirgelnde Wirkung von sich drehenden Steinen entstanden sind. Am einfachsten zu finden sind jene oberhalb von Arco im Norden des Gardasees. Nach dem Hinweis »Marmite gigante« Ausschau halten und dann ruhig in eine von ihnen hinein- und hinaufklettern (ist gesichert).

WEITERE INFORMATIONEN
visitgarda.com

9 KUNST UND ANTIQUITÄTEN – BRESCIA

Lohnenswerte Entdeckungen

Brescia ist eine gelungene Symbiose aus moderner Industriemetropole und traditioneller Handwerkskunst inmitten von vielen steinernen Zeitzeugen von der Antike bis zur Gegenwart. Während die Massen nach Verona strömen, muss Brescia um jeden Gast kämpfen. Schade, denn die Hauptstadt der gleichnamigen Provinz hat es verdient, erkundet zu werden.

Von Salò nach Brescia ist es mit dem Auto eine gute halbe Stunde. Weil Brescia sich in den vergangenen Jahrzehnten mit Erfolg auf den Ausbau der Wirtschaft konzentriert hat, muss man als Tourist zunächst einmal die äußere Hülle mit Industrie- und Wirtschaftsansiedlungen überwinden, um im Kern der Stadt auf viel Liebenswertes und reichlich Sehenswürdigkeiten zu stoßen. Bald schon wird man merken – je nachdem, wie schnell es gelingt, einen Parkplatz zu finden –, dass Brescia kein eigentliches Zentrum besitzt, sondern mehrere Plätze und Stadtteile mit mehr oder weniger interessanten Bauwerken.

Ein Kloster als Weltkulturerbe

Die Brescianer gelten als fleißiges Völkchen, und so war es ihnen lange ein Dorn im Auge, dass ihr Kloster San Salvatore mit der Kirche Santa Giulia erst 1906 von der Stadt komplett gekauft und dann gründlich restauriert werden konnte. Das Kloster geht auf den Langobardenkönig Desiderius (8. Jh.) zurück. Inzwischen ist es samt Museum und Kirche in alter Pracht wiedererstanden und als Museo di Santa Giulia zusammen mit dem archäologischen Komplex um das Forum Romanum 2011 zum Weltkulturerbe erkoren worden.

Der kleine Hügel mit der Altstadt darunter war schon zu römischen Zeiten besiedelt.

La Rotonda, der alte Dom auf der Piazza Paolo VI, beeindruckt durch seine einzigartige Struktur und Schönheit (unten). Die Piazza della Loggia spiegelt noch heute den ganzen Stolz der Bürger (rechte Seite oben). Der Park unterhalb des Schlosses (rechte Seite unten).

Rund 15 Jahrhunderte später wurde das Kastell zu einer der größten Befestigungsanlagen Norditaliens ausgebaut; die drei mächtigen runden Türme trotzten jedem Angriff. Im Inneren des Kastells sind heute ein Waffenmuseum und das Museum des Risorgimento untergebracht, mit vielen wertvollen Informationen zur politisch-sozialen Bewegung, die im 19. Jahrhundert zur Vereinigung Italiens führte. Die stadtplanerische Anordnung im Osten Brescias mit den rechtwinklig verlaufenden Straßen belegt ihren römischen Ursprung. Brescia gehörte zu den bedeutendsten römischen Siedlungen Oberitaliens, Amphitheater inbegriffen.
Die Torre del Pegol gehört zum Justizgebäude Broletto (12./13. Jh.) auf der Westseite des Domplatzes, einem der bedeutendsten mittelalterlichen Paläste der Lombardei. Der Palast hat einen viereckigen Grundriss mit breitem Innenhof, drei der Fassaden stammen aus dem Mittelalter, nur der nördlich gelegene Laubengang datiert aus dem 17. Jahrhundert. Der Duomo Vecchio (auch Rotonda) gilt als eine der wenigen Kirchen Italiens mit kreisförmigem Grundriss. Er wurde im 11. und 12. Jahrhundert gebaut und birgt kulturhistorische Schätze wie den Sarkophag des Bischofs Bernardo Maggi (14. Jh.) aus rotem Veroneser Marmor und den Tesoro delle Sante Croci, den »Schatz der heiligen Kreuze«, der nur zu besonderen Anlässen ausgestellt wird. Ebenfalls auf dem Domplatz befindet sich der Duomo Nuovo, der neue Dom (17. bis Mitte 19. Jh.). Markant sind v. a. seine weiße Marmorfassade und die 80 Meter hohe Kuppel. Nach dem Petersdom in Rom und der Kathedrale in Florenz ist es das dritthöchste Kirchengewölbe des Landes, auf das die Brescianer zu Recht stolz sind. Doch an Kirchen mangelt es in Brescia nicht, eine der herausragenden ist Santa Maria della Carità aus dem Barock mit einem prunkvollen Hauptaltar.

Piazze als Treffpunkte

Weil Brescia kein ausgewiesenes Zentrum hat, treffen sich die Menschen auf ihren Piazze. Zu den schönsten venezianischen Plätzen gehört die Piazza della Loggia, die von der namengebenden Loggia beherrscht wird, dem markanten neuen Rathaus von 1492 mit einem länglichen Kuppeldach, das an Palladios Basilika in Vicenza erinnert. Dieses Regierungszentrum wurde im Jahr 1484 von den Venezianern als Gegengewicht zum mittelalterlichen Domplatz installiert. Gegenüber der Loggia breitet sich eine lange Arkadenreihe mit einem Uhrturm als Durchgang zum mittelalterlichen Domplatz aus. Seitlich der Piazza della Loggia aber wurden zur Faschistenzeit mittelalterliche Häuser abgerissen für die monströse Piazza della Vittoria, deren Bogengänge nun den Antiquitätenmarkt aufnehmen, der jeden zweiten Sonntag des Monats stattfindet.

STELL- UND CAMPINGPLÄTZE

WOHNMOBILSTELLPLATZ BRESCIA

Via della Maggia, GPS: 45.438912, 10.684256. Einfacher Stellplatz mit Ver- und Entsorgung am Stadtrand, ruhige Lage. Ins Stadtzentrum jedoch nur per Rad oder mit dem Bus.

TOP ★ ERLEBNISSE

★ AUTHENTISCH UND EINFACH GUT

Das Raffa, seit 1932 im Familienbesitz, ist kaum zu übertreffen – im etwas altmodisch wirkenden Service, im gemütlichen Ambiente eines alteingesessenen Restaurants und in dem, was aufgetischt wird. Die Pasta ist hausgemacht, die Brescianer Fleischgerichte mit Polenta sind perfekt zubereitet. Und wenn Fisch, dann auf Vorbestellung und nur freitags, so will es die Tradition. Corso Magenta 15, Tel. 030 49037, So und August geschlossen.

★ VORHANG AUF FÜR DIE »SZENE«

Was für ein prächtiger Platz für die Ausgehszene Brescias, die junge Leute und andere Feierfans aus der weiteren Umgebung auf die lange ovale Piazza Arnaldo lockt. Ob im langen historischen Granaio, der Lagerhalle, gegenüber oder an der zentrumsnahen Schmalseite – überall einladende Lokale und Restaurants, Musik- und Aperitifbars.

★ FÜR OLDTIMER-FANS

»Mille Miglia« ist das Zauberwort, hinter dem sich der Welt schönstes Oldtimer-Rennen versteckt. Die »Eintausend Meilen« legen die stolzen Besitzer unglaublich gepflegter Wagen in passendem Outfit Mitte Juni zurück – von Brescia nach Rom und zurück auf verschlungenen Wegen mit launigen Zwischenstopps. 1000miglia.it

WEITERE INFORMATIONEN
comune.brescia.it und turismobrescia.it

Der altrömische Ponte Pietra über die Etsch. Vielleicht führte einst auch Romeos Weg zu Julia über diese Brücke (oben). Die Casa di Giulietta mit dem berühmten Balkon (rechte Seite unten). Volle Ränge in der berühmten Arena (rechte Seite oben).

10 DIE SCHÖNE AN DER ETSCH – VERONA

Mehr als Romeo und Julia

Verona lädt zu einem Spaziergang durch eine Altstadt ein, die Geschichte atmet, zu prunkvollen Palazzi, prächtigen Kirchen und zur weltberühmten römischen Arena. Dann versteht man nur allzu gut, warum die Stadt westlich des Gardasees auch »die Schöne an der Etsch« genannt wird. Unsterblich wurde die Stadt jedoch durch die tragische Liebesgeschichte von Romeo und Julia.

Wer Verona zum ersten Mal besucht, sollte sich nicht gleich all jenen anschließen, die nur die Arena im Blick haben. Vielmehr lohnt es sich, ein wenig gegen den Strom zu schwimmen, um sich der Stadt zu nähern: mit einer Fahrt auf den Colle di San Pietro oder mit der Besteigung der Torre dei Lamberti. Allerdings steht dieser Turm mitten in der Stadt an der Piazza dei Signori um die Ecke zur Piazza delle Erbe. Colle und Turm haben etwas gemeinsam: Sie bieten einen weiten Blick über die Stadt, La Bassa Veronese ist zu sehen, die Veroneser Tiefebene, und auf der anderen Seite die Hügel der Valpolicella, im Hintergrund die majestätischen Lessiner Alpen.

Nadelöhr zwischen den Kulturen

Wer einst Handel mit den Völkern nördlich und südlich der Alpen treiben wollte, kam an Verona nicht vorbei. Schließlich führt der einfachste Weg über den Brenner, damals wie heute. Verona ist keine Metropole. Dieser Status kommt im Norden des Landes nur Mailand und Turin zu. Doch zwei Anlässe gibt es, an denen sich die Stadt an der Etsch weltläufig präsentiert: Wenn im Frühjahr die Weinmesse Vinitaly ihre Pforten öffnet, tritt Verona für ein paar Tage ins Scheinwerferlicht. Und noch heller erstrahlt Veronas Stern, wenn sich im Sommer in der römischen Arena alljährlich der Vorhang hebt für das größte Opernspektakel der Welt.

Verona und das alte Rom

Es waren die alten Römer, die schon 49 v. Chr. der jungen Siedlung Bürgerrechte zugestanden hatten und wichtige Straßen in der Stadt zusammenführten: Die Via Claudia Augusta verlief in Nord-Süd-Richtung, und die Via Gallia verband das Reich von Ost nach West. Der Ponte di Pietra am nördlichen Etschbogen war Teil dieses Straßennetzes. Heute steht er in guter Gesellschaft mit anderen vorchristlichen Bauwerken: dem römischen Theater zum Beispiel, das im Sommer u. a. als Kulisse für traumhafte Ballettaufführungen dient, oder dem Torbogen der Porta Borsari, der Porta Leona sowie dem Arco dei Gavi. Auch im Mittelalter blieb Verona ein Zentrum kultureller Institutionen und politischer Macht. 128 Jahre lang herrschten hier die Scaliger und förderten die schönen Künste: So fand Dante Alighieri hier Unterschlupf, nachdem er aus Florenz verbannt worden war. Und einer der großen Maler Italiens, Altichiero da Zevio, gründete im 14. Jahrhundert die Veroneser Malerschule.

»Romeo und Julia« – ein Segen für die Stadt

Im Palazzo Capuleti in der Via Cappello 23 lebte, so die Sage, im 14. Jahrhundert jenes Mädchen, das zum Inbegriff aller Liebenden wurde, dank William Shakespeares Tragödie. Doch nicht er erfand die tragische Geschichte der Liebenden, sondern zwei Dichter der italienischen Renaissance. Der Ausgang ist bekannt, die Affäre endete in tragischen Selbstmorden. Aus venezianischer Zeit stammt der barocke Palazzo Maffei, und der Palazzo del Governo war der Herrscherpalast der Scaliger. Und dann die Kirchen: Natürlich gehört die Basilika San Zeno Maggiore, die Lieblingskirche der Veroneser, mit ihrem wunderbar erhaltenen Kreuzgang zu einem Besuch der Stadt. In dem imposanten Sakralbau sind vor allem die Fensterrose, der Glockenturm und das bronzene Hauptportal sehenswert. Und innen die große Standfigur von San Zeno, lächelnd. Der Dom Santa Maria Matricolare wurde 1187 geweiht, besonders ins Auge fallen die doppelte Vorhalle und das Tor mit Reliefs und Lünette. Hier verewigte sich der große Tizian mit seinem Gemälde »Himmelfahrt Mariens«.

Vom Gladiatorenkampf zum Sangeswettstreit

Die Arena ist zwar dem berühmten römischen Kolosseum räumlich unterlegen, sie gilt aber als das am besten erhaltene römische Amphitheater, und man kann sich lebhaft vorstellen, wie hier die Gladiatoren um ihr Leben kämpften. Wer die Chance hat, einen Opernabend in dem weiten Rund mitzuerleben, wird die Atmosphäre nicht wieder vergessen. Jedes Jahr werden bis zu fünf verschiedene Opern aufgeführt – Kunstgenuss in lauer Sommerluft unter südländisch glitzerndem Sternenhimmel. Verona ist eben Italien, mehr noch: ein Stück Vorzeige-Italien.

STELL- UND CAMPINGPLÄTZE

WOHNMOBILSTELLPLATZ PORTO PALIO

Via Luigi Piccoli, 37138 Verona VR, GPS: 45.434409, 10.977885. Direkt am Rande der Altstadt gelegener Stellplatz mit Ver- und Entsorgungsmöglichkeit, allerdings dadurch auch etwas unruhig.

CAMPING CASTEL SAN PIETRO

Via Castel S. Pietro, 2, 37129 Verona VR, campingcastelsanpietro.com, GPS: 45.450441, 11.004383. Enger baumbestandener Campingplatz in einer Burgruine oberhalb der Stadt. Nur etwas für kleine Wohnmobile bzw. Kastenwagen. Die Aussichtsterrasse ist nicht weit entfernt und über die Brücke ist man schnell zu Fuß in der Altstadt.

TOP ★ ERLEBNISSE

★ EINE TOLLE EINKAUFSSTADT

Verona ist ein Paradies für den Einkaufsbummel. Die besten Ecken mit netten oder ganz feinen Boutiquen befinden sich an der und um die Via Mazzini zwischen Piazza Bra und Piazza delle Erbe, also mitten im historischen Zentrum. Doch Achtung: Am Montagvormittag ist hier fast alles geschlossen. Lebensmittel und Souvenirs kauft man aber täglich auf dem Marktplatz der Piazza delle Erbe und Antiquitäten am dritten Samstag des Monats rund um die Kirche San Zeno.

★ ABENDBUMMEL AN DER VIA SOTTORIVA

Romantiker aufgepasst: Parallel zur hohen Mauer, die Verona vor den Fluten der Etsch schützen soll, ist die Via Sottoriva eine wunderschöne Ausgehmeile, mit Tischen auch an der Mauer, auf denen Kerzen die Szenerie sanft beleuchten. Die Lokale bieten zudem vor allem eine traditionelle Veroneser Küche.

★ ITALIENS EINZIGES GRÜNES THEATER

Der Giardino di Pojega in Negrar gilt als Italiens einziges Grünes Theater – das heißt, hier sitzen die Zuschauer bei Konzerten oder anlässlich einer Hochzeit im großartigen Park inmitten der Valpolicella vor buchsbaumbegrenzten »Rängen«.
villarizzardi.it

WEITERE INFORMATIONEN
tourism.verona.it,
arena.it

DIE SÜSSEN HERZKIRSCHEN VON MARÓSTICA

Weißes Blütenmeer im Frühjahr

Maróstica, das sehr hübsche Städtchen mit nur gut 1400 Einwohnern, dessen historische Festungsmauern mit den markanten Zinnen sich den Berghang so hochziehen, als wollten sie den Ort umarmen, hat zwei Attraktionen zu bieten. Die eine ist landschaftlich-kulinarischer Art, die andere eine historische. Im Frühjahr platzen Millionen Kirschblüten aus den dicken Knospen der gepflegten Bäume und tauchen die sanft gewellte Landschaft ringsum in ein weißes Blütenmeer. Kein Wunder, dass sie zu den besonders beliebten Fotomotiven vieler Italienreisender gehören! Aber wenn die Früchte gegen Ende Mai ihre volle Reife erreicht haben, erweisen sie sich auch noch als besonders große, herzförmige Leckereien, denen kaum jemand widerstehen kann.

Im Frühjahr duftende Kirschblütenpracht …

... einen Monat später große süße Kirschen

Schon in den 1950er-Jahren boten die Erzeuger in Mason Vicentino und Umgebung auf einem Kirschenmarkt ihre Früchte an. Und 1957 wurde die Genossenschaft gegründet, damit sie sich um die Ernte und den Vertrieb der Kirschen, immerhin auf einer Fläche von etwa 460 Hektar, kümmert. Die begehrten Kirschen wachsen in einer Hügelzone auf sehr fruchtbarem Boden, sie sind die einzigen im ganzen Stiefelland, die als »Maróstica I.G.P.« ein Qualitätsprädikat besitzen. Sie sind herzförmig und je nach Sorte rosa bis dunkelrot. Noch ein wenig Warenkunde: Die wichtigsten Sorten sind Sandra, Romana, Francese und die Duroni rossi mit besonders süßem Geschmack.

Letzten Mai-Sonntag vormerken!

Um zu erleben, dass sie besonders saftig sind und einen vollen, süßen Geschmack haben, muss man einfach selber probieren. Aber Achtung: Die Zeit vom Auftreten der Früchte bis zu deren Reife ist mit 30 Tagen kurz. Also nicht zu lange zögern!

Nicht nur zum Kirschfest am letzten Mai-Sonntag werden überall Marktstände mit den saftigen, unter Ursprungsschutz stehenden Kirschen aufgebaut und treten Köche und Konditoren in einen kulinarischen Wettbewerb um die leckersten Kuchen und Eissorten oder Getränke, ob mit oder ohne Alkohol. Kirschmenü? Warum nicht, man kann ja auch den Hauptgang, etwa ein Entengericht, mit Kirschen zaubern, der Fantasie sind bekanntlich gerade unter den Köchen keine Grenzen gesetzt. Zum Abschluss gibt es einen hochprozentigen Kirsch von Poli, um die vielleicht bekannteste Schnapsbrennerei der Gegend zu nennen.

Die Straße der Kirschen

Das Consorzio di Tutela Cigliegia di Maróstica IGP hat nicht nur den Kirschmarkt ins Leben gerufen, sondern auch eine »Straße der Kirschen« ausgeschildert, die von den mittelalterlichen Mauern Maròsticas in die vom Kirschenanbau geprägten Hügel und Städtchen führt. Auch die historische Attraktion, die am zweiten September-Wochenende in den geraden Jahren stattfindet, hat direkt etwas mit dem Kirschenanbau zu tun: das lebende Schachspiel, also mit menschlichen Schachfiguren. Und das kam so: 1454 befahl Taddeo Parisio, Burgherr und Statthalter des Landes und der Burg Maróstica, nach der Austragung des berühmten »Schachspiels«, das eine blutige Fehde verhinderte, am Hochzeitstag seiner Tochter, im ganzen Umland Kirschbäume zur Erinnerung an dieses glückliche Ereignis zu pflanzen.

Aber eigentlich braucht Maróstica nicht unbedingt Kirschen oder Schachspiel als Zugpferd – der Ort selbst ist in seinen intakten mittelalterlichen Mauern eine wahre Schönheit mit seinen meist engen Gassen und Plätzen, umrahmt von historischen, sehr gepflegten Wohnhäusern und Palästen. In ihnen haben sich für den kleinen Ort erstaunlich viele einladende Cafés und Restaurants eingenistet. Wer sich jedoch zu einem der großen Ereignisse, also dem Kirschmarkt oder dem Schachspiel, ein Plätzchen sichern möchte, sollte lange im Voraus buchen – zum Schachspiel möglichst im Obergeschoss mit Blick zur grandiosen Piazza degli Scacchi, wie der Schauplatz des Schachspiels logischerweise heißt. Natürlich mit Schachbrettmuster in Rosa und Weiß.

Herzstück Marósticas ist das steinerne Schachbrett auf der Hauptpiazza

Der Ponte degli Alpini verbindet die beiden Stadtteile von Bassano del Grappa aufs Schönste miteinander (unten). Ein einladendes Städtchen mit einer ziemlich hochprozentigen Tradition (rechte Seite)!

11 KEINE SCHNAPSIDEE – BASSANO DEL GRAPPA

Brücke und Klares, Keramik und wundervolles Papier

Es passt ganz gut, dass auch der Hausberg des Ortes Grappa heißt und ihn vor kalten Nordwinden schützt. Denn Grappa heißt bekanntlich auch das hochprozentige Getränk, das den Ort bekannt gemacht hat. Dabei verdient Bassano del Grappa allein wegen seiner Lage an der hier breiten Brenta einen Besuch. Wer herkommt, ist sicher kein Tourist, sondern ein neugierig Reisender.

Wenn man mitten im gemütlichen Bassano plötzlich vor dem Brückenkopf des Ponte degli Alpini steht, könnte man meinen, in einem ganz privaten Bereich, dem Entree eines Palazzo etwa, zu stehen. So intim wirkt diese hölzerne Brücke, die mehrfach zerstört, in die Luft gesprengt und immer wieder von den Bewohnern Bassanos (heute rund 43 500) aufgebaut wurde. Wie ein Schattenriss wirken ihre dunklen Holzpfosten, die Ausblicke auf den Fluss gewähren wie durch eine lange Fensterreihe, auch auf die Berge und die beiden Stadtteile beiderseits der Brenta.Am östlichen Brückentor, das aussieht, als müsste es noch immer den Flussübergang verteidigen, hat sich seit Jahrzehnten die Grapperia Nardini mit ihrer Probierstube eingenistet. Hier kann man in gemütlicher Atmosphäre die Grappa-Hausmarken kosten und kaufen oder für zu Hause ordern. Gegenüber hat es ihr der »Rivale« in Sachen Grappa nachgemacht mit einem Grappa-Museum, Poli. Beide sorgen dafür, dass die hochprozentigen Schnäpse weit über Italiens Grenzen hinaus berühmt bleiben. Wer kann sich den Abschluss eines ausführlichen italienischen Abendessens ohne einen delikaten Grappa vorstellen? Oft gar vom Wirt kredenzt?

Keramik und Druckkunst

Einen schönen Museumskomplex leistet sich Bassano für seine Keramiken und Majoliken sowie die Druckkunst, alles zusammen im sehenswerten Palazzo Sturm aus dem 18. Jahrhundert in der Via Schiavonetti, nur wenige Schritte südlich vom östlichen Brückenkopf. Das Museo della Ceramica befindet sich nicht von ungefähr in Bassano, hier hat dreimal das Internationale Symposion der Keramik stattgefunden, 1972, 1974 und 1978. Dabei ging es anfangs insbesondere um neue Materialien und Arbeitsmethoden in der künstlerischen Keramik. Protagonisten waren international bekannte Künstler wie die Französin Anne Barrès, die US-Amerikanerin Ruth Duckworth, der Engländer Tony Fanks, der Pole Rofin Kominek und der Ungar Imre Schrammel. 1978 waren die Deutsche Lee Babel und Fritz Vehring richtungweisend in der figurativen Keramik. Alles nachvollziehbar im wunderbaren Museum.

Seit 2007 sind auch die Sammlungen des Museo Remondini im Palazzo Sturm untergebracht. 200 Jahre Kulturgeschichte der europäischen Druckkunst anhand der Familiengeschichte der Remondini Mitte des 17. bis Mitte des 19. Jahrhunderts: Bücher und dekoriertes Papier, volkstümliche profane wie religiöse Kupferdrucke, aber auch Spiele und Veduten, alles, was man so aus Papier herstellen kann. Höhepunkt sind sicher Xylografien der Drucke großer europäischer Künstler wie Mantegna, Dürer und Tiepolo. Vieles ist hier auch multimedial aufbereitet, so wie es Museumsbesucher heute erwarten.

Reichtum durch arme Kunst

Die Remondini aus Bassano del Grappa waren große Förderer ihrer Stadt. Den Grundstein legte Giovanni Antonio Remondini, 1634 in Padua geboren, der 1657 ein Haus auf dem Hauptplatz von Bassano erwarb und darin sein Geschäft für Stoffe wie Wolle und Seide eröffnete, dazu ein paar wichtige Eisenwaren. Bald fügte er, geschäftstüchtig wie er war, Xylografien hinzu: Heilige zum Beispiel, die von den Bauern zum Schutz ihres Hauses gekauft wurden, da sie natürlich billiger waren als die üblichen Figuren aus Marmor, Holz oder Stuck. Erst brachten die Remondini das Papier aus Verona, doch dann erwarben sie eine eigene Presse und begannen selber zu drucken; später kamen mehrere Papierfabriken hinzu und machten sie zu einer richtigen Marke in ganz Europa. Den Vertrieb überließ man sehr erfolgreich Slovenen aus Cividale del Friuli, genannt Schiavoni.

STELL- UND CAMPINGPLÄTZE

WOHNMOBILSTELLPLATZ BASSANO DEL GRAPPA

Parcheggio Gerosa, Viale A. De Gasperi, 36061 Bassano del Grappa VI, GPS: 45.757884, 11.731936. Große asphaltierte Stellfläche an einem Parkplatz in Altstadtnähe. Ver- und Entsorgung vorhanden.

TOP ★ ERLEBNISSE

★ PAPIER NACH HISTORISCHEN VORLAGEN

Heute kann man außer im Museo Remondini eine schöne private Sammlung des Nachfolgers der Remondini, Giorgio Tassotti, besichtigen, der 1957 in Bassano eine neue Druckerei mit demselben Konzept gründete: die Grafiche Tassotti. Auch neue Produkte kann man hier oder online erwerben. Adresse: Grafiche Tassotti, Via Santi Fortunato e Lazzaro 103, tassotti.it

★ DER WEISSE SPARGEL VON BASSANO

Bassano ist berühmt für seinen saftigen weißen Spargel, den die Wirte zur Saison im Frühjahr in allen erdenklichen Variationen anbieten. Ein Spezialitätenladen ist italienweit berühmt für seine Spargelvariationen: Fietta La Bottega del Gusto, Via della Pace 39, 36061 Bassano (VI), Tel. 0424 523519, asparagobassano.it.

★ BEMALTES STÄDTCHEN

Feltre zu Füßen des Nationalparks der Dolomiti Bellunesi ist allein schon wegen seiner außen freskierten Häuserzeilen, die aus dem Ort ein Freilichtmuseum besonderer Art machen, einen Ausflug wert. 50 Kilometer nördlich Bassano eine Renaissance-Perle, fast theatralisch aufgebaut zwischen Park und Dombereich.

WEITERE INFORMATIONEN

Piazza Garibaldi 34, 36031 Bassano del Grappa (VI), Tel. 0424/51 99 17, comune.bassano.vi.it

Hügel, Villen und Zypressen: Vicenza war das Zentrum des Schaffens von Andrea Palladio (oben). Die Bühne des Teatro Olimpico, Italiens prächtigstes Renaissancetheater (rechte Seite unten). Die Villa La Rotonda (rechte Seite oben).

12 DIE STADT VON STARBAUMEISTER PALLADIO – VICENZA

Einer der elegantesten Orte Norditaliens

Vicenza ist viel mehr als eine Kleinstadt auf der Route nach Venedig. An keinem anderen Ort Italiens findet man so viele architektonische Meisterwerke von Andrea Palladio. Eigentlich ist das Weltkulturerbe Vicenza eine Art Ausstellungskatalog des Schaffens dieses künstlerischen Multitalents, das den Villen-Baustil für Jahrhunderte beeinflusste.

Das unbestrittene Zentrum dieser von knapp 105 000 Bürgern bewohnten Kleinstadt ist der schnurgerade Corso Palladio. Die Straße teilt das historische Zentrum in zwei etwa gleich große Teile. Hier befinden sich die Meisterwerke der Architektur und Kunst, die in Vicenza besichtigt werden sollten.

Eine »Basilica«, die keine ist

Andrea Palladio, eigentlich Andrea della Gondola, »von der Gondel«, lebte von 1508 bis 1580 hauptsächlich in Vicenza. Unter den zahlreichen Bauwerken, die er für die reichen Patrizier und Aristokraten dieser Stadt und des Staates der Seerepublik Venedig entwarf, sticht die »Basilica« von Vicenza als Unikum heraus. Eigentlich ist eine Basilika ja eine Kirche. Doch Palladio wusste, als Verehrer der klassischen antiken Architektur römischer Prägung, dass das Wort ursprünglich einen administrativen Verwaltungsbau meinte. Der Begriff wurde später von der katholischen Kirche für eine Form des Gotteshauses übernommen. Palladios Basilika in Vicenza ist denn auch ein Verwaltungsgebäude nach antikem Vorbild. Das gesamte Formkonzept richtet sich danach aus. Das elegante, lang gestreckte Gebäude besteht aus zwei übereinanderliegenden Bogenreihen und vielen Säulen. Die Piazza dell'Erbe an einer Seite des Bauwerks ist an Wochentagen Vicenzas bester Markt.

Kirchen und Paläste

Wie in allen historisch gewachsenen Städten Italiens dominieren auch in Vicenza kunsthistorisch bedeutende Kirchen und Paläste. Sie erheben sich in einem aus dem Mittelalter stammenden Straßen- und Gassengewirr mit verlockenden Geschäften, vor allem,

was regionale Lebensmittel und Weine angeht. Nicht weit von der Basilica erhebt sich der Dom, stilistisch genau das Gegenteil der antikisierenden Eleganz der Bauten von Palladio. Er wurde vom 13. bis 15. Jahrhundert errichtet und zeigt dem Besucher eine gotische Fassade. Bei der Apsis aus der Frührenaissance reckt sich ein romanischer Glockenturm auf römischen Gebäuderesten in die Höhe.
Im Nordosten des historischen Zentrums stehen sich zwei Meisterwerke der italienischen Architektur gegenüber. Zum einen der Palazzo Chiericati, 1551 nach einem Entwurf von Palladio errichtet, mit einer zweistöckigen Fassade, die von Skulpturen gekrönt wird. Die Innenräume sind im frühbarocken Stil ausgemalt. Der Palazzo beherbergt eine Gemäldesammlung, mit Hauptwerken von Meistern wie Tintoretto, Tiepolo und Veronese.

Italiens vielleicht schönstes Theater

Nur einen Katzensprung entfernt erhebt sich das Teatro Olimpico, Palladios letzte und eigentümlichste Kreation. Es handelt sich um das erste frei stehende Theater, das seit dem Ende der Antike in Europa errichtet wurde. Neben einem halbrunden Zuschauerraum, der Cavea, erheben sich die Bühne und das Bühnenhaus. Der Zuschauerraum bietet Platz für knapp 750 Personen. Das feststehende Bühnenbild zeigt eine idealisierte Renaissance-Stadt als visuelle Illusion. Obwohl nur etwa zwölf Meter tief, wirkt die Illusion so, als ob man bis zu 100 Meter weit schauen könnte. Nicht weit vom Teatro Olimpico lockt die mittelalterliche Dominikanerkirche S. Corona. Die dreischiffige Kirche im Stil der strengen Eleganz des 13. Jahrhunderts ist vor allem wegen einiger Gemälde besuchenswert. Meisterwerke von Paolo Veronese in der dritten Altarkapelle rechts und eines der schönsten Gemälde von Giovanni Bellini in der fünften Altarkapelle links: eine Taufe Christi, die unbestritten zu den eindrucksvollsten Gemälden der italienischen Kunstgeschichte zählt. Nach so viel Interna sollte ein Bummel unbedingt in die Contrà Porti führen, in der sich prächtige Paläste aneinanderreihen. Einige von ihnen, wie kann es anders sein in Vicenza, stammen von Meister Palladio, etwa der Palazzo Barbaran da Porto von 1571. Darin ist übrigens das Museo Palladiano untergebracht.

STELL- UND CAMPINGPLÄTZE

CAMPING VICENZA SPORT

Via U. Scarpelli, 35, 36100 Vicenza VI, GPS: 45.517862, 11.602100. Gepflegter Campingplatz mit kompletter Ausstattung außerhalb der Stadt. Mit dem ÖPNV etwas umständliche Fahrt nach Vicenza, dafür aber kein Vergleich mit dem altstadtnahen Wohnmobilstellplatz.

WOHNMOBILSTELLPLATZ VICENZA

Via Bassano, GPS: 45.542262, 11.557738. Nur der Vollständigkeit halber erwähnt, weil der Platz wirklich direkt neben der Altstadt liegt. Allerdings wenig attraktiv neben Bahngleisen, einer Hauptstraße und als Teil eines Großparkplatzes. Ver- und Entsorgung vorhanden.

TOP ★ ERLEBNISSE

★ PALLADIOS VILLEN

In der direkten Umgebung von Vicenza hat Andrea Palladio (1508–1580) einige seiner beeindruckendsten Villen hinterlassen. Die schönste ist vielleicht La Rotonda auf einem Hügel westlich von Vicenza. Die Rotonda wurde zum stilbildenden architektonischen Vorbild eleganter Landhäuser des 18. Jahrhunderts, vor allem in England und auch in den USA. Mit dem Auto können die schönsten palladianischen Villen in knapp zwei Stunden abgefahren und, wenn zugänglich, besichtigt werden. villarotonda.it

★ OPULENT NÄCHTIGEN

Bei Vicenza kann man in historischen Villen übernachten, beispielsweise in der Villa Pisani, die 1541 von Palladio errichtet und mit Fresken ausgemalt wurde. Luxuriös residieren die Gäste in einem Nebengebäude. Das Haupthaus bietet ein Feinschmecker-restaurant. labarchessadivillapisani.it

★ SPEZIALITÄT AUS VICENZA

Baccalà alla vicentina, ein Stockfischgericht, ist die unbestrittene gastronomische Spezialität in und um Vicenza. Es gibt sogar eine aus dem Mittelalter stammende Baccalà-Bruderschaft. Schon der berühmte französische Literat und Italienreisende Michel de Montaigne würdigte im späten 16. Jahrhundert dieses leckere Gericht.

WEITERE INFORMATIONEN
vicenza.org/de

13 NICHT NUR EIN ORT FÜR PILGER – PADUA

Die Stadt des heiligen Antonius

Viele Italientouristen auf dem Weg nach Venedig fahren auch an Padua einfach nur vorbei. Ein grober Fehler, denn selbst wenn diese Kleinstadt jahrhundertelang im Schatten der Serenissima stand, war sie immer ein Zentrum für Kunst und Kultur. Ein Spaziergang durch eine der ältesten Städte Italiens, der Sage nach 1184 v. Chr. gegründet, ist dringend angesagt.

Kreisrundes Wasser, Statuen und städtisches Leben: der Prato della Valle (unten). Dem heiligen Antonius ist die grandiose und viel besuchte Basilika geweiht (rechte Seite oben). Prächtiges Eingangstor in die Villa Contarini (rechte Seite unten).

Historisch belegt ist die Gründung eines ersten Fischerdorfes am Fluss Bacchiglione allerdings erst für das 4. Jahrhundert v. Chr. Das antike Patavium entwickelte sich unter den Römern zu einer der blühendsten Handelsstädte des Reiches. Von der antiken Glorie blieb nicht viel. Padua-Besucher werden vergeblich nach grandiosen Resten von Tempeln oder Thermen suchen. Heerführer Attila zerstörte die Stadt 452, und der Langobardenkonig Agilulf gab ihr 613 den Rest: Padua brannte komplett nieder. Erst unter Karl dem Großen erholte es sich langsam wieder.

Zwei Sakralbauten sollte kein Reisender in Padua auslassen. Zwei atemberaubende Gebäude, die selbst in Italien einmalig sind. Die Basilika des heiligen Antonius, immerhin einer der am meisten verehrten Heiligen der katholischen Kirche, ist ein Kunstmuseum für sich. Das im 13. Jahrhundert errichtete Bauwerk fasziniert Kunstfreunde mit hochgotischen Fresken, Bronzen von Donatello, zauberhaften Wandmalereien von Renaissance-Meister Sansovino, aufwendig gestalteten Grabmonumenten und einem stillen Kreuzgang. Sämtliche Kirchen des historischen Zentrums bieten erstaunlich gut erhaltene Fresken der frühen Renaissance, die zum Schönsten gehören, was man aus dieser Zeit in Italien finden kann. S. Giorgio, S. Giustina, der Dom und die Kirche der Emeritani, auch

Ss. Filippo e Giacomo genannt, bieten ein Bilderbuch der Malerei zwischen dem 14. und 16. Jahrhundert.

Ein Juwel von einer Kapelle

Eines der Hauptwerke der italienischen Kunstgeschichte befindet sich in der Cappella degli Scrovegni. Dieses Sakralgebäude erhebt sich genau dort, wo in der Antike eine Arena stand. Die Kapelle wurde von Giotto ausgemalt, jenem Maler, der als Erster die Perspektive wiederentdeckte und in seine Darstellungen aufnahm. Ein künstlerischer Revolutionär also, der auch als einer der Ersten seiner Zeit Menschen individuell darstellte. Seine Wandbilder in der Scrovegni-Kapelle, vor allem das der sieben Tugenden und der sieben Sünden, sind ein unbestrittenes Meisterwerk der Malerei. Wer noch mehr Highlights der Kunstgeschichte sehen möchte, sollte das Museo Civico nahe der Kapelle besuchen. Hier hängen Hauptwerke von Meistern wie Tiepolo, Bellini, Veronese und Tintoretto.

Das weltliche Zentrum der Stadt sind seit dem Mittelalter die Piazza della Frutta, der Obstplatz, und die Piazza delle Erbe, der Kräuterplatz. Die Namen sagen es: Hier findet seit Urzeiten der Markt statt. Zwischen beiden Plätzen erhebt sich der Palazzo della Ragione aus dem 13. Jahrhundert, der als das urbane Zentrum der Stadt auch »Salone« genannt wird, die gute Stube.

Zum Kaffee ins Pedrocchi

Eine andere gute Stube Paduas liegt nicht weit vom Marktplatz entfernt. Das Caffè Pedrochi ist eines der berühmtesten und ältesten Kaffeehäuser Italiens. Seit 1772 ist es traditioneller Treffpunkt der feinen Gesellschaft und der Intellektuellen. Berühmt wurde es als Versammlungsort jener militanten Anhänger, die seit den 1840er-Jahren für ein vereintes Italien kämpften. Noch heute verkehren hier Professoren der nahen Universität. Im Universitätspalast aus dem frühen 16. Jahrhundert befindet sich das erste europäische »Teatro anatomico« von 1594. In diesem runden Raum mit steil aufsteigenden Sitzreihen für die Medizinstudenten wurden in früheren Zeiten Leichen zu Studienzwecken seziert. Ein städtebauliches Kuriosum ist der Prato della Valle, einer der flächenmäßig größten Plätze Europas. Angelegt wurde er im Jahr 1775 als urbaner Gartenplatz. In seiner Mitte befindet sich eine künstliche Insel mit alten Bäumen, die Isola Memmia, mit 78 Statuen. Der Platz ist von einem künstlichen Kanal umgeben und gilt als einer der beliebtesten Treffpunkte der Stadt.

STELL- UND CAMPINGPLÄTZE

WOHNMOBILSTELLPLATZ PADUA

Via Telemaco Signorini, 35133 Padova PD, GPS: 45.442735, 11.888565. Im Norden und weit außerhalb der Stadt liegt die leider einzige Campingmöglichkeit Paduas. Es handelt sich dabei um einen einfachen Stellplatz an einem Busbahnhof. Beste Anbindung an die Altstadt ist zumindest gegeben.

TOP ★ ERLEBNISSE

★ DIE SCUOLA DEL SANTO

Viele Besucher findet man nicht in der Scuola del Santo (auch Oratorium S. Giorgio). Und das, obwohl dieses 1427 errichtete Oratorium bei der Basilika des heiligen Antonius eine Schatzkammer der Malerei des frühen 16. Jahrhunderts ist. Der Hauptsaal im ersten Geschoss zeigt Fresken von Tizian: Szenen aus dem Leben des heiligen Antonius.
arciconfraternita santantonio.org

★ FÜR FLEISCHLIEBHABER

Schon Galileo Galilei soll dieses traditionelle Gericht der Padovaner geliebt haben. Der Gran Bollito ist ein sehr deftiges Gericht aus verschiedenen Fleischteilen von Rind, Huhn, Truthahn und Schwein. Serviert wird diese Hauptspeise in der Regel mit Rettichsauce.

★ AUSFLUG ZU DEN CONTARINI

18 Kilometer nordwestlich von Padua in der Ortschaft Piazzola sul Brenta lockt die direkt am Brenta-Kanal gelegene Villa Contarini. In dem prächtigen barocken Landschloss lebten bis 1852 die Contarinis. Die Räume und Säle sind komplett ausgemalt und zeigen aufwendig gestaltete Stuckaturen.
villacontarini.eu

WEITERE INFORMATIONEN
padovanet.it

Ganz langsam an großen, kleinen und prächtigen Adelsresidenzen vorbeischippern ist ein Vergnügen am Brentakanal (oben und rechte Seite oben). Eher ein Schloss als eine Landvilla: die barocke Villa Pisani bei Stra (rechte Seite unten).

14 EINE VILLENTOUR – DER BRENTAKANAL UND SEINE RESIDENZEN

Die Herrschaftshäuser der Dogen

In den heißen Sommermonaten zogen sich die reichen Familien Venedigs aufs Festland zurück – in zum Teil prächtige Residenzen, von denen die meisten am Brentakanal liegen, der Padua mit der Lagune von Venedig verbindet. Eine Fahrt entlang des Kanals und der Villen ist für viele Italienbesucher immer noch ein Geheimtipp. Massentourismus gibt es hier bisher nicht.

Die Strecke ist nicht lang. Es handelt sich um etwa 40 Kilometer Autostraße von Padua Richtung Venedig. Immer am Brentakanal entlang. Über den schipperte schon der Italienreisende Johann Wolfgang von Goethe auf seiner Tour nach Venedig. Goethe nahm dafür den sogenannten »Burchiello«. Das war ein recht luxuriöses Kreuzfahrtboot mit bequemen Kabinen und Aussichtsterrassen. Die wohlhabenden Venezianer benutzten es, um zu ihren prächtigen Sommerresidenzen zu gelangen, die vor allem im 18. Jahrhundert entlang des Kanals errichtet wurden. Einige von ihnen wirken eher wie Schlösser, so groß und prächtig sind sie.

Sechs Highlights

Unter den rund 100 Villen, die sich die Venezianer am Kanal erbauen ließen, stechen sechs heraus – und eine ist schöner als die andere. Die meisten dieser Gebäude können besichtigt werden. Die Villa Giovanelli mit ihrem von hohen schlanken Säulen getragenen Vorbau von 1738 ist eine der elegantesten Sommerresidenzen. Zum Haupteingang bei den Säulen führt eine ausladende Treppe hinauf. Wie die meisten Brentavillen ist auch diese in den Repräsentationsräumen prächtig ausgemalt.

Die Villa Pisani bei Stra hingegen ist eher ein Schloss. Ab 1735 für die Dogenfamilie Pisani errichtet, mit Park und Heckenlabyrinth, mit

STELL- UND CAMPINGPLÄTZE

WOHNMOBILSTELLPLATZ VENEZIA PORTA OVEST

Via Ghebba, 109, 30034 Oriago VE, veneziaportaovest.it, GPS: 45.466338, 12.175654. In der Nähe der Villa Foscari, aber auch ein guter Ausgangspunkt für eine Tour nach Venedig. Einziger Wermutstropfen: Der Platz liegt direkt neben der Autobahn.

Stallungen und Innenräumen voller Fresken und Goldstuckaturen. Die riesige Decke des Hauptsaals ist ein Werk von Tiepolo. Es zeigt den Ruhm der Eigentümerfamilie.

Das genaue Gegenteil der Villa Pisani ist, weiter Richtung Venedig, die Villa Widmann Foscari. Errichtet wurde sie Ende des 17. Jahrhunderts von einem persischen Kaufmann. Ein zweistöckiger Bau mit Dachgeschoss und hohen Fenstern und mit einem

direkten Zugang zum Brentakanal. Die Villa Barchessa Valmarana hingegen trägt die typischen Züge einer venezianischen Landresidenz inklusive landwirtschaftlicher Verwaltungsgebäude. Alles unter einem Dach.

Eine der ältesten Villen des Brentakanals ist die Villa Gradenigo. Sie wurde 1529 errichtet, im Stil eines typisch venezianischen Palastes, nur dass dieser nicht am Canal Grande, sondern eben an der Brenta steht.

Die verträumteste Villa

Ganz im klassischen Stil entwarf der Renaissance-Baumeister Andrea Palladio in Mira die Villa Foscari, die besser als La Malcontenta bekannt ist. Direkt am Wasser, hinter Trauerweiden und anderen Bäumen erhebt sich seit 1555 dieses quadratische Bauwerk mit seinen eleganten Säulenvorbauten. Das gesamte Erdgeschoss ist ein Hauptraum, von dem kleine Räume abgehen. Sämtliche Wände sind mit Fresken geschmückt. Ihren Beinamen, »die Unzufriedene«, erhielt diese Villa einer Legende nach. So soll eine untreu gewordene Gattin aus dem Hause der Dogenfamilie Foscari hier ihre letzten Lebensjahre im erzwungenen Exil verbracht haben.

Die meisten der Brentavillen sind nicht immer zu besichtigen. Die Öffnungszeiten variieren, weshalb man sich vor einem Besuch gut informieren sollte. Aber auch ohne die Besichtigung der Gebäude ist eine Fahrt mit dem Wagen, immer an der Brenta entlang, oder, weitaus romantischer, auf einem der Ausflugsboote, die zwischen Padua und Venedig verkehren, immer ein ganz besonderes Erlebnis. Auch wenn nicht wenige moderne Neubauten das Panorama stören, sind die Ufer der Brenta mit ihren zahlreichen Villen ein magischer Ort. Vielleicht sogar besonders bei schlechtem Wetter. An grauen oder auch verregneten Tagen strahlen die meisten der alten Bauwerke, die schon längst nicht mehr als Privathäuser genutzt werden, einen ungemein melancholischen Charme aus.

TOP ★ ERLEBNISSE

★ AUSFLUG AUF DEM BRENTAKANAL

Auch wenn es sich längst nicht mehr um einen Geheimtipp handelt: Die Zeit für eine Fahrt auf dem Brentakanal mit einem Ausflugsboot sollte man sich auf jeden Fall nehmen. Der Kanal führt von Stra bis zur Adria und wurde im 16. Jahrhundert angelegt. Adelige und Patrizier bauten sich am Ufer prächtige Sommersitze, um der Hitze des nahen Venedig zu entfliehen. Die vorbeigleitenden Villen und Parks sind ein unvergessliches visuelles Erlebnis. Die Bauten wurden allesamt so an der Riviera del Brenta errichtet, dass der Besucher sie vom Wasser aus gut zu sehen bekommt. Sehenswert sind zum Beispiel die Villa Pisani in Stra, ein Anwesen, das sich auf elf Hektar am Ufer erstreckt, und die Villa Badoer, um die sich eine hitzige Liebesgeschichte rankt. Die älteste Villa, Villa Bembo, stammt von 1418.
battellidelbrenta.it

★ SCHÖN ÜBERNACHTEN

In Mira und direkt am Brentakanal verführt die Villa Franceschi aus dem 17. Jahrhundert zum Wohnen und Entspannen. Ein Luxushotel mit Garten und allen Annehmlichkeiten in restauriertem historischem Ambiente.
villafranceschi.com

WEITERE INFORMATIONEN
rivieradelbrenta.biz

15 LA SERENISSIMA – VENEDIG

Eine filigrane Schönheit

Hunderte von Inseln, Kanälen und Brücken ergeben die viel bewunderte Serenissima. Filigrane Palazzi in venezianisch-gotischem Stil spiegeln sich im Wasser der Kanäle, unzählig sind auch Kirchen und Museen voller Kunst. Venedig zeigt sich und entgleitet doch, denn niemand wird behaupten können, Venedig in allen Nuancen nach dem ersten Besuch bereits zu kennen, dafür ist die Lagunenstadt einfach zu komplex.

Wenn bei Sonnenuntergang die golden glänzenden Mosaiken der Fassade von San Marco aufzublitzen scheinen, bleibt das ein unvergessliches Erlebnis für jeden, der am Markusplatz in einem der historischen Caffès beim Klang des Orchesters seinen Aperitivo genießt. Einen anderen, bestimmt unvergesslichen Blick genießt man von der Lagune auf die Stadt, besonders beeindruckend im Winter bei Föhnwetter, wenn die schneebedeckten Alpen von Belluno so nahe an Venedig gerückt zu sein scheinen, dass sie wie eine Theaterkulisse für die kapriziöse Diva wirken.

Einer Diva freilich, die schon ziemlich in die Jahre gekommen ist. Und gleich auf den ersten Blick versteht jeder: Wo so viel historische Bausubstanz auf Wasser trifft, da ist eine ständige Sanierung vorprogrammiert. Aber Venedig steht auch das gut, ihre geradezu schwindsüchtige Zartheit, die herrlichen Palazzi mit ihren verblassten Fresken und dem abblätternden Putz stehen dieser Stadt, die dennoch eine einzige Sehenswürdigkeit bleibt. Schließlich sind ihre Paläste und Basiliken voller Kunstschätze, die Kanäle voller Gondeln, und unzählig sind Brücken und Gassen, enge Durchgänge und weite Plätze

Schattenriss der Chiesa della Salute auf der Guidecca am gleichnamigen Kanal (unten). San Giorgio Maggiore auf eigener Insel vor dem Bacino (rechte Seite).

Selten sieht man die Rialto-Brücke, Venedigs ersten Übergang über den Canal Grande, ganz ohne Werbeplakate.

mit der einst obligatorischen Zisterne für das Sammeln des Regenwassers. Jeder Blick im vielleicht noch 53 000 Einwohner zählenden historischen Kern Venedigs ist ein Erlebnis. Was den Reisenden rühren mag, schmerzt viele der alteingesessenen Venezianer. Sie machen schon lange mobil gegen den Verfall ihrer Stadt. Mit internationaler Hilfe werden verstärkt Palazzi und Kirchen renoviert, Kanäle ausgebaggert und saniert, Hauseingänge und Gassenniveau erhöht, um besseren Schutz vor Hochwasser zu bieten. Doch an den einfachen Häusern bröckelt weiter der Putz und trägt damit doch nicht wenig zum Zauber der alten Dame Venedig bei. Ein Bummel durch die Serenissima, wie sie von alters her genannt wird, darf ruhig zum Abenteuer werden, Verirren inklusive. Denn an jeder Ecke öffnen sich andere, oft überraschende Ausblicke und Einblicke, locken Caffè-Bars, Osterien und Trattorien und bieten Erholung von Altären und Fresken, verleiten Souvenirläden ebenso wie feine Boutiquen zur Schnäppchenjagd oder aber auch zu teurem Einkauf.

Beste Annäherung an den Canal Grande

Dem Zauber Venedigs nähert man sich am besten vom Wasser her, denn zum Wasser hin wurden die Schauseiten der Paläste konzipiert. Angefahren wurden sie von ihren Besitzern mit der Gondel, die im Erdgeschoss ihren Parkplatz hatte und vielfach nur genutzt wurde, wenn es ums Repräsentieren ging. Sich vom Wasser anzunähern bedeutet, den Canal Grande als Einstieg in die Stadt zu wählen, was ganz einfach ist: vom Piazzale Roma, wo auch die Überlandbusse ankommen, oder vom Bahnhof Santa Lucia gleich mit dem »vaporetto«, dem Wasserbus der Linie 1, der fast überall hält, Linie 2 nur an den wichtigsten Punkten. Denn in Venedig geht ja nichts außer mit Wasserbussen, Wassertaxi, einer Gondel oder eben zu Fuß. Im historischen Zentrum haben sogar Fahrräder nichts zu suchen.

Also »vaporetto«, das fährt sozusagen die Hauptgräte des Fisches namens Venedig ab – noch nicht bemerkt, dass Venedigs Altstadt wie ein Fisch aussieht? Es geht vom Auge im großen Bogen durch den ganzen Kopf und über die Unterseite, wo er aus dem Canal Grande hinaustritt und den Bacino entlang am Fischschwanz auf die Haltestelle Biennale zusteuert. So werden dem Betrachter nicht nur die schönsten Palazzi von ihrer Schokoladenseite präsentiert, sondern im Anschluss auch die ganze Pracht der Riva degli Schiavoni – und gleichzeitig die prächtige Kirche San Giorgio Maggiore auf dem winzigen Eiland gegenüber.

Die wichtigsten Sehenswürdigkeiten, die man auf der Kanaltour bestaunen und über mehrere Haltepunkte ansteuern kann, vom Piazzale Roma aus gesehen: Gleich zu Beginn geht es unter der supermodernen Fußgängerbrücke des spanischen Stararchitekten Calatrava hindurch, dann am Bahnhof vorbei zur Scalzi-Brücke, die direkt auf die Chiesa degli Scalzi (1654–1705) zugeht, eigentlich Santa Maria di Nazaret mit ihrer klaren Barockfassade (lohnt auch innen einen Blick!). Dort, wo linker Hand ein Kanal die Abgrenzung zum Stadtsechstel Cannarégio bildet, erhebt sich die kuppelreiche Kirche San Geremia und dahinter der mächtige Palazzo Labia (18. Jh.) einer reichen spanischen Familie, die sich in den venezianischen Adel einkaufen durfte und nicht aufgehört haben soll, ihren Reichtum zu präsentieren. Den riesigen Ballsaal hat kein Geringerer als Tiepolo freskiert (soll wieder zugänglich gemacht werden, wenn die RAI dort endlich ausgezogen ist). Aber auch von außen ist der Palast recht imposant.

Vom Fondaco dei Turchi zum Fondaco dei Tedeschi

Bald breitet sich schräg gegenüber der große frühere Fondaco dei Turchi (ab 1225) mit seinem »orientalischen« Zinnenkranz aus, heute Sitz des Naturkundemuseums mit reichem Fundus des italienischen Forschungsreisenden Ligabue, der vor allem Fossilien aus dem Niger mitbrachte (etwa die imposanten Skelette eines Riesenkrokodils und eines Dinosauriers). Bald taucht der wohl schönste und wuchtigste Barockpalast der Stadt auf, die Ca' Pesaro (1673–1710), in der man gleich zwei Sammlungen besichtigen könnte, die Galleria Internazionale d'Arte Moderna und das Museo d'Arte Orientale.

Wiederum diesem schräg gegenüber folgt nach dem bescheidenen Platz der Kirche San Marcuola (Haltestelle) der Palazzo Vendramin (1481–1509) mit dem berühmten venezianischen Casinò, in dessen Seitenflügel im Obergeschoss das Wagner-Museum besucht werden kann. Hier verbrachte Richard Wagner mit seiner Familie den ganzen Winter 1882/83 bis zu seinem Tod. Ein Pflichtbesuch für Wagnerianer, die sich auch um eine Konzertkarte im Palazzo bemühen könnten!

Es folgt eine dichte Reihe typisch venezianischer Paläste vor allem im gotischen Stil,

Der Dogenpalast mit seinen filigranen gotisch-venezianischen Arkadenbogen ist schon von außen prächtig (unten) …

… und erst die kostbar ausgestatteten Säle im Inneren (ganz unten)!

Mit der Gondel erreicht man in Venedig auch die schmalsten Kanäle (unten). Mosaik an der Fassade von San Marco (ganz unten). Blick vom Glockenturm auf das Bacino mit San Giorgio Maggiore (rechte Seite oben). Beliebt ist ein Plausch bei Wein und Leckereien (rechte Seite unten).

vielfach von Hotels besetzt, doch den Höhepunkt bildet die Ca' d'Oro (1421–1440), das »Goldene Haus«, das diesen Namen wirklich verdient, auch wenn es seinen goldenen Fassadenschmuck fast vollständig verloren hat. Die drei verschiedenartigen Geschosse sind von unten (Wassereingang mit Gondelgarage) nach oben immer filigraner mit Maßwerk gestaltet. Heute Sitz der Franchetti-Kunstsammlung mit venezianischen Werken vom 15. bis zum 18. Jahrhundert, die der wohlhabende Sammler dem italienischen Staat vermacht hatte, nachdem er geradezu liebevoll und an vielen Stellen eigenhändig den Palast instandgesetzt hatte. Wer hineingeht, sollte den Fußboden des Innenhofes genauer betrachten und oben auf die Veranda treten, um den Canal Grande durch den »Scherenschnitt« des Maßwerks zu betrachten. Ein tolles Fotomotiv! Gleich schräg gegenüber fallen die roten Rollos einer grazilen offenen Halle auf – es ist die Pescaria, Venedigs berühmte (neugotische) Fischhalle, deren Besuch man Dienstag bis Samstag vormittags einplanen sollte, um zu verstehen, warum Venezianer für ihre Küche mit stets frischen Fischen und Meeresfrüchten bekannt sind. Und dahinter befinden sich eine Menge weiterer Stände für den Obst- und Gemüsemarkt, alles frisch geerntet auf den sogenannten Gemüseinseln in der Lagune.

Von Rialto zum Markusplatz

Die Spannung wächst, gleich um die nächste Kurve erscheint das Herzstück Venedigs, die Stelle, an der die Serenissima geboren wurde: Rialto. Doch vorher fällt der Blick auf den riesigen Bau des Fondaco dei Tedeschi (13. Jh., 1508 nach Brand wiederaufgebaut), der historischen Warenbörse der Deutschen und seit dem Verkauf an die Benetton-Gruppe skandalumwittertes Spekulationsobjekt. Denn während andere, an große ausländische Investoren verkaufte Paläste zu Museen umgewandelt wurden (speziell für zeitgenössische Kunst), hat Benetton hier 2016 das Luxuskaufhaus der Superlative installiert. Immerhin bleibt der Zugang zum nun überdachten Innenhof und zum Dachgeschoss mit der Panoramaterrasse jedermann zugänglich.

Dann endlich die Rialto-Brücke (1488) mit zwei Ladenreihen, die den geschäftstüchtigen Venezianern durch Mieteinnahmen bald den Stadtsäckel füllten. Bis ins 19. Jahrhundert hinein war dies die einzige Brücke über den großen Kanal, kleinere über den Seitenkanälen gab es schon lange vorher. In schneller Fahrt geht es auf dem Wasserweg weiter, linker Hand ragt das Teatro Goldoni aus dem Häusergewirr der Riva del Carbón heraus. Und angesichts der vielen Palazzi,

die in Hotels umgewandelt wurden, fragt man sich, was ohne sie wäre, wie sonst man die kostbare Bausubstanz erhalten könnte. Bald fällt der Blick rechts auf die spätgotische Ca' Foscari mit ihren beiden fast gleichen »piani nobili«: Sitz der Universität Venedigs. Gegenüber schaut man auf den riesigen Palazzo Grassi (1748–1778), den sich in der Neuzeit erst die Agnelli leisteten und seit wenigen Jahren der französische Kunstsammler François Pinault, der im völlig umgestalteten Bau nur einen kleinen Teil seiner Kostbarkeiten unterbringen konnte; für einen weiteren hat er sich die Punta della Dogana am Ende des Canal Grande ausgebaut. In Höhe der Accademia-Brücke versteckt sich rechts die bedeutendste Kunstgalerie der Stadt, schlicht Accademia genannt, für die Kunstkenner ein paar Stunden einplanen. Am selben Ufer des Kanals hat die erste Ausländerin bereits 1949 ihre Kunstsammlungen untergebracht, hat aber auch hier gelebt, und wurde daher von manchen Venezianern gar als »die letzte Dogin« bezeichnet: Peggy Guggenheim (1898–1979). Ihr Palazzo Venier dei Leoni (1748) besteht nur aus dem Sockelgeschoss, mehr wurde niemals fertiggestellt. Peggy Guggenheim liebte diesen Platz, an dem sie neben ihren Hunden auch ihre letzte Ruhestätte fand.
Gegenüber schaut man auf den Palazzo Gritti, schon lange ein mehrfach umgebautes Edelhotel; schmal, aber sehr hübsch in seiner grazilen Gotik ist der benachbarte Palazzo Contarini Fasan, der auf die grandiose Kirche La Salute blickt und auf die Punta della Dogana (mit Pinaults Kunstgalerie), dem Ende des Canal Grande – und mit Totale auf die Piazzetta San Marco. Ihre beiden Säulen ragen hoch hinauf zwischen den klaren Linien der Procurazie Nuove und der zarten Gotik des rosa-weißen Palazzo Ducale. Hinter ihm besticht die Kuppellandschaft der Markuskirche und lockt zum Ausstieg, um auf der riesigen Piazza San Marco davor die Bootsfahrt im »Caffè Florian« oder im »Lavena« oder im »Quadri« zu begießen und auf den Sonnenuntergang zu warten, der San Marco in goldenes Licht tauchen wird.

STELL- UND CAMPINGPLÄTZE

CAMPING SAN GIULIANO VENICE

Via S. Giuliano, 19, 30173 Venezia VE, sangiulianovenice.com, GPS: 45.467678, 12.279166. Noch auf dem Festland gelegener Campingplatz kurz vor dem Damm zur Altstadt. Mit dem Wassertaxi kann man von hier aus nach Venedig übersetzen.

MARINA DI VENEZIA CAMPING VILLAGE

Via Montello, 6, 30013 Cavallino-Treporti VE, marinadivenezia.it, GPS: 45.435682, 12.436265. Einer von vielen Campingplätzen auf der nördlichen Halbinsel zwischen Lagune und Adria. Direkter Zugang zum Strand und Abfahrtsmöglichkeiten mit dem Wasserbus in die Altstadt.

WOHNMOBILSTELLPLATZ VENEDIG

Tronchetto, Isola Nova del Tronchetto, 14, 30135 Venezia VE, GPS: 45.443336, 12.306520. Noch näher kann man mit dem Wohnmobil wirklich nicht an die Kanäle Venedigs heran. Nach der Überfahrt auf dem Damm gleich am Bahnhof rechts und schon steht man am Parkhaus, hinter dem sich der wenig schmucke Stellplatz ausbreitet. Dafür aber fußläufige Wege in die Altstadt.

TOP ★ ERLEBNISSE

★ »OMBRA E CICHETI«

Venezianer lieben es, sich Zeit für ein Schwätzchen mit Freunden und Bekannten zu nehmen, ganz gleich, wo man sich trifft, ob auf einer Brücke oder an der Caffè- oder Osteria-Bar bei »cicheti«, kleinen Häppchen, und einem Gläschen Wein. Solch ein Gläschen nennen sie »ombra«, »Schatten«, angeblich, weil die Weinhändler schon früh auf der Piazza San Marco ihre Fässer aufzubauen pflegten – immer dort, wo der Campanile, der Glockenturm von San Marco, gerade seinen Schatten warf.

★ GÜNSTIG UND GUT

Eine kleine, aber feine Adresse für »ombra e cicheti« ist mit Blick auf die historische Gondelwerft von San Trovaso die winzige holzgetäfelte »Osteria Al Squero«, wo die leckeren Häppchen stets frisch aus der Küche kommen und der trockene Weißwein gut gekühlt ist. Adresse: Fondamenta Nani, Dorsoduro 943/944.

★ VENEDIGS »MUTTER«

Torcello in der nördlichen Lagune gilt aus historischen Gründen als die Mutter Venedigs mit einem interessanten sakralen Zentrum und Hemingways Lieblingsbleibe »Cipriani«, wenn er hier auf Entenjagd ging.

WEITERE INFORMATIONEN
Touristeninormation: Tel. 041 24 24 (tgl. 7.30–19 Uhr), veneziaunica.it
Interessant: Die CityCard kann man sich selbst zusammenstellen.

16 INSEL-HOPPING AUF VENEZIANISCH

Die vorgelagerten Lidi

Der Begriff »Lido« verheißt Strandleben, und die Inseln leben tatsächlich gut damit. Dabei haben die insgesamt mehr als 20 Kilometer langen Lidi wenig Glamouröses zu bieten, aber eben die sandigen, schmalen und langen Strände sowie das Filmfestival und natürlich den Blick auf die Serenissima. Schlagzeilen machen die Lidi auch als Hochwasserschutz für Venedig.

Lido di Venezia heißt der Hauptort des rund zehn Kilometer langen, von Pinien beschatteten Litorale di Venezia. Seit hier 1857 auf dem Lido die erste Badeanstalt geschaffen wurde, gibt es den Begriff »Lido« für einen Strand mit guter Infrastruktur. Dieser hier ist besetzt mit teuren Hotels wie dem Des Bains, aber auch nette einfachere Unterkünfte sind zu finden, genau richtig für diesen Strand der Venezianer. Im Sommer ist hier also viel los, Badeanstalten, Bars und Restaurants aller Couleurs gibt es ausreichend, auch etwas Nachtleben. Ende August/ Anfang September besetzt die Mostra Internazionale d'Arte Cinematografica, die bereits 1932 von der Biennale ins Leben gerufenen Filmfestspiele, die meisten Hotelzimmer.

Fischerinsel Pellestrina

11,5 Kilometer lang ist die flache Sandbank des Litorale di Pellestrina, die man bereits unter der Republik Venedig durch einen Damm vor dem ansteigenden Meer schützen musste. Heute ist dieser eine Attraktion aus riesigen schräg angelegten Marmorplatten und wird »Murazzi« (riesige Mauern) genannt.
Zur Lagune hin scheint das kleine Fischerdorf Sant'Antonio mit seiner großen Pfarrkirche in den Tag hineinzuträumen. Zwischen den kleinen Fischerhäusern flattert tagaus, tagein Wäsche im Wind. Die Promenade entlang der Lagune, natürlich mit Venedig-Blick, ist eine wunderschöne Spaziermeile mit zwei oder drei Einkehrmöglichkeiten, je nach Jahreszeit. Pellestrina besaß bis 2009 auch eine bedeutende Werft (»De Poli«), die fast 200 Jahre lang vielen Menschen Arbeit bot, zuletzt rund 800 Bootsbauern. Danach musste die familiengeführte Werft Konkurs anmelden und wurde 2010 von der ACTV, den Verkehrsbetrieben Venedigs, übernommen. Hier werden nun die öffentlichen Transportboote instand gehalten.
Kirchen setzen Akzente auf den Lidi. Ognissanti ist der Dom Pellestrinas

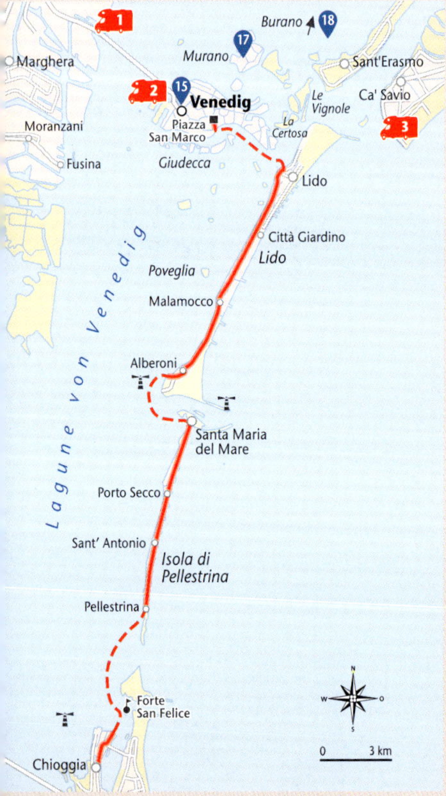

Blick auf den Leuchtturm von Alberoni

Sonne tanken am Lido di Venezia mit seinen Badeanstalten

und nicht weit von der letzten Bushaltestelle am Piazzale Caduti della Giudecca entfernt – zur Erinnerung an das Passagierschiff Giudecca, das mit 200 Personen an Bord am 13. Oktober 1944 versenkt wurde, und zwar genau vor Ognissanti. Es ist eine alte Kirche, schon im 12. Jahrhundert errichtet, mehrmals umgebaut und erweitert für die zunehmende Zahl an Bewohnern, zuletzt im 19. Jahrhundert. Ab hier nordwärts, also Richtung Lido, sind die nächsten sakralen Bauten Pellestrinas aufgereiht. Als Nächstes erhebt sich das wunderbar klare Oktogon mit den beiden zurückversetzten kleinen Glockentürmen der Kirche Beata Vergine dell'Apparizione von 1728. Sie ist der Jungfrau geweiht, die einem kleinen Jungen den Sieg der Venezianer über die Türken vorhergesagt haben soll. Sant'Antonios schlichte Fassade aber (17. und 18. Jh.) erstrahlt in weißem istrischem Marmor, wirkt fast wie ein schlichter antiker Tempel und besitzt eine wohlklingende Orgel von Gaetano Callidos (1727–1813).

Chióggia ist von ganz eigenem Zauber

STELL- UND CAMPINGPLÄTZE

1 CAMPING SAN GIULIANO VENICE
Via S. Giuliano, 19, 30173 Venezia VE, sangiulianovenice.com, GPS: 45.467678, 12.279166

2 WOHNMOBILSTELLPLATZ VENEDIG
Tronchetto, Isola Nova del Tronchetto, 14, 30135 Venezia VE, GPS: 45.443336, 12.306520

3 MARINA DI VENEZIA CAMPING VILLAGE
Via Montello, 6, 30013 Cavallino-Treporti VE, marinadivenezia.it, GPS: 45.435682, 12.436265

TOP ★ ERLEBNISSE

★ FILMPALAST

Im Palazzo della Mostra del Cinema schlägt vor allem während der Filmfestspiele Ende August/Anfang September das Herz des Geschehens und wohl auch das der Teilnehmer höher.

★ FÜR FRÜHAUFSTEHER

Wer einen Sitzplatz für die Busfahrt von Lido nach Pellestrina ergattern will – schließlich dauert die Fahrt fast eine Stunde –, muss früh aufstehen. Aber es lohnt sich. Pellestrina lässt sich auch wunderbar zu Fuß erkunden, und wer müde werden sollte, findet auf der schmalen, langen Insel alle 100 Meter eine Bushaltestelle.

★ GESCHÜTZTES ALBERONI

Am Südende des Litorale di Lido breitet sich ein Naturschutzgebiet des WWF aus. Wer mag, kann im Sommer an Führungen teilnehmen, die von kundigen Mitarbeitern des Weltverbandes für Naturschutz begleitet werden.

★ FÄHRE NACH PELLESTRINA

Es ist nur ein Katzensprung zwischen den beiden Lidi von Litorale und Pellestrina, der sich mit einer Fähre überwinden lässt. Sogar der Inselbus darf mit, und natürlich Fahrräder. Ideal zur Erkundung Pellestrinas.

★ URBANES CHIÓGGIA

Als Ausgleich zu den ländlich wirkenden, außerhalb der Zeit der Filmfestspiele eher stillen Lidi lohnt sich die Weiterfahrt mit der Fähre nach Chióggia, der kleinen Schwester Venedigs, wie das Städtchen gerne bezeichnet wird. Die Passeggiata-Meile mit Cafés und Restaurants ist der geradezu elegante Corso del Popolo, morgendliches Ziel für Feinschmecker ist aber der historische Fischmarkt in der bedeckten Halle. Fisch oder Meeresfrüchte sind in Chióggia ein Muss.

Venedig im Kleinen und mit vielen Glasbläsereien.

17 NICHT NUR GLAS – DIE INSEL MURANO

Kleinod in der Lagune

Seit Jahrhunderten wird auf der Insel Murano in der Lagune von Venedig Glas geblasen. Noch heute schaffen Künstler hier gläserne Meisterwerke. Doch die Insel mit ihren farbenfrohen Häusern bietet noch viel mehr als Glasbläsereien und Läden mit Glasobjekten.

Murano ist eine Art Kleinvenedig – allerdings ohne Paläste. Auf dieser Insel geht es gemütlicher und untouristischer zu. Kleine und schmale Gassen mit niedrigen Häusern locken zum Bummeln und Kaffeebars und Trattorien zum Verweilen. Die wichtigste Kirche ist Ss. Maria e Donato. Sie wurde in dem für die Lagune von Venedig typischen byzantinisch-venezianischen Stil errichtet und erinnert deshalb an Kirchen, wie man sie sonst nur in Istanbul zu sehen bekommt. Das Gotteshaus wurde im 12. Jahrhundert errichtet, mit marmornen Säulen im Innenraum, die von aufwendig gestalteten Kapitellen geziert werden. Der Fußboden ist eines der schönsten Mosaikwerke der Lagune. Auch die Wandmalereien stammen aus dem Mittelalter, während die Skulpturen, etwa die des Taufbeckens von Lazzaro Bastiani, während der Renaissance geschaffen wurden. Aus dem 14. Jahrhundert stammt der prächtige Palazzo Da Mula mit Architekturelementen aus dem Byzantinischen Reich. Die hatte man dort gestohlen, wie auch die Quadriga auf der Markuskirche 1204 von Venezianern auf dem Weg ins Heilige Land aus Konstantinopel geraubt wurde.

Nicht nur für Glasexperten

Ein Höhepunkt auf Murano ist das Museo dell'arte vetraria. Untergebracht im Palazzo Giustinian wird hier Glaskunst aus der Zeit vom 2. Jahrhundert bis heute ausgestellt. Interessant vor allem: antikes Glas und Glasgegenstände aus dem Mittelalter. Auch Glaskunst aus Spanien, dem Deutschen Reich und aus Böhmen ist zu sehen.

INFO: museovetro.visitmuve.it/en/home

18 FAST SCHON EIN INSIDERTIPP – DIE INSEL BURANO

Burano mit seinen bunt angestrichen Fischerhäusern ist ungemein romantisch.

Erlesenes Kunsthandwerk

Im Gegensatz zur Insel Murano ist die Insel Burano weniger besucht. Nicht etwa, weil sie weniger reizvoll ist, sondern weil sie weiter entfernt liegt von Venedig, rund zehn Kilometer Luftlinie vom Markusplatz. Und doch ist dieses Eiland ein Geheimtipp. Hier wird die Lagune sehr romantisch.

Während auf Murano die Glaskunst zum Haupterwerbszweig wurde und den Menschen dort jahrhundertelang Brot und Arbeit bescherte, werden auf Burano seit Jahrhunderten »Merletti« hergestellt. Das sind Klöppelarbeiten, die heute leider ziemlich unmodern geworden sind. Aber wenn man sie sich in verschiedenen Läden auf dieser Insel anschaut, erkennt man, dass diese fein gearbeiteten Stoffstücke kostbares Kunsthandwerk sind, das auch in zeitgenössischen Wohnungen reizvoll sein kann.

Halskrausen und Tischdecken

In einem gotischen Gebäude auf Burano ist das Museo del Merletto untergebracht. Dort können Halskrausen aus früheren Jahrhunderten bestaunt werden, die nur dank der Klöppelarbeiten zu wahren Kunstwerken wurden. Ganz zu schweigen von Merletti-Tischdecken, wie sie während des Barock auf den Tischen der Gutbetuchten nicht fehlen durften. In der Schule der Klöppelarbeiten, die zum Museum gehört, begreift man, wie viel Fingerspitzengefühl dieses Kunsthandwerk erfordert.

Im malerischen Städtchen Burano scheint die Zeit stillzustehen. Vor allem an späten Nachmittagen, wenn nur noch wenige Besucher auf der Insel sind und die bunt angemalten, kleinen Wohnhäuser in der Sonne zu leuchten scheinen. Kein Wunder, dass noch heute viele Maler diese Insel aufsuchen. Lohnend ist auch ein Ausflug von Burano auf die Insel San Francesco del Deserto. Eine wie verlassen liegende Insel mit uralten Zypressen und einem Franziskanerkloster aus dem 12. Jahrhundert.

INFO: isoladiburano.it/en/

Mit seinen österreichisch anmutenden Palazzi wirkt Triest nur wenig italienisch.

19 EINE STADT MIT BESONDEREM CHARME – TRIEST

Einst Wiens wichtigster Hafen

Irgendwie ist die Stadt nicht richtig italienisch. Aber auch nicht österreichisch. Triests besonderer Charme entspringt einer in ganz Italien einmaligen Symbiose aus südländischer und mitteleuropäischer Kultur. Eine anregende Mischung, vor allem für die vielen Schriftsteller, die hier lebten und leben.

Es gibt wohl keine andere Stadt Italiens, die auf so faszinierende Weise die österreichische Kultur mit der des Südens verbindet. Triest gehörte lange Zeit, bis 1918, zum Habsburgerreich und war der wichtigste Hafen Wiens. Unter Kaiserin Maria Theresia wurden zahlreiche Prachtbauten errichtet. Auch die Tradition der Triestiner Kaffeehäuser, einmalig in Italien, wurde aus Wien importiert.

Triests Wahrzeichen ist unbestritten San Giusto. Errichtet und vergrößert seit dem 3. Jahrhundert, ist diese Kirche mit romanischen, gotischen und Renaissance-Elementen das architektonische Meisterwerk Triests. Voll mit Malereien von großem Wert, etwa von Benedetto Carpaccio, und mit spätantiken Mosaiken. Kunstliebhaber sollten die Galleria Nazionale d'Arte Antica, mit Gemälden von Cranach dem Älteren, von Guardi, Solimena und anderen, besichtigen sowie das Castello aus der späten Renaissance. Triest sollte erbummelt werden, denn die Stadt hat viele Gesichter. Eines der kuriosesten ist sicherlich der Canal Grande. Es handelt sich um einen Mitte des 18. Jahrhunderts ausgehobenen Kanal für Handelsschiffe. An beiden Seiten erheben sich Patrizierhäuser und Paläste, und im Museo Revoltella wird eine der wichtigsten Gemäldesammlungen Nordostitaliens gezeigt. Nur acht Kilometer nordwestlich kurte Ende des 19. Jahrhunderts der österreichische Erzherzog Maximilian in einer Art Märchenschloss hoch über dem Meer. Das Castello di Miramare ist eines der schönsten Beispiele eklektischen Baustils in Italien.

INFO: retecivica.trieste.it

STELL- UND CAMPINGPLÄTZE

MAMACA PARK WOHNMOBILSTELLPLATZ

Via del Pane Bianco, 16, 34146 Trieste TS, mamaca.org, GPS: 45.625283, 13.786919. Mitten in einem Wohnviertel gelegener kleiner Stellplatz mit Schranke und ohne besondere Ausstattung. Aber gute Lage, um den Nachbarort Triest zu besuchen.

Grado lebt zwar noch immer von der Fischerei, doch Touristenboote finden Platz im modernen Hafen.

20 EIN JUWEL IN DER LAGUNE – GRADO

Fischerboote und Sandstrände

Wie Venedig liegt auch Grado zwischen Festland und dem offenen Meer am Rand einer Lagune. Sein historisches Zentrum ist ein Kleinod der Romanik, die beiden Hausstrände laden zu vergnüglichen Badeferien ein, und der Kanalhafen der Fischer bietet eine Bilderbuchkulisse.

Nur mit dem Boot lässt sich der besondere Reiz dieses Städtchens erfassen. Ob bei einer Inselumrundung oder einer Fahrt über die Lagune. 8400 Gradesi leben ständig auf der Hauptinsel des See- und Kurbades, auch im Winter. Das Besondere an Grado ist sicher seine Fischereiflotte, die viertgrößte der Adria. Es ist schön, den Fischern nach ihrer nächtlichen Fangfahrt beim Säubern und Aufrollen der Netze zuzuschauen. Ein herrliches Fotomotiv sind ihre bunten Boote allemal. Auf den winzigen Inseln der Lagune stehen die Schilfhäuser der Fischer, die »casoni«, wie eh und je, freilich werden sie heutzutage nicht mehr alle von Fischerfamilien bewohnt. Familien mit kleinen Kindern wissen den Komfort des gepflegten, abgeschlossenen Badestrandes mit eigenem Babyclub zu schätzen, wo man den Nachwuchs am flachen, feinen Sandstrand ohne Gefahr sich selbst überlassen kann. Bootsbesitzer finden zentrumsnahe Liegeplätze.

Das alte Zentrum auf der westlichsten Insel ist auch heute noch das Herz des Städtchens. Die drei sakralen Bauten, die im 5. Jahrhundert entstanden, als die Patriarchen von Aquileia aus Sicherheitsgründen auf die Insel fliehen mussten, stehen hier eng beisammen und sind tagsüber meist geöffnet. Einen wunderschönen Mosaikfußboden und eine romanische Kanzel besitzt die Basilica di Sant'Eufemia, bis zur Fertigstellung der Basilica diente Santa Maria delle Grazie nebenan als Übergangskirche, und dann steht hier noch das gedrungene Battistero.

INFO: turismofvg.it/Ort/Grado

STELL- UND CAMPINGPLÄTZE

WOHNMOBILSTELLPLATZ GRADO

Via Ponte de Legno, 2, 34073 Grado GO, GPS: 45.682526, 13.412433. Am Rande eines Parkplatzes außerhalb der Stadt gelegener Stellplatz. Ein kleiner Fußmarsch ist nötig, um in das Zentrum zu gelangen, dafür aber relativ ruhige Lage. Ver- und Entsorgung sowie Strom vorhanden.

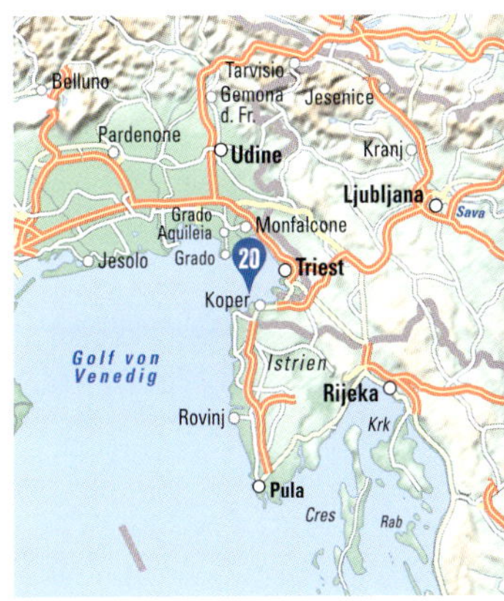

LOMBARDEI, AOSTATAL, PIEMONT UND LIGURIEN
Wunderbare Seen und Kulturmetropolen

Angesagt bei den Ragazzi: die Bar »Dry« in Mailand (oben). Trüffel, eine begehrte Delikatesse aus dem Piemont (unten). Madonna del Sasso, Wallfahrtsort am Lago Maggiore (links).

Hier kommt schnell die richtige Urlaubsstimmung auf, bei der Ankunft mit dem Boot am Lungolago von Iseo (oben). Das mittelalterliche Kastell von Passirano liegt malerisch in der Weinbergen der Franciacorta (rechte Seite unten). Zu Besuch bei Vittorio Moretti vom Weingut Bellavista (rechte Seite oben).

21 LAGO D'ISEO UND DIE WEINSELIGE FRANCIACORTA

Kleiner See mit großer Insel

Der Iseo-See ist wunderschön, doch seine schönste Dreingabe ist die 600 Meter hohe Monte Isola, ein Berg, der eine Insel mitten im See bildet. Die Fischertradition wird noch vielerorts und besonders auf seiner Insel gepflegt, und in den südlichen Moränenhügeln wird Wein angebaut und werden Italiens beste Schaumweine produziert. Der Ort Iseo schließlich ist eine kleine urbane Sehenswürdigkeit.

Der Iseo-See besitzt in seiner Mitte die höchste Insel in einem europäischen Binnengewässer, die 600 Meter aufsteigende Monte Isola mit kleinen intakten Fischerdörfern, in denen man die frischesten Fische bekommt. Der namengebende Ort Iseo im Süden des Sees lockt mit einer kleinen Festung, schönen Plätzen und einer langen Seepromenade. Doch Hauptort des Iseo-Sees ist das hübsche Lóvere im Bergamasker Nordwesten des Sees, das fast theatralisch den Berghang aufsteigt. Kunstkenner reisen vor allem nach Pisogne gegenüber, um in der Kirche Santa Maria della Neve die Fresken von Romanino zu bewundern.

Iseo – das Tor zum See

Iseo ist ein wunderbarer Marktort, der jeden Freitag zu einer unwiderstehlichen Aufforderung wird, die Spezialitäten aus den umgebenden Tälern zu probieren. Auch Historisches hat Iseo zu bieten, insbesondere die Pfarrkirche Sant'Andrea (12. Jh.) mit dem Glockenturm in der Mitte der sehr nordeuropäisch wirkenden Kalksteinfassade. Noch älter (11. Jh.) ist das auf quadratischem Grundriss erbaute Castelo Oldofredi, heute ein modernes Kulturzentrum mit Bibliothek, Archiv etc. Im Kirchlein Santa Maria del Mercato wurden Fresken aus dem 13. und 14. Jahrhundert freigelegt.

Lóvere (5400 Einwohner), der wirtschaftliche Hauptort des Sees, klettert mit engen Gassen und einfachen Lokalen den Monte Váltero hoch. Die lange Piazza XIII Martiri parallel zum See greift tief in den historischen Ortskern mit den unregelmäßigen Fassaden der pastellfarbenen Häuser ein. Ein wunderbarer Platz mit Cafés und Bars, die bei schönem Wetter ihre Tische weit nach draußen rücken, als Kulisse das mittelalterliche Häuserkonglomerat. Im Mittelalter

war Lóvere gespickt mit hohen Türmen, die meisten sind früh gekappt worden, einige in spätere Häuser integriert. Einer davon dient der Pfarrkirche San Giorgio (14. Jh.) als Fundament, weshalb sie von der Seeseite eine so hohe nackte Wand zeigt. Bei aller Schönheit des historischen Borgo hat Lóvere die Neuzeit nicht verschlafen: Zu seinen Neuanlagen gehören gleich zwei Sporthäfen – im Süden wie im Norden.

Auf Romaninos Spuren nach Pisogne

Pisogne ist Pflichtprogramm für jeden Kunstkenner, denn am nordöstlichen Ortsrand erhebt sich die kleine, unscheinbare Klosterkirche Santa Maria della Neve aus dem 15. Jahrhundert, die 1532 bis 1534 von Girolamo Romanino ausgemalt wurde. Romanino soll eine Gesamtfläche von 736 Quadratmetern in 150 bis 160 Tagen freskiert, dann aber wegen schlechter Bezahlung aufgehört haben. Weshalb im Chor links nur ein paar Vorzeichnungen zu sehen sind. An der Innenwand der Westfassade ist das wandfüllende Fresko »Kreuzigung« mit sehr bewegten Figuren am besten erhalten, mit einer eindrucksvollen Darstellung des Bösen rechte Seite unten (Würfelspieler, Teufel, Hund, Folterknecht), links unten die trauernden, frommen Frauen.

Monte Isola – die höchste und vielleicht schönste

Die mit 450 Hektar größte Insel in einem europäischen See steigt 600 Meter aus dem Iseo auf. Die Wallfahrtskirche auf einem grauen Felssporn (Mitte 5. Jh.) diente San Vigilio, Bischof von Brescia, als Ausgangspunkt für die Christianisierung der Seebevölkerung. Vorher huldigte man der heidnischen Göttin Iside, die dem Lago seinen Namen gab. Bedeutend wurde der Wallfahrtsort, nachdem ihn der Mailänder Erzbischof San Carlo Borromeo 1580 besucht und begeistert darüber berichtet hatte – auch über die ausgesprochen schöne Lage!

Die meisten der weniger als 1800 Menschen leben im Süden in Peschiera Maraglio, wo sich die Fischerhäuser eng um die Pfarrkirche San Michele gruppieren, überragt vom Castello Oldofredi. Aber der offizielle Hauptort ist im Norden in 250 Metern Höhe Siviano, das sich seinen mittelalterlichen Charakter bewahren konnte, weil es auf der ganzen Insel keine Genehmigung für Neubauten gibt. Junge Ölbaumplantagen fallen auf, in die Olivenölproduktion wird ebenso wie in den Weinanbau investiert – Monte Isola produziert einen perfekt trockenen Sekt, der so heißt wie die darauf stolze Insel.

STELL- UND CAMPINGPLÄTZE

WOHNMOBILSTELLPLATZ COSTA VOLPINO

Via Nazionale, 16, 24062 Costa Volpino BG, GPS: 45.822884, 10.086949. Schöner Stellplatz mit großzügig dimensionierten Parzellen an einer kleinen Marina ganz im Norden des Sees. Kinderspielplatz gleich nebenan, Strom sowie Ver- und Entsorgung vorhanden. Zufahrt durch eine Schranke.

CAMPING OLIVELLA

Via Cave, 7, 25049 Pilzone BS, campingolivella.it, GPS: 45.676505, 10.076233. Einer von mehreren kleineren Campingplätzen, die sich am Südostufer des Iseo-Sees aneinanderreihen.

TOP ★ ERLEBNISSE

★ DIE WEINSELIGE FRANCIACORTA

Südlich vom Iseo-See beginnt die Franciacorta. Hier wird neben hervorragenden trockenen Weißweinen auch Sekt produziert, der zu den besten Italiens zählt. Zahlreich sind die großen Ländereien, fast alle werden – wieder – bewirtschaftet, meist als Weingüter. Riesige, schlossähnliche Villen gehören dazu, mit schmiedeeisernen Gittern davor. Über die Strada del Franciacorta kommt man zu Berlucchi in Borgonato (mit Italiens größter unterirdischer »cantina« in alten Gewölben) und zur Ca' del Bosco in Erbusco – beides große Namen von Wein- und Sektproduzenten der Region.

★ KLEIN, ABER FEIN

Gerade bei den »Kleinen« in der Franciacorta eine Weinprobe einzulegen, gehört zu den schönen Reiseerlebnissen. Empfehlenswert ist die Azienda Agricola Ricci Curbastro mit der Villa Evelina in Capriolo. Auf dem historischen Weingut mit interessantem Bauern- und Weinmuseum gibt es auch Ferienwohnungen und einen kleinen Antiquitätenladen.

★ SCHLEIE SATT

»Settimana della Tinca« sollten sich Feinschmecker merken, diese kulinarische Woche der Schleie findet gegen Ende Juli in Clusane statt. Eine Tischreservierung ist dann in den Restaurants unbedingt angesagt!

WEITERE INFORMATIONEN

Touristeninformation Iseo: Lungolago Marconi 2, 25049 Iseo (BS), Tel. 030 98 02 09, visitlakeiseo.info

22 DER ALPENFJORD – LAGO DI COMO

Alpin bis mediterran

Wenn die Bezeichnung »Alpenfjord« für ein Gewässer zutrifft, dann ist es der Comer See. Eine Postschifflinie (Hurtigruten) gibt es hier zwar nicht; die Fahrt mit einem Schiff der Navigazione Lario vermittelt aber einen guten Eindruck von der »nordischen« Landschaft am Südrand der Alpen. Und die Berge rundum sind sogar noch ein wenig höher ...

Mit einer Fläche von knapp 150 Quadratkilometern ist der Comer See weder der größte noch der längste unter den oberitalienischen Seen. Aber immerhin der tiefste: 410 Meter! Und dazu ein richtiger Alpenfjord, vom Grund bis zum Gipfel des Monte Legnone (2609 m) ziemlich genau drei Kilometer hoch – Rekord! Eine Schifffahrt bestätigt die Zahlenspielerei: Die Ufer sind steiler als drüben am Lago Maggiore, das Gewässer ist insgesamt schmaler, es fehlen die Taleinschnitte, die Bergketten sind höher. All das verleiht dem See sein ganz besonderes Ambiente, weniger mediterran, rauer. Dieser Eindruck verstärkt sich noch durch die »Dolomiten« über seinem Ostufer, die Grigne. Bereits über Lecco ragen Kalkfelsen senkrecht in den Himmel, und wenn man von den Piani Resinelli hinaufschaut zur Grignetta (2177 m), drängt sich ein Vergleich mit den Cadini di Misurina erst recht auf. Zinnen, Zacken und Türme hier wie dort, nur ist der Lario halt um ein Zigfaches größer als der Misurinasee, an dessen Ufern im Frühling auch keine Azaleen und Magnolien blühen. Dafür im Sommer das Edelweiß, doch das entdeckt man auch auf den Höhen über dem Comer See, wie die Flora hier überhaupt durch besondere Artenvielfalt glänzt.

Varenna, ein altes Fischerdorf am Ostufer des Comer Sees (unten). Blick über den Comer See auf den Monte San Primo (rechte Seite oben). Im Garten der Villa Monastero bei Varenna (rechte Seite unten).

Die »Perle des Lario«

So erstaunt es kaum, dass am Lario schon früh die ersten Alpenvereinshütten gebaut wurden, dass Lecco eine Bergsteigerstadt mit Tradition ist, an den Felsen der Grigne die besten Kletterer des Landes unterwegs waren. Vor den Gipfeln entdeckte der Tourismus den See und seine Ufer. Vor allem Bellagio, das Flaubert mit den Zeilen »On voudrait vivre ici et y mourir …« anschmachtete, wurde früh zum Reiseziel der Hautevolee. Franz Liszt dürfte es in Bellagio ebenfalls sehr gut gefallen haben. In der Villa Melzi verbrachte er mit der (verheirateten) Comtesse d'Agoult drei romantische Monate. An Weihnachten des Jahres 1837 wurde in Bellagio ihre Tochter Cosima geboren, die später ein anderes Musikgenie, Richard Wagner, heiraten sollte.

Städte am Alpenrand

Das schöne Bild hat natürlich auch ein paar Flecken. Como und Lecco liegen direkt am See, Mailand, die lombardische Metropole, ist nicht weit. Die Folgen: viel Verkehr auf immer breiteren Straßen, Smog, zunehmend verbaute Ufer. Das sollte aber nicht den Blick auf das reiche kulturelle Erbe der Region verstellen. Mag die Banlieue von Como mit ihren Wohnsilos und Fabriken noch so trist und menschenfeindlich wirken, die historische Città in ihrem römischen Geviert hat Charme, und dem See zeigt die »kühle Schöne« ihr nobles Gesicht.

»Pura seta di Como« ist weltweit ein Begriff; die Seide hat auch den Wohlstand der Stadt begründet. Zu Beginn des 16. Jahrhunderts richtete Pietro Boldoni hier eine erste Seidenmanufaktur ein, und bis heute bestimmt der edle Stoff den wirtschaftlichen Puls der Stadt. Auch drüben am anderen, östlichen Fuß des Sees, der auf Landkarten aussieht wie ein auf den Kopf gestelltes Ypsilon, in Lecco, spielte die Seidenverarbeitung eine Rolle, doch lief ihr im 19. Jahrhundert die Eisenindustrie den Rang ab. Rußgeschwärzte Mauern und Schlote gehören zum Bild der Stadt, deren Name untrennbar mit einer Romanze der Weltliteratur verbunden ist: Alessandro Manzonis »I promessi sposi« (Die Verlobten). Was für ein Kontrast!

Doch Gegensätze gehören zum Comer See. Am Legnone liegt noch Schnee, wenn an der Tremezzina bereits die Azaleen und Rhododendren blühen, Bellagio wird von Touristen überrannt, und auf den Alpen verfallen die Hütten. Vielleicht ist es gerade dieses Nebeneinander des scheinbar Unvereinbaren, das den Zauber des Lario ausmacht.

STELL- UND CAMPINGPLÄTZE

WOHNMOBILSTELLPLATZ TAVERNOLA

Via Brennero, 7, 22100 Como CO, GPS: 45.834978, 9.061254. Etwas abseits gelegener Stellplatz und mit zehn Parzellen leider auch etwas zu klein, aber modern mit Schranke und Ver- und Entsorgung. Gute Möglichkeiten zu Fuß oder mit dem Rad am Seeufer entlang nach Como zu gelangen.

CAMPING CLARKE

Via Valassina, 170, 22021 Bellagio CO, bellagio-camping.com, GPS: 45.970976, 9.254191. Schöner, familiärer Campingplatz im Grünen auf der Halbinsel, die in den See hineinragt. Spaziermöglichkeiten nach Bellagio und freundliche Betreiber, die die etwas in die Jahre gekommenen Sanitäranlagen pflegen.

TOP ★ ERLEBNISSE

★ BELLAGIO

Die Lage macht's! Bei Bellagio stimmt das allemal. Da zaubert die Natur einen kleinen Hügel mitten in den Comer See, nur durch eine schmale Landzunge mit dem bergigen Triangolo verbunden. Rundum Wasser, ein kleiner, verwinkelter Borgo, gesäumt von der verschwenderischen Pracht einer exotisch angehauchten Vegetation.
bellagiolakecomo.com

★ FIUMELATTE

Am Fuß des Grignemassivs, unweit von Bellano, mündet der Fiumelatte, Italiens kürzester Fluss. Der »Milchbach«, den bereits Leonardo da Vinci, das Renaissance-Genie, in seinem Codice Atlantico erwähnte, sprudelt wenig oberhalb der Bahnlinie als Karstquelle aus dem Berg, nach 250 Metern ergießt sich sein Wasser in den Comer See.

★ SAN PIETRO AL MONTE

Der Überlieferung nach soll der Langobardenkönig Desiderio das Kloster im Hinterland von Civate gegründet haben (8. Jh.). Die noch bestehenden Bauten – die Klosterkirche und das originelle Oratorium – gehen auf das 12. Jahrhundert zurück. Herausragend die Stuckdekoration, reicher Freskenschmuck.
amicidisanpietro.it

Die berühmte Isola Bella vor der Uferpromenade von Stresa (oben). Abend in den Gassen von Cannobio (rechte Seite oben). Ein barockes Gesamtkunstwerk: der Palazzo Borromeo auf der Isola Bella (rechte Seite unten).

23 ZWEI LÄNDER, EIN SEE – LAGO MAGGIORE

Am Rand der Alpen

Am Lago Maggiore beginnt der Süden, taucht man ein in eine mediterrane Welt: mild das Klima, üppig die Vegetation, optimistisch das Lebensgefühl. Doch das ist nur die eine, die Postkartenansicht des »langen Sees«. Die andere ist sein Hinterland mit Rustici statt Hotelkästen, sterbenden Dörfern, verlassenen Almen und einer ungezähmten Natur.

Er hat gleich drei Namen, einen lateinischen (»lacus verbanus«), einen italienischen (Lago Maggiore) und einen deutsch-schweizerischen (Langensee). Groß ist er, »maggiore«, und auch lang, wie die eidgenössischen Eroberer im 15. Jahrhundert gleich erkannten. Rund 170 Kilometer beträgt die Uferlänge, 216 Quadratkilometer groß ist die Wasserfläche, nach heftigen Regenfällen mitunter noch etwas größer, wie man in Locarno weiß, wo die Piazza Grande dann regelmäßig unter Wasser steht. Das nördliche Fünftel des Sees gehört zum Schweizer Kanton Tessin, der Rest zu Italien. Mitten im Wasser verläuft die Grenze zwischen den italienischen Regionen Piemont und Lombardei; am Westufer liegen die beiden größten Städte: Locarno und Verbania, von dem der See seinen alten Namen hat.

Kontraste am Lago Maggiore

Der große oder lange See ist Alpenwelt und mediterranes Wunder, Bella Italia fast zum Greifen nahe. Eine Welt, über die Hermann Hesse vor bald hundert Jahren schrieb: »Sobald man die Nähe der Hotels und die paar beliebtesten Ausflugsstraßen hinter sich lässt und in das steile, rauhe Bergland eindringt, dann ist man außerhalb Europas und außerhalb der Zeit …« Eine Welt- und Zeitreise am

Wallfahrtsort und Ausflugsziel: die Einsiedelei Santa Caterina del Sasso am Ostufer des Lago Maggiore (unten). Ein fantastischer Blick über den See bietet sich vom Wohnmobilstellplatz in Cannobio (rechte Seite oben). Schifffahrt auf dem Lago Maggiore (rechte Seite unten).

Lago Maggiore? Ja, und dabei ist der Weg von der Uferpromenade in Verbania bis ins Val Grande, von der hektischen Betriebsamkeit unserer Zeit in die Stille einer weltabgeschiedenen, vom Menschen verlassenen Bergwelt keine 15 Kilometer weit. So ist dieser Landstrich ein kleiner Kosmos, der entdeckt werden will: schlendern am Seeufer, zwischen alten Villen und wunderschönen Parkanlagen, den nostalgischen Charme der Ferienorte erkunden, von dem schon unsere Großeltern träumten, einen sommerlichen Wolkenbruch erleben, der mit seiner Wucht an asiatische Monsunregen denken lässt, das karge Hinterland durchstreifen, per pedes, seine karge Urtümlichkeit spüren und vielleicht sogar den einen oder anderen Gipfel über dem Val Cannobina oder dem Val Grande besteigen. Der Lago Maggiore – eine fast schon exotische Landschaft am Rand der Poebene, an der Südabdachung der Alpen.

Einwanderer schlagen Wurzeln

Früher galt das Attribut »exotisch« auch für viele Besucher des Sees, die reich, dazu oft extravagant waren, gestern wie heute trifft es auf die bezaubernde Parkflora seiner Ufer zu. Denn die stammt teilweise tatsächlich aus exotischen Regionen. Manche der Kulturpflanzen, wie beispielsweise die Kastanie, kamen mit den Römern hierher. Die Araber brachten Zitronen nach Italien, aus der Türkei stammen der Kirschlorbeer und die Hyazinthen. Um die Mitte des 17. Jahrhunderts wurde die Magnolie am Lago Maggiore heimisch, später dann die Azalee und die Kamelie. Besonders fremdartig wirkt die Araukarie, die ihre Heimat im südlichen Südamerika hat, wogegen die Agave am Lago Maggiore bereits so häufig anzutreffen ist, dass man sie glatt für eine heimische Art (und keine mexikanische) halten könnte.

Reisen ist kein Privileg der Hautevolee mehr, sondern längst demokratisiert und profaner geworden. Selbst in Stresa, dem berühmtesten Urlaubsort am See, tut man sich schwer, etwas vom Glanz vergangener Tage in die Zukunft hinüber zu retten. Was um Locarno und Ascona so (schweizerisch) aufgeräumt daherkommt, hat hier bereits einige Flecken, und südlich von Arona herrscht Tristesse, stehen gesichtslose Neubauten neben Industrieruinen. Reiches Italien – armes Italien!

Das »insubrische Meer«

Trotzdem: Ein Naturwunder ist dieser See, der weit hinausgreift ins flache Land, darin mit dem Benacus vergleichbar. Allerdings fehlen ihm die steilen Felsufer des Gardasees; bereits im nördlichsten Teil dominieren die großen Linien, steht Weite vor Enge, was

dem Lago Maggiore ja auch die Bezeichnung »insubrisches Meer« eingetragen hat. Im Sommer, wenn die Berge im Panorama hinter einem Dunstschleier verschwinden, ist die Illusion eines offenen Horizonts am stärksten. Insubrisch, abgeleitet von einem Keltenstamm, der vor Beginn unserer Zeitrechnung hier siedelte, steht aber auch für Alpenrandlage, und das bedeutet: große jährliche Niederschlagsmengen (zum Vergleich: Brissago 2133 mm, München 811 mm).
Die fallen aber fast nur als Regen, Schnee ist selten, wirkt der See doch im Winter wie ein riesiger Wärmespeicher, im Sommer dafür als Kühlanlage. Dann weht vormittags meist ein sanfter Südwind, die Inverna, während in den Nachmittags- und Abendstunden die Tramontana für Erfrischung sorgt. Im Spätherbst und im Winter ist der Nordföhn ziemlich häufig, ein Gegenstück zu jenem Sausewind, der in München und Luzern für Kopfweh und gesteigerte Aggressivität sorgt. Der Effekt jenseits der Alpen ist der gleiche: die Berggipfel rücken (scheinbar) näher, es herrscht kristallklare Sicht und der Schnee – falls überhaupt welcher liegt – zieht sich bald in höhere Lagen zurück.
Wer den Lago Maggiore wirklich kennenlernen will, muss sein Hinterland erkunden, jene vergessenen Täler und Höhen, fast so unbekannt wie die Rückseite des Mondes. Was für ein Kontrast zu den Parks und Gärten an den Seeufern! Oben am Berg schufteten die Bauern, während sich die Reichen und Mächtigen auf der Isola Bella ein Stelldichein gaben. Die Inseln vor Stresa waren damals Besitz der Borromeo. Berühmtester Spross dieser einflussreichen Familie, die ihre Wurzeln in Mittelitalien hat, war Carlo Borromeo (1538–1584). Er thront heute als 20 Meter hohe Bronzestatue über dem Städtchen Arona; der 1610 heiliggesprochene Kardinal und Erzbischof von Mailand ging in die Geschichte durch seine unversöhnliche, rückwärts gewandte Haltung beim Konzil von Trient ein, wodurch die Glaubensspaltung zementiert wurde.
Vorwärts schaute dagegen ein anderer, dem seine Heimat kein Denkmal errichtete, der aber trotzdem berühmt geworden ist: Dario Fo (1926–2016). Der Schauspieler und Dichter wurde 1997 mit dem Nobelpreis für Literatur ausgezeichnet; dass er sich zeitlebens mit den einfachen Leuten solidarisierte, bewies er auch bei der Preisverleihung: »Die Macht, und zwar jede Macht, fürchtet nichts mehr als das Lachen, das Lächeln und den Spott.«

STELL- UND CAMPINGPLÄTZE

WOHNMOBILSTELLPLATZ STRESA

Via Giosuè Carducci, 32, 28838 Stresa VB, GPS: 45.887905, 8.526359. Kleiner Stellplatz hinter ein paar Wohnhäusern, aber zentral gelegen und der See ist nur wenige Gehminuten entfernt. Ver- und Entsorgungsstation vorhanden.

CAMPING ORCHIDEA

Via 42 Martiri, 28831 Baveno VB, campingorchidea.it, GPS: 45.933203, 8.483688. Große Campinganlage mit allem, was man benötigt, und Parzellen direkt am Seeufer inklusive Blick auf die Borromäischen Inseln.

TOP ★ ERLEBNISSE

★ BORROMÄISCHE INSELN

Stresas Stern mag ziemlich verblasst sein, die Isole Borromeo draußen im Lago Maggiore haben nichts von ihrer Anziehungskraft verloren. Die Isola Bella galt bereits vor 200 Jahren als Weltwunder, und auch wer heute die Insel besucht, wird noch etwas von jenem »unvergleichlichen Zauber« spüren, der Alexandre Dumas – aber natürlich nicht nur ihn – einst in seinen Bann zog. Die Idee, dem felsigen Eiland die Form eines Schiffes zu geben, hätte Walt Disney zur Ehre gereicht; sie stammt aber von Antonio Crivelli aus Ponte Tresa, der 1620 mit der Umgestaltung zum barocken Gesamtkunstwerk begann.
isolelagomaggiore.com

★ LA TRAVERSATA

Ein absoluter Renner unter den Tessiner Wanderwegen ist die Traversata. Sie führt vom Monte Lema (1620 m) über mehrere kleine Kammerhebungen zum Monte Tamaro (1961 m) und weiter zur Alpe Foppa (6 Std.). Natürlich gibt's Aussicht en masse, auf die Alpen und auf den großen See, den Lago Maggiore.
ticinoweekend.ch

24 NICHT SEHR SCHWEIZERISCH

Mit dem Boot auf dem Lugano-See

Gerade wegen seiner ausgefransten Form empfiehlt sich eine Entdeckungstour auf dem Lago di Lugano mit dem Linienboot. So kommt man einfacher als mit dem Wagen und auch viel schöner zu den Ortschaften, die jeweils zum See hin ihre Schokoladenseite zeigen. Empfehlenswert ist die knapp vierstündige Nachmittagstour ab Lugano Paradiso.

Paradiso, der freundliche Vorort Luganos, eignet sich auch wegen des großen Parkhauses gegenüber der Anlegestelle für den Start der Bootstour, um den Wagen bequem zu parken. Im kleinen Castagnola unterhalb des Monte Brè befindet sich das nette Museo delle Culture, wo man auch mit dem eigenen Boot vorfahren kann. In Gandria Paese, dem letzten Schweizer Ort vor der Grenze, sieht man hübsche alte Häuser, ein beliebtes Fotomotiv! Im benachbarten Cantine stehen das Museo Doganale und ein Grotto, also eine super Einkehrmöglichkeit, am Hang.
In Caprino kleben nur wenige Häuser am Hang nördlich von Campione, unterhalb des Grotto San Rocco sind hart an der Felswand fünf historische Kalkbrennöfen auszumachen. Kurz danach ist Campione d'Italia erreicht. Das imposante Casino-Gebäude von Mario Botta beherrscht die Szenerie der eigenwilligen italienischen Enklave in der Schweiz, die außer der Zollfreiheit weitere Sonderrechte genießt und zwei Postleitzahlen hat – eine italienische und eine schweizerische. Wer hier in Italien anrufen möchte, muss allerdings »aus der Schweiz telefonieren«.

Miniatur-Schweiz

Mélide mit einfallsloser Architektur der allzu großen Apartmenthäusern hat dennoch schöne Uferabschnitte mit Liegewiesen, und das Boot wird hier oft für den Besuch von Swiss Miniatur verlassen, um dann das nächste Boot zu nehmen. Das peilt dann Brusino Arsizio an der Nordspitze des Monte San Giorgio an. Eine Seilbahn führt zum Wanderweg und zur Straße in 635 Meter Höhe und nach Serpiano, das zu Recht ein beliebtes Ausflugsziel ist.

Campanile von S. Maria del Sasso über Morcote

Dörfer am Hang

Morcote ist ein besonders hübscher Ort mit pastellfarbenen historischen Häusern mit Bogengängen am Ufer. Hinreißend schön sind die Ruine des Castello Paleari aus dem 12. Jahrhundert und die Friedhofstreppe, die sich mit rund 400 Stufen vom steilen Hang des Monte Arbostora zum See hinabzieht. Den Botanischen Garten des privaten Parco Scherer schmücken Kunstwerke verschiedenster Stilrichtungen.
Figino ist ein kleiner Ort mit großem Lido, also einer Badeanstalt. Lavena, der nette Ortsteil von Ponte Tresa,

Am Hermann-Hesse-Haus in Montagnola – nicht einfach vorbeigehen

lässt nur eine enge Durchfahrt frei mit Schilfgürtel rechts und links. Und auf der Halbinsel davor erheben sich Kalkbrennöfen in einer kleinen Wohnidylle mit Booten ringsum. Vorbei an den Campingplätzen von Ponte Tresa geht es wieder zur italienisch-schweizerischen Grenze, und in Caslano dreht das Boot zurück nach Paradiso, also nach Lugano, das schließlich auch kulturell einiges zu bieten hat – etwa von Frühjahr bis Herbst Musikfestivals ganz unterschiedlicher Richtungen und ein kulinarisch kaum zu überbietendes Weinfest im Herbst. Der riesige Stadtpark (Parco Civico Ciani) an der Mündung des Casrate sowie am See mit rund 63 000 Quadratmetern Fläche ist auch Sitz des Kongresszentrums der Stadt und des Museo Cantonale di Storia Naturale, also des naturhistorischen Museums.

Stimmungsvolles Lavena bei Ponte Tresa

STELL- UND CAMPINGPLÄTZE

1 WOHNMOBILSTELLPLATZ LUGANO

Via Tassino, 6900 Lugano, Schweiz, GPS: 46.000233, 8.944824

2 CAMPING PARADISO

Via Pedreta 26, 6818 Melano, Schweiz, www.camping-paradiso.ch, GPS: 45.924003, 8.979039

3 INTERNATIONAL CAMPING,

Via Marconi, 18, 21037 Lavena Ponte Tresa VA, www.international-camping.com, GPS: 45.959935, 8.863607

4 MONTE SAN GIORGIO CAMPING

Ala Caraa 2, 6866 Meride, Schweiz, www.montesangiorgiocamping.ch, GPS: 45.888715, 8.948667

TOP ★ ERLEBNISSE

★ PRIVATBAHN NACH LUGANO

Die pünktliche Schweizer Privatbahn verbindet Ponte Tresa auf Tessiner Seite und das zwölf Kilometer entfernte Lugano mit dichtem Fahrplan, tagsüber etwa alle 15 Minuten (flpsa.ch).

★ MUSEO D'ARTE DELLA SVIZZERA ITALIANA (MASI)

Sehenswertes Museum für moderne und zeitgenössische Kunst vom 19. bis ins 21. Jahrhundert in Lugano, mit Dauer- und Wechselausstellungen und seit 2015 zusammengelegt mit dem LAC, dem Museum Lugano Arte e Cultura (masilugano.ch).

★ MUSEO CANTONALE DI STORIA NATURALE

Das naturhistorische Museum des Schweizer Kantons Tessin in Lugano am Viale Carlo Cattaneo 4 bietet ein interessantes Abbild der Entstehung des Kantons.

★ SWISS MINIATUR

Die schönsten Bauwerke und Landschaften der Schweiz in Miniaturformat auf 14 000 Quadratmeter Fläche im Maßstab 1:25 sind beeindruckend schön am Ufer von Mélide angelegt. Auf einer 3560 Meter langen Modelleisenbahnstrecke fahren 18 Züge durch den Park (swissminiatur.ch).

★ BESUCH BEI HERMANN HESSE

In Montagnola nahe Lugano fühlt man sich wirklich so, als sei man beim Nobelpreisträger für Literatur (1946) zu Hause. Hier lebte Hermann Hesse von 1919 bis 1931 in der früheren Torre Camuzzi. Heute wird eine Dauerausstellung aus seiner Hinterlassenschaft wie etliche Bücher und Bilder gezeigt (ja, er malte auch). Zudem werden Lesungen und Sonderausstellungen veranstaltet – ein lebendiger Ort der Literatur (hessemontagnola.ch).

25 EINE METROPOLE MIT VIELEN GESICHTERN – MAILAND

Stadt der Mode und des Designs

Wie eine Spinne im Netz sitzt die Regionalhauptstadt der Lombardei, tatsächlich recht zentral, inmitten von Norditalien. Sie ist wirtschaftlicher wie kultureller Mittelpunkt, mausert sich jedoch auch zu einem touristisch interessanten Ziel mit bedeutenden Museen, Sehenswürdigkeiten und hervorragenden Einkaufsmöglichkeiten, nicht zuletzt in den edlen Modepalästen an der Via Monte Napoleone.

Die Welt hat Mailand 2015 als perfekte Gastgeberin einer gelungenen EXPO erlebt. Und viele Reisende haben wohl erst dann erkannt, wie interessant diese Großstadt ist. Seit das historische Zentrum zumindest fast von Privatwagen befreit ist, kann man genüsslich um den Domplatz schlendern, ohne Angst haben zu müssen, von einem vorbeirasenden Wagen erfasst zu werden. Plötzlich erkennt man auf Anhieb Türme und Fassaden, Kuppeln und Denkmäler. Auch die großen alten Pflastersteine fallen auf, die für Oberitaliens Städte so typisch sind. Mailands großzügig angelegte Straßen lassen selten das Gefühl von Enge aufkommen. Und Mailand ist vielleicht die lebendigste Großstadt Oberitaliens, weltoffen und aufgeschlossen wie kaum eine andere – und hervorragend mit Metro, Bussen, Straßen- und U-Bahnen erschlossen. Also eine richtig verlockende Stadt.

Mailands gute Stube der Superlative

Das ist mit Sicherheit die Piazza Duomo. Da setzt man sich am besten auf den Sockel des imposanten Reiterdenkmals von Vittorio Emanuele II und schaut auf den wunderschönen Dom mit seinen unzähligen Details der gotischen Fassaden. Kein Wunder, dass man damit eine ganze Weile zu tun hat, schließlich sollte es 1386 das größte Gotteshaus sei-

Blick vom Domplatz auf die Galleria Vittorio Emanuele II (unten). Zarte Skulpturen bilden die Spitzen der Fialen des Mailänder Domes (rechte Seite oben). Der Sempione-Park hinter dem Castello Sforzesco ist die »Spielwiese« der Mailänder (rechte Seite unten).

Wer Mailand entdecken will, geht entweder zu Fuß durch die Innenstadt oder nimmt die gelbe Straßenbahn, die sie in kurzen Intervallen umrundet.

ner Zeit werden, allein außen mit rund 3400 Skulpturen geschmückt. Die Gardemaße können sich sehen lassen: 158 Meter lang, 66 Meter breit, 56 Meter hoch, Fassadenbreite 61,5 Meter – und mit der Domspitze, obenauf die Madonnina, Mailands Wahrzeichen Nummer eins, 108,5 Meter hoch. Unbedingt vornehmen: dem Dom aufs Dach zu steigen, ob sportlich über die enge Treppe oder komfortabel mit einem der beiden Aufzüge rechts oder links vom Chor (von außen zugänglich). Bei guter Sicht sieht man von dort oben nicht nur über ganz Mailand, sondern bis zu den Alpen!

Am großzügigen Domplatz beginnt auch die Galleria Vittorio Emanuele II mit ihren Glaskuppeln, das Vorbild für alle später gebauten Einkaufspassagen und ebenfalls gigantisch. Sie ist tatsächlich eine wahre Postkartenschönheit, die natürlich auch als solche vermarktet wird. Es kostet seinen Preis, hier in einer Bar einen Drink zu nehmen oder in einem der Restaurants, die sich ins »Freie« des überdachten Raumes vergrößert haben, zu speisen – aber wie oft kommt man schon hierher? »Salon« ist gerade der richtige Ausdruck dafür. 1865 wurde mit dem Bau der Galleria begonnen, erst 1877 in Form eines Kreuzes fertiggestellt, ist die Stahl-Glas-Konstruktion wirklich faszinierend: 196 Meter in Nord-Süd-, 105 Meter in Ost-West-Richtung, 14,5 Meter breit und bis zu 21 Meter hoch. Die Hauptkuppel ragt 47 Meter in den Mailänder Himmel. Prachtvoll ist auch das Bodenmosaik, das 1965 zur Hundertjahrfeier des Baubeginns fertiggestellt wurde. Im linken Querarm befindet sich ein Bodenmosaik, das einen Stier zeigt, auf dessen Unterleib Mailänder sich gern auf dem Absatz drehen – weshalb eine deutliche Vertiefung zu erkennen ist. Warum sie das tun? Weil es Glück in der Liebe bringen soll … Doch es geht weiter mit den Superlativen im Zentrum der Stadt: Am Ende der Galleria öffnet sich ein Platz mit einem der berühmtesten Opernhäuser der Welt, der Scala.

Michelangelo contra Leonardo

Ein gemütlicher Spaziergang führt durch die fußgängerfreundlich umgestaltete,

breite Via Dante zum größten historischen Bauwerk der Stadt, dem Castello Sforzesco (von Galeazzo Visconti 1386 in Auftrag gegeben, der auch den Dom bauen ließ, und für den namengebenden Francesco Sforza 1447–1472 umgestaltet) mit hohem Turm und großartigen Sammlungen. Darin unter anderem die ans Herz rührende, unvollendete Skulptur des greisen Michelangelo, die Pietà Rondanini.
Vor dem Castello steht eine große Brunnenanlage, an der sich Mailands Jugend ebenso gern trifft wie junge Reisende, um auch bei hochsommerlicher Hitze ein wenig Erfrischung zu erleben. Dahinter breitet sich einer der größten Parks Mailands aus, in dem man sich nach vielleicht anstrengendem Museumsbesuch die Beine vertreten kann. Im Park lockt zudem eine der angesagtesten Aperitivo-Bars der Stadt, die »Bar Bianco«, vom Frühstück bis spät in die Nacht.
Manche Kunstkenner reisen nur deshalb nach Mailand, um eines der berühmtesten Werke Leonardo da Vincis zu sehen, nach der Mona Lisa, die ja bekanntlich im Pariser Louvre hängt, sicher sein bekanntestes: das »Abendmahl«, italienisch »il Cenacolo Vinciano« (1495–1497). Man sollte sich für den Besuch im Kloster Santa Maria delle Grazie angemeldet haben, man kann aber auch spontan versuchen hineinzukommen, hat bisher immer geklappt. Eigentlich hat dieses Wandbild seinen Ruhm der unsachgemäßen Maltechnik Leonardos zu verdanken, denn er wollte schnell mit dem Auftragsbild fertig werden. Dafür benutzte er nicht die üblichen, kalkbeständigen Farben für die sehr aufwendige Freskotechnik, sondern Temperafarben in Secco-Technik (also auf trockenem Putz), die eine nachträgliche Korrektur ermöglichten, weil sie sich nicht mit dem Putz verbinden, das Bild aber empfindlich machten. Und so steht man heute und staunt und freut sich, dass es nach Jahrzehnten gelungen ist, den Zerfall des »Abendmahls« aufzuhalten. War ohnehin ein Glücksfall, dass das Gemälde erhalten blieb, nachdem 1943 ein Bombenhagel das Kloster zerstörte, ohne die Wand mit diesem Bild zu beschädigen.

Kunst contra Mode?

Es gibt Kunstreisende, die behaupten, man sei nicht in Mailand gewesen, wenn man die Brera nicht gesehen habe, die Kunstakademie und Kunstsammlung zugleich ist. Tatsächlich könnte man hier einige Stunden verbringen auf der Suche nach den großen bildlichen Schätzen Mailands vom 14. bis zum 19. Jahrhundert. Zu verdanken hat die Brera ihren reichen Fundus der Säkularisierung im 19. Jahrhundert, als man Kirchen

Man kann dem Mailänder Dom tatsächlich aufs Dach steigen und sollte es tun, denn es ist ein wirklich besonderes Erlebnis (unten)! Auf dem Monumentalfriedhof findet man besondere Grabdenkmäler wie dieses für Davide Campari, das Jesus im Kreise seiner Anhänger zeigt (ganz unten).

und Klöster auflöste und ihre Kunstschätze in Museen unterzubringen begann (wenn sie nicht »verloren gingen«). Darunter »Jungfrau mit Kind, Heiligen und Engeln«, die sogenannte »Pala Montefeltro« (1472–1474) von Piero della Francesca. Oder »Die Hochzeit der Jungfrau« von Raffael (1504) und aus neuerer Zeit »Der Kuss« von Francesco Hayes (1859) oder »Das fette Kind« von Amedeo Modigliani (1915).

In angenehmer Laufentfernung südwestlich vom wuseligen Brera-Viertel breitet sich das Mode-Viertel der Stadt aus: Merken muss man sich nur die Via Montenapoleone, die weiteren Edeladressen hat man gleich in ihren Nebengassen drum herum. Hier fehlt aber auch wirklich keine Edelmarke der Mode, natürlich in feinsten Palazzi mit unglaublich verlockenden, meist minimalistisch dekorierten Schaufenstern. Ein paar Namen gefällig? Dior, MiuMiu, Ferragamo ... Wer sich's leisten kann, sollte nicht lange zögern. Wer es sich zwar nicht leisten kann, aber unbedingt schickes Neues tragen möchte, sollte in Mailand nach den wechselnden Outlet-Shops fragen, die Markenartikel zu erstaunlichen Preisen anbieten. Sie können das, weil sie Leerstände in Läden für die Übergangszeit zwischen Vor- und Nachmieter nutzen und diese für relativ wenig Geld von den Besitzern überlassen bekommen.

Römisches bei den Wunderfresken

Südwestlich vom Castello Sforzesco liegen zwei außergewöhnliche Sehenswürdigkeiten dicht beisammen. Ein Archäologisches Museum ist normalerweise aus Sammlungen entstanden, aber dasjenige Mailands steht über den römischen Ausgrabungen, die ein größeres Areal umfassen, jedoch an dieser Stelle öffentlich zugänglich sind. Wo auch immer man in dieser Ecke der Stadt gegraben hat, weil man das Fundament für ein Haus schaffen wollte, kam Römisches zum Vorschein, was manche Bauherren zur Verzweiflung getrieben haben mag. Da Mailand schlecht ein ganzes Areal für geschützt erklären konnte, also nicht bebaubar, erhielt man zwar die Baugenehmigung, aber die archäologischen Funde mussten erst gesichert, dokumentiert und, wenn möglich, irgendwie zugänglich gemacht werden. Etwa indem man das Haus auf Stelzen errichtete oder das Untergeschoss sonst wie einsehbar gestaltete. – Doch das Museum bietet zum größten Teil die authentischen Funde, die vor Ort gemacht wurden, nicht nur irgendwelche aus anderen Grabungen.

Zu sehen sind also hauptsächlich Relikte aus römischer Zeit – aus der Umgebung und vor allem »in situ« (vor Ort) gefundene und

Mailänder Wirte lieben eine dichte Dekoration mit Gemälden und Fotografien (unten). Aperitivi mit Knabbereien von der Theke sind hier vor allem abends angesagt (ganz unten). San Maurizio ist ein Kleinod der sakralen Kunst Mailands (rechte Seite oben). Der Naviglio Grande (rechte Seite unten).

freigelegte, restaurierte römische Mauern. Außerdem vorzeitliche Funde, auch aus griechischer und etruskischer Zeit sowie zahlreiche Fußboden-Mosaiken, Stelen und Altäre. Ein Höhepunkt der Silberschmiedekunst ist ein imposanter Silberteller aus dem 4. Jahrhundert, die »Patera di Parabiago« mit dem Hochzeitszug der Göttermutter Kybele mit ihrem Geliebten Attis.

Im polygonalen Backsteinturm des Museumsgartens sind Fresken zu entdecken, darunter eine »Kreuzigung«, »Franziskus empfängt die Stigmata« und »Drei Heilige im Gefängnis«. Kein Wunder, denn das Archäologische Museum wurde in die Klosteranlage hineingebaut, deren Kirche (extra Eingang) nebenan wiederum ein echter Geheimtipp ist: San Maurizio al Monastero Maggiore (Eintritt frei). Die kleine Klosterkirche, sicher eine der schönsten in Mailand, ist über und über mit atemberaubend schönen, farbenfrohen Wandfresken ausgestattet, die zum Großteil die Handschrift von Bernardino Luini und seiner Werkstatt (16. Jh.) tragen. Der Freskenzyklus bleibt nicht auf die kleine Kirche konzentriert, sondern geht hinter dem Altar im abgetrennten Nonnenbereich weiter. Auch hier setzt der eher wenig bekannte, aber wichtige Maler der italienischen Renaissance, immerhin ein Schüler Leonardo da Vincis, sein Meisterwerk fort, teils unterstützt von seinen Söhnen Aurelio und Giovan Pietro. Am Anfang des Nonnenbereichs, in der Besozzi-Kapelle, auch Kapelle der hl. Katherina genannt, besticht das Porträt der Heiligen durch seine Natürlichkeit. Im hinteren Teil links hat der Sohn Aurelio Luini die Geschichte der Arche Noah in unterhaltsamer, recht fröhlicher Weise dargestellt. Wie berichtet, kommen alle Tiere als Paare in das rettende Boot, aber unten links im Bild hüpft ein einsamer Hund herum – das Maskottchen des Malers. Wer sich nicht nur von den großartigen Freskenbildern fesseln lässt, sollte auch einen Blick auf die Orgel werfen, die als die älteste der Stadt gilt, stammt sie doch aus dem Jahr 1554, gebaut von der berühmten Orgelbauer-Familie Antegnati aus Brescia.

STELL- UND CAMPINGPLÄTZE

NEW PARK MILANO

Via Luigi Tüköry, 6, 20161 Milano MI, newparkmilano.eu, GPS: 45.511547, 9.160444. Eine Mischung aus Abstellplätze für Lastwagen und Wohnmobilstellplatz. Aber hier steht das Wohnmobil rund um die Uhr bewacht und sicher. In das Stadtzentrum gelangt man mit den öffentlichen Verkehrsmitteln.

CAMPING VILLAGE CITY OF MILAN

Via Gaetano Airaghi, 61, 20153 Milano MI, campingmilano.it, GPS: 45.473860, 9.082681. Großer Campingplatz unter Bäumen und mit kompletter Ausstattung, Busbahnhof direkt vor dem Platz.

TOP ★ ERLEBNISSE

★ MAILANDS KANÄLE

Die beiden künstlich geschaffenen Kanäle am südwestlichen Stadtrand benutzte früher der Adel Mailands, um im Sommer mit Sack und Pack auf dem bequemen Wasserweg aufs Land zu ziehen, in die Sommerfrische. Genau diese Kanäle wurden immer mehr auch zum Fluchtpunkt der heutigen Mailänder. Vor allem der Naviglio Grande, der weit nach Westen reicht, hat sich zu einer echten In-Location entwickelt. An seinen Ufern haben sich kleine Kunstgalerien etabliert, und einmal im Monat, am letzten Sonntag, lockt ein gut besuchter Antiquitäten- und Flohmarkt. Mit der Straßenbahn kommt man vom Zentrum schnell zur Porta Ticinese, und von dort sind es nur ein paar Schritte bis zum Naviglio.

★ SUPER LOCATIONS

Zwei besondere Adressen am Naviglio Grande sind das gut bürgerliche Restaurant El Brellin mit echt Mailänder Küche in einer früheren Wäscherei und die winzige Osteria Posto di Conversazione.

★ EDEL-CAFÉ

Zwei historische Cafés haben stolz ihre Tradition behalten und sind für Liebhaber solcher Lokale unbedingt Pflicht: das Cova (seit 1817) in der Via Montenapoleone 8 und das Sant'Ambrogio (seit 1936) am Corso Matteotti 7.

WEITERE INFORMATIONEN
yesmilano.it,
navigliogrande.mi.it

Das Aostatal ist ein Tal voller romantischer Kirchen (oben). Die herrliche Landschaft lässt sich wunderbar entschleunigt mit dem Wohnmobil genießen (rechte Seite unten). Seilbahn zum Col Helbronner mit Blick auf Courmayeur (rechte Seite oben).

26 WILDES ITALIEN UND NATUR PUR – DAS AOSTATAL

Im »Rom der Alpen«

Im Norden die Alpen mit berühmten Wintersportorten und einsamen Hängen im Nationalpark Gran Paradiso und im Süden Weinhänge und im Tal antike Ruinen und gemütliche Weinbars: Das Aostatal ist eine der urwüchsigsten Gegenden Italiens – und immer noch ein Geheimtipp.

Hauptstadt des Tales ist Aosta. Eine uralte Stadt keltischer Stämme, die von den Römern erobert wurde. Im »Rom der Alpen«, das einst den Namen Augusta Praetoria trug, findet der Besucher noch eine Vielzahl antiker Bauten. Da sind die Reste eines Amphitheaters, das eine 20 Meter hohe Fassade hatte, von der noch ein guter Teil erhalten geblieben ist. Außerdem gibt es ein Forum Romanum und eine antike Brücke zu besichtigen. Der Triumphbogen Arco di Augusto ist bis auf das Dach original antik und gehört zu den am besten erhaltenen seiner Art in Italien. Die mächtige Porta Praetoria schließlich, ein antikes Stadttor, zeugt davon, wie wichtig die Stadt als nördliches Handelszentrum einst war.

Mittelalterliche Kirchen

Im Unterschied zu anderen italienischen Städten war das geografisch etwas abseits gelegene Aosta nie eine Wiege barocker Kultur. So blieben hier fantastische mittelalterliche Kirchen beinahe im Originalzustand erhalten. S. Orso etwa ist ein sakraler Gebäudekomplex, dessen erste Bauten im 10. Jahrhundert entstanden. Der romanische Glockenturm ist einer der schönsten Norditaliens. Im Inneren der Kirche befinden sich mittelalterliche Fresken, die nie übermalt wurden.

Der Klosterinnenhof aus dem 12. Jahrhundert ist ein Highlight mittelalterlicher Kunst. Die Säulen sind mit ungemein ausdrucksstarken Kapitellen verziert. Auch die Kathedrale

stammt aus dem Mittelalter, wurde aber in späteren Jahrhunderten, vor allem in der Renaissance, dem damaligen Zeitgeschmack angepasst. Bei der Kirche sind im Museo del Tesoro Sakralkunstwerke zu besichtigen. Besonders reizvoll: frühchristliche Kunst aus dem 5. Jahrhundert. Auch hier lockt wieder ein Klosterhof aus dem 15. Jahrhundert.

Fast alle historischen Baudenkmäler liegen nahe beieinander. An knapp einem Vormittag lässt sich das historische Zentrum erbummeln. Besser wäre aber ein ganzer Tag, um auch einen Rundgang bei den Stadtmauern zu machen – Wehrmauern aus römischer Zeit, die ebenfalls in Teilen sehr gut erhalten geblieben sind.

Im Burgenland

Das ganze Aostatal, eine geografische Brücke zwischen den italienischen Staaten und Frankreich, hat immer noch viel mittelalterlichen Charakter. Vor allem außerhalb Aostas und auf Hügeln und Bergen findet man zauberhafte Ortschaften, die den Charme vergangener Zeiten ausstrahlen.

Ungefähr 70 Burgen sind noch erhalten. Einen Teil von ihnen sieht der Reisende, wenn er vom Mont-Blanc-Tunnel nach Italien und von Aosta nach Pont-Saint-Martin fährt. Beeindruckende Beispiele mittelalterlicher Wehrarchitektur in landschaftlich reizvoller Position findet man in Montmayer im Valgrisenche. Sehenswert ist auch der Turm von Ussel, der auf einem Felsen über das Tal wacht. Die im 14. Jahrhundert gebauten Wehrburgen Verrès und Fénis sind komfortable Gebäudekomplexe mit Wohn- und Hofanlagen. Wie aus der spartanischen Wehrburg eine spätmittelalterliche luxuriöse Hofburg wird, kann in Issogne besichtigt werden.

Das Aostatal verfügt über einen in ganz Italien einmaligen landschaftlichen Schatz. Der Parco Nazionale del Gran Paradiso ist einer der schönsten Naturschutzparks des Landes. Mit alten Burgen, mit Wasserfällen wie der Cascata di Balma und dem Goletta-Wasserfall, mit malerischen Tälern wie dem Val di Rhemes-Notre-Dame und abseits gelegenen, verschlafen wirkenden Dörfern in atemberaubender Umgebung wie Lillaz und Cogne. Wandern, Bergsteigen und Skifahren oder einfach Abhängen in reiner Bergluft und ohne Massen von Touristen: Im Aostatal ist das möglich.

STELL- UND CAMPINGPLÄTZE

WOHNMOBILSTELLPLATZ BARD

Hône, GPS: 45.611586, 7.732847. Kleiner Stellplatz mit Schranke sowie Ver- und Entsorgung direkt neben einem laut rauschenden Bach. Zu Fuß gelangt man oberhalb des Bachs zur Festung Bard, die den Eingang in das Aostatal dominiert.

TOP ★ ERLEBNISSE

★ WILDE TÄLER

Sicher: Courmayeur, das sich selbst gern »Wiege des Alpinismus« nennt, ist kein Insidertipp. Doch der mehr als 1200 Meter hoch gelegene Wintersportort, der auch im Sommer ungemein reizvoll ist, gehört zu den schönsten Skiorten der Alpen. Und: In seiner Umgebung gibt es Täler von so wilder Schönheit wie nur noch selten in der Alpenregion. Die Seen Lago di Combal und Lago del Miage befinden sich ebenfalls in traumhafter Lage. Die hier produzierten Käse gehören zu den würzigsten und besten des an Käsesorten nicht gerade armen Italien.

★ WANDERPARADIES

Tiefblaue Bergseen, spitze Berggipfel und traumhafte Aussichtspunkte. Die elf Kilometer lange Wanderung zwischen Val Ferret und dem Großen Sankt Bernhard Pass ist ein mittelschweres Erlebnis für die ganze Familie. Das Aostatal ist ein Paradies für Höhenwanderwege.

★ EDLES TRÖPFCHEN

Der Muscat de Chambave ist selbst im übrigen Italien ein echter Geheimtipp. Gekeltert wird er aus weißen Muskattrauben, die bei dem Dorf Chambave angebaut werden. Ein strohgelber trockener Wein, mit einem ganz feinen bitteren Nachgeschmack, ideal als Aperitif.

WEITERE INFORMATIONEN

comune.aosta.it,
lovevda.it/de
Parco Nazionale del Gran Paradiso: pngp.it/de

27 METROPOLE ZWISCHEN ALPEN UND PO – TURIN

Immer dynamisch und weltoffen

Turin war die erste Hauptstadt Italiens. Hier trat das erste italienische Parlament zusammen, seinerzeit im 19. Jahrhundert, als die Anhänger des Risorgimento in der Stadt rumorten. Doch auch ohne Hauptstadt-Status ist die Heimat von Autoklassikern, wie dem Fiat 500, dem Panda und dem Punto, mit ihrer beeindruckenden Barockarchitektur und ihren zahlreichen Museen einen Besuch wert.

In der Metropole am Fuß der italo-französischen Alpen, wo sich der längste Fluss des Landes wie ein grünes Band durch die Ebene zieht, haben sich berühmte Architekten des Barocks mit prächtigen Gebäuden und endlosen Arkaden verewigt.

Schauplatz dynastischer Prachtentfaltung

Bis das Haus Savoyen die Stadt Turin im Jahr 1563 zur Hauptstadt erkor, gab es dort nicht viel mehr als mittelalterliche Palazzi. Doch die Herzöge von Savoyen liebten die Schönheit und sie liebten die Macht. So planten sie eine Stadt, in den Hügeln des Piemonts gelegen, ebenbürtig mit Paris. Sie schufen eine glanzvolle Barockstadt mit prunkvollen Palästen, perfekt symmetrischen Plätzen und breiten Alleen, die von kilometerlangen Bogengängen gesäumt sind, denn sie liebten es, auch bei schlechtem Wetter, ohne nass zu werden, bis zum Po-Ufer zu spazieren. Unter den Arkaden der Via Roma flanieren heute Einheimische vor den Vitrinen angesagter Markengeschäfte und beliebter Ladenketten. Die bekannte Einkaufsmeile führt zur Piazza San Carlo, dem Wohnzimmer Turins mit den Zwillingskirchen Chiesa di Santa Cristina und Chiesa di San Carlo Borromeo. Der Platz, dessen Mittelpunkt ein Reiter-Denkmal für Emanuel Philibert schmückt, ist 168 Meter lang, 76 Meter breit und umrahmt von Bogengängen. Wenn man erschöpft ist vom Bummeln, sind das Caffè San Carlo und das traditionsreiche Caffè Torino die besten Orte, um zu entspannen. Sie liegen in der Innenstadt am Rand der Piazza

Im Museo Nazionale dell' Automobile gibt es Originalfahrzeuge von 80 verschiedenen Autoherstellern zu sehen (unten). Beeindruckende Aussicht auf die Piazza Vittorio Veneto vom Monte dei Cappuccini (rechte Seite oben). Die Via Roma mit Blick auf das Reiterdenkmal auf der Piazza San Carlo (rechte Seite unten).

Tagungssaal, in dem zum ersten Mal das italienische Parlament zusammentraf (unten). Im Eataly gibt es beste Lebensmittel aus Italien (ganz unten). An der Porta Palatina offenbart sich römisches Erbe (rechte Seite oben). Das neue ägyptische Museum wurde von Star-Bühnenbildner Dante Ferretti gestaltet (rechte Seite unten).

San Carlo und haben etwas von einem Wiener Kaffeehaus.

Wer den Spaziergang unter den Arkaden an der Via Roma fortsetzt, erreicht die Piazza Castello im Herzen der Turiner Altstadt. Hier hinterließen die Savoyer gleich zwei Wohnstätten: den Palazzo Madama mit Barockportal auf der rechten Seite und den Königspalast am Kopf des breiten Schlossplatzes. Neben dem grünen Schlosspark Giardini Reali, gleich hinter der Porta Palatina, dem noch erhaltenen Stadttor der römischen Siedlung Augusta Taurinorum, gibt es noch das alte Quadrilatero Romano, das man nicht verpassen sollte.

Der historische Stadtteil mit den engen Gassen, renovierten Palazzi, idyllischen Plätzen, schicken Bars, erstklassigen Restaurants und dem riesigen Markt Porta Palazzo zählt zu den angesagtesten Ausgehvierteln der Stadt. Spiritueller Mittelpunkt ist die Chiesa di Santa Maria della Consolazione, kurz Santuario della Consolata, genannt. Die Basilika ist ein Prunkstück des Piemonteser Barock und zählt zu den ältesten Gotteshäusern von Turin. Direkt gegenüber liegt die feinste Verschnaufpause im Sightseeing-Stress: das Al Bicerin, ein klitzekleines Café, das für viele den besten »bicerin«, eine Mischung aus Espresso, Kakao und Milch, sowie die köstlichste heiße Schokolade mit cremeweißem Sahnehäubchen serviert. Für einen Platz in der kleinen Kaffeestube aus dem Jahr 1763 muss man erst mal in der Warteschlange stehen – aber es lohnt sich!

Ein Gebäude mit Symbolcharakter

Nahe der Piazza Castello zeigt das im Palazzo Carignano untergebrachte Museo Nazionale del Risorgimento die Geschichte der Einheit Italiens. Bewirkt hat sie im 19. Jahrhundert eine Bewegung aus Modernisierern um Camillo Cavour, Giuseppe Garibaldi und Giuseppe Mazzini, die für die Wiederauferstehung eines bis dahin in kleine Fürstentümer aufgesplitterten Landes eintraten. Ziel war es, die politische Vielfalt in eine einheitliche Nation mit einem eigenen Nationalstaat zu verwandeln. Zum großen Schauplatz wurde der Palazzo Carignano, weil König Viktor Emanuel II. am 17. März 1861 hier die neue italienische konstitutionelle Monarchie ausrief. Turin wurde Hauptstadt und nur einen Tag später trat im Palast zum ersten Mal das italienische Parlament zusammen. Graf Camillo Cavour war allerdings nicht nur im Parlament ein häufiger Gast. Auch im gegenüberliegenden Sternerestaurant Del Cambio, wo selbst Giuseppe Verdi, Giacomo Puccini und Friedrich Nietzsche zu Mittag speisten, ließ er sich häufig sehen.

Für die schnelle Variante, also Kaffee plus Fruchttörtchen, empfiehlt sich hingegen die kleine Farmacia Del Cambio. Die restaurierte, alte Apotheke gehört zum Gourmettempel und liegt direkt nebenan.

Panorama, Kino, Autos und moderne Kunst

Unweit des Palazzo Carignano ragt die 167,50 Meter hohe Mole Antonelliana aus dem Häusermeer der wuseligen Hauptstadt des Piemonts hervor. Der 1863 ursprünglich als Synagoge konzipierte, unförmige Backsteinbau war bei seiner Vollendung im Jahr 1889 das höchste begehbare Gebäude Europas. Die zum Wahrzeichen der Stadt avancierte und sich nach oben verjüngende Konstruktion ist heute ein Treffpunkt für Panorama- und Filmbegeisterte. Von ihrer Aussichtsplattform in 85 Metern Höhe bietet sie bei schönem Wetter einen herrlichen Blick auf die nahen Alpen, die symmetrisch angeordneten Straßenzüge und den langsam dahinfließenden Po. Bei der nur 59 Sekunden dauernden Fahrt mit einem freischwebenden, gläsernen Aufzug bis in die Turmspitze können Schwindelfreie einen Blick in das Innere des Gebäudes werfen, in dem das Nationale Kinomuseum untergebracht ist, das zu den bedeutendsten seiner Art zählt. Die Heimat der Fabbrica Italiana Automobili Torino (FIAT) ist aber auch Treffpunkt für Auto- und Motorbegeisterte. Am Stadtrand lädt das 1932 gegründete Museo Nazionale dell'Automobile mit knapp 200 Auto-Schönheiten zu einem Rundgang durch die Automobilgeschichte ein, der weltweit ohnegleichen ist. Einen geeigneten Einstieg in das Werk des in Turin aufgewachsenen Künstlers Mario Merz gibt es hingegen im nur wenige Kilometer entfernten ehemaligen Heizwerk der Officine Lancia. Das Museum in der einstigen Industrieanlage ist ausschließlich dem verstorbenen Vertreter der »arte povera« gewidmet, der mit seinen Iglus aus verschiedenen Materialien große Erfolge feierte.

Und was noch?

Turin hat die »sacra sindone«, das Grabtuch, das den Leichnam Jesu umhüllt haben soll und das seit 1578 in der Stadt aufbewahrt wird. Es hat Stupinigi und die Venaria Reale, zwei malerische Jagdschlösser in den Parkanlagen vor den Toren der Stadt. Es hat die innen wie außen sehenswerte Basilica di Superga, die vom berühmten Architekten Filippo Juvarra auf dem gleichnamigen Hügel gebaut wurde. Es hat eine junge Kunstszene, die boomt und deren Werke in zahlreichen Galerien zu sehen sind. Und es hat den Lingotto, den legendären Hauptsitz von Fiat mit Teststrecke auf dem Dach, der von Stararchitekt Renzo Piano in ein multifunktionales Zentrum umgebaut wurde, das man auf einer Besichtigungstour aber getrost auslassen kann.

STELL- UND CAMPINGPLÄTZE

CAMPEGGIO GRINTO

Corso Trieste, 94, 10024 Moncalieri TO, grinto.it, GPS: 45.010031, 7.671779. Moderner Stellplatz mit allem Komfort und Restaurant im Süden der Stadt. Über Radwege entlang des Po-Ufers gelangt man in die Altstadt.

TOP ★ ERLEBNISSE

★ BESICHTIGEN

Das 1824 von König Karl Felix I. gegründete Ägyptische Museum enthält wertvolle Kostbarkeiten und gibt Einblicke in die Mythologie und das tägliche Einerlei im alten Ägypten. Die Sammlung umfasst 3300 Objekte, darunter Statuen, Sarkophage, Mumien, Papyrusrollen, Schmuck und Alltagsgegenstände. So viel Ägyptisches an einem Ort bekommt man sonst nur in Kairo zu sehen. museoegizio.it

★ ABSCHALTEN

Für viele Torinesi gehört der Apericena, der Feierabend-Aperitif, zum festen Bestandteil des Arbeitstages. Man lässt den Tag bei warmer Focaccia, kleinen Pizzen, Canapés und einem Spritz ausklingen, bevor es nach Hause geht.
Im Sommer werden auf der gemütlichen Terrasse des Eria im Stadtteil von San Salvario zu Cocktails und Bier auch originelle Häppchen wie Vittello Tonnato, Schweinebacke und Hummus kredenzt.
eria-food-lab.business.site

★ NÄCHTIGEN

Eines der besten Hotels in Turin ist das Palace Hotel gegenüber der Porta Nuova. Das Fünf-Sterne-Haus ist in einem Palazzo aus dem Jahr 1870 untergebracht und punktet mit herrlichen Zimmern. Zum Relaxen nach der Stadtbesichtigung steht die Terrasse mit Blick über die Dächer bereit.
turinpalacehotel.com

WEITERE INFORMATIONEN
turismotorino.org

Das Castello del Valentino ist ehemalige herzogliche Residenz und heute Sitz der Fakultät für Architektur der Technischen Universität.

MTB-PARADIES PIEMONTESER ALPEN

Unterwegs auf den alten Militärstraßen

Für Mountainbiker mit strammen Waden und großer Lunge gilt die Gardaseeregion als Topadresse. Das 370 Quadratkilometer große Gewässer ist schon seit vielen Generationen die liebste Badewanne der Deutschen, auch der Geheimrat aus Weimar, Goethe, war da, wie man in seiner »Italienischen Reise« nachlesen kann. Während der Belle Époque blühten nicht nur die Zitronen an den Ufern des Gardasees (Bènaco), auch der Tourismus erlebte einen ersten Boom. Mit dem Ausbruch des Ersten Weltkriegs kam der allerdings völlig zum Erliegen: Kanonendonner statt Walzerklänge. Und zig Tausende Tote an der Front zwischen der Donaumonarchie und Italien. Drei Jahre dauerte das sinnlose, mörderische Ringen in den Ostalpen; mit dem Knebelvertrag von St-Germain wurde bereits die Saat für die nächste Weltkatastrophe ausgebracht. Zur Hinterlassenschaft des ersten modernen Krieges gehören auch zahllose Nachschubstraßen und Frontwege, heute, ein Jahrhundert später, beliebte MTB-Trails. Manche dieser Routen genießen schon längst Kultstatus, etwa die Serpentinenstraße über den Tremalzopass, die alte Ponalestraße oder die Gipfelstraße auf den Monte Altissimo di Nago (2079 m). Riva ist für Biker, was Arco und seine Sonnenfelsen für die Climber sind: ein absoluter Hotspot.

Der unbekannte Westen

Fast noch ein Geheimtipp sind dagegen die tollen MTB-Strecken in den Piemonteser Alpen, ein gutes Stück hinter der Fiat-Stadt Turin. Auch hier verlief einst eine heikle Grenze, jene zwischen Italien und Frankreich, und die wollte befestigt sein. Darin sind die Italiener bekanntlich Meister, die besten muratori überhaupt. Zum Krieg kam es in den Westalpen allerdings nicht, weil Italien als Mitglied des Dreierbundes 1915 die Seite wechselte und an der Seite der Entente in den Krieg eintrat. So war Frankreich kein potenzieller Feind mehr, sondern Verbündeter. Die Befestigungen und damit auch das ganze militärische Straßennetz waren mit einem Mal obsolet, zumindest für ein paar Jahrzehnte. Überall thronten nutzlos gewordene Festungen über den Pässen, und das Hinterland hatten die italienischen Genietruppen mit einem dichten Netz von Nachschub- und Verbindungsstraßen überzogen. Der Colle del Moncenisio (2081 m), Übergang vom Susatal in die französische Maurienne, wurde durch nicht weniger als vier Festungen gesichert, darunter das mächtige Forte di Varisello. Gut trainierte Radler nehmen die alte Militärstraße zum Mont Malamot (2917 m) unter die Stollen. Noch höher hinauf geht's am Mont Chaberton. Die schon von Weitem sichtbare Gipfelfestung mit ihren sieben Artillerietürmen liegt auf 3136 Metern Seehöhe – absoluter Rekord in den Alpen! Nur wirklich fitte Bergradler werden sich dieser Herausfor-

Ein absolutes Highlight für Mountainbiker: die Straße zum Colle Sommeiller.

MTB-Trails folgen vielfach ehemaligen Militärstraßen.

derung stellen: 1800 Höhenmeter auf schotterig-rauem Untergrund.

Welch geniale Trails!

In ähnliche Höhen führt die Sommeiller-Straße (2996 m). Sie diente, obwohl unmittelbar an der französischen Grenze endend, nie militärischen Zwecken. Vielmehr sollte in den 1960er-Jahren im Hinterland von Bardonecchia ein Sommerskigebiet nach ostalpinem Vorbild entstehen. Geblieben ist von dem (zu) großen Traum lediglich eine 28 Kilometer lange Schotterpiste.
Großer Beliebtheit bei Bikern erfreut sich auch die Assietta-Kammstraße, die, immerhin 35 Kilometer lang, dem Bergrücken zwischen dem Susa- und dem Chisone-Tal folgt, vom Skiort Sestriere bis zum Colle delle Finestre, und am Testa dell'Assietta (2565 m) ihren Kulminationspunkt hat. Vielfach verzweigt ist das Straßennetz zwischen dem Valle Stura di Demonte und dem Val Maira, mit Ausgangspunkten in Demonte, im Val Grana und im Ponte Mármora. Als absoluter Hit unter den vielen strade ex-militare gilt die Ligurische Grenzkammstraße. Sie wurde vor dem Ersten Weltkrieg angelegt, zur Sicherung des obersten Royatals (das damals noch italienisch war), eine fast 100 Kilometer lange Strecke, die mehrere Hochpässe überquert und von zahlreichen Befestigungsanlagen gesäumt wird. Ein besonderer Gag: die Südrampe der alten Straße über den Colle di Tenda mit sagenhaften 64 Serpentinen!
Infos: Im Internet findet man zahlreiche Mountainbike-Seiten, Eingabe »MTB Piemont«.

Auch ein E-Mountain-Bike braucht mal Pause.

Alba ist berühmt für seine historischen Umzüge (oben). Das Stadtbild prägen mittelalterliche Türme (rechte Seite oben links). Das Castello Grinzane Cavour ist von Weinbergen umgeben (rechte Seite oben rechts).

28 MITTELALTERLICHE TÜRME, NUTELLA, WEIN UND WEIẞE TRÜFFEL – ALBA

Nicht nur für Gourmets ein Gedicht

Es gibt einen Ort in Norditalien, klein und fein, der wie nur wenige im Land mit ganz bestimmten Leckereien in Verbindung gebracht wird. Beim Ortsnamen Alba fallen nicht nur den Italienern sofort drei Dinge ein: eine berühmte Schokocreme, Weine und fantastische Trüffeln.

Die piemontesische Kleinstadt Alba ist ein architektonisches Schmuckstück. Das historische Zentrum gehört zu den am besten erhaltenen in ganz Norditalien: mit einem fast kreisrunden »Centro storico«, mit zahllosen mittelalterlichen Kirchen und Patrizierhäusern und mit den typischen »casetorri«, das sind Wohntürme aus der romanisch-gotischen Zeit.

Das historische Zentrum lohnt unbedingt einen Spaziergang. Kleine Boutiquen, Cafés und Feinkostläden – kein Wunder in dieser Trüffel-, Wein- und Feinschmeckerhochburg – wechseln sich mit historischen Bauten ab. Darüber hinaus bietet Alba Architekturfreunden einen ganzen Katalog interessanter Kirchen aus verschiedenen Epochen. Der gotische Dom mit seinem mit Intarsien verzierten Chorgestühl aus dem frühen 16. Jahrhundert und den pittoresken mittelalterlichen Türmen lockt ebenso wie die Malereien in der Kirche San Giovanni Battista.

Aber Alba ist nicht nur berühmt für seine sehr reizvolle Altstadt. Alba ist der Sitz eines der weltweit größten Industrieunternehmen für Süßwaren. Ferrero steht für »Ferrero-Küsschen«, »Nutella« und für eine Vielzahl anderer verführerischer Kalorienbomben. Ein inzwischen multinationaler Konzern, der aber immer noch fest in Alba verankert ist.

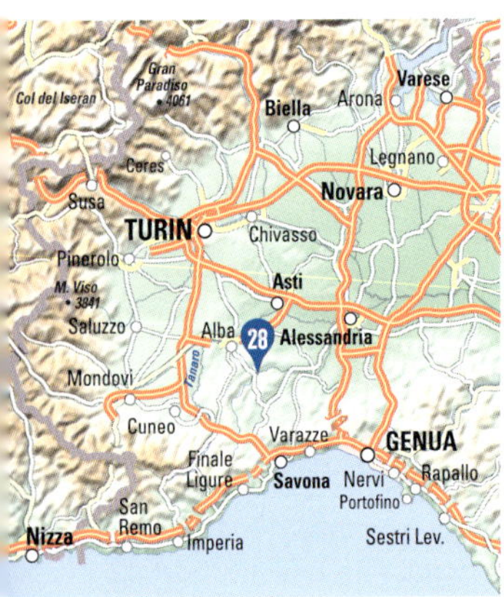

Feinschmeckertour in die Langhe

Nach einer Stärkung mit Wurst- und Käseprodukten in einer der Trattorien oder Weinbars sollte man die Umgebung von Alba erkunden: die Langhe (siehe auch nach-

folgendes Highlight). Aus dieser Landschaft kommen berühmte Weine, denn die Langhe sind eines der qualitativ besten Weinanbaugebiete ganz Italiens.
Die Alta Langa, die obere Langa, südöstlich von Belbo hingegen, mit höheren Hügeln und einem für Wein zu rauen Klima, ist ideal für die vielleicht besten Haselnüsse Italiens. Der südliche Teil der Langhe, im Südteil der Provinz Asti, bekannt auch als Langa Astigiana, ist weltberühmt für einen Pilz, den »tartufo bianco«, den weißen Trüffel. Alba ist die Hauptstadt des weißen Trüffel.

Der Diamant von Alba

Der weiße »tuber magnatum« oder Alba-Trüffel gehört zu den teuersten Spezialitäten der Welt und lässt sich bisher nicht kultivieren. Der bis zu einem Apfel große und in einer Tiefe von fünf bis 30 Zentimetern wachsende Pilz hat im Gegensatz zum schwarzen Trüffel einen sehr starken Geruch und einen dezenten Geschmack, was ihn deshalb für zahlreiche Gerichte zu einer beliebten Zutat macht. Die Saison der weißen Trüffel beginnt im Oktober und endet offiziell an Silvester. In dieser Zeit werden in zahllosen Restaurants der Provinz Gerichte mit frischem Trüffel serviert. In Alba, auch Stadt des »Diamanten von Alba« genannt, findet die älteste Messe des weißen Trüffel statt, immer zwischen Oktober und November. Dann erfüllt ein unbeschreiblich intensiver Duft die Gassen und Plätze Albas. Und dann reisen Experten aus aller Welt an und bieten Unsummen für die im Erdreich aufgespürten Pilze. Nicht von Schweinen, wie manche meinen könnten, sondern von speziell ausgebildeten Hunden, für die ebenfalls Unsummen hingeblättert werden, so man sie überhaupt bekommt. Die beste Zeit für einen Besuch Albas ist natürlich, so man ein Zimmer bekommt, um den 13. November zur berühmten Trüffelauktion, um gastronomische Produkte wie Feingebäck, Käse, Schinken und natürlich Trüffel zu kosten. Vieles darf übrigens auch gratis probiert werden.
Übrigens braucht niemand Angst vor Unverträglichkeit zu haben: Trüffel genießt man hauchfein geraspelt und sie gelten sogar als vegan.

Trüffelgenuss in Gefahr?

Pessimisten behaupten, die Trüffelindustrie könnte schon innerhalb einer einzigen Generation im Zuge des Klimawandels von der – kulinarischen – Bildfläche verschwinden. Zunehmende Wärme und Trockenheit könnten dann erhebliche ökologische, wirtschaftliche und auch, ja, soziale Auswirkungen haben. Allein schon ein Anstieg der Erderwärmung von mehr als 1,5 Grad Celsius würden genügen, den Trüffeln den Garaus zu machen.

STELL- UND CAMPINGPLÄTZE

ALBAVILLAGE CAMPING

Corso Piave, 219, 12051 Alba CN, albavillagehotel.it, GPS: 44.685527, 8.010733. Hotelanlage mit Campingbetrieb. Die Parzellen liegen im hinteren, sehr ruhigen Bereich. Eine Ver- und Entsorgungsstation befindet sich vorne an der Straße. In die Altstadt gelangt man gut zu Fuß oder mit dem Rad.

TOP ★ ERLEBNISSE

★ TRÜFFELMUSEUM

Das Museo del Tartufo di Alba hat die Familie Ponzio ins Leben gerufen, deren Feinschmeckerladen weltberühmt sein dürfte. Eine Kombination aus nostalgischen Familienerinnerungen mit aktuellen Problemen rund um die Trüffel. Besucher erfahren hier alles über Trüffelanbau (schwarze Trüffeln lassen sich züchten), Trüffelsuche, Besonderheiten der zum Verkauf angebotenen Trüffel, und über regionale Gesetze. Adresse mitten in der Fußgängerzone: Via Vittorio Emanuele 26, 12051 Alba (CN).

★ BURG MIT WEINHANDLUNG

Nur acht Kilometer südlich von Alba erhebt sich auf einem Hügel in extrem reizvoller Umgebung das Castello Grinzane Cavour aus dem 14. bis 17. Jahrhundert. Der gleichnamige Ort liegt inmitten von Weinbergen. Besonders der Barolo von hier ist bekannt. Teil der Burg ist die Enoteca Regionale Piemontese Cavour, eine der am besten bestückten Weinhandlungen Italiens, mit allen prämierten Weinen des Piemont. Zudem gehört zur Burg, von der aus man einen herrlichen Blick über die Region hat, ein Weinmuseum. Wer möchte, kann hier neben Wein auch Trüffel und typische Produkte der Region kaufen. Außer Dienstag 10–19 Uhr, castellogrinzane.com

WEITERE INFORMATIONEN

Ente Turismo Langhe Monferrato Roero, Piazza Risorgimento 2, 12051 Alba (CN), Tel. 0173 35833, turismotorino.org; comune.alba.cn.it

Die Weinkulturlandschaft der Langhe zählt seit 2014 gemeinsam mit den angrenzenden Gebieten Roero und Monferrato zum UNESCO-Welterbe.

29 BERÜHMTE WEINROUTE – LANGHE UND ROERO

Spätsommer und Herbst sind hier die beste Reisezeit

Das Gebiet der Langhe zählt zu den schönsten Landstrichen des Piemonts. Die malerische Hügellandschaft südöstlich von Turin ist die Heimat von Barolo und Barbaresco. Ein idyllisches Fleckchen Erde, in dem sich vorzüglich Wein testen lässt.

Sie heißt schlicht Langhe und Roero und darf sich zu Recht als eine der schönsten Landschaften Italiens bezeichnen. Die sanft geschwungenen Hügel sind bedeckt von Weinbergen. Dazwischen liegen stolze Schlösser, befestigte Türme, mittelalterliche Dörfer und gepflegte Weinkeller. Überall munden der kräftige Barolo und der leichtere Barbaresco – beide zu 100 Prozent aus der roten Nebbiolo-Rebe gekeltert.

Dazu gesellt sich die feine piemontesische Küche mit Rindertatar »Battuta di Fassone«, Eiernudeln »Tajarin« und Haselnusskuchen. Hier lässt es sich gepflegt »weinbummeln«: Für Weinkenner und -liebhaber gibt es zahlreiche Möglichkeiten, im Bezirk der Langhe und Roero Kellereien zu besichtigen und Weine zu verkosten. In Neive z. B., einem der schönsten Dörfer Italiens. Im mittelalterlichen Barbaresco mit seiner entweihten und als Vinothek genutzten Kirche San Donato, in Serralunga d'Alba mit seinem einzigartigen, schon von Weitem sichtbaren Schloss aus dem 14. Jahrhundert oder in La Morra und Novello mit ihrem atemberaubenden Weitblick auf das Rebland. Ein weiteres Dorf, das man auf keinen Fall verpassen sollte, ist Barolo.

Der wunderschöne Weiler, der dem gehaltvollen Rotwein den Namen gegeben hat, liegt so klassisch, wie ein Weindorf nur liegen kann. Hoch über den Dächern thront das Castello Falletti, in dessen Untergeschoss die Probierstube untergebracht ist. Wer nach der Verkostung im historischen Schlosskeller eine Pause einlegen möchte, kann dem Probieren die Theorie in den oberen Etagen des burgeigenen Weinmuseums folgen lassen.

INFO: wimubarolo.it

STELL- UND CAMPINGPLÄTZE

CAMPING SOLE LANGHE

Via delle Viole, 12060 Vergne CN, solelanghe.com, GPS: 44.612377, 7.920979. In wunderschöner ruhiger und abgeschiedener Lage mit Swimmingpool und dichtem Baumbestand.

Die Villa Hanbury ist eine prachtvolle britische Villa mit einem prächtigen Botanischen Garten direkt über dem Meer.

30 EIN BRITE UND SEIN TRAUMGARTEN – VENTIMIGLIA

Pflanzen aus aller Welt

Ventimiglia an der ligurischen Riviera bietet nicht nur ein reizvolles »Centro storico«, Spazierwege am Meer und ausgezeichnete Fischgerichte in den vielen guten Trattorien, sondern auch und vor allem einen der schönsten Gärten Italiens.

Nachdem Sir Thomas Hanbury in China und anderswo mit dem Handel von Tee steinreich geworden war, entschied er sich wie viele seiner betuchten Landsleute, an der damals ungemein hippen italienischen Riviera, am Capo Mortola bei Mortola Inferiore niederzulassen. Anders als die meisten britischen Dauerurlaubsgäste an der Riviera baute Hanbury den 18 Hektar großen Park seiner Villa, die er im Jahr 1868 erwarb, zu einem Paradiesgarten um, der seit 2006 ein Weltkulturgut der UNESCO ist.

In den Hanbury-Gärten kommen Naturfreunde ins Schwärmen. Der Teehändler und seine Nachkommen kauften, was die vollen Geldbörsen hergaben, um auf dem Grundstück am Meer etwa 6000 Pflanzen- und Baumarten anzusiedeln. Allein 114 Agavenarten, Bananenbäume und einen Rosen- und Pegoniengarten gibt es, dazu sämtliche Gewürze des Mittelmeerraums, riesige Kakteen und Ginkgo-Bäume. Bis zum Zweiten Weltkrieg war der Garten im Besitz der Hanburys. 1960 wurde der Gartenkomplex mit Villa vom italienischen Staat aufgekauft und untersteht heute der Universität Genua. Den staunenden Besucher führt ein beschilderter Weg durch das Areal der vier Jahreszeiten. Es geht durch das Aloenareal in einen japanischen Garten, weiter in den Garten der Gerüche bis zu jenem Mausoleo Moresco, in dem Hanbury und seine Frau ihre letzte Ruhe gefunden haben. Zum Park gehört auch ein Stück der Römerstraße Via Julia Augusta. Für einen ausgedehnten Spaziergang im Park sollte man sich ein paar Stunden Zeit nehmen.

INFO: giardinihanbury.com

STELL- UND CAMPINGPLÄTZE

CAMPING ROMA DI LORENZI GIANCARLO

Via G. Freccero, 9, 18039 Ventimiglia IM, campingroma.it, GPS: 43.793723, 7.602125. Einfacher Campingplatz am Ufer des Flusses Roya, allerdings einhergehend mit viel Straßenlärm.

31 NICHT NUR SCHLAGERHOCHBURG – SAN REMO

Ein Casino und eine malerische Altstadt

San Remo, bei dieser Ortsbezeichnung denken die meisten Italiener an das jährlich im Februar stattfindende Schlagerfestival, Italiens meistgesehenes TV-Event. Die Kleinstadt an der Riviera hat aber viel mehr als nur dieses Festival zu bieten und gehört immer noch zu den schicksten Adressen der gesamten Küste.

San Remo wurde in der zweiten Hälfte des 19. Jahrhunderts international berühmt, als es für Adel und reiches Bürgertum chic war, an der italienischen Riviera die besonders milden Winter zu verbringen. Doch diese grandiose Zeit ist längst vorbei, und San Remo strahlt einen manchmal verschlafenen, leicht morbiden Charme aus, der bei nicht wenigen Besuchern sehr beliebt ist. Nur noch prächtige Hotels, das Casino und die vielen Villen in Küstennähe erinnern an die Aristokraten und Künstler, die hier ihre Ferien verbrachten, darunter auch der russische Komponist Tschaikowsky. Die Uferpromenade Corso dell'Imperatrice war und ist immer noch die wichtigste Bummelmeile. Einer der Mittelpunkte San Remos ist heute das Casino. Das elegante Bauwerk erhebt sich am Corso degli Inglesi, einer Panoramastraße, die in zahlreichen Kurven am Hang oberhalb der Küste verläuft. Das Casino wurde 1906 im Jugendstil errichtet, der in Italien Liberty genannt wird. Ganz in der Nähe verweisen die Zwiebeltürme der großen russisch-orthodoxen Kirche auf die vielen Russen, die sich vor und vor allem nach der russischen Revolution 1917 eine Zeit lang in San Remo aufhielten. Vom Corso Garibaldi aus, mit seinem hübschen Blumenmarkt, empfiehlt sich ein Spaziergang durch die wirklich reizvolle Altstadt.

Die Altstadt La Pigna

La Pigna, der Pinienzapfen, das ist der traditionelle Name von San Remos Altstadt. Sie liegt etwas abseits der Küste auf dem Hügel

San Remo elegant – ein Yachthafen zum Bummeln (unten). Italiens schickstes Casino gleicht einem Palazzo (rechte Seite oben). Die mittelalterliche Geisterstadt Bussana Vecchia (rechte Seite unten).

und ist weitgehend in ihrem ursprünglichen Zustand erhalten geblieben. La Pigna erinnert an jene Zeiten, als Orte wie San Remo über dem Meer in strategisch wichtiger Position errichtet wurden, um die gerade im Mittelalter immer wieder auftauchenden sarazenischen Schiffe rechtzeitig ausmachen zu können. Sarazenen machten lange die Riviera-Küste unsicher und plünderten Fischerorte wie diesen.

Die Kirche San Siro in Pigna ist die romanisch-gotische Kathedrale der Altstadt. Sie wurde im Lauf der Jahrhunderte immer wieder umgebaut. Vor der Kathedrale erhebt sich das Oratorio dell'Immacolata Concezione aus dem 16. Jahrhundert mit dem Baptisterium ganz in der Nähe. Im Corso Matteotti ist im Palazzo Borrea D'Olmo, eines der schönsten Bauwerke der Stadt aus dem 17. Jahrhundert, das Museo Civico Archeologico untergebracht, mit einigen beachtlichen Resten aus der Römerzeit.

Ein Labyrinth aus Gassen und Treppen

La Pigna ist etwas für gute Fußgänger. Kleine und kleinste Gassen, Treppen und Treppchen, Plätze, Wohnhäuser und Paläste, stille Winkel, kleine Cafés und Geschäfte machen aus der Altstadt ein verführerisches urbanes Labyrinth zum Entdecken. Oberhalb von La Pigna wurde das Santuario della Madonna della Costa errichtet, ein katholisches Heiligtum für die Madonna, die die Küste vor Angreifern bewachen soll. Der Sakralbau war einst die beste Position in ganz San Remo, um feindliche Schiffe schon von Weitem ausmachen zu können. Das in 107 Metern Höhe gelegene Bauwerk erhielt sein heutiges Aussehen im späten 18. Jahrhundert. Der Panoramablick auf San Remo und die Küste ist umwerfend.

San Remo präsentiert sich dem Besucher in der Regel als ruhige und angenehme Kleinstadt. Nur im Februar, geht es eine Woche lang hektisch zu. Dann reisen Hunderte von Journalisten, VIPs und Popstars, nicht nur aus Italien, sondern auch hoch bezahlte Superstars als »special guests«, zum »Festival della Canzone italiana« an. Für Freunde italienischer Popmusik ist die Woche des Schlagerfestivals ein echtes Event, denn nirgendwo sonst bekommt man so viele, auch im deutschen Sprachraum bekannte und beliebte Stars an einem Ort zu sehen und zu hören.

STELL- UND CAMPINGPLÄTZE

CAMPING VILLAGGIO DEI FIORI

Str. Tiro a Volo, 3, 18038 Sanremo IM, villagiodeifiori.it, GPS: 43.802628, 7.745530. Campingplatz direkt an der Küste und neben der großen asphaltierten Fläche, die ebenfalls oft zum Übernachten genutzt wird. Parzellen befinden sich direkt am Wasser und die Altstadt von San Remo kann man mit etwas Kondition zu Fuß erreichen.

TOP ★ ERLEBNISSE

★ AUSFLUG ZUR GEISTERSTADT

An der Straße von San Remo nach Arma di Taggià befindet sich ein Kleinod der ligurischen Küste. Bussana Vecchia ist eine malerische Geisterstadt. Im Februar 1887 wurde der Ort von einem Erdbeben zerstört. Einer der Überlebenden, ein gewisser Giovanni Torre del Merlo, erfand übrigens die Eiswaffel. Seit einigen Jahren ziehen Aussteiger und Künstler in die Ruinen und restaurieren sie. Im Sommer finden Konzerte und Ausstellungen statt. bussanavecchia.it

★ LECKERE SARDENAIRA

Von wegen Pizza! Die Sardenaira ist ein Fladenbrotteil und das typischste Gericht San Remos, auch wenn der Name sardisch klingt. Ein pizzaähnlicher Teig also mit Zwiebeln oder Knoblauch, lokalen Oliven und Sardellen. Und immer ohne Käse!

★ VILLA NOBEL

In dieser maurisch anmutenden Villa machte Alfred Nobel Ferien. Dazu gehören ein subtropischer Park und eine Ausstellung, die zeigt, wie erfinderisch der Friedenspreisstifter war. villanobel.it

WEITERE INFORMATIONEN
comunedisanremo.it
Casino San Remo: casinosanremo.it/de/

GROTTEN-DREIKLANG – TOIRANO

Die schönsten im ligurischen Hinterland

Alles an diesen Höhlen ist gigantisch: die Länge der Besichtigungstour sowie die Höhe der Stalaktiten und Stalagmiten. Entdeckt wurden die Grotten bereits 1890, seit 1953 können sie besichtigt werden, jedenfalls 1300 von den insgesamt 1700 erforschten Metern. Man sollte gut zu Fuß sein, wenn man das ganze Höhlensystem von Toirano besichtigen möchte, allein schon wegen der zahlreichen Stufen, die es zu überwinden gilt, und wegen der Stellen, an denen man sich bücken oder ganz dünn machen muss.
1890 wurde der Eingangsbereich der Grotta della Basura, der Hexenhöhle, erforscht, der Schutt von vielen Jahrhunderten auf die Seite geräumt, bereits 1950 mit ihren fantastischen Stalagmiten und Stalaktiten als Schauhöhle eingerichtet und 1953 zur Besichtigung freigegeben. Den Zugang bildet die Sala Morelli, nach dem ersten Erforscher der Höhle benannt, gefolgt vom Salotto und dem Corridoio delle Impronte, dem »Korridor der Abdrücke der Urmenschen« (hier darf aus Pietätsgründen nicht fotografiert werden). Vor rund 12 000 Jahren lebten hier einige Familien des Homo sapiens, die einen Fußabdruck sowie einige Knie- und Fingerabdrücke hinterließen. Auch Tonkugeln sind zu sehen und deren Abdrücke an der Wand, ein Zeichen dafür, dass sie dorthin geworfen wurden – ein Spiel, ein ritueller Akt oder Kampfzeichen?

Hoher Stalagmit in den Grotten von Toirano

Bären und eine wundertätige Quelle

Jetzt geht es an die sechs Meter tiefer zu einem kleinen See, dem Laghetto, man überquert ihn über einen Steg, steigt wieder in den nächsten Schacht auf und erblickt besonders schöne Kalkformationen, Kathedrale genannt. Im folgenden halbrunden Gang sind an den Wänden Kratzspuren von Bärenkrallen zu erkennen, und bald steht man über dem »Friedhof der Bären« (Cimitero degli Orsi), die Tiere sollen vor etwa 20 000 Jahren die Höhle bewohnt haben. Hier liegen Knochenreste, in so großer Tiefe der Höhle eigentlich erstaunlich. Höhlenforscher vermuten, dass sie mit dem Wasser hierher gespült wurden. Andere sehen Tatzenabdrücke von Bären im festgebackenen Ton des Bodens … Einen spannenden Krimi kann man sich ausmalen, sieht man die Abdrücke von menschlichen Füßen und mächtigen Bärenpranken so nahe beieinander.
Die Grotta di Santa Lucia Inferiore zeichnet sich, wohl wegen der hier herrschenden Temperatur von 18 °C, durch feine Formationen aus, die wie Aragonitblumen aussehen: sehr dünne Kristalle, die alles bedecken – Stalagmiten und Stalaktiten ebenso wie die Wände –, vermischt mit exzentrisch gewachsenen Stalaktiten und kleinen Kalkkugeln. Eine Metallbrücke führt in 24 Meter Höhe über dem Abgrund in einen Stollengang, der im großen Saal des Pantheon endet, in dem die höchsten Stalagmiten des Höhlensystems wachsen, bis zu acht Meter hoch und rund einen Meter dick. Interessant ist auch der bald folgende Saal der Kapitelle, durch unterschiedliche Wasserniveaus haben sich übereinander Formen gebildet, die wie Säulenkapitelle wirken. So wie beim sogenannten Turm von Pisa.
Das letzte Stück der Grotte, Il Tanone

Gruselige Speieglung hier ...

... dicke Stalaktiten-Vorhänge dort

genannt, diente früher als Luftschutzkeller – und heute als Weinlager.
Die Grotta Santa Lucia Superiore, seit dem Mittelalter besucht und genutzt, steht in Verbindung mit der Kapelle aus dem 15. Jahrhundert, die kurz nach dem Ausgang der Grotta Inferiore über einen nach rechts den Steilhang hinaufführenden kurzen Weg zu erreichen ist. Sie wurde zum Teil in die Felswand hineingehauen – und zwar dort, wo eine Quelle entspringt, die wundertätiges Wasser spendet und bei Augenkrankheiten helfen soll – sie ist der heiligen Lucia geweiht, der Schutzpatronin der Blinden. Links vor dem Altar führt ein enger Zugang zur etwa 240 Meter langen Grotta di Santa Lucia Superiore.
Noch einmal 50 Meter weiter nach oben liegt die Grotta del Colombo. Sie dient ausschließlich wissenschaftlichen Zwecken, denn die darin gemachten Funde von Knochenfragmenten sollen ein Alter von mehr als 300 000 Jahren haben und werden dem Homo heidelbergensis zugeordnet. Aber: Von dort oben genießt man einen unglaublichen Blick über das ganze »Tal der Wahrheit«.

Einfach großartig ist der Umbau des alten Hafens gelungen! Nicht zuletzt durch die architektonischen Ideen von Renzo Piano (oben). Der Schatz der Kathedrale San Lorenzo ist einen Extra-Besuch wert (rechte Seite unten). Frühjahrsspezialität sind Salami zu Saubohnen und Brot (rechte Seite oben).

32 LA SUPERBA, DIE GROßARTIGE – GENUA

Im Scheitelpunkt des Regenbogens

Mit jedem Besuch Genuas erscheint die Europäische Kulturmetropole namens Ligurien im Scheitelpunkt des Regenbogens, von den Bergen der Seealpen vor Wind und Kälte beschützt, schöner, interessanter. Eine historische und doch junge Stadt, weil sie sich immer wieder erneuert und weil viele Studenten ihr Erscheinungsbild prägen. Auch zeigt sich Genua ausgesprochen multikulturell.

Weniger als 600 000 Menschen leben in Liguriens Regionalhauptstadt, die mehrmals umgestaltet wurde: Während der Renaissance wurden ärmliche Wohnviertel abgerissen, um die Strada Nuova, später Via Garibaldi, mit ihren stolzen Palästen zu errichten. Im 19. Jahrhundert legte man, um Baufläche zu gewinnen, die Via XX Settembre tiefer, zum Kolumbusjahr 1992 wurde der alte Hafen umgekrempelt. Nur für ihre Sopraelevata, die Hochstraße zwischen Hafen und Altstadt, haben die Stadtplaner wohl noch keine Lösung. Dennoch: 2004 wurde Genua von der EU zur Europäischen Kulturhauptstadt ernannt und 2006 in Teilen (ihre 42 sogenannten Palazzi Rolli, die früher Staatsgäste aufnehmen durften) von der UNESCO zum Weltkulturerbe erklärt.

Vom Porto Antico zur Shoppingmeile

Genua war im Mittelalter nicht nur eine mächtige Seerepublik im Streit um die Seeherrschaft im Mittelmeer, vor allem mit Pisa, sondern auch eine sehr geschäftstüchtige Handelsstadt mit guten Beziehungen auch zum Orient. Nachdem Genua 1815 zum Königreich Piemont-Sardinien kam, spielte sein Hafen wieder eine bedeutende Rolle, die Lagerhallen füllten sich mit begehrten Handelsgütern. Heute spielen und lernen in den Magazzini del Cotone Kinder im eigens dafür errichteten Museum, auf der Mole gegenüber erhebt sich das gut besuchte Acquario, für das viele Hotels Spezialangebote auflegen. Am anderen Ende erfahren Besucher alles, was mit Kolumbus und der Seefahrt in Verbindung steht, im Galata Museo del Mare.

STELL- UND CAMPINGPLÄTZE

CAMPING VILLA DORIA

Via Al Campeggio Villa Doria, 15, 16156 Genova GE, campingvilladoria.it, GPS: 44.431350, 8.813538. In einem kleinen, engen Seitental gelegen, sehr charmant. Die Innenstadt von Genua erreicht man am besten mit dem ÖPNV. Die Küste ist etwas entfernt und nach einem Spaziergang dorthin steht man zwischen Containerhafen und Flughafen.

Schon von der Flaniermeile des Porto Antico sieht man hinter der Sopraelevata den Palazzo San Giorgio mit seinen hellen Außenfresken, vornehmer Sitz der Hafenkommandantur und der Ort, an dem Marco Polo während seiner Gefangenschaft das berühmte Werk über seine abenteuerlichen Reisen nach China diktierte, Il Milione. Hinter San Giorgio stolpert man direkt ins wuselige Quartier um die alte Börse. Oder man folgt zielstrebig den Hinweisen zur Kathedrale San Lorenzo (13./14. Jh.) mit prachtvoller Fassade in verspielter französischer Gotik, alles schön schwarz-weiß gestreift, wie man es damals in Genua liebte. Ihre architektonisch großartige Schatzkammer im Untergeschoss hinter dem Chor birgt u. a. den »Sacro catino«, eine gläserne Schale, in der das Blut Christi aufgefangen worden sein soll. Hinter der Kathedrale umarmt die Piazza Matteotti der imposante Palazzo Ducale (im 16. Jh. komplett umgestaltet) mit seinen zahlreichen Sammlungen und Veranstaltungsräumen. Der kreisrunde Brunnen der nahen Piazza De Ferrari ist ein beliebter Jugendtreff. Dahinter erhebt sich das Teatro Carlo Felice (ab 1828), das Opernhaus Genuas. Und dazwischen beginnt die Via XX Settembre, besagte Straße, die 1892 für prächtige Neubauten abgesenkt wurde – heute eine Shoppingmeile, auch die interessante Markthalle steht hier.

Die Prachtstraßen der Palazzi Rolli

2006 erklärte die UNESCO die 42 Palazzi Rolli Genuas zum Weltkulturerbe. Palazzi Rolli? Weil sie in einer Rolle der Republik aufgelistet waren als prächtig genug, Staatsgäste zu empfangen, schön nach Kategorien unterteilt, vergleichbar den heutigen Sternen bei Hotels. Die Paläste, fast alle restauriert, stehen vor allem entlang den Strade Nuove (Via Garibaldi, Via Balbi) und sind während der Renaissance und des Barock entstanden. An der Via Garibaldi kann man drei der Paläste mit wichtigen Kunstsammlungen besichtigen: Palazzo Bianco mit seinem hängenden Garten und der Pinakothek, Palazzo Rosso mit Originaleinrichtung und den Palazzo Doria Tursi mit Paganinis Violine, die er seiner Vaterstadt vermacht hatte. In der Via Balbi schwebt der Palazzo Reale, der Königliche Palast mit Prunkräumen und Garten über der darunterliegenden, basarähnlichen Via di Prè, auch er zu besichtigen wie der Eingangsbereich des Palazzo dell'Università mit protziger Freitreppe, heute Verwaltungssitz der Universität. Viele der 42 Palazzi Rolli sind zugänglich, eine Liste ist in den Touristenbüros erhältlich bzw. beim Kauf des Sammeltickets.

TOP ★ ERLEBNISSE

★ FAVE UND SALAME IN CASELLA

Fave sind die noch grünen, frischen Saubohnen, und der Begriff Salame steht für Wurstwaren aus dem Hinterland von Genua. Beides wird im Frühjahr, wenn die frischen Saubohnen geerntet werden, mit Vorliebe zu herbem Rotwein gegessen, und dies am liebsten in Casella, einem rund 20 Kilometer entfernten Ort an den Abhängen der Seealpen nördlich von Genua.

★ BIMMELBAHN IN DIE BERGE

Eine hübsche, altmodische Bahn fährt von Genuas Piazza Manin zwischen den eng beisammenstehenden Wohnhäusern hinaus in die Campagna, auf kurvenreicher Strecke bis nach Casella. Kaum ist die Bahn angekommen, stürzen sich die Mitreisenden hinaus Richtung Dorfzentrum, wo ein Lokal am anderen steht: köstlich, stilecht und auch noch recht preiswert. Infos: ferroviagenovacasella.it

★ VERSTECKTE FRESKEN

Der Palazzo Nicolosio Lomellino (1563–1569) an der Strada Nuova besitzt nicht nur zwei Piani nobili, sondern auch erst 2004 entdeckte Fresken im ersten feinen Obergeschoss unter der abgehängten Decke. Ihr Thema: Kolumbus und die Entdeckung der Neuen Welt. Hinter dem Palast unbedingt den hängenden Garten anschauen!

WEITERE INFORMATIONEN

Büros an der Via Garibaldi, dem Porto Antico und am Fährhafen.
visitgenoa.it

Die Lichter der Altstadt von Sestri Levante spiegeln sich im Meer.

Portofino kuschelt sich regelrecht um seine enge Bucht.

33 NICHT NUR FÜR HERZENSBRECHER – PORTOFINO

Schmuckstück an der Riviera

Portofino ist bei allen Unkenrufen wegen Extravaganz und Überteuerung ein Pflichtbesuch nicht nur für romantische Reisende, weil es mit den bunten Häusern um die tiefe Bucht einfach eine Augenweide ist.

Neben der Piazzetta von Capri dürfte die Piazza im Scheitelpunkt der Bucht von Portofino die bekannteste Italiens sein und eine der romantischsten. Im Wasser vor der Bucht schaukeln oft so große Luxusjachten, dass sie anderen den Blick darauf versperren. Rex Harrison, der sich oberhalb von Portofino eine Villa leistete, hat sich dank seines großen Alkoholkonsums in der Bar La Gritta auf der östlichen, also rechten Seite der Bucht um den Ruhm des Ortes sicher verdient gemacht. Die Nachfolger der Barbesitzer jedenfalls wissen das sehr gut zu vermarkten. Der Platz ist aber auch wirklich sehr einladend! Und die pastellfarbenen Häuser scheinen bis auf den gleichnamigen, 610 Meter hohen Hausberg zu klettern.
Für Wanderfreunde ist Portofino durch den sehr grünen Parco Naturale Regionale mit 80 Kilometern Wanderwegen ein einladendes Etappenziel. Auf der westlichen Seite der Bucht erreicht man nach einem kurzen Aufstieg das Castello Brown, das einen Traumblick auf die Bucht bietet und einen besonderen Rahmen für Hochzeiten. Die Fundamente des Anwesens stammen aus der römischen Epoche, später wurde daraus eine kleine militärische Festung, die auch Napoleon gefallen haben soll. Nach dem Wiener Kongress zeigte niemand mehr Interesse an diesem Standort, und so konnte Konsul Brown das Anwesen 1867 günstig erwerben. Auf dem Hügel gegenüber erhebt sich das Luxushotel der absoluten Superlative, das Splendido. Hier spielten 1961 Gina Lollobrigida und Rock Hudson in »Happy End im September«.
INFO: parcoportofino.it

STELL- UND CAMPINGPLÄTZE

CAMPING TOURIST VILLAGE RAPALLO

Via S. Lazzaro, 4/d, 16035 Rapallo GE, campingrapallo.it, GPS: 44.356691, 9.200853. Da Portofino nicht mit dem Wohnmobil befahren werden kann, sollte man sich schon weit vorher um eine Unterkunft bemühen. In Rapallo bietet sich dieser kleine und ruhige Campingplatz an, von dem aus man mit dem Bus nach Portofino gelangt.

34 KASTELLBEWACHT IM GOLFO DEI POETI – LÉRICI

In Lérici schlug so manches Dichterherz allzu hoch …

Malerisches Dichterdomizil

Der englische Dichter Percy Bysshe Shelley hat Lérici für sich entdeckt und durch seine Lyrik berühmt gemacht, weshalb die Bucht Golfo dei Poeti genannt wird. Dass er hier beim Schwimmen ertrank, erhöhte noch ihren Bekanntheitsgrad.

Der wunderhübsche Ort am südöstlichen Ende der Poeten-Bucht ist so beliebt, dass er an den Wochenenden und im Sommer zur Badesaison aus den Nähten zu platzen droht. Wer diese Zeiten meidet, kann hier ruhige Tage verbringen.

Der eigentliche historische Kern schmiegt sich eng an das wuchtige Castello (13.–16. Jh.), das von Genua im 17. Jahrhundert noch mit mächtigen Mauern verstärkt wurde. Aufstieg über 168 Stufen – oder für Gehfaule ein Aufzug (!) direkt von der Hafenpromenade. In der Rocca befindet sich heute das Museo Geo-Paleontologico, doch allein die Festungsräume zu durchstreifen und von den Bastionen auf das Städtchen und die Bucht zu schauen, ist ein wahrer Genuss.

Vor dem Hafen weitet sich die Hauptpiazza großzügig aus, umgeben von pastellfarbenen, meist einfacheren Häusern, in deren Erdgeschoss Cafés und Restaurants und Eisdielen zur Pause einladen.

An den Lyriker Shelley (1792–1822) erinnert hier vor allem das Grandhotel Shelley e Delle Palme und in manchen Buchhandlungen einige Werke des freiheitsliebenden Anarchisten, der er war. In Italien nämlich fühlte er sich seit 1818 wohl, weil er in seiner Heimat eher abgelehnt wurde. Lérici liebte er und beschrieb es, bis er am 8. Juli 1822 in der Bucht ertrank. Das kann man angesichts der meist ruhigen See gar nicht glauben! So genießen Badegäste recht sicher die im Süden versteckte kleine Bucht unterhalb der Festung oder den langen Sandstrand im nördlichen Vorort San Terenzo.

INFO: lericicoast.it

STELL- UND CAMPINGPLÄTZE

CAMPEGGIO MARALUNGA

Via Carpanini, 61, 19032 Lérici SP, campeggiomaralunga.it, GPS: 44.069811, 9.910205. Sehr schöne Lage auf einer Halbinsel mit schroffer Felsenküste. Leider etwas veraltete Sanitäranlagen, dafür ist man schnell zu Fuß im Ort.

35 FÜNF SCHWALBENNESTER ÜBER DER KÜSTE – CINQUE TERRE

Weinselige Dörfer im streng geschützten Nationalpark

Neben der Amalfi-Küste in Süditalien zählen die ligurischen Cinque Terre im Norden zu den schönsten Küsten Italiens, wenn nicht gar der Welt. Man muss sie gesehen haben, noch mehr – man muss sie erleben, erwandern und auch schmecken, denn die Restaurants der wie Schwalbennester an Felsnasen hängenden Dörfer sind berühmt für ihre gute Küche. Und an den Hängen gedeihen kostbare Weine.

Ihre Fassaden leuchten in allen erdenklichen Pastellfarben, ihre Gassen auf halber Höhe zwischen Berg und Meer sind steil, ein paar Boote sind hochgezogen, ob aus Notwendigkeit oder als werbeträchtige Fotomotive, steht in den Sternen … Die meist kleinen Lokale sind berühmt für ihre Küche mit allem, was das Meer täglich frisch hergibt oder was auf den steilen Terrassen zwischen den Dörfern gedeiht. Doch die größte Fläche nehmen Weinstöcke ein. Schließlich gehört der aufwendig in Sonnenlage gezogene Wein zu den kostbarsten Italiens, etwa der Sciacchetrà, ein süßer oder doch irgendwie herber Dessertwein aus »passito«, hier in der Sonne getrockneten weißen Trauben.

Gleich vorweg eine Warnung: Niemand sollte auf die Idee kommen, in der sommerlichen Hochsaison die Cinque Terre, womöglich auch noch ohne Vorbuchung aufzusuchen, wenn er Romantik, Ruhe und gute Gastlichkeit erwartet. Denn auf jeden Bewohner kommen dann mindestens ein Dutzend Tagesgäste, die für entsprechenden Rummel sorgen. Doch in der Nebensaison geht das Leben noch immer beschaulich zu, keine Straße verbindet alle fünf Orte miteinander. Allein mit der Bahn, die zwischen

Corniglia steht nur stellvertretend für die fünf Schönen der Cinque Terre … (unten) … bis auf einen hängen alle Orte sicher oberhalb ihres winzigen Hafens (rechte Seite).

Monterosso hat die größte Promenade und viel Platz für eine Pause (unten). Für manche Einheimische reicht auch ein ausrangiertes Boot für ein gemütliches Schwätzchen (ganz unten). Riomaggiore entstand auf beiden Seiten einer engen Schlucht (rechte Seite oben). Portovènere (rechts unten).

Monterosso al Mare, Vernazza, Corniglia, Manarola und Riomaggiore meist durch den Berg rattert, oder mit dem Boot lassen sich bequem alle nacheinander besuchen. Ohnehin steht fest: Wer diese fünf Dörfer über der Steilküste Ostliguriens erleben möchte, der muss wandern! Doch auch hierfür sollte man sich vorweg erkundigen, ob alle geplanten Wege passierbar sind.

Unendlich viele Wanderwege sind ausgeschildert, manche Wirte begleiten ihre Gäste auf speziellen Routen oder empfehlen versierte örtliche Wanderführer. Wir sind auf eigene Faust entlang der Küstenroute losgezogen. Start in Monterosso am ganz frühen Morgen mit freudiger Erwartung, wie es die nächsten zwölf Kilometer aussieht, für die wir bestimmt fünf Stunden brauchen werden. Die Rückfahrt per Bahn geht dann in wenigen Minuten!

Von Monterosso nach Corniglia

Das zweigeteilte Monterosso ist über die Hügel verstreut, also kein homogener Ort und daher für die Cinque Terre eher untypisch. Untypisch, aber gut besucht sind auch seine beiden Badebuchten. Während man sich in allen anderen Orten auf Felsplatten oder großen Kieseln sonnt oder nur aufs Meer hinausschaut, ohne an Badevergnügen zu denken, kann man sich hier für richtige Strandferien mit echten italienischen »bagni«, Badeanstalten mit Verleih von Sonnenschirmen und Liegen, Bar und Restaurant einfinden. Die »passeggiata« findet in Monterosso auf der langen Meerespromenade statt, auch einmalig an diesem Küstenabschnitt; zum Bummeln eignet sich ebenso die kleine Altstadt mit der Pfarrkirche San Giovanni Battista mit grün-schwarz-weiß gestreifter Fassade und großer Rosette und nebenan hübscher Loggia del Podestà aus dem 13./14. Jahrhundert.

Von Monterosso aus steigt man Richtung Vernazza im Prinzip hinauf, glitzernder Morgentau liegt auf den Blättern der Ölbäume, Vogelgezwitscher begleitet über die vom Tau noch rutschigen Steinstufen auf und ab. Schon nach etwa einer Stunde taucht Vernazza auf, das auf einer Felsnase weit ins Meer hinausragt, die Dächer leuchten im Gegenlicht. Doch davor liegen noch mehrere Buchten, die tief in die Küste einschneiden, und dazu zwingen, weiter über Stock und Stein zu stolpern. Rund um den kleinen Hafen von Vernazza mit der romanischen Kirche Santa Margherita d'Antiochia, der einzigen der Cinque Terre, die direkt am Meer liegt, haben sich unter den Bogengängen Restaurants eingenistet. Immer duftet es hier nach Essbarem, ob frischem Gebäck zum

Frühstück oder Fisch für die Hauptmahlzeiten. Nicht nur aus Platznot liegen überall bunte Fischerboote, am Hafen wie in den kleinen Gassen.
Schnelle Wanderer erreichen bereits nach eineinhalb Stunden Corniglia, schon lange nicht mehr das hässliche Entlein der Cinque Terre. Der Mini-Hafen weit unten bietet höchstens drei Booten Platz und die Kirchenterrasse mitten im Ort von weit oben einen schönen Ausblick. Nun geht es hinüber nach Manarola. Stille Buchten mit riesengroßen Kieselsteinen locken, der Weg zu ihnen ist recht beschwerlich. Dafür wird man mit einem erfrischenden Bad belohnt. Dann gilt es, eine endlos lange Treppe zu bewältigen, eine bahnbedingte Unterbrechung der schönen Landschaft. Doch bald säumen wieder dichte Macchia und duftende Blumen den Weg.

Von Manarola bis Riomaggiore

Späte Mittagspause in Manarola, der Schmaus bei Aristide direkt neben der Bahn ist einfach köstlich. Manarola gilt zu Recht als der typischste Ort der Cinque Terre am Ende einer tiefen Schlucht, durch die ein Wildbach laut tosend Richtung Meer rauscht. Im engen Hafen ist für Fischerboote kaum Platz, weshalb sie auf den Felsen und auf der Straße liegen, weit in den Ort hinauf Richtung Bahnlinie gezogen. In Manarola beginnt die letzte Etappe hinüber nach Riomaggiore, und zwar über die berühmte Via dell'Amore, die sich kaum ein verliebtes italienisches Pärchen entgehen lässt. Wir aber fragen uns, warum man ausgerechnet diesen Wegabschnitt so breit ausgebaut hat, und warum er so beliebt ist. In Riomaggiore finden sich die meisten Maler ein, denn die Motive liegen hier wirklich auf der Straße: die engen Gassen, die ewig langen Treppen, ein pittoresker Bootshafen und Riesenkiesel als Strand. Doch leider müssen die Künstler die Fantasie hinzunehmen, um die hohen Betonwände, die zwischen der Farbenpracht Platz gefunden haben, aus ihren Bildern zu verbannen. Doch inzwischen versteht man sich auch an der Cinque-Terre-Küste auf Denkmalschutz, solche Bausünden werden wohl nicht wieder vorkommen …
Dass hier der Tourismus floriert, sieht man an den zahlreichen Zimmervermittlern, an den Cafés und Restaurants und vor allem an den Lebensmittelgeschäften. Die Pfarrkirche San Giovanni Battista (14. Jh.) erhielt 1871 eine neugotische Fassade, in die die gotische Fensterrose wieder eingelassen wurde. Im Inneren birgt sie eine Marmorkanzel von 1530. Und von der Terrasse vor der Kirche genießt man einen großartigen Blick über den Ort hinweg aufs Meer.

STELL- UND CAMPINGPLÄTZE

WOHNMOBILSTELLPLATZ IL POGGIO

SP38, 112, 19016 Monterosso al mare SP, parkcamperilpoggio5terre.it, GPS: 44.155002, 9.659395. Cinque Terre kann man nicht mit dem Wohnmobil erreichen. Wie gut, dass es diesen kleinen Stellplatz oberhalb von Monterosso gibt. Leider nur 12 Parzellen im Halbrund, dafür aber mit Ver- und Entsorgung sowie Strom und Schranke. Bei einem Spaziergang gelangt man hinab nach Monterosso und kann von dort mit dem Zug zu den anderen Orten von Cinque Terre fahren.

TOP ★ ERLEBNISSE

★ GESCHLOSSENE WANDERWEGE

Leider ist die Steilküste der Cinque Terre immer mehr von Erdrutschen durch starke Regenfälle bedroht, sodass man sich vor einer Wanderung unbedingt über die aktuellen Bedingungen informieren sollte. Das trifft vor allem auf die Strecke zwischen Corniglia und Riomaggiore zu – wenn sie gesperrt ist, muss man die Route landeinwärts über Volastra und Groppo nehmen, und die ist vier Kilometer länger. Infos online mit Karte unter parconazionale 5terre.it/sentieri-outdoor.php

★ PORTOVÈNERE

Der zauberhafte Ort östlich der Cinque Terre ist einfacher zu erreichen und zum Sonnenuntergang ein Sehnsuchtsziel. Am schönsten von der schwarz-weiß gestreiften gotisch-genuesischen Kirche San Pietro (13. Jh.) auf dem schmalen Kap. Der Blick Richtung Cinque Terre sowie in und über die Bucht von La Spezia etwa nach Lérici, wohin man mit einem Boot übersetzen kann, ist überwältigend. Portovénere selbst erstreckt sich über einen schmalen Grat, darüber thront die Festung des Andrea Doria. incinqueterre.com/de/portovenere

WEITERE INFORMATIONEN

parconazionale5terre.it oder lecinqueterre.org
Mit der Cinque Terre Card für alle Verkehrsmittel lässt sich der Nationalpark bequem und preiswert erkunden.

Mantua von der Schokoladenseite: vom Ponte San Giorgio über den Lago Inferiore hinweg (oben). Die Loggia di Giulio Romano am Rio Sottoriva (rechte Seite).

DIE STADT DER GONZAGA – MANTUA

36

Plätze und Paläste prägen das historische Zentrum

Das ist eine Stadt, in der man richtig lustwandeln kann. Das Großartigste an Mantua sind die großen Plätze des Mittelalters, umgeben von gotischen Palästen von immenser Größe, allen voran der Palazzo Ducale mit seinen herrlich restaurierten Räumen und den kostbaren Sammlungen. Am Stadtrand hat sich der große Architekt Giulio Romano selbst ein Denkmal gesetzt: mit dem Palazzo Tè.

Was für eine Annäherung! Den schönsten Blick auf Mantua mit dem Castello di San Giorgio im Vordergrund genießt man aus östlicher Richtung von der Brücke zwischen dem Lago di Mezzo und dem Lago Inferiore. Denn die Stadt besitzt eine Insellage zwischen den Ausbuchtungen des breiten Mincio. Mantua lockt wegen der zentralen Lage Menschen aus einem weiten Umkreis auf den Markt, der sich jeden Donnerstag über das Herz des historischen Kerns ausbreitet. Und jeden Morgen, und zwar schon so lange, dass es keiner genau weiß seit wann, auf die Piazza delle Erbe mit ihrem Obst- und Gemüsemarkt.

Rund um die Piazza Sordello

Der größte Platz des historischen Zentrums ist umgeben von Restaurants und den wichtigsten Gebäuden des alten Mantua, dem Dom sowie dem mächtigen, lang gestreckten Palazzo Ducale. Schräg gegenüber stehen die beiden Paläste der Bonacolsi von 1272 bis 1328, der Vorgänger der Gonzaga im Rang der »Signori« von Mantua. Sie hatten den gesamten Platz mit ihren Prachtbauten gestaltet und auch den Grundstein für den späteren Palazzo Ducale gelegt, der allerdings erst ab dem 14. Jahrhundert durch die Gonzaga zu einem der prächtigsten mittelalterlichen Paläste Europas ausgebaut

Der kompakte Palazzo Ducale mit seinen rund 500 Räumen und dem Castello San Giorgio ist eine wahre Pracht (unten)! Kostbar ist die Ausstattung der Kirche Sant'Andrea an der Piazza delle Erbe (ganz unten). Die Pasticceria Pavesi ist nur eine der vielen Spitzen-Konditoreien Mantuas (rechte Seite oben). Ausflugsboote fahren Neugierige um Mantua »spazieren« (rechte Seite unten).

wurde. Seit seiner kompletten Restaurierung Ende des 20. Jahrhunderts bietet er ein Wirrwarr von 500 Sälen und Korridoren, ein 34 000 Quadratmeter großes Labyrinth aus mehreren Gebäuden mit allein 15 (!) Innenhöfen, das auch das Castello di San Giorgio umfasst. Darin befindet sich das Studio des Markgrafen Ludovico und seiner Frau Barbara von Brandenburg, das »Camera degli Sposi« (Ehegemach) genannt wird, dabei diente es wohl als Büro und später als Gästezimmer der Gonzaga. 1465 bis 1474 malte es Andrea Mantegna mit Fresken aus, die zu den besten der Renaissance gehören: An der Hauptwand ist die markgräfliche Familie mit Barbara von Brandenburg versammelt. Die Decke täuscht einen Himmel vor, Engel und Edelleute blicken daraus zum geöffneten Balkon herab. Vor dem sehenswerten Zimmer muss man meist etwas warten: Maximal 20 Personen dürfen auf einmal hinein, außerdem ist Reservierung Pflicht.

An der östlichen Schmalseite erhebt sich der Dom aus dem 12. und 14. Jahrhundert, von Giulio Romano im Stil der Renaissance 1545 umgebaut und erst im 17./18. Jahrhundert mit neuer Fassade versehen. Von ganz besonderer Pracht ist innen die Sakramentskapelle im nördlichen Querarm mit ihrem Kuppeloktogon in der klassizistischen Dekoration von 1784.

Piazza Broletto und Piazza delle Erbe

Durch den Voltone di San Pietro hindurch, den hohen Bogen, der einst das Tor zur »Neustadt« war, geht es in die schmale Via Broletto, rechts mit breiten Arkaden, die sich links zur kleinen Piazza del Broletto mit dem Amtssitz des Bürgermeisters, dem Palazzo del Podestà oder Palazzo del Broletto ausbuchtet. In dessen Mauernische in luftiger Höhe wurde Vergil verewigt. »Veccia Mantova«, alte Zauberin von Mantua, nannten die alten Bewohner der Stadt diese 1226 geschaffene Gestalt. Die anschließende Piazza delle Erbe bildet einen lebhaften Gegenpol zur überdimensionalen, eher nüchternen Piazza Sordello. Links steht der lang gestreckte Palazzo della Ragione von 1250 mit seinen breiten Renaissance-Arkaden, unter denen sich mehrere Restaurants niedergelassen haben. Ihren Namen hat die Piazza von den Kräutern, die hier früher verkauft wurden, was bis heute mit dem morgendlichen Obst- und Gemüsemarkt fortgesetzt wird.

Vom Platz aus ist die Vierungskuppel der Kirche Sant'Andrea zu erkennen. Man betritt sie von der kleinen Piazza Mantegna aus, wo sie ihre Westfassade in Form eines klassischen Triumphbogens hat. Die »basilica« genannte Kirche entstand nach Zeichnungen

des Toskaners Leon Battista Alberti 1470 bis 1494, seine erste einschiffige; die mächtige, 80 Meter hohe Kuppel wurde jedoch erst nach den Plänen von Juvarra (1732–1765) vollendet. Für die Grabkapelle Andrea Mantegnas (erste Kapelle links) soll der 1506 in Mantua verstorbene Künstler sein Selbstporträt geschaffen haben: die dort aufgestellte Bronzebüste.

Zur perfekt runden romanischen Rotonda di San Lorenzo mit umlaufenden Emporen steigt man von der Piazza delle Erbe über breite Stufen hinab. Die Rotonde ließ Mathilde von Canossa 1082 bis 1083 erbauen, doch sie kam erst im 20. Jahrhundert nach dem Abbruch angebauter Häuser wieder zum Vorschein und dient heute als Ausstellungsraum.

Den schönsten Palazzo schuf Giulio Romano

Ein Römer war der wichtigste Gestalter Mantuas: Giulio Romano. Eigentlich hieß er Giulio Pippo de Jannuzzi (1499–1546) und war der begabteste Schüler Raffaels. Er gestaltete Mantua im Auftrag Federicos II Gonzaga ab 1524 um. 22 Jahre arbeitete Giulio Romano in Mantua und wohnte in der Via Carlo Poma, ca. einen Kilometer südlich der Piazza delle Erbe, wo noch immer das große, nach seinen Entwürfen 1538 bis 1544 gebaute Wohnhaus steht, die Casa del Mantegna, heute Zentrum für moderne und zeitgenössische Kunst. Das Haus fällt besonders durch seine von Rustica geprägte, klar gegliederte Fassade auf. Die Innenräume hatte Romano prächtig mit Fresken ausgestattet, sein Grab befindet sich in der Barnabas-Kirche schräg gegenüber.

Man ist dann schon auf dem Weg zum Hauptwerk Giulio Romanos in Mantua, dem Palazzo Tè, in dem der Architekt seine römische Erfahrung, Wichtiges richtig in Szene zu setzen, einbringen konnte. Allein die Gestaltung der Anlage um zwei Innenhöfe herum, die durch eine Brücke über Fischteiche hinweg miteinander verbunden sind, zeugt von seinem Sinn für das Theatralische. Der große Garten endet in einem auf Säulen gestützten Halbrund, das es nach außen durchlässig macht. Klare Rundbogen stützen sich auf der Gartenseite des eigentlichen Palastes auf Doppelsäulen, dahinter liegt der quadratische Ehrenhof, um den alle Räume gruppiert sind. In der Sala dei Cavalli zeigen Wandbilder Lieblingspferde der Gonzaga. Beeindruckend ist die Sala dei Giganti mit dem »Fall der Giganten vom Olymp« – so körperhaft dargestellt, dass man die Wucht des Aufpralls zu spüren meint.

STELL- UND CAMPINGPLÄTZE

WOHNMOBILSTELLPLATZ MANTUA

Via Legnago, 1, 46100 Lunetta-Frassino MN, GPS: 45.163533, 10.812288. Ruhig gelegener Stellplatz im Grünen und dennoch nahe der Altstadt. Man muss lediglich den Damm überqueren. Zuvor hat man übrigens links einen kleinen Aussichtspunkt auf die Skyline der Altstadt, unbedingt mal am Abend dort vorbeischauen. Ver- und Entsorgung sowie Strom vorhanden.

TOP ★ ERLEBNISSE

★ FLUSSFAHRTEN AUF DEM MINCIO

Ab dem nahen Vorort Grazie di Curtatone bieten die rührigen Bootsbesitzer im Sommer täglich Flussfahrten mit klobigen Ausflugskähnen auf dem Mincio. Die Touren führen durch eine unberührte Landschaft. Barcaioli del Mincio, Porticciolo di Grazie (hinter dem Santuario), 46010 Grazie di Curtatone, Tel. 0376 34 92 92, fiumemincio.it.

★ MIT KÜRBISFÜLLUNG

Echt mantovanisch und unglaublich lecker sind die am besten frischen Teigtaschen namens »Tortelli di Zucca« mit einer Füllung aus Kürbis und Amaretti, kurz gekocht, in ordentlich viel geschmolzener Salbeibutter geschwenkt und mit geriebenem Parmesan bestreut.

★ ANGESAGTESTE BAR

Venezia, die beliebteste Bar im Herzen der Altstadt, ist ein historisches Schickeria-Treff, inzwischen ganz modern eingerichtet und mit tollen Aperitivi, aber noch immer mit einem Lesesaal für Zeitungen und Bücher (!). Piazza Marconi 10, barvenezia.it.

WEITERE INFORMATIONEN

Piazza Andrea Mantegna 6, 46100 Mantua, 0376/43 24 32, turismo.mantova.it

EMILIA ROMAGNA

Zwischen Po, Apennin und Adria

Die Emilia Romangna muss man mit allen Sinnen erleben, kulinarisch und mit viel Muße (oben). Peppone Denkmal in Brescello (unten). Abendstimmung in Bologna (links).

37 MEHR ALS PARMESAN, PARMASCHINKEN UND PARMIGIANINO – PARMA

Eine Stadt für Kunstgenießer und Gourmets

Sie nennt sich gern die heimliche Musik-Hauptstadt Italiens, ist aber außerhalb des Stiefellandes eher bekannt durch den Parmaschinken und den Parmesan, italienisch Parmigiano, eben alles aus Parma. Eines ist aber ganz sicher: Sie ist eine eher stille, auf menschliche Dimensionen zugeschnittene Stadt für Entdecker – zu Fuß oder wie die Parmigiani selber mit dem Fahrrad.

Der Altstadtkern der nur knapp 177 000 Einwohner zählenden Provinzhauptstadt Parma ist für jeglichen motorisierten Verkehr gesperrt, so bestimmen Fußgänger und viele Radfahrer die Szene. Die Lebensmittelläden gleichen kulinarischen Schatzkästchen, auch Mode wird effektvoll in kleinen Boutiquen präsentiert. Außerhalb des mittelalterlichen Kerns ist Parma jedoch eine grüne Stadt. Die Auen am Torrente Parma vermitteln diesen Eindruck, aber auch die baumbestandenen Alleen entlang der geschleiften Stadtmauer, die teilweise mit schönen alten Kastanienbäumen bepflanzt sind. Doch allen setzt der Parco Ducale die Krone auf, zu jeder Jahreszeit ein angenehmer Ort.

Die Stadt der Musiker

Giuseppe Verdi (geboren im nahen Roncole, 1813–1901) und Arturo Toscanini (geboren in Parma, 1867–1957) haben hier Karriere gemacht, weshalb Parma ihnen mit Konzerten und musikalischen Wettbewerben wie dem internationalen Dirigentenwettbewerb Arturo Toscanini ein Denkmal setzt. In Parma liegt Niccolò Paganini (geboren in Genua, 1782– 1840) begraben, und schließlich wurde hier am Konservatorium die stimm-

Die Via Farini gehört zu den besten Einkaufsstraßen Parmas (unten). Wie ein Schirm öffnet sich das großartige, unglaublich hohe Gewölbe des Baptisteriums, das reich dekoriert ist (rechte Seite).

gewaltige Sängerin Renata Tebaldi aus Pesaro (1922–2004) von Arturo Toscanini entdeckt und an die Mailänder Scala verpflichtet.

Ein architektonisches Schmuckstück: die Piazza Duomo

Für die Parmigiani gilt der Domplatz als der »Salon«, die gute Stube ihrer Stadt. Der romanische Dom und der angebaute Campanile bilden hier zusammen eine eindrucksvoll breite Fassade. Mit der Ausschmückung der dreischiffigen Pfeilerbasilika mit Emporen wurde bereits um 1500 begonnen. Gut, dass man den Innenraum durch Münzeinwurf erhellen kann, denn er ist vollkommen freskiert. Das Hauptinteresse gilt den Bildern der Vierung, die Parmas geliebter Correggio (eigentlich Antonio Allegri), der Meister des »chiaroscuro« (Helldunkel-Malerei), von 1626 bis zu seinem Tode 1634 malte: »Marias Aufnahme im Himmel«. Genauso eindrucksvoll sind jedoch die mittelalterlichen Steinmetzarbeiten, etwa der figürlich geschmückte Bischofsthron aus rotem Verona-Marmor. Und aus der frühchristlichen Vorkirche in der heutigen Krypta stammt ein römisches Mosaik.

Das allerschönste Bauwerk am Domplatz aber ist das Battistero mit seiner geradezu anmutigen Architektur: Über dem hohen Sockel stapeln sich rund um das Oktogon vier tiefe Galerien, darüber eine Reihe Blendbogen, noch eine kurze Balustrade für das relativ flache Dach und zierliche Türmchen (Tabernakel) über den Ecken. All dies »nur«, um zu vertuschen, dass sich innen ein überdimensional hoher Kuppelraum auf achtseitigem Grundriss öffnet. Dieses wundervolle Werk (1196–1216) begann Benedetto Antelami, der Erneuerer romanischer Steinmetzkunst, Bildhauer und Architekt zugleich, der bestimmend für Parma war. Vollendet wurde das Baptisterium erst 1260 bereits in gotischem Stil.

Auf der Suche nach Correggios Putten

Zwischen Campanile und Baptisterium erblickt man durch den Vicolo-Ferrari-Turm und die Barockfassade von San Giovanni Evangelista den bedeutendsten und größten Klosterkomplex der Stadt. Schon vor der ersten Jahrtausendwende unter Bischof Siegfried II. gegründet, nach der Brandverwüstung und dem finanziellen Niedergang 1490 wiederaufgebaut, wurde das Kloster dann Schritt für Schritt in Früh- und Spätrenaissance sowie im Frühbarock (Turm und Fassade) zu einem architektonischen Juwel gestaltet. Von den drei Kreuzgängen ist der mittlere von 1400 der schönste. Der Korridor zwischen den Kreuzgängen ist 165 Meter lang, und die Kirche selbst dürfte heute die

Fast rührend ist die Darstellung der Kreuzabnahme von Benedetto Antelami im Dom von Parma (unten). Detail vom Taufbecken im Baptisterium (ganz unten). Hübsche Details gehören zur Ausstattung des Palazzo Ducale (rechte Seite oben). Rund um Parma weiß man zu genießen (rechte Seite unten).

gepflegteste Parmas sein. Ihre Kuppelfresken malte Correggio 1521/23 zusammen mit seinem Schüler Parmigianino.
Im ehemaligen Benediktinerinnenkloster nördlich des Domes hinterließ Correggio sein Jugendwerk. Die Fresken, die er 1518/19 im Zimmer der Äbtissin, der sogenannten Camera di San Paolo, malte, zeigen die Geschichte der Diana, vor allem am Deckengewölbe: wie ein in Laubenmuster aufgespannter Schirm, in den Medaillons verspielte Putten, die einen Hund streicheln, einen Stierkopf hochhalten und Ähnliches. Es handelt sich um die in der Kunstgeschichte berühmten Correggio-Putten, eine der raffiniertesten und vielleicht schönsten Malereien der Renaissance.

Großes Theater und großer Park

Vor dem Parma-Fluss breitet sich der Komplex des Palazzo della Pilotta (1583) aus, durch dessen Mitte der Weg zum Ponte Verdi führt. Eine schöne Grünanlage mit modernen Skulpturen ist im Laufe der Zeit davor entstanden. Im riesigen Palazzo kann man sich gut einen halben Tag aufhalten. Für das Teatro Farnese, das größte seiner Zeit, wurde der Bau 1618/28 quasi ausgehöhlt, um Platz für 4500 Zuschauer in den aufsteigenden Rängen und Galerien zu gewinnen. Rund 200 Jahre lang galt das Werk des Palladio-Schülers Giovanni Battista Aleotti – ganz aus Holz mit technischen Finessen wie Kulissenwechsel durch Hochziehen, Wassereinlassen für Seeschlachten (!) etc. – als Vorbild für viele europäische Theater. Nicht genug, im Palazzo befinden sich außerdem drei Museen: die Galleria Nazionale und das Museo Archeologico Nazionale mit den Funden aus Veleia Romana. Etwas für Kenner ist das Museo Bodoniano mit über 80 000 Druckwerken Giambattista Bodonis, der als »Fürst der Grafiker« Parmas gilt und hier von 1768 an die Fürstliche Druckerei leitete. Nebenan befindet sich auch noch die Biblioteca Palatina, unter anderem mit Manuskripten aus dem 16. Jahrhundert und der zweitgrößten Sammlung orientalischer Schriften nach dem Vatikan.
Über den Ponte Verdi gelangt man in den großen, herrlichen Parco Ducale mit dem Palazzo Ducale. Der Herzogspalast diente lange als Sitz der Carabinieri und wurde dann zur Militärakademie umgestaltet. Da er unter anderem wunderbar freskierte Räume besitzt, kann er manchmal besichtigt werden. Der Park bietet einen großen Teich, herrliche Ruheplätze und angenehmen Schatten unter hohen alten Bäumen, weshalb sich die Parmigiani an heißen Sommertagen gern hierher flüchten. Bei Restaurierungsarbeiten entdeckte man im sogenannten Palazzetto Eucherio Sanvitale an der Südostecke des Parks Fresken, die unter anderem Parmigianino zugeschrieben werden. Besonders schön ist die bewegte Szene »Anbetung der hl. Drei Könige« von Fra' Cosimo Piazza in der kleinen Kapelle (ca. 1560–1620).

STELL- UND CAMPINGPLÄTZE

WOHNMOBILSTELLPLATZ PARMA

Largo 24 Agosto 1942, 21/a, 43126 Parma PR, areasostacamperparma.it, GPS: 44.808971, 10.284259. Der Wohnmobilstellplatz liegt leider weit außerhalb in einem Gewerbegebiet neben einem Großparkplatz. Dafür sind Einkaufsmöglichkeiten gleich um die Ecke. Mit dem Bus gelangt man gut in die Altstadt, aber auch mit dem Rad ist es nicht schwer, da man nur der Straße folgen muss. Ver- und Entsorgung vorhanden.

TOP ★ ERLEBNISSE

★ NOVEMBER PORC

Die gesamte Provinz Parma steht gegen Ende des Jahres kopf: Beim November Porc dreht sich an den Wochenenden im November alles um die lokalen Spezialitäten vom Schwein und andere Schlemmereien. In den Restaurants und Trattorien werden Schinken, Würste und Käse als feste Menüs aufgetischt. Die Dörfer, aus denen die Spezialitäten stammen, veranstalten kulinarische Märkte. Aktuelle Informationen unter novemberporc.com.

★ BESTES AUS ZIBELLO

Der Produktionsort des »Culatello di Zibello« bietet den wohl feinsten Schinken der Emilia Romagna, der als Marke geschützt ist. Er reift in den feuchten Räumen kleiner Landfarmen, sein besonderes Aroma verdankt er den Winternebeln am großen Fluss, dem Po. Aktuelle Informationen unter stradadelculatello.it.

★ OPERN UND BALLETT

Im Winter bietet das Teatro Regio im Herzen Parmas begehrte Opern und Ballettabende, die man am besten mit einem Aufenthalt in der schönen Stadt verbindet. Das gebuchte Hotel besorgt bestimmt die Tickets. Informationen unter teatroregioparma.it.

WEITERE INFORMATIONEN
Piazza Garibaldi,
Tel. 0521/21 88 89,
turismo.comune.parma.it

VIVA VERDI

Was wäre die italienische Oper ohne ihn?

»Giuseppe Verdi ist der letzte Volks- und Menschheitskünstler, ein herrlicher Anachronismus des Jahrhunderts«, schwärmte Franz Werfel vom wohl bekanntesten italienischen Komponisten der Romantik. Und für die Musikwelt gilt Verdi als der Erneuerer der italienischen Oper. Geboren wurde Giuseppe Verdi am 9. oder 10. Oktober 1813 in Roncole, das sich als Verbeugung vor dem wohl berühmtesten Sohn des Städtchens schon lange Roncole Verdi nennt. Seine Eltern waren einfache, aber die Musik liebende Händler, deren altes Bauernhaus Verdi am liebsten abgerissen hätte, weil er sich seiner ärmlichen Herkunft schämte. Aber gerade dieses Gebäude spricht die Besucher heute durch seine Schlichtheit besonders an. Gegenüber, in der Pfarrkirche, wurde Giuseppe getauft, und auf der Orgel spielte er schon als Kind seine ersten Melodien. Roncole Verdi zehrt ganz schön von Verdis weltweitem Ruhm, lädt jedes Jahr im Juli zu Konzerten auf dem Vorplatz der Kirche ein und wird auch sonst von Musikliebhabern aufgesucht – eben auf Verdis Spuren, auch in der Umgebung.

Im nahen Städtchen Busseto hatte Verdi in Antonio Barezzi einen Freund gefunden, der früh das Genie erkannte und förderte. Trotzdem gelang es auch Barezzi nicht, Verdi den frei gewordenen Platz eines Kapellmeisters zu besorgen. Die Kirchenpfleger zogen einen unbekannten Organisten vor, was Giuseppe der Stadt Busseto nie verziehen hatte. Doch Busseto selbst verehrt Verdi heute noch. Im Salone Barezzi beispielsweise sind manche Erinnerungen an Verdi erhalten, darunter das erste von einem Freund gemalte Porträt des Musikers. Am häufigsten besucht wird wohl die historische Bottega in der Via Roma 76, die einst Verdis Familie belieferte. Wein, Salami, Schinken, Brot, Käse und Gebäck werden zum Kauf angeboten – zwischen allerlei Erinnerungsstücken an den Meister, echt oder nicht.

Ein Nationalmuseum für den Komponisten

Am Platz mit dem Verdi-Denkmal wurde in der Rocca Pallavicino das kleine, der Mailänder Scala nachgebaute Theater installiert, mit roter Seide, rotem Plüsch und vergoldeten Logen, auf drei Etagen verteilt. Um die rund 300 Plätze findet nicht nur während der Verdi-Festspiele ein

In Busseto steht auch die herrschaftliche Villa Pallavicino, heute mit interessantem Verdi-Museum

Ziel der Musik-Kenner: das Teatro Verdi mit Verdi-Denkmal in Busseto

richtiger Kampf statt, man muss sich rechtzeitig seine Karten sichern. Am Stadtrand von Busseto erhebt sich die Villa Pallavicino, auch als Palazzo dei Marchesi bekannt und schon lange im Besitz der Gemeinde. Nach langjährigen Restaurierungsarbeiten wurde hier 2009 das Museo Nazionale Giuseppe Verdi eingerichtet und 2014 das Museo Renata Tebaldi hinzugefügt als Hommage an die große Sängerin und brillante Verdi-Interpretin, die während ihrer gesamten Karriere mit Maria Callas im Wettstreit um die schönste Stimme ihrer Zeit lag. Sie galt als der Engel der Opernwelt, die Callas als die Tigerin.
In Sant'Agata, wenige Kilometer nördlich von Busseto, schuf Verdi seine besten Werke. Freunde seiner Musik gehen andächtig durch die vielen Räume der Villa Verdi, die der Meister durch Komponieren verdient und in der er etwa 50 Jahre gelebt hatte, bis er am 27. Januar 1901 in Mailand in dem von ihm gegründeten und finanzierten Altersruhesitz für Musiker starb. Die Stiftung der »Casa del Riposo per Musicisti Giuseppe Verdi« existiert bis heute und kann normalerweise besichtigt werden.
In Sant'Agata werden die Gäste von seinen Nachkommen, der Familie Carrara-Verdi, geführt.
Wieder ein gedanklicher Sprung nach Mailand, in dessen berühmtes Opernhaus La Scala. Nicht nur Theater- und Musikgeschichte, auch Revolutionäres nahm hier seinen Anfang: In Verdis »Nabucco« sang der Chor der Juden stellvertretend für die unter Fremdherrschaft leidenden Italiener – Verdi wurde zum Inbegriff der Freiheitsbewegung (von der österreichischen Besatzung) mit »VV«, was »Viva Verdi«, aber auch »Viva Vittorio« (Emanuele), König von Italien, heißen konnte und sollte. Dafür mussten nur Zeige- und Mittelfinger beider Hände hochgehalten werden …

Überall in Busseto wird auf Tradition und Originaleinrichtung geachtet

38 ACETO BALSAMICO UND FORMEL 1 – MÓDENA UND MARANELLO

Drei italienische Edel-Automarken kommen von hier

Man kann die Modenesi verstehen, dass sie es mit einem lachenden und einem weinenden Auge sehen, wie das Image ihrer Stadt ist. Nur Aceto Balsamico und Autos im Sinn? Dabei gibt es in der Stadt, die Italien-Reisende, über die Autostrada vom Norden kommend, meist im wahrsten Sinne des Wortes links liegen lassen, noch viel Schönes und Interessantes zu entdecken.

Maserati, Lamborghini, Ferrari sind die Namen der ganz großen italienischen Edel-Automarken, die ihren Ursprung hier haben. Der alte Ferrari sagte einmal von Módena, dies sei »ein Land der Rebellen, von Leuten, die nicht immer ruhig sind. Blut und Verstand sind hier gut vermischt. Es ist ein hartnäckiger, fähiger und verwegener Menschenschlag, genau der Typ, den man braucht, um Rennwagen zu bauen …«. Bei näherem Hinsehen jedoch entpuppt sich Módena mit knapp 185 000 Einwohnern durchaus als besuchenswerte Stadt – und als Schlemmerdorado. »Eine einfache Stadt, eine echte Stadt, meine Stadt«, sagte einmal Luciano Pavarotti (1935–2007), der Tenor, der bekannte, ein »überzeugter Modeneser« zu sein.

Mehrere Kanäle (heute nur noch an den Straßennamen zu erkennen), wie der Canal Grande, durchflossen einst das Zentrum und verbanden Módena mit dem Po und damit auch mit der Lagune und Venedig. Erst 1850 wurden die Wasserstraßen zugeschüttet bzw. überbaut. Geblieben sind die typischen Paläste, die einst die Kanäle umstanden, und die Enge. So hat sich die Stadt etwas Heimeliges bewahrt, außer an

Blick auf Modena aus der Vogelperspektive (unten). Unter den Arkaden der Via Emilia lässt es sich bei jedem Wetter angenehm bummeln (rechte Seite oben). In Modenas Umgebung gedeiht ein sehr guter Lambrusco (rechte Seite unten).

POS
E TELECOMUNIC
DIREZIONE
PROVINCIALE

der Piazza Grande. Hier wurden nämlich alle kleinen Geschäfte und Buden, die den Dom umstanden, 1984 im Zuge seiner Restaurierung »zwangsversetzt« in Richtung Markthalle. Geblieben ist ein großer, seelenloser Platz, früher das Herzstück der Stadt. Geblieben sind aber auch die Portici, anfangs nicht mehr als Wetterdächer vor den Geschäften des Erdgeschosses, auf Säulen oder Pfeiler gestützt. Dann überbaute man diese, um zusätzlichen Wohnraum zu gewinnen. Als dritte Stufe folgte die Ausschmückung der so entstandenen Bogengänge, oft mit burlesken Motiven – es entstand ein städtebauliches Kunstwerk.

Die Piazza Grande ist wahrlich grande! In ihrer Mitte die herrliche Kathedrale (unten). Galleria Ferrari in Maranello (ganz unten). Das Castello di Spilamberto beherbergt das Museo dell´Aceto Balsamico (rechte Seite oben). Der Aceto Balsamico reift in Holzfässern (rechte Seite unten).

Der Dom und der geraubte Löscheimer

Die ursprünglich romanische Kathedrale (Grundsteinlegung 1099) hat außen ihren Backsteincharakter bewahrt, rotbraun wie fast die ganze Stadt. Nur die schöne Fassade mit der wie mit Kordeln verzierten, abgetreppten Portaleinfassung und der großen Rosette ist marmorverkleidet. Wie der Campanile, der etwas deplatziert an der Nordostecke bei den Chorapsiden steht. Innen hat man den Dom mit seinen auffälligen Frauenemporen von den Barockverkleidungen und dem Kalkweiß befreit. Der großartige Lettner mit romanischen Steinmetzarbeiten Campioneser Meister wurde wieder zusammengefügt, sein farbig gefasster Marmor soll wie das Material der Kanzel von vorgefundenen römischen Bauten stammen. Einem Säulenwald ähnelt darunter die weite Krypta mit dem Grab des in Módena heiß geliebten San Sigismondo.

Imposant ist der 88 Meter hohe Campanile, genannt Ghirlandina und das Wahrzeichen der Stadt. Er steht etwas schief und gilt als einer der bedeutendsten Türme Oberitaliens. Zusammen mit dem Dom 1099/1100 begonnen und erst 1319 vollendet, überragt er Módena und diente nicht nur als Glockenturm der Kathedrale, sondern vor allem als Wachturm und Aufbewahrungsort wichtiger kommunaler Urkunden und Privilegien. Auch der hölzerne Eimer (»la secchia rapita«) wurde im Turm sicher aufbewahrt. Diesen hatten die Modeneser 1325 den Bolognesern als Beweis dafür geraubt, dass sie sich aus der verfeindeten Nachbarstadt alles holen könnten, wenn sie nur wollten. Heute wird er im Gegenzug immer wieder von Bologneser Studenten entwendet und gegen eine symbolische Ablöse zurückgegeben. Die »secchia« kann heute nebenan im ersten Stock des Palazzo Comunale bestaunt werden ebenso wie die mit Tugendbildern freskierte Sala del Vecchio Consiglio aus dem 17. Jahrhundert, heute Trausaal, und die Sala del Fuoco (mit dem großen Kamin). Die Rat-

hausuhr von Lodovico Gavioli (1867) wird übrigens jeden Morgen mit einem riesigen Triebel aufgezogen.

In der Via Farini steht die Chiesetta di San Giorgio mit ihrer niedrigen Kuppel in schlichtem Barock, die an die bäuerliche Struktur der Stadt angepasst ist. Kein Wunder, dass dies die Hochzeitskirche der Modeneser ist. Den Aperitivo nehmen sie dann gern in einer ehemaligen Drogerie links vom Kirchlein ein, wo sich 1910 die dunkel getäfelte »Caffetteria Giusti« etabliert hat und zu einer der beliebtesten der Stadt avancierte. Überhaupt ist die Via Farini eine gute Altstadtadresse, hier wohnen alteingesessene Familien, befinden sich feine Modeläden und beginnen die Portici del Collegio, die elegantesten und mit Abstand schönsten Arkadengänge Módenas.

Auch Auto-Freaks bleiben nicht auf der Strecke

Die neueste Errungenschaft Módenas ist das total stylische Museo Enzo Ferrari unter einer Ferrari-Motorhaube als Dach in der Via Paolo Ferrari 85 – was und wo denn sonst! Das Highlight für Renn-Verrückte dürfte der Simulator sein. Wer will, kann nach entsprechender Einführung im Ferrari auf die Pista von Monza katapultiert werden, auf Anfrage lassen sich auch Rennen in Silverstone, Imola, Nürburg und im toskanischen Mugello simulieren. Im Wagen spürt der Fahrer die Unebenheiten der Strecke, kann die Geschwindigkeit fühlen und die Bremskraft ausprobieren – alles ganz realistisch, aber dennoch gefahrlos. Je Runde ein siebenminütiger Adrenalinstoß! (Informationen über alle Auto- und Motormuseen, bislang 15 allein in der Emilia Romagna, findet man unter motorsite.it. Darunter werden sogar Themenreisen wie »Autos – Kulinarisches« angeboten.)

Maranello und die Folgen

Enzo Ferrari verdankt die Automobilmarke mit dem sich aufbäumenden Pferd als Symbol ihre Erfolgsgeschichte seit 1947. Formel-1-Rennen sind ohne die roten Flitzer kaum vorstellbar. Maranello – nicht, dass der Ort mit seinen knapp 17 500 Einwohnern etwas Besonderes wäre, aber seit 1990 können Automobilfans in der edlen Galleria Ferrari am Fabrikationsort Maranello südlich von Módena die schönsten Wagen bestaunen und die Geschichte der erfolgreichen Firma kennenlernen. Außerdem kann man in der Umgebung recht gut in ländlichen Trattorien einkehren, um die Küche der Emilia Romagna kennenzulernen, etwa in der »Locanda del Mulino« mit Teilen der alten, namengebenden Mühle, wo man auch übernachten könnte.

STELL- UND CAMPINGPLÄTZE

CAMPER CLUB MUTINA

Str. Collegarola, 76/a, 41126 Modena MO, GPS: 44.613355, 10.943918. Übernachtungsmöglichkeit weit außerhalb der Stadt, doch dafür wird diese von Camperfreunden betreut, sodass man hier nichts vermissen lässt. Ver- und Entsorgungsstation ist gegeben, mit dem Rad gelangt man in die Altstadt.

TOP ★ ERLEBNISSE

★ ACETO BALSAMICO DI MÓDENA

Die Acetaia Pedroni in Nonántola nordöstlich der Stadt ist eine der besten Adressen, um vor Ort den echten Balsamessig von Módena zu kosten und zu kaufen (was man auch online machen könnte). Schließlich produziert die Familie Pedroni den kostbaren Essig schon seit 1862 genau an dieser Stelle, wo sie schon damals die Lizenz für eine Osteria mit Pferdestation und allem, was Reisende benötigen, besaß. Via Risaia 6, Rubbiara di Nonántola, 41015 Módena, Tel. 059 54 90 19, acetaiapedroni.it

★ SICH VERWÖHNEN LASSEN

Wer Módena und Umgebung richtig kennenlernen möchte, sollte sich den lokalen Kennern anvertrauen. Eine Top-Adresse ist die Agentur Módenatur, die Hotels und Restaurants, Stadtführungen und Acetaia-Besuche etc. organisiert. modenatur.it.

WEITERE INFORMATIONEN

Info Palazzo Comunale, Piazza Grande 14, 41121 Módena, Tel. 059/203 26 60, turismo.comune.modena.it
Für Autofans: museomodena.ferrari.com und museo.ferrari.com (Maranello)

Unter Bologna verläuft ein Netz von Kanälen, für deren Bau zwei Flüsse umgeleitet wurden. Dieser hier verläuft oberirdisch, aber gut versteckt an der Via Piella. Man entdeckt ihn erst, wenn man eine kleine Tür in der Mauer öffnet.

Es gibt Reisende, die nur der kulinarischen Genüsse wegen nach Bologna kommen (oben). Der bronzene Neptun ist ein wahrer Hingucker am Rande der Piazza Maggiore (rechte Seite).

39 ROT, GEBILDET UND FETT – BOLOGNA

Eine der schönsten und interessantesten Städte Italiens

Rossa, dotta e grassa nennen sie ihre Liebhaber, die schöne backsteinerne Stadt: »rossa«, rot, steht für die Ziegeldächer der Bauten aus roten Backsteinen (und für die politische Richtung), »dotta«, gebildet, für die erste Universität des Kontinents und schließlich »grassa«, fett, für den fruchtbaren Boden um sie herum und für die hervorragende, nicht unbedingt leichte Küche.

Dass es den rund 394 500 Bolognesi im Großen und Ganzen gut geht, ist der Stadt anzumerken, in Italien zählt man sie daher zu den großen Genießern des Landes. Wer das Zentrum des im Jahr 2000 von der UNESCO zur Kulturhauptstadt erklärten Bologna endlich erreicht hat, staunt nicht schlecht über den mittelalterlichen Charakter, der durch strenge Sanierungskonzepte wundervoll erhalten werden konnte. Und dass es auch bei schlechtem Wetter (oder gleißender Sonne) nicht ungemütlich wirkt, dafür sorgen mehr als 40 Kilometer Bogengänge (»portici«). Auffällig sind die dunkelroten Stoffrollos vor den Fenstern, die grünen, braunen oder grauen Fensterläden und die roten (»rosso bolognese«) oder ockerfarbenen Häuserfronten, wenn sie nicht nacktes Backsteinrot zeigen. Die Zeit weniger gut überdauert hat der bröckelnde Sandsteinschmuck an den meisten Ziegelfassaden. Schuld trug der Smog über Bologna, der mithilfe von autofreien Zonen bereits mit einigem Erfolg bekämpft wird. – Freunde Lukullus' lassen sich von Bolognas Restaurants gern verführen, auch wenn die Pastasauce »à la bolognese« nicht jedermanns Geschmack ist! Serviert wird in nüchtern-modernen Hallen oder eng-heimeligen historischen Gebäuden, oft mit begrünten, nach Rosen duftenden Innenhöfen.

Rings um die Piazza Maggiore

Die Regionalhauptstadt der Emilia Romagna lässt sich wunderbar zu Fuß erkunden: Die Altstadt innerhalb des ersten Mauerrings ist fast durchgehend Fußgängerzone, in deren

Die barocke Wallfahrtskirche Madonna di San Luca lohnt den Aufstieg (unten). Den Palazzo dell'Archiginnasio besucht man meist wegen des spektakulären Anatomischen Saales (ganz unten). Palazzo dei Notai (links im Bild) und Palazzo Comunale (Rathaus und Museum) an der abendlich beleuchteten Piazza Maggiore (rechte Seite oben). Detail aus einer Kreuzigungstafel des Meisters Jacopino, 14. Jh., in der Nationalpinakothek, Bologna (rechte Seite unten).

Mitte liegt die von Arkadenbogen eingefasste Piazza Maggiore mit den ältesten Bauten der Stadt. In Erwartung des neuen Jahres versammeln sich die Bolognesi am 31. Dezember ab 22 Uhr auf ihrem Lieblingsplatz zu einem großen Fest, das von der Stadt finanziert wird: Die Glocke des Arrengo-Turmes läutet, wie bei allen Festlichkeiten, die im »Salon« Bolognas gefeiert werden, Sektkorken knallen. Fast die gesamte Südseite der Piazza Maggiore nimmt die wichtigste Kirche der Stadt ein: nicht der Dom, der unauffällig in der Via Indipendenza um die Ecke zu finden ist, sondern San Petronio. An der dreischiffigen Kirche (1390–1673) hat man nicht gespart, große Künstler wie der Toskaner Jacopo della Quercia (Portalskulpturen 1425–1438) und Giovanni da Módena (in der Kapelle des reichen Seidenhändlers Bolognini: die »Reise der drei Könige nach Bethlehem«, vierte Kapelle links, 1420) wurden für die aufwendigste gotische Ausstattung einer Kirche in Italien verpflichtet.

Die gesamte Westseite der Piazza Maggiore nimmt der immense, in den ältesten Teilen festungsgleiche Rathauskomplex des Palazzo Comunale ein, auch Palazzo d'Accursio genannt. Der im 13. und 14. Jh. errichtete Palast mit der bronzenen Statue von Papst Gregor XIII. an der Fassade wurde hervorragend restauriert. Von oben genießt man eine grandiose Aussicht auf die Piazza Maggiore. Das Obergeschoss bildet quasi den musealen Teil des Palastes, hier ist ein bedeutendes Museum untergebracht: die Städtischen Kunstsammlungen.

Bolognas »Bauch«, der Mercato di Mezzo, der erste überdachte und inzwischen umgestaltete Markt der Stadt, verbirgt sich nordöstlich der Piazza Maggiore in den Pescherie Vecchie und bietet wunderbar verlockend dekorierte Spezialitätenläden und Imbiss-Stände.

Anatomiesaal der ältesten Universität Europas

Hinter dem Chor von San Petronio erstreckt sich der Palazzo dell'Archiginnasio, in der Renaissance (16. Jh.) errichtet. Ein prachtvoller Gebäudekomplex, in dem die Biblioteca Comunale eingerichtet wurde, eine der großartigsten und umfangreichsten Sammlungen von Handschriften. Der Innenhof ist im Sommer der heimelige Rahmen für »Bologna sogna« (Bologna träumt): Serenaden und Konzerte im kleinen Rahmen, um die sich die Bologneser reißen. Zwei Treppen führen im Innenhof hinauf: rechts für die »legisti«, die Juristen im Zivilen und Kanonischen Recht, links für die »artisti«, Studenten der schönen Künste. Besucher kommen über die Treppe der »artisti« zum Teatro Anatomico, dem berühmten mit Holz verkleideten Anatomie-

Vorlesungssaal (17. Jh.). Von besonderer Eindringlichkeit sind die beiden Holzfiguren rechts und links der Kanzel: enthäutete Menschengestalten, an denen man Muskeln, Sehnen, Nerven erkennen kann.
Nach Norden setzt sich die Piazza Maggiore in der Piazza Nettuno fort, dazwischen steht der hübsche Gebäudekomplex des Palazzo di Rè Enzo (1244–1246), in dem von 1249 bis zu seinem Tod 1272 Renzo, der illegitime Sohn Kaiser Friedrichs II., gefangen gehalten wurde. Davor steht der kraftvolle bronzene »Nettuno« von Giambologna. Er gilt als eines der Wahrzeichen Bolognas.
An der Piazza di Porta Ravegnana erheben sich die beiden schiefen Türme (1109–1119), Bolognas zweites Wahrzeichen. Sie neigen sich aufeinander zu, als suchten sie aneinander Halt. 97,6 Meter hoch ist die Torre Asinelli mit einer Neigung von 2,2 Metern, nur 47 Meter hoch die Torre Garisenda, die sich bereits beim Bau zu neigen begann, weshalb sie nach etwa 200 Jahren gekürzt wurde und jetzt eine Neigung von 3,2 Metern aufweist. Von solchen Geschlechtertürmen soll es in Bologna im Mittelalter an die 500 gegeben haben, heute sind noch weitere 20 im Stadtkern zu sehen. Wer gut zu Fuß ist, kann die Torre Asinelli erklimmen: über 498 Stufen! Lohn ist ein grandioser Rundblick.

Die heimelige heilige Piazza Santo Stefano

Hinter den schiefen Türmen beginnt an der Piazza della Mercanzia mit dem alten Handelspalast die mittelalterlich-enge Via Santo Stefano, die sich erst an der dreieckigen Piazza Santo Stefano weitet. An jedem zweiten Wochenende findet dort bis weit in die benachbarten Gassen hinein ein gut besuchter Antiquitätenmarkt statt – eine schönere Kulisse hätte man schwerlich finden können: die reich verzierten Renaissancepaläste der wohlhabendsten Senatoren der Stadt und der mehrteilige Kirchenkomplex von Santo Stefano. Seit alters her ist dies der heilige Platz Bolognas. In der Antike stand hier ein Tempel der Göttin Isis, heute besteht der Bereich aus fünf Kirchen, durch die man sich einen ruhigen Gang gönnen sollte. – Zum Ausruhen und Abschiednehmen locken nebenan die Cafés des Corte Isolani.
Mehrere Kooperativen aus Denkmalpflegern, Architekten und Geldgebern haben sich in den letzten Jahren in Bologna gebildet, die sich um historische Bausubstanz kümmern und etwa die »corti«, Innenhöfe von Wohnblöcken, miteinander zu Passagen verbinden. Ein besonders schönes Beispiel ist dieser Corte Isolani, der sich hinter dem Palazzo Bolognini an der Piazza Santo Stefano versteckt.

STELL- UND CAMPINGPLÄTZE

CENTRO TURISTICO CITTÀ DI BOLOGNA

Via Romita, 12/4a, 40127 Bologna BO, hotelcamping.com, GPS: 44.523488, 11.374599. In ruhiger Lage am Stadtrand schläft es sich sehr angenehm unter schattigen Bäumen. Die Parzellen befinden sich im hinteren Bereich eines Bungalowkomplexes. In die Stadt gelangt man mit der Buslinie 68, deren Endhaltestelle sich direkt vor der Rezeption befindet.

TOP ★ ERLEBNISSE

★ EIN BEWOHNBARES JUWEL

Das Hotel mit dem nüchternen Namen Commercianti befindet sich in absoluter Top-Lage an der Piazza Maggiore – in einem Palast aus dem 13. Jahrhundert, der eine schöne Mischung aus Modernität und gotischem Ambiente ergibt. Es besitzt 34 stilvoll eingerichtete komfortable Zimmer und zwei Suiten, einige von ihnen mit Blick auf San Petronio.
Via de' Pignattari 11,
Tel. 051/745 75 11,
bolognarthotels.it

★ GANZ AUTOLOS

Im historischen Zentrum Bolognas herrscht rigoroses Fahrverbot für fremde Fahrzeuge, Hotelgäste dürfen nur bei Ankunft vor- und am Ende ihres Aufenthaltes wieder wegfahren, der Wagen muss in einer Garage verschwinden.

★ BOLOGNA SOGNA

Unter dem schönen Titel »Bologna schläft« verbergen sich begehrte Sommerabende mit Konzerten und Serenaden in manchen Innenhöfen der Stadt wie an der Universität.

WEITERE INFORMATIONEN
Piazza Maggiore 1,
Tel. 051/647 21 13,
bolognawelcome.com

40 VON STADT ZU STADT

Tour von Bologna zur Adria

Die römische Via Emilia dient als Leitfaden für eine Fahrt von Bologna ans Adriatische Meer. Einst war hier alle 30 bis 40 Kilometer eine Militär- bzw. Pferdewechselstation, dann wichtige Poststationen und später richtige Städtchen oder gar größere Städte.

Die erste Station von Bologna aus ist das kleine beschauliche Dozza mit seiner auf dem Hügel aufragenden Burg. Seine restaurierten Häuser schmücken Fassadenbilder, die von lokalen und fremden Künstlern geschaffen wurden. Alle zwei Jahre kamen zur Biennale des Muro Dipinto, der bemalten Wand, neue hinzu. Eine Ausstellung im Castello, der Rocca Sforzesca aus dem 13. bis 15. Jahrhundert mit ihren wuchtigen Rundbastionen, zeigt abgenommene prämierte Bilder. Doch Dozza ist auch wegen seiner Enoteca Regionale Emilia Romagna bekannt, der Ausstellung regionaler Weine – mit Ausschank. Daher ist dies ein so gern besuchter Ort speziell an Wochenenden und Feiertagen, dass man besser wochentags vorbeischaut, wenn man keinen Tisch in einem der Restaurants und Trattorien reserviert hat.

Dozzas freskierte Gassen

Imola und Faenza

Nächster Halt: Imola, bis zur Abschaffung der geschlossenen Psychiatrie 1978 das »Irrenhaus Italiens«, begrüßt den Reisenden mit seiner mächtigen Rocca Sforzesca von 1250, einem militärarchitektonischen Schmuckstück. Die darin eingerichteten Sammlungen sind fast nur Beiwerk, richtig begehrt sind die sommerlichen Freilichtkonzerte.

Dann folgt Faenza, eine stille Schöne mit lang gestrecktem Hauptplatz aus zwei Teilen, der Piazza del Popolo und der Piazza della Libertà, zusammen eine prächtige Ausgeh- und Bummelmeile mit netten Lokalen – ein wahrer »Salon«, umrahmt von den wichtigsten Bauten der Stadt, die übrigens als Namensgeberin der Fayencen, also feinen Keramiken, gilt. Noch immer findet man lokale Künstler, die dieses Handwerk verstehen und ausüben. Aushängeschild ist das Museo Internazionale delle Ceramiche.

Marktliebhaber dürfen den Mittwochmorgen im nahen Brisighella nicht verpassen. Alle anderen sollten den Besuch auf den Nachmittag verlegen, wenn das warme Licht der Sonne die gebogene, rot und ocker bemalte Häuserfront an der Piazza Guglielmo Marconi zu streicheln scheint. Dahinter wartet eine bauliche Überraschung, siehe Top-Erlebnisse. Das kleine Städtchen besitzt rund 30 Lokale und ist ein wahres Schlemmernest. Man darf aber nicht erwarten, an einem schönen Wochenende ein freies Plätzchen zu finden – ohne Re-

Brisighellas hoch aufragendes Castello

servierung geht auch hier nichts! Erst recht nicht an allen November-Sonntagen, wenn die Trüffel-, Oliven- oder Olivenölmesse stattfindet.

In Malatestas Reich

Kurz vor dem Adriatischen Meer lädt das quirlige Cesena zu einem Halt. Überragt von der bereits 1357 begonnenen Rocca Malatestiana, in deren Innenhof im Sommer gut besuchte Konzerte stattfinden. Im Zentrum darunter laden nette Lokale zu einer Pause ein und die Biblioteca Malatestiana, siehe Top-Erlebnisse, zu einem Besuch.
Rimini breitet sich kilometerlang an der Adriaküste aus, es ist sozusagen der Badestrand Europas. Seine Bagni, die genau nummerierten Badeanstalten, stehen nicht nur für Italiener sinnbildlich für Strandferien. In den 1950er-Jahren reisten unzählige Deutsche an die Adria zum Sehnsuchtsort Rimini und ließen es sich hier richtig gut gehen bei Spaghetti oder Pizza zum schweren Rotwein der Romagna, tanzten mit weit schwingenden Petticoats unter klarem Sternenhimmel. Frei nach Federico Fellini, der mit solchen Geschichten seiner Stadt in unvergesslichen Filmen ein Denkmal setzte.

Der Strand von Rimini an der Adriaküste

STELL- UND CAMPINGPLÄTZE

1 CENTRO TURISTICO CITTÀ DI BOLOGNA
Via Romita, 12/4a, 40127 Bologna BO, hotelcamping.com, GPS: 44.523488, 11.374599

2 WOHNMOBILSTELLPLATZ RAVENNA
Piazza Resistenza, 48121 Ravenna RA, GPS: 44.414727, 12.188305

3 CAMPING INTERNATIONAL RIMINI
Viale Paolo Toscanelli, 112, 47922 Viserba RN, internationalitaliacampingvillage.com, GPS: 44.080373, 12.548786

4 WOHNMOBILSTELLPLATZ
Via Alfonso Pinzon, 310 a, 47814 Igea Marina RN, portomario.com, GPS: 44.123048, 12.494185

TOP ★ ERLEBNISSE

★ GUT AUFGEHOBEN
Ein perfekter Tipp für garantiert gutes Essen und angenehmes Schlafen ist mitten in Dozza das Canè in herrlicher Panoramalage. Gleich am Ortseingang gegenüber der Rocca bekommt man in den früheren Stallungen La Scuderia an der Bar auch frisch zubereitete Kleinigkeiten.

★ GENUSSVOLLE WEINSTRASSE
Die Strada dei Vini della Romagna führt durch die Apennin-Hügel südlich von Faenza zu Kellereien mit Probierstuben und Verkauf der lokalen Weine. Genauere Informationen unter stradadellaromagna.it.

★ JUGENDSTIL-JUWEL
Am zentralen Corso Garibaldi erhebt sich eines der zauberhaftesten Hotels von Faenza, das Vittoria in einem wunderbar restaurierten Jugendstilpalazzo mit Designermöbeln und gutem Restaurant im Innenhof (hotel-vittoria.com).

★ DER ESELWEG
Brisighellas Antica Via degli Asini versteckt sich hinter einer Reihe von Arkadenbögen oberhalb der zentralen Piazza Guglielmo Marconi und führt steil hinauf zur Rocca, die ab 1301 errichtet wurde.

★ ANGEKETTETE CODICES
Die Biblioteca Malatestiana, 1447 bis 1452 für die große Handschriftensammlung der Malatesta aus Rimini im Minoritenkloster von Cesena geschaffen, zeigt in zwei Reihen mit je 29 Lesepulten aus dunklem Holz die kostbaren Handschriften, die noch immer an den Pulten angekettet sind. Einige Codices mit besonders schönen Miniaturzeichnungen wurden digitalisiert und können im Vorraum genauer betrachtet werden.

41 STADT DER RADFAHRER – FERRARA

In der flachen Po-Ebene gab es genügend Platz

Die Este haben Ferrara zu dem gemacht, was nach Jahrhunderten durch die UNESCO gewürdigt wurde. Nun ist auch diese schöne Provinzhauptstadt unter deren Schutz gestellt. Ihr historischer Kern ist vom hohen Wall in Form eines ungleichmäßigen Trapezes umgeben, den die Ferraresi als ihre bevorzugte Strecke benutzen, um beim Jogging oder auf dem Drahtesel fit zu bleiben.

Gut 132 300 Einwohner zählt diese lebenswerte Stadt, die sich wohlig in ihren Mauern zu räkeln scheint. Ein wenig verschlafen, alles scheint hier einen etwas langsameren Gang zu gehen. Manche Paläste und Museen bleiben bei baulichen oder anderen Problemen länger geschlossen als etwa in Bologna – man hat ja genügend andere … Ferraras Backsteinmauern wurden 1492 bis 1520 errichtet und sind stolze neun Kilometer lang, mit zahlreichen Bastionen. Sie und der dicht bewachsene Wall dienten Ferrara nicht nur zu militärischen Zwecken, sie boten auch Schutz vor der ständigen Bedrohung durch Überschwemmung. Und dieser Grüngürtel war schon immer Ferraras Treffpunkt von Pärchen und Familien für den Sonntagsspaziergang – heute ist er die Arena der Radfahrer und Jogger. Kein Wunder, dass Ferrara im Verhältnis zur Bevölkerungszahl die meisten und erfolgreichsten Vertreter des Laufsports in ganz Italien aufweist.
Ferraras Blütezeit war die Epoche der Este, deren Geschlecht eines der ältesten Italiens war (10. Jh. bis zur Renaissance). Sie bauten Ferrara zu ihrer Residenz und einem wichtigen

Palazzo Comunale, das Rathaus Ferraras, nahe dem Dom (unten). Fast venezianisch mutet die Fassade des Domes an, im Detail Madonna mit Kind in der Nische über dem Hauptportal (rechte Seite oben). In Ferraras Altstadt hängt der Himmel voller Schirme (rechte Seite unten).

area
pedonale
FARMACIA

Der Dom von Ferrara (unten). Wettbewerb der Fahnenschwinger beim Palio, das feiern die Ferraresi ganz ausgelassen (ganz unten). Sehenswerte Deckenbemalung im Archäologische Nationalmuseum im Palazzo Costabili (rechte Seite oben). Radfahrer wie hier auf der Via Giuseppe Mazzini sind in Ferrara allgegenwärtig (rechte Seite unten).

Handelsplatz aus, holten die größten Dichter der Zeit an ihren Hof (Ariost und Torquato Tasso). Ferrara blieb bis ins 19. Jahrhundert hinein auch ein Ort der Maler und Bildhauer, ein bedeutendes kulturelles Zentrum, das es nun mithilfe der mehr als 600 Jahre alten Universität wieder zu werden versucht. Ein Erzähler, der zu den leisen Europas gehört, war der 1916 in Bologna geborene und 2000 in Rom verstorbene Giorgio Bassani. Er machte Ferrara zur heimlichen Heldin seiner Bücher (»Ferrareser Geschichten« oder »Gärten der Finzi-Contini«). Der Träger des Nelly-Sachs-Preises (1969) wendet sich als jüdischer Bürger der Stadt Ferrara gerade an die Leser in Deutschland, »das Herz des tragischen, schuldbeladenen und schmerzvollen Europa«, wie er es nennt.

Pochendes Herz Castello Ferrarese

Mitten in der wunderschönen Stadt aus roten Backsteinen mit roten Dachziegeln, großartigen Palästen und breiten Straßen liegt die Festung der Este, die im Mittelalter am Rande des Zentrums stand. Doch Ercole d'Este passte die Randlage nicht, also ließ er ab 1492 die Stadt kurzerhand auf das Doppelte erweitern. Im Zentrum blieb damit viel Platz, genug für großzügige Gärten hinter den Palästen und geräumige Innenhöfe; hier leben heute rund 41000 Menschen. Sehr schön lassen sich die beiden Teile unterscheiden: der mittelalterliche Kern mit seinen engen, verwinkelten Gassen südlich des Kastells und der Renaissanceteil mit seinen geraden, rechtwinklig angelegten Straßen.

Das Castello Estense wurde im Jahr 1385 als Wasserburg mit Eckbastionen errichtet, später durch Balkone und eine marmorne Balustrade aufgelockert, einige Räume wurden prunkvoll ausgeschmückt und mit dem Palazzo Ducale zusammengelegt. Von besonderer Pracht sind der Wappensaal, der Regierungssaal sowie der sogenannte Saal der Spiegel. Interessant ist das kleine Salotto dei Giochi mit einem Deckenfresko, das Spiele von der Kindheit bis ins Erwachsenenalter zeigt, unter anderem nackte Ringkämpfer. Dank einer Idee der Museumsverwaltung kann man diese betrachten, ohne den Nacken zu verbiegen: durch schräg aufgestellte, riesige Spiegel. Michelangelo-Schüler Sebastiano Filippi aus Ferrara, genannt il Bastianino (ca. 1532–1602), malte diese Fresken. Den mächtigen Löwenturm, den ältesten der Festung, kann man über 122 Stufen erklimmen, da er nach den letzten Erdbebenschäden wiederhergestellt wurde. Ein hängender Garten und ein kleines Studio mit Bacchus-Szenen runden den Besuch des Komplexes ab. Vor dem Castello steht die würdevolle

Statue von Girolamo Savonarola, 1452 in Ferrara geboren. Er machte in Florenz als fanatischer Prediger Furore und fand dort im Jahr 1498 den Tod auf dem Scheiterhaufen.

Der herzogliche Corso Ercole I d'Este

Schnurgerade führt der breite Corso, die Prachtstraße der Herzöge von Ferrara, vom Castello nach Norden. In der gesamten Altstadt ist Baustopp erlassen, doch entlang dem mit Flusskieseln (zur Zeit der Este mit Tonziegeln) belegten, verkehrsberuhigten Corso Ercole d'Este darf nicht einmal ein Geschäft eröffnen. Alles soll so edel bleiben, wie es von seinem Namensgeber geplant war. Am großartigsten wirkt an der Ecke zum Corso Rossetti der Palazzo dei Diamanti, dessen Name daher rührt, dass seine großen Quader an der Fassade wie geschliffene Diamanten aussehen. Beim letzten Erdbeben hat er ein wenig gelitten, aber inzwischen sind wieder alle Sammlungen zugänglich. Die Pinakothek und die Galerie für moderne und zeitgenössische Kunst sind hier untergebracht. Ferraresi schwärmen von einem kleinen Ölbild in der Pinakothek, nur 57 mal 37 Zentimeter groß, das sie »Madonna mit den lächelnden Augen« nennen. Sollte das nahe Museo Michelangelo Antonioni, das dem großen italienischen Filmregisseur gewidmet ist, der 1912 in Ferrara zur Welt kam und 2007 hier beigesetzt wurde, noch geschlossen sein, kann man das Archiv online einsehen (archivioantonioni.it). Zu Antonionis berühmtesten Filmen gehören »L'Avventura « (1960), »Deserto« (1964) sowie »Blow up« (1966).

Keine Langeweile ...

... kommt im Palazzo Schifanoia auf. Die Residenz der Este (1467/76), deren Name signalisieren soll, dass sie »gegen die Langeweile« errichtet wurde, ist Sitz einiger städtischer Sammlungen wie Teile des Museo Civico di Arte Antica. Trotz seiner Lage etwas weit im Südosten, aber noch immer innerhalb der Stadtmauer, sollte es bei einem Ferrara-Besuch nicht fehlen, schon allein wegen der Fresken im Saal der Monate (Salone dei Mesi), der auch als Konzertsaal genutzt wird. Die Meisterwerke der Renaissance (ca. 1470) zeigen prächtige höfische Szenen in warmen Erdtönen, Szenen wie Frauen beim Spinnen, Weben und Sticken. Es ist nicht schwer zu erkennen, dass sie von unterschiedlichen Malern stammen. Auch den Palazzo Costabili (16. Jh.), ein Stück weiter ganz im Süden der Altstadt, sollte man nicht auslassen, denn das dort untergebrachte Museo Archeologico Nazionale enthält eine der schönsten Sammlungen etruskischer und griechischer Funde aus der Nekropole von Spina bei Comácchio.

STELL- UND CAMPINGPLÄTZE

WOHNMOBILSTELLPLATZ FERRARA

Via Rampari di S. Paolo, 44121 Ferrara FE, GPS: 44.834856, 11.610160. Ein wenig ungewöhnlich ist der beschrankte und eingezäunte Stellplatz. Denn man kann nur mit einer italienischen Geldkarte bezahlen. Alternativ ist die Barzahlung in einem Büro weit abseits vom Platz möglich. Genauere Instruktionen findet man neben der Schranke. Der Platz liegt mitten in der Stadt neben einem Großparkplatz mit entsprechender Geräuschkulisse und ist die einzige Campingmöglichkeit in Ferrara.

TOP ★ ERLEBNISSE

★ RADTOUR VON FERRARA AN DEN PO

Die rund 18 Kilometer lange Strecke führt von der Piazza Savonarola beim Castello Estense in etwa eineinhalb Stunden um Ferraras grünen Mauerring mit einem Abstecher an den Po – eine herrliche Idee für mindestens einen halbtägigen Ausflug. Fahrräder überlassen die meisten Wirte ihren Gästen kostenlos, sonst kann man sie beim Touristenamt leihen (auch Tandems).

★ UND WEITER ANS MEER

Wenn es nicht allzu sonnig ist, sollten gute Radfahrer den Anschluss an den insgesamt fast 124 Kilometer langen Radweg Destra Po einplanen, der von Stellata bis nach Gorino ans Meer führt. Alle wichtigen Informationen für Radfahrer findet man unter ferrarainbici.it.

★ ÄLTESTES PFERDERENNEN

Ferraras Palio wird seit 1259 veranstaltet und gilt als das älteste Pferderennen der Welt. An allen Mai-Wochenenden wird dabei die große Piazza Ariostea in wildem Galopp umrundet. Weitere Wettbewerbe und Umzüge runden das Programm ab – einfach sehenswert!

WEITERE INFORMATIONEN
Castello Estense,
Tel. 0532/29 93 03,
ferrarainfo.com

In der Basilica di San Vitale versteckt sich die Hauptsensation der Mosaiken Ravennas, die sich in insgesamt acht UNESCO-geschützten Baudenkmälern befinden (oben). Auch das Battistero Neoniano gehört zum UNESCO-Kulturerbe (rechte Seite unten). Strand bei Ravenna (rechte Seite oben).

42 DIE STADT DER MOSAIKEN – RAVENNA

Bummel durch das Byzanz des Abendlandes

Zwischen Orient und Okzident, zwischen Meer und Festland – »Ravenna felix« hieß es schon in der Antike. Kein Studienreisender dürfte sich auf Italientour Ravenna entgehen lassen, denn nirgendwo sonst trifft man auf eine solche Fülle bester frühchristlich-byzantinischer Kunstdenkmäler und vor allem Mosaiken. Die andere Seite Ravennas sind seine feinsandigen Hausstrände, die Lidi Ravennati.

Die frühere Metropole des Weströmischen Reiches und heutige Provinzhauptstadt Ravenna mit rund 160 000 Einwohnern ist klar gegliedert, im Zentrum mit großer Fußgängerzone verkehrsberuhigt und daher gut für sich zu entdecken. Acht der Baudenkmäler mit den berühmtesten, kunstvollen Mosaiken stammen aus der frühchristlichen Zeit im 5. und 6. Jahrhundert und stehen seit 1966 als Weltkulturerbe unter dem Schutz der UNESCO. Und für 2019 bewarb sich Ravenna – leider vergeblich – als Europäische Kulturhauptstadt. Dante Alighieri (1265–1321) übrigens, aus seiner Heimatstadt Florenz vertrieben, fand sein neues Zuhause in Ravenna und schließlich seine letzte Ruhe in einem kleinen Ehrengrab. Zu seinem Todestag am 14. September pilgert alljährlich eine florentinische Delegation nach Ravenna, um toskanisches Olivenöl für seine Grableuchte zu bringen, eine nachträgliche Rehabilitierung.

Mausoleum der Galla Placidia

Die wichtigsten Sehenswürdigkeiten sind von der zentralen Piazza del Popolo gut ausgeschildert, folgt man den Hinweisen zu San Vitale nach Nordwesten, kommt man gleich zum absoluten Highlight, fast versteckt in einem verträumten Garten. Die Basilica di San Vitale (526–548) betritt man durch das aufgelassene Benediktinerkloster, in dem ein wenig beachtetes Nationalmuseum Historisches aus Ravenna und Umgebung bewahrt. Fast theatralisch ist der Abstieg ein paar Stufen in die Kirche hinab, denn sofort schaut man auf Christus Pantokrator, den Welten-

STELL- UND CAMPINGPLÄTZE

WOHNMOBILSTELLPLATZ RAVENNA

Piazza Resistenza, 48121 Ravenna RA, GPS: 44.414727, 12.188305. Zentral gelegener Stellplatz am Rande eines Parkplatzes mit Ver- und Entsorgungsstation. In die Altstadt ist es nur ein kurzer Spaziergang.

richter zwischen San Vitale und dem Kirchengründer Ecclesius in der Apsis. Die Seitenwände sind geschmückt mit Szenen aus dem Alten Testament, zeigen leuchtende Farben, obwohl wenig Licht durch die Fenster in den Innenraum gelangt. Des Rätsels Lösung: Die Mosaiksteinchen sind schräg eingesetzt und rufen daher diesen leuchtenden Effekt hervor. Nur ein paar Schritte durch den Garten, und schon steht man, eventuell Schlange, vor dem geduckten Mausoleo di Galla Placidia, das diese bereits 425 errichten ließ. Drinnen steht man in fast völliger Dunkelheit und muss seine Augen erst daran gewöhnen. Dann aber – welch eine Überraschung! Das ganze Mausoleum ist mit Mosaiken ausgekleidet, blaugrundig und dunkel im Tonnengewölbe, für die achtblättrigen Blüten darin sollen orientalische Teppiche als Vorlage Pate gestanden haben. Über dem Eingang erkennt man einen bartlosen jungen Christus als »guten Hirten« zwischen sechs Schafen, die bekanntlich für die Gläubigen stehen.

Rätselhafte Mosaiken

Südlich der Piazza del Popolo steht neben dem nicht besonders interessanten Dom das Battistero Neoniano, dessen Mosaiken zu den frühesten Ravennas zählen und unter anderem die Taufe Christi im Jordan zeigen. Wieder zurück zur Piazza del Popolo und wenige Schritte nach Nordosten, trifft man auf die zweite interessante frühchristliche Taufkirche der Stadt, das Battistero degli Ariani. Sie war die Taufkirche der arianischen Ketzer und zeigt wieder einen jugendlichen Christus, der im Jordan getauft wird – nackt, während der Jordan als alter Mann dargestellt ist, darüber die Taube als Symbol des Heiligen Geistes. Schlendert man die Via Roma nach Süden, kommt man unweigerlich zur großartigen Kirche Sant'Apollinare Nuovo, schon von Weitem an ihrem kreisrunden, hohen Glockenturm zu erkennen. Es war die Palastkirche Theoderichs (zu Beginn des 6. Jh.), eines Arianers und in den Augen der katholischen Kirche ein Ketzer. Interessant sind die Mosaikbilder im Mittelschiff mit Geschichten nach beiden Liturgien, aus der katholischen wie der arianischen, die nach dem Tod Theoderichs angepasst wurden: Dort, wo an den Säulen Hände zu sehen sind, standen vorher Theoderich und seine Familie, die durch Mosaikvorhänge ersetzt wurden; schemenhaft sind noch Köpfe erkennbar. Auch eine Ansicht von Ravenna, die älteste bekannte, findet, wer genauer hinsieht.

TOP ★ ERLEBNISSE

★ ZUM BADEN AN DIE LIDI RAVENNATI

Insgesamt neun Lidi Ravennati, wie die vorgelagerten Hausstrände der Stadt genannt werden, liegen zwischen Casal Borsetti im Norden und Lido di Savio im Süden. Die meisten verfügen über Jachthäfen, die Punta Marina Terme über eine Therme. Lido di Dante ist klein und ruhig, der Strand ist von Dünen gesäumt und von einer dichten Pineta beschützt. Lido di Classe bevorzugen Familien zum Erholen, und am langen Strand mit seinem schattigen Piniengürtel finden Pferdefreunde ein spezielles Zentrum.

★ MERCATO COPERTO

Die 2017 vollständig umgebaute, modernisierte Markthalle Ravennas an der Piazza Costa ist eine Institution in Sachen Kulinaria, denn man kann hier nicht nur Lebensmittel einkaufen, sondern auch einen schnellen, aber bestimmt guten Imbiss genießen.

★ CAFFÈ CORTE CAVOUR

Eines der In-Lokale Ravennas in einem von Boutiquen umgebenen Innenhof, vom Frühstück über Brunch und Mittagessen bis – nur im Sommer – zum späten Abendgenuss. Berühmt für reichhaltige Aperitivi, nicht gerade billig, aber das Geld wert.
Via Cavour 51,
caffecortecavour.eu

WEITERE INFORMATIONEN

Ufficio Informazioni Turistiche: Piazza San Francesco 7,
Tel. 0544/357 55,
turismo.ra.it

43 WEIT MEHR ALS NUR FÜR DEN STRANDURLAUB – RIMINI

Von den Malatesta bis Fellini und immer wieder neu

»Amarcord« nannte Federico Fellini 1973 seinen Film über die italienische Nachkriegsgeneration, den er in Rimini drehte. Ich erinnere mich, heißt das, und das tun sicher noch manche »Nordlichter«, die in Rimini ihren ersten Badeurlaub in Italien verbrachten. Doch Rimini bietet auch Historisches, seine Altstadt ist geprägt von Rom und fürstlicher Renaissance.

Was hatten Sigismondo Malatesta und Federico Fellini gemeinsam? Beide liebten sie Rimini, das bei näherem Hinsehen zeigt, wie vielfältig dieser Adria-Ort ist, den die meisten nur als Strandparadies kennen. Immerhin fast 148 400 Einwohner zählt Rimini, das aus einer sehr hübschen historischen Altstadt jenseits der Bahnlinie und einem Ferienort mit unzähligen Hotels, Restaurants und an die 230 Badeanstalten besteht.

Römisches und Malatestianisches

Mittelpunkt der Altstadt ist die lang gestreckte, von den Arkaden des Mittelalters geprägte Piazza Cavour zwischen dem Palazzo dell'Arengo (Rathaus) und der Pescheria, der alten Fischhalle, ein beliebter Marktplatz an der schönen und bei den Riminesi beliebten Bummelmeile. Rom hinterließ entlang der Consolarstraße, dem heutigen Corso Augusto, einen Augustusbogen und die immer noch standfeste Tiberiusbrücke. Zwei Bauten haben direkt mit Sigismondo Malatesta (1417–1468) zu tun, dessen Geschlecht ab 1295 in Rimini und in weitem Umkreis das Sagen hatte: die Rocca Malatestiana (1446), auch Castel Sigismondo genannt und zu den zahlreichen Ausstellungen zugänglich, und vor allem der Tempio Malatestiano, der als eines der großartigsten Bauwerke der Renaissance gilt. Eigentlich sollte der begnadete toskanische Baumeister Leon Battista Alberti aus der gotischen Franziskanerkirche nur die Grabkirche der Malatesta schaffen; erst einmal mit neuer Fassade im Stil der Zeit und innen mit großzügigen Renaissance-Kapellen. Dabei zauberte Alberti eine erstaunliche Harmonie bei-

Riminis Altstadt ist eine fast unbekannte Schönheit, die Tiberius-Brücke verbindet sie mit dem einstigen Fischervorort, heute das In-Viertel (unten). Und das ist die bekannteste Seite der Stadt – der lange Sandstrand mit seinen unzähligen »bagni«, den Strandbädern (rechte Seite oben). Die Rocca Malatestiana von Verucchio (rechte Seite unten).

der Stile. Und mindestens zwei Kostbarkeiten der Kirche machen aus ihr ein Pilgerziel für Kunstbegeisterte: ein gemaltes Kruzifix von Giotto (um 1300) sowie ein Gemälde von Giorgio Vasari (um 1548), das den Heiligen Franziskus zeigt.

Am Ende des Kanalhafens breitet sich das frühere Viertel der Fischer aus, das Quartiere San Giuliano. Die kleinen Häuser werden schon lange nicht mehr von Fischerfamilien bewohnt; erst waren sie dem Verfall überlassen, dann wurden sie zu schicken Immobilien, auch für Künstler, Cafés und Restaurants. Die frisch verputzten Häuser sind hauptsächlich mit Motiven aus Fellini-Filmen bemalt als Hommage an einen der Großen Riminis aus der jüngeren Geschichte. Hier an einem Sommerabend ohne Reservierung einen Tisch zu erwischen, etwa in der beliebten »Osteria de Borg«, dürfte schwierig sein. Denn auch Badegäste leben gern wie die Romagnoli, die am liebsten unverfälschte, bäuerliche Küche genießen und sich Zeit nehmen beim rubinroten Sangiovese, dem Rotwein der Romagna. Fischgerichte werden lieber direkt am Meer verzehrt, vorerst leider nicht mehr im »Ristorante dei Marinai« der Fischerkooperative, das hoffentlich bald wiederaufgebaut wird, dann mit einem leichteren Roten oder einem perlernden Weißen.

Das erste »bagno« wurde von einem Kardinal gesegnet ...

... und das schon 1843. Denn die Brüder Baldini und der Arzt Claudio Tintori schworen auf die gesunde Wirkung des Meeres und ließen drei Kabinen für die Damen, drei für die Herren bauen – fertig war die erste Badeanstalt. Den Segen bekam sie von Kardinal Luigi Vannicelli Casoni, der damit das Badezeitalter an der Adria einläutete. In der Folge wurden an die 130 Kilometer Strandorte zwischen den Küsten von Ferrara und Riccione südlich von Rimini erschlossen mit rund 500 Badeanstalten.

Inzwischen sind aus den einfachen Badeanstalten, manche zu diesem Zweck zusammengelegt, wahre Freizeitoasen aller Couleurs entstanden, von simpel bis ganz fein wie etwa die zum nostalgischen Grand Hotel gehörende. Die nahe Marina di Rimini ist mit mehr als 600 Liegeplätzen an Luxus ebenfalls kaum zu überbieten. Und das nahe Messezentrum machte aus Rimini inzwischen auch eine wichtige Messestadt und damit nicht mehr ganz so von der sommerlichen Badesaison abhängig.

STELL- UND CAMPINGPLÄTZE

CAMPING INTERNATIONAL RIMINI

Viale Paolo Toscanelli, 112, 47922 Viserba RN, internationalitaliacampingvillage.com, GPS: 44.080373, 12.548786. Wie man es bei einem Campingplatz in Rimini erwartet, liegt er direkt am Strand. Gleichzeitig bietet er schattige Parzellen unter Baumkronen. In das Stadtzentrum ist es zu Fuß nicht weit.

WOHNMOBILSTELLPLATZ

Via Alfonso Pinzon, 310 a, 47814 Igea Marina RN, portomario.com, GPS: 44.123048, 12.494185. Wohnmobilstellplatz, der nur durch eine einzige Straße vom Strand abgetrennt ist. Sanitäranlagen sowie Strom und Ver- und Entsorgungsstation vorhanden. Liegt aber weit außerhalb von Rimini. Ein Fahrrad oder Roller ist daher ein Muss für einen Ortsbesuch.

TOP ★ ERLEBNISSE

★ DIE SIGNORIA DER MALATESTA

Sie waren ursprünglich nur Söldner, die für manches Fürstengeschlecht in den Krieg zogen, bevor sie selber ab 1295 in Rimini zu Herrschern wurden – die Malatesta. In Rimini und im Hinterland der Adria hinterließen sie zahlreiche Burgen und Schlösser, die teilweise noch gut erhalten sind oder wiederaufgebaut wurden. In direkter Nachbarschaft zu Rimini sind es Sant'Arcangelo di Romagna, Verucchio und San Leo.

★ LOHNENDE AUSFLÜGE

Weitere Festungen der Malatesta, die man aufsuchen sollte, sind die von Gradara und Mondaino sowie von Sant'Agata Feltria. Und gar nicht weit weg liegt auch San Marino, die eigenständige Republik im romagnolischen Hinterland, die mit dem Gründungsdatum 301 als die älteste überhaupt gilt. Briefmarken- und Münzensammler kennen den dafür interessanten Platz. sanmarinosite.com

★ FÜR SCHLEMMER

Die Osteria Grotta Rossa, nur vier Kilometer von Rimini in Richtung San Marino, ist fast nicht zu schlagen, was Ambiente und Qualität der echt romagnolischen Küche, ob Fisch oder Fleisch, angeht. Via Grotta Rossa 13, Tel. 0541 751707, osteriagrottarossa.it

WEITERE INFORMATIONEN
riminiturismo.it;
riviera.rimini.it

TOSKANA, UMBRIEN UND DIE MARKEN

Glorreiche Städte und Italiens grünes Herz

Auf dem berühmten Antiquitätenmarkt in Arezzo (oben). Eine »turtelnde« Taube am Brunnen der Freude in Siena (unten). Die hügelige Landschaft der Toskana mit ihrem dramatischen Spiel von Licht und Schatten lässt jedes Camperherz höher schlagen (links).

Beeindruckende Aussicht auf das Zentrum von Florenz vom Piazzale Michelangelo aus: im Vordergrund links der Arno mit dem Ponte Vecchio (oben). Blick auf den Dom und das Dächermeer von Florenz (rechte Seite oben). Christus als Weltenrichter: Ausschnitt aus dem Kuppelmosaik im Baptisterium in Florenz (rechte Seite unten).

44 DIE WIEGE DER RENAISSANCE – FLORENZ

Meisterwerke sakraler Baukunst

Wer sich Florenz nähert, erblickt schon von Weitem die mächtige rote Kuppel des Doms, die über dem Dächermeer der Stadt aufragt. Sie weist den Weg zu den zentralen Plätzen Piazza del Duomo und Piazza di San Giovanni, wo die Kathedrale Santa Maria del Fiore mit der einzigartigen Brunelleschi-Kuppel, das Baptisterium di San Giovanni und der Glockenturm von Giotto wohl die ersten Ziele eines jeden neuen Besuchers darstellen.

Weil die romanische Basilika Santa Reparata aus dem 5. Jahrhundert alt ist und die Menschenmengen des aufstrebenden mittelalterlichen Florenz kaum noch fassen kann, beschließt die Stadtverwaltung, an der Stelle der alten Kirche eine neue Kathedrale zu erbauen: Die Kathedrale Santa Maria del Fiore soll alles bisher Dagewesene in den Schatten stellen, sie soll ein Symbol sein für die wirtschaftliche und politische Macht des erstarkenden Florenz, ein Bauwerk, das vor allem die beiden Kathedralen der konkurrierenden Städte Pisa und Siena übertrumpft. Am Festtag Mariä Geburt des Jahres 1296 legt der päpstliche Delegat Kardinal Valeriano den Grundstein für das neue Gotteshaus. Die Bauarbeiten nach den Plänen von Arnolfo di Cambio beginnen mit der Westfassade. Sie nehmen bis zu ihrer Fertigstellung und Einweihung 1436 ganze 170 Jahre in Anspruch. Mit 153 Metern Länge, 90 Metern Breite im Kreuzschiff und 90 Metern Höhe besitzt der Dom zu jener Zeit das größte Kirchenschiff Europas. Doch schon 1588 wird die von Arnolfo di Cambio gestaltete Westfassade wieder abgetragen, weil sie nicht mehr den Vorstellungen der Zeit entspricht. Die heutige Fassade im neogotischen Stil wird erst zwischen 1871 und 1887 von Emilio de Fabris verwirklicht.

Brunelleschi und sein Meisterwerk

Zum buchstäblich überragenden Element der neuen Kathedrale wird die von Filippo Brunelleschi entworfene Kuppel. In nur 16 Jahren,

Das Baptisterium verdankt seine Berühmtheit den drei einzigartigen Bronzeportalen mit biblischen Geschichten – im Bild ein Detail aus der »Paradiespforte«: Szenen aus dem Leben von Josua.

von 1418 bis 1434, wird sie über der Apsis des Gotteshauses errichtet. Mit 45,5 Metern Durchmesser und 107 Metern Höhe gilt sie als ein »Wunderwerk der Weltarchitektur« und eine technische Meisterleistung der frühen Renaissance. Die Laterne, der runde, turmartige Aufsatz auf der Kuppel, wird erst 1446 fertiggestellt. Das Innere der Kuppel ergibt eine riesige, 3600 Quadratmeter große Fläche, die Giorgio Vasari und Federico Zuccari vollständig mit Fresken ausmalen. Die Thematik ist dieselbe wie im Baptisterium: das Jüngste Gericht mit Himmel und Hölle und Christus als Weltenrichter im Mittelpunkt. Im eleganten, offenen Inneren des Doms treffen weltliche und religiöse Symbolik ganz unmittelbar aufeinander. Die Stadt als Bauherrin setzt entlang der Seitenschiffe Denkmäler für ihre berühmten und verdienten Persönlichkeiten, und auch für das religiöse Programm bleibt genügend Platz: Vor allem in den farbigen Mosaikböden und in den 44 Buntglasfenstern, dem monumentalsten Werk der Glaskunst des italienischen Mittelalters, kommt es kraftvoll zum Ausdruck.

Campanile und Baptisterium

Im Jahr 1334 beginnt Giotto mit dem Bau des Glockenturms, den er selbst entworfen hat. Mit 84,70 Metern Höhe gehört der quadratische Turm zu den herausragenden Meisterwerken der gotischen Architektur des 14. Jahrhunderts. Andrea Pisano setzt das Werk Giottos fort und baut die ersten beiden Stockwerke mit ihren reichen, meisterhaft gestalteten Dekorationen und Skulpturen. Die 16 lebensgroßen Statuen stammen von Donatello, Pisano und Luca della Robbia. Francesco Talenti beendet den Campanile 1359 mit einigen Änderungen. Über 400 Stufen erreicht der Besucher die Aussichtsplattform an seiner Spitze.

Das Baptisterium wurde im 11. Jahrhundert geweiht und ist die Taufkirche des Florentiner Doms und das älteste Kunstwerk an der Piazza di San Giovanni. Die Kunstwerke, denen das Baptisterium seine Berühmtheit verdankt, kommen im 14. und 15. Jahrhundert hinzu: drei einzigartige Bronzeportale mit biblischen Geschichten. Das Innere des Baptisteriums ähnelt in seiner Grundstruktur dem Pantheon in Rom. Beeindruckend sind der herrlich gearbeitete und orientalisch beeinflusste Mosaikboden, das monumentale Grabmal des Gegenpapstes Johannes XXIII. von Donatello und Michelozzo sowie zwei alte römische Sarkophage.

Geburtsstunde der Renaissance

Die Geburtsstunde der Frührenaissance schlägt in Florenz: Dante Alighieri, Francesco Petrarca, Giovanni Boccaccio und Niccolò Machiavelli sind die herausragenden Persönlichkeiten unter den Renaissance-Schriftstellern und -Denkern. Michelangelo Buonarroti, Donatello, Donato Bramante, Sandro Botticelli, Leonardo da Vinci, Tizian und Jacopo Tintoretto zählen zu den wichtigsten italienischen Künstlern. Giorgio Vasari, Filippo Brunelleschi, Andrea Palladio und Niccolò Pisano führen die neue wegweisende Architektengeneration an. Sie alle haben eines gemeinsam: Sie leben und arbeiten – zumindest zeitweise – in Florenz.

Das weltliche Zentrum von Florenz ist seit dem 14. Jahrhundert die Piazza della Signoria, eine Freilichtgalerie mit einem herausragenden Werk der Renaissance: Der einzigartige David von Michelangelo spiegelt mit Würde und Kraft, Mut und Eleganz die Größe der florentinischen Republik jener Zeit wider – auch wenn hier heute nur mehr die Kopie der 1501 geschaffenen Marmorstatue zu bewundern ist. Das Original steht in der Galleria dell'Accademia.

Der Palazzo Vecchio oder Palazzo della Signoria, 1322 von Arnolfo di Cambio vollendet, ist noch heute Sitz der Stadtverwaltung. Sehenswert sind der Salone dei Cinquecento, der »Saal der Fünfhundert«, und die Sala dei Gigli, der »Saal der Lilien« – Lilien sind das Wappenzeichen von Florenz –, mit den berühmten Fresken von Ghirlandaio (1485).

Das alte Rathaus, Il Bargello, wird 1254 bis 1261 erbaut und dient ab 1540 als Sitz des Polizeikommandanten, Gefängnis und öffentliche Hinrichtungsstätte. Seit 1865 beherbergt es eines der ersten italienischen Nationalmuseen. In der Sala di Michelangelo steht der »Bacchus« (1497), eines seiner wichtigen Werke. Von besonderem Wert ist die vergoldete Bronzetafel von Brunelleschi (1401) mit der Darstellung von Abraham und Isaak.

In der gotischen Basilika Santa Croce (1294) haben Michelangelo und Galilei, Machiavelli und Leonardo Bruni ihre letzte Ruhestätte gefunden. Giotto und Taddeo Gaddi gestalten die großartigen Fresken im Innern der Kirche. Der Kreuzgang ist ein herrliches Beispiel für die architektonische Harmonie der Frührenaissance.

Die Marmorkopie des berühmten »David« von Michelangelo wurde 1910 an ihrem ursprünglichen Platz vor dem Palazzo Vecchio auf der Piazza della Signoria aufgestellt.

Touristenansturm auf das Baptisterium von San Giovanni (unten). Der »Saal der Fünfhundert« im Palazzo Vecchio (ganz unten). Die Officina Profumo-Farmaceutica di Santa Maria Novella ist eine der ältesten Apotheken der Welt (rechte Seite oben). Vespa-Fahrerin auf einer Arnobrücke in Florenz – im Hintergrund der Ponte Vecchio (rechte Seite unten).

San Lorenzo und San Marco

Der 1444 bis 1462 errichtete Palazzo Medici Riccardi im Stadtteil San Lorenzo ist über 100 Jahre lang Sitz der Bankiersfamilie. In der Biblioteca Riccardiana sind wertvolle Handschriften, darunter Dantes »Divina Commedia«, aufbewahrt. Die von Brunelleschi entworfene Kirche San Lorenzo ist die Hauskirche der Familie. Hier beeindruckt vor allem die Scalinata di Michelangelo (1559), die Treppe zur Biblioteca Mediceo-Laurenziana, eine der innovativsten Schöpfungen des Künstlers.

Das Stadtviertel San Marco – ursprünglich stehen hier Kasernen und Stallungen sowie die Menagerien der Medici – ist heute das Studentenviertel von Florenz. Hier ist die Galleria dell'Accademia schon wegen Michelangelos »David« einen Besuch wert. Die 1563 gegründete Kunstakademie ist die erste ihrer Art in Europa. Das Spedale degli Innocenti, das »Krankenhaus der unschuldigen Kinder«, wird als erstes Waisenhaus Europas 1445 eingeweiht und von Brunelleschi mit einem grandiosen Eingangstor versehen.

Die Piazza Repubblica steht auf den Überresten des römischen Forums und ein 1895 in römischem Stil errichteter Triumphbogen dominiert sie. Der nahe gelegene Palazzo Strozzi ist der größte Palast der Stadt. Als 1490 mit seinem Bau begonnen wird, müssen diesem Großprojekt 15 Gebäude weichen.

Die Schatztruhe der Medici

Cosimo I. de' Medici, Herzog der Toskana und Gründer des Großherzogtums Toskana, will alle wichtigen Ämter seiner neuen Verwaltung an einem einzigen Ort vereinen und beauftragt Giorgio Vasari im Jahr 1599 mit der Planung der neuen »uffici«. Vasari findet den idealen Standort direkt am Arno, ganz in der Nähe des Palazzo Vecchio. Drei mächtige vorgesetzte Fassaden säumen einen lang gestreckten Platz, der die Piazza della Signoria und das Arnoufer verbindet. Ketten, Eisenanker und erstmals Zement sorgen für die sichere Statik der Säle. Ein 1500 Meter langer Gang, der Corridoio Vasariano, verbindet die Uffizien mit dem Palazzo Vecchio und über den Ponte Vecchio mit dem Palazzo Pitti, dem Sitz der Medici.

Francesco de' Medici, Cosimos Nachfolger und passionierter Kunstmäzen, verwandelt den Laubengang im Obergeschoss der Uffizien in eine Galerie für die Kunstwerke aus Familienbesitz. Den Medici dienen die Uffizien fortan zum Lustwandeln inmitten ihrer Sammlungen, die sie in den folgenden drei Jahrhunderten ihrer Herrschaft erweitern und

vervollständigen. Werkstätten für Gold- und Silberschmiede, Musiker und Sänger, Kosmografen, Buchbinder und Parfümhersteller entstehen im rechten Flügel. 1737, nach dem Tod des letzten Großherzogs der Medici Gian Gastone, überlässt dessen Gemahlin Anna Maria Luisa die weltweit einzigartige Kunstsammlung der Stadt Florenz. Ab dem Jahr 1865 sind die Uffizien offiziell ein Museum, das sich heute auf 50 Säle verteilt und Gemälde aus allen Epochen vom 13. bis zum 18. Jahrhundert besitzt. Heute beherbergen sie die weltweit größte Gemäldesammlung der italienischen Renaissance und einige der berühmtesten und bedeutendsten Kunstwerke aller Zeiten.

Im Erdgeschoss ist eine bedeutende Sammlung von römischen und hellenistischen Statuen untergebracht. Die Gemäldegalerie mit der lückenlosen Renaissance-Sammlung befindet sich in der dritten Etage. Sie führt den Besucher auf eine faszinierende Reise durch die Kunstgeschichte. Zu den berühmtesten Werken, die hier bewundert werden können, gehören die »Madonna d'Ognissanti« von Giotto (1310), die »Madonna mit dem Kind und Engeln« von Fra' Filippo Lippi (1455–1466), der »Frühling« (1478) und die in der Kunstgeschichte wegweisende »Geburt der Venus« (1482) von Sandro Botticelli, die »Verkündigung« (1472) und die »Anbetung der Heiligen Drei Könige« (1481) von Leonardo da Vinci, Michelangelos »Heilige Familie« (1504), Raffaels »Madonna mit dem Stieglitz« (1506), Tizians »Venus von Urbino« (1538) und Caravaggios »Medusenhaupt« (1596). Hinzu gesellen sich neben vielen anderen große Meister wie Lukas Cranach der Ältere, Albrecht Dürer, Rembrandt van Rijn und Peter Paul Rubens.

Museo dell'Opera del Duomo

Viele Kunstwerke in der Kathedrale Santa Maria del Fiore, im Baptisterium und im Campanile sind im Lauf der Zeit durch Kopien ersetzt worden. Die Originale befinden sich heute im nahe gelegenen Dommuseum, das unbedingt einen Besuch lohnt. Dort wird die Geschichte des Doms, des Campanile und des Baptisteriums anhand von Originaldokumenten und Plänen anschaulich nachgezeichnet. Donatello und seinen meisterhaften Skulpturen ist ein Saal im ersten Stockwerk gewidmet.

STELL- UND CAMPINGPLÄTZE

WOHNMOBILSTELLPLATZ FLORENZ

Via Generale C. A. dalla Chiesa, 1/3, 50136 Firenze FI, firenze.huopenair.com, GPS: 43.765396, 11.316004. Die beste Campingmöglichkeit, um entspannt und in Ruhe Florenz kennenzulernen. Ein modernes Sanitärgebäude, großzügige Parzellen und trotz der Lage am Stadtrand kann man das Zentrum gut erreichen. Man folge einfach nur dem Arnoufer.

TOP ★ ERLEBNISSE

★ FLORENZ KOMPAKT

Florenz kann man sehr gut zu Fuß und auf eigene Faust erkunden, da sich die wichtigsten Sehenswürdigkeiten alle in der Altstadt befinden. Das historische Stadtzentrum ist Teil des UNESCO-Weltkulturerbes und eine verkehrsberuhigte Zone. Geführte Stadtrundgänge durch das historische Zentrum zu den bekanntesten Sehenswürdigkeiten, Führung durch den Dom und auf die Domkuppel, durch die Uffizien oder auf den Spuren von Galileo Galilei und Leonardo da Vinci bietet unter anderen Susanna Probst.
stadtfuehrung-florenz.de

★ FLORENZ MIT VESPA

Ein besonderes Erlebnis: 24 Stunden lang mit Vespa, Roller oder Moped die Denkmäler und Sehenswürdigkeiten in Florenz und Umgebung kennenlernen – bei freier Reiseroute.
getyourguide.de

WEITERE INFORMATIONEN

firenzeturismo.it
Uffizien: uffizi.firenze.it, florence-museum.com/uffizien
Ein Sammelticket für Dom, Kuppel, Santa Reparata, Campanile, Baptisterium und Museum kostet 25 Euro, duomo.tickets-florence.it
Die beste Besuchszeit für den Dom ist wochentags am frühen Vormittag, um lange Warteschlangen zu vermeiden.

45 GESCHICHTE, GOLD UND ANTIQUITÄTEN – AREZZO

Eine europäische »Urstadt«

Als eine der ältesten Städte Europas blickt Arezzo auf eine 4000-jährige, wechselvolle Geschichte zurück. Dank seiner strategischen Lage spielte es im Lauf der Jahrtausende immer eine zentrale Rolle. Heute genießt die Provinzhauptstadt einen internationalen Ruf als Zentrum der Goldschmiedekunst und des Antiquitätenhandels – und hat Besuchern eine Vielfalt zu bieten wie kaum eine andere Stadt.

Unter den einladenden Logge del Vasari an der Piazza Grande im Zentrum von Arezzo (unten). Beim traditionsreichen mittelalterlichen Stadtfest, der Giostra del Saracino (rechte Seite oben). Detail von der Fiera Antiquaria von Arezzo, der ältesten und größten Antiquitätenmesse Italiens (rechte Seite unten).

Historiker vermuten den Ursprung des Städtchens um das Jahr 2000 v. Chr. Der Hügel San Donato, auf dem sich Arezzo ausbreitet, ist sogar schon in vorgeschichtlicher Zeit besiedelt. Hiervon zeugen Steinwerkzeuge und die Relikte des Uomo dell'Olmo aus der Altsteinzeit. Gefunden wird dieses älteste menschliche Skelett Italiens im Jahr 1863.

Bereits im 9. Jahrhundert v. Chr. gründen Etrusker auf dem Hügel die Siedlung Aritim. Im Jahr 295 v. Chr. erobert Rom die Siedlung, nennt sie Arretium und baut sie zu einem Zentrum der römischen Machtergreifung gen Norden aus. Wichtige Bauwerke entstehen: das Theater, die Thermen und das große Amphitheater, das zum Teil erhalten ist. Kulturell und wirtschaftlich beginnt eine Blütezeit als Zentrum der Metallverarbeitung und der Keramikproduktion.

Nach dem Zerfall des Römischen Reiches erlebt Arezzo eine wechselvolle Geschichte. Mehrmals erobert, geplündert und teilweise zerstört, wird es von den Franken unter Karl dem Großen besetzt. Der Bau des alten Domes auf dem Colle del Pionta, der Kathedrale und der Pieve di Santa Maria Assunta fallen in diese Zeit. 1252 entsteht in Arezzo eine der ersten Universitäten Italiens. Und 1304 erblickt Francesco Petrarca, Mitbe-

gründer des Humanismus und gemeinsam mit Dante Alighieri und Boccaccio einer der wichtigsten Vertreter der frühen italienischen Literatur, in Arezzo das Licht der Welt.
1384 kommt die Stadt für mehrere Jahrhunderte unter die Herrschaft von Florenz. Dies macht sich nicht nur in Kunst und Kultur bemerkbar. Der älteste Teil Arezzos, die Burg und der Dom, weichen der neuen Festung der Medici. Cosimo I., Herzog der Toskana, gestaltet um 1550 die Stadt neu: Die Stadtmauern werden verkleinert, die Burg erweitert, die Kathedrale fertiggestellt.

Spaziergang durch das Mittelalter

Geschichte, Kultur, Kunst, Handwerk und Handel sowie die Kunst des guten Lebens – Arezzo vereint all dies in majestätischer Beschaulichkeit. Historische Paläste, Patrizierhäuser, Kirchen und Kapellen bilden im Ensemble ein mittelalterliches Juwel in der Altstadt. Zeit für einen Spaziergang. Die Kathedrale der Heiligen Donatus und Petrus ist ein Meisterwerk der toskanischen Gotik. Nicht minder beeindruckend ist das Holzkreuz des jungen Cimabue in der nahen Chiesa di San Domenico aus dem 13. Jahrhundert. Einige Schritte weiter treffen wir auf das Geburtshaus von Giorgio Vasari, Architekt, Bildhauer und Hofmaler der Medici. Das Gebäude beherbergt ein Museum und Archiv mit Originalbriefen von Michelangelo, Papst Pius V. und Cosimo I. de' Medici. Gleich daneben lockt das Museum für mittelalterliche und moderne Kunst mit Werken aus dem 13. bis 19. Jahrhundert.

Zur Piazza Grande

Zurück an der Kathedrale führt der Weg zum Prato. Der Park ist beliebter Treffpunkt und liegt zwischen dem Colle San Pietro und dem Colle San Donato, auf dem die Medici-Festung Fortezza Medicea thront. Hier befindet sich auch das Forum von Arezzo. Die ab 1502 errichtete und mehrmals umgebaute Medici-Festung ist ein Zeugnis der Militärarchitektur des 16. Jahrhunderts und Symbol der Herrschaft von Florenz. Von hier öffnet sich ein herrlicher Blick auf die Stadt und die Umgebung. Über die Via dei Pileati führt der Weg zu den Logge del Vasari bis zur Piazza Grande.
Der »Große Platz« beeindruckt mit seinem Gemisch aus Baustilen und Epochen. Zweimal im Jahr findet hier das wichtigste historische Schauspiel Arezzos statt: die Giostra del Saracino. Das »Turnier des Sarazenen« erinnert an die Bedrohung des christlichen Europa durch den muslimischen Orient. Direkt an der Piazza stehen der barocke Palazzo del Tribunale, der von Vasari erbaute Palazzo delle Logge und der Palazzo della Fraternità dei Laici. Unter den kleinen Laubengängen haben sich einladende Geschäfte und Handwerksbetriebe angesiedelt.

STELL- UND CAMPINGPLÄTZE

WOHNMOBILSTELLPLATZ TARLATI

Via Guido Tarlati, 52100 Arezzo AR, GPS: 43.472380, 11.883417. Kostenloser Stellplatz am Rande der Stadt. Einfach gehalten, aber dafür gelangt man auch zu Fuß schnell in die Altstadt. Keine Ausstattung.

TOP ★ ERLEBNISSE

★ FIERA ANTIQUARIA

Die Fiera Antiquaria von Arezzo ist die älteste und größte Antiquitätenmesse Italiens. Rund 500 Aussteller beleben jedes erste Wochenende im Monat den Hauptplatz und das Zentrum der Altstadt. Fündig wird man besonders bei Keramiken, Uhren, Büchern, Bildern, Möbeln, Musikinstrumenten, Gebrauchsgegenständen und vielen Kuriositäten. Läden und Galerien in der Altstadt schließen sich dem Markttreiben an und stellen ihrerseits wertvolle Preziosen aus.
fieraantiquaria.org

★ GIOSTRA DEL SARACINO

Die Giostra del Saracino ist die wichtigste folkloristische Veranstaltung in Arezzo und findet alljährlich an zwei unterschiedlichen Terminen statt: Am vorletzten Samstag im Juni und am ersten Septembersonntag wird das Pferderennen auf der Piazza Grande ausgetragen. Das historische Rennen im Juni, die Giostra di San Donato, ist dem heiligen Donatus, dem Schutzpatron der Stadt, gewidmet, das zweite Rennen, die Giostra della Madonna del Conforto, ist der Schutzherrin Arezzos geweiht.

WEITERE INFORMATIONEN
apt.arezzo.it,
arezzoturismo.it

Die Piazza Grande in Arezzo. Der »Große Platz« beeindruckt mit seinem Gemisch aus Baustilen und Epochen sowie seinem besonderen Charme.

Herbst in den Weinbergen des Chianti Classico (oben). Im »Weinarchiv« in den alten Kellern vom Castello di Fonterutoli in Castellina in Chianti (rechte Seite unten). Weinkeller von Badia a Coltibuono in Gaiole in Chianti (rechte Seite oben).

46 IM LAND DES GUTEN WEINES – CHIANTI

Weinkultur zwischen Florenz und Siena

Chianti und Toskana, die beiden Begriffe sind zum Synonym geworden. Wer an die Toskana denkt, der denkt wohl automatisch gleichzeitig an den Chianti. »Ja, ja der Chianti-Wein, der lädt uns alle ein ...« – wer summt nicht mit bei der alten Schlagermelodie. Dabei ist der Chianti mehr als nur der berühmteste Wein Italiens: »Chianti« wird auch das gesamte Gebiet der Zentraltoskana von Florenz bis nach Siena genannt.

Die Herkunft des Wortes Chianti ist umstritten. Das erste Mal taucht der Name in einem Dokument der Abtei San Bartolomeo a Ripoli im Jahr 790 auf. Von 1404 stammt die erste Urkunde mit der Bezeichnung Vino Chianti für den Wein aus der Gegend. Der hat im Chianti-Gebiet eine lange Tradition. Gleich nach Florenz beginnen die sanften Hügel und erste Weinberge mit einladenden Weingütern, stattlichen Villen, wehrhaften Burgen und mittelalterlichen Dörfern und Weilern. Das um 1350 befestigte San Casciano in Val di Pesa ist für uns das Tor ins klassische Chianti-Gebiet. Im Ortsteil Sant'Andrea in Percussina schrieb Niccolò Machiavelli 1512 sein Hauptwerk Il Principe – Der Fürst.

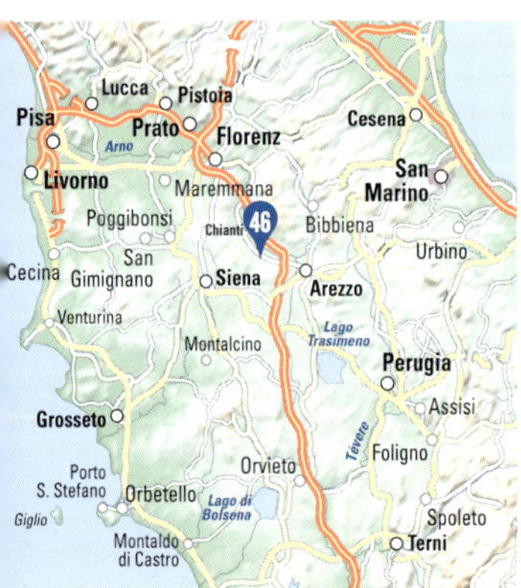

Die Straße des Chianti Classico

Im Chianti reist man langsam. Über die alte Via Cassia geht es ins hübsche Barberino Val d'Elsa und nach Greve in Chianti. Das Dorf liegt eingebettet in einer urtümlichen Hügellandschaft, ist als Marktflecken bekannt und gilt als das Zentrum des Chianti Classico. Sehenswert in Greve ist der einladende, dreieckige Hauptplatz mit den alten Lauben und schmucken Geschäften. Beschützt von einer

massiven Rocca samt Wehrturm aus dem 15. Jahrhundert, liegt Castellina in Chianti sehr erhaben 580 Meter hoch. Das historische Zentrum der ehemaligen Hauptstadt der Region wartet mit einer Reihe eleganter Renaissancepaläste auf. Durch dichte Eichenwälder geht es weiter nach Radda, der Inbegriff eines Weindorfes mit 360-Grad-Weitblick. Gaiole in Chianti, im 13. Jahrhundert gegründet, ist heute Zentrum der Cinta-Senese-Zucht – einer der ältesten frei lebenden Schweinerassen Italiens. In Castelnuovo Berardenga entdecken wir das innovative Landschaftsmuseum – und stoßen an die Grenze des Chianti Classico. Ganz in der Nähe lädt in Pieveasciata der Parco Sculture del Chianti zu einem anregenden Besuch ein. Die zeitgenössischen Skulpturen und Installationen sind perfekt in den sie umgebenden Wald integriert.

DOCG Chianti: kontrolliert und garantiert

Die eigentliche Geschichte des Chianti Classico beginnt im 19. Jahrhundert. Bettino Ricasoli, der »Eiserne Baron« und einer der Hauptakteure bei der Einigung Italiens, schreibt 1874 auf seinem Castello di Brolio in Gaiole in Chianti in seinem Governo del Vino die Regeln für die Produktion des neuen Chianti nieder. Den Hauptanteil soll mit 70 Prozent der Sangiovese ausmachen, der für Aromen und Gerbstoffstruktur verantwortlich ist. Die 20 Prozent Cannaiolo geben dem Wein die Weichheit, die zehn Prozent weiße Rebsorten Malvasia oder Trebbiano sorgen für Frische. Der Rebensaft beginnt seinen Siegeszug zu einem der bekanntesten und beliebtesten Weine Italiens. 1967 erhält er die geschützte Ursprungsbezeichnung DOC, 1984 die geschützte und kontrollierte Bezeichnung DOCG. Das Consorzio del Chianti Classico wird im Jahr 1987 neu gegründet und hat seinen Sitz in Sant'Andrea in Percussina. In sieben Anbaugebieten darf heute Chianti produziert werden. Der Chianti Classico allerdings ist auf die klassische Zone in der Provinz Florenz (30 500 Hektar) mit den Gemeinden San Casciano in Val di Pesa, Tavernelle Val di Pesa, Barberino Val d'Elsa und Greve in Chianti, der Provinz Siena (41000 Hektar) mit Castellina, Radda und Gaiole in Chianti sowie Castelnuovo Berardenga und Poggibonsi beschränkt. Der Gallo Nero, der schwarze Hahn – Symbol der Lega del Chianti seit dem Jahr 1384 – ist das Sinnbild des Chianti sowie Logo der historischen Marke des Consorzio del Marchio Storico.

STELL- UND CAMPINGPLÄTZE

WOHNMOBILSTELLPLATZ GREVE

Via Montebeni, 75, 50022 Greve in Chianti FI, GPS: 43.590498, 11.313724. Kostenloser Stellplatz am Rande des kleinen Dorfes, dessen Zentrum schnell und gut erreichbar ist.

TOP ★ ERLEBNISSE

★ CHIANTI & CO.

Den traditionellen Chianti in der bauchigen, strohumflochtenen Korbflasche, dem »fiasco«, gibt es heute nur noch für nostalgische Touristenherzen. Was die Vielzahl an adligen und bäuerlichen Weingütern im Chianti heute anzubieten hat, ist beachtlich. Dem Genießer bleibt die Qual der Wahl. Ein paar Produzententipps für das Classico-Gebiet: Agricoltori del Chianti Geografico, Badia di Coltibuono, Barone Ricasoli, Castell'in Villa, Castellare in Castellina, Castello di Ama, Castello di Fonterutoli, Castello di Volpaia, Fattoria di Felsina, Fontodi, Lamole di Lamole, Riecine, Villa Vignamaggio …
chianticlassico.com

★ KULT-METZGER

Ein Besuch lohnt sich beim erfrischend verrückten Kult-Metzger Dario Cecchini in Panzano. In der Antica Macelleria Cecchini gibt es ganztags gläserweise Wein, Salami und Brote mit Olivenöl und Kräuterschmalz. Im angrenzenden Restaurant Solociccia (»Nur Fleisch«) können seine Spezialitäten verkostet werden.
dariocecchini.com

WEITERE INFORMATIONEN
Parco Sculture del Chianti:
chiantisculpturepark.it/de

47 MEISTERWERK DER GOTIK – SIENA

Zeugnisse einer ruhmreichen Epoche

Der Duomo dell'Assunta ist ein einmaliges Meisterwerk der toskanischen Gotik. Einzigartig ist nicht nur sein gänzlich mit Marmormosaiken gestalteter Fußboden. Die angrenzende Piccolomini-Bibliothek überrascht mit den berühmten Fresken von Pinturicchio über das Leben von Papst Pius II. Auch das gegenüberliegende, tausend Jahre alte Spedale di S. Maria della Scala lohnt einen Besuch.

Beim römischen Historiker Tacitus finden wir in dessen Historiae um 70 n. Chr. die ersten schriftlichen Zeugnisse über Siena: Der Senator Manilo Patruito wird während eines offiziellen Besuchs in der Militärkolonie Saena Iulia verspottet und gedemütigt. Der römische Senat bestraft die Übeltäter und ruft die Sieneser zu mehr Respekt gegenüber der Obrigkeit auf.

Beinahe tausend Jahre vergehen, bis Siena zu seiner wahren Größe und neben Florenz zur wichtigsten Macht der Toskana heranwächst. Berühmt wird die Stadt aber nicht nur aufgrund ihrer politischen Macht: Siena zählt kulturell und künstlerisch zu den führenden Zentren der Epoche. In der Architektur drückt die Stadt der Gotik ihren Stempel auf, und die neue Sieneser Schule der Malerei prägt das 13. und 14. Jahrhundert mit ihren Meisterwerken. Das Trauma über den Verlust der Unabhängigkeit und die Unterwerfung unter Florenz im Jahr 1555 bindet die Sieneser noch mehr als zuvor an ihre Traditionen und Bräuche.

Ein einmaliges Schauspiel

Am 18. November 1179 weiht der aus Siena stammende Papst Alexander III. auf den Grundmauern einer Vorgängerkirche den Grundstein für den Dom von Siena zu Ehren der »Santa Assunta«, der Heiligen Jungfrau. Um 1264 sind die wichtigsten Bauarbeiten abgeschlossen, und die Arbeiten für den 77 Meter hohen Glockenturm werden um 1313 vollendet. Siena will aber mehr: Der Dom soll noch größer und mächtiger wer-

Blick auf die großartige Piazza del Campo, den »Campo«, wie die Sieneser ihren Hauptplatz liebevoll nennen (unten). Der beeindruckende Duomo und der Campanile (rechte Seite oben). Im Museo dell'Opera del Duomo di Siena: die Originalskulpturen der Domfassade von Giovanni Pisano (rechte Seite unten).

den. Die Reste des unvollendeten Baus aus dem 14. Jahrhundert legen heute Zeugnis von der Großartigkeit des Plans für den »Duomo Nuovo«, den »Neuen Dom«, ab. Die neue Kirche hätte den bestehenden Dom um das Doppelte überragt. Doch nicht nur die Pest von 1348 setzt dem Bauvorhaben ein jähes Ende. Statische Fehler, politische Intrigen und vor allem die fehlende Finanzierung in einem Siena, dessen Glanzzeiten dem Ende zugehen, sind wohl ausschlaggebend dafür.

Doch auch das Bauwerk, das wir heute auf dem Domplatz bestaunen können, bietet mehr als ein einmaliges Schauspiel. Ganz in weißem Marmor, mit etwas Rosso di Siena und Schwarzgrün aus Prato, präsentiert sich die beeindruckende Fassade dem Besucher, schwarz-weiß gestreift, ganz in den Farben Sienas, der frei stehende Campanile. An der mit Säulen und Statuen dekorierten Westfront laden drei große Portale mit spitzen Dreiecksgiebeln im Stil der toskanischen Gotik zum Eintritt in das Gotteshaus ein. Die Glasmalereien von 1288 im großen Rosettenfenster des Mittelschiffs zählen zu den ältesten erhaltenen Glasmalereien Italiens.

Einfach nur staunen

Aus dem Staunen kommen wir auch im Innern der dreischiffigen Basilika mit dem mehrschiffigen Querhaus und dem anschließenden Chor kaum heraus. Die schwarz-weißen Streifen des Campanile setzen sich hier in den Säulen, Bogen und Arkaden noch viel markanter fort. Die Gewölbe des Mittelschiffs und der Kuppel sind blau bemalt und mit goldenen Sternen verziert. Einzigartig ist vor allem der kunstvoll gestaltete Mosaikfußboden: Die 56 Paneele, die den gesamten Fußboden des Doms mit gravierten Marmorplatten und Intarsien schmücken, wurden im 14. bis 16. Jahrhundert unter Mitwirkung von 40 Künstlern gestaltet. Biblische Themen sowie Allegorien aus der Antike zu Weisheit und Tugend stehen dabei im Mittelpunkt. Die schönsten Darstellungen mit Szenen aus dem Alten Testament finden wir unter der Kuppel. Leider ist ein großer Teil des Mosaikbodens aus Sicherheitsgründen abgedeckt und nur einige Wochen im Jahr zu sehen. Die auf neun Säulen stehende achteckige Kanzel schnitt Niccolò Pisano zwischen 1265 und 1268 aus Carrara-Marmor. Bekannt ist die Galerie der Päpste: Rund um die Kirche, über der Höhe der Seitenschiffarkaden, finden wir die Büsten von 172 Päpsten, vom Heiligen Petrus bis zum 1185 verstorbenen Lucius III.

STELL- UND CAMPINGPLÄTZE

WOHNMOBILSTELLPLATZ SIENA

Via delle Province, 1, 53100 Siena SI, GPS: 43.342264, 11.305321. Kostenloser Stellplatz an einem Parkplatz im Norden von Siena. Mit dem Fahrrad ist man in 20 Minuten in der Altstadt. Keine Ausstattung.

CAMPING COLLEVERDE SIENA

Strada di Scacciapensieri, 47, 53100 Siena SI, sienacamping.com, GPS: 43.336284, 11.331080. Klassischer Campingplatz mit viel Baumbestand und einem Swimmingpool. Einkaufsmöglichkeiten in der Nähe und in die Altstadt gelangt man etwas schneller als vom Stellplatz aus.

TOP ★ ERLEBNISSE

★ STADTSPAZIERGANG

Der Dom, die Piazza del Campo und der Palazzo Pubblico sind die bekanntesten der vielen lohnenden Ziele. Bei einer erweiterten Stadtbesichtigung lohnt unter anderem der Weg zur Kirche San Domenico aus dem 13. Jahrhundert. Hier sind die Reliquien der heiligen Katharina von Siena, der Schutzpatronin Italiens und Europas, aufbewahrt. An der Piazza Salimbeni steht der herrliche Palast der 1472 gegründeten Monte die Paschi di Siena, des ältesten Bankinstituts Europas. Über die Via di Città, die eleganteste Straße Sienas, gelangt man zum Campo und zum Dom.

★ PANFORTE

Vergessen Sie nicht, in einer der vielen Bäckereien der Stadt einzukehren und das typische »panforte« zu kosten, ein Gebäck aus Trockenfrüchten, Nüssen, Mandeln und Gewürzen. Ein besonderer Tipp ist die Antica Pasticceria Bini in der Via di Stalloreggi 91/93.

★ DA TROMBICCHE

Zur gemütlichen Einkehr lädt die Osteria Da Trombicche im Zentrum von Siena (Via delle Terme 66) – mit nettem Ambiente, freundlichem Service und solider Küche. datrombicche.it

WEITERE INFORMATIONEN
terresiena.it, sienaonline.it

DIE GEHEIMNISVOLLE WELT DER ETRUSKER

Spuren ihrer Kultur und Architektur

In der Toskana haben im Laufe der Jahrhunderte viele Völker und Kulturen reiche Spuren hinterlassen: zwischen 800 und 100 v. Chr. die Etrusker in Volterra, in Chiusi, Cortona und Pitigliano, Vetulonia und Populonia, dann die Römer in Fiesole, Arezzo oder Lucca, um nur einige Orte zu nennen. Das Mittelalter sticht durch eine rege Bautätigkeit und durch erbitterte Kämpfe unter den einzelnen Stadtstaaten hervor. Die dunklen Seiten dieser Epoche werden aber mit einer großartigen »Wiedergeburt« überwunden: Florenz wird mit der Geburtsstunde der Renaissance und mit dem aufblühenden Humanismus zu einer Wiege der Kultur der Neuzeit.

3000 Jahre Geschichte vereinen sich in der Toskana auf engstem Raum. Das etruskische Etruria, das römische Tuscia und die 1555 von den mächtigen Medici gewaltsam vereinten Völker der Toskana sind die wichtigsten Eckpfeiler. Begonnen hat aber alles mit den Etruskern. Und noch heute begegnet man den »etruschi« und ihrer geheimnisumwitterten Kultur

Die »Ombra della Sera« genannte Bronzefigur im Museo Etrusco in Volterra ist ein Hauptwerk der etruskischen Kunst aus dem 3. Jahrhundert v. Chr.

und Geschichte in manchen Gegenden auf Schritt und Tritt. Besonders in der Verarbeitung von Terrakotta und Metall entwickelte das kunstfertige Volk eine außergewöhnliche Meisterschaft und hat wundervolle Kunstwerke hinterlassen. In den Stadtstaaten des ehemaligen etruskischen Zwölfstädtebundes finden wir wertvolle Zeugnisse dieser Kultur.

Faszinierende Kultur

Trotzdem weiß man noch nicht genau, woher die Etrusker, eines der geheimnisvollsten und faszinierendsten Völker der Antike, kamen. Ihre Geschichte reicht bis ins Jahr 1000 v. Chr. zurück. Zwischen dem 9. und dem 1. Jahrhundert v. Chr. siedelten die Etrusker im mittleren Italien zwischen den Flüssen Arno und Tiber. Dabei brachten sie eine mächtige Kultur hervor, die sich in der Blütezeit ihrer Herrschaft im 6. und 5. Jahrhundert v. Chr. von der Toskana bis zur Po-Ebene und ins Latium ausbreitete. Die bedeutendsten etruskischen Städte sind Populonia, Chiusi, Cortona, Volterra, Fiesole und Arezzo. Gleichzeitig bauten sie eine Seemacht auf und beherrschten schon bald das gesamte westliche Mittelmeer.

Wir wissen nicht, ob die Etrusker um 1000 v. Chr. aus Kleinasien an die toskanischen Küsten kamen oder ob sie schon hier wohnten und, durch griechische Einflüsse, allmählich die Vorherrschaft in der Region übernahmen. Es gibt keine Literatur von dieser wohlhabenden Zivilisation, dafür aber umso zahlreicher Alltagsgegenstände und vor allem Gräber.

Ab dem 5. Jahrhundert v. Chr. eroberten die Römer Stück für Stück etruskische Gebiete, bis ganz Etrurien letztendlich im Römischen Reich aufging. Um 100 v. Chr. waren etruskische Sprache und Schrift von der Bildfläche verschwunden. Zivilisation, Sprache und Kultur der Etrusker verschmolzen mit jener der römischen Eroberer.

Der Palazzo Comunale, das Rathaus, auf der Piazza della Repubblica in Cortona

Die Tuffsteinstadt Pitigliano mit ihren steil abfallenden Hängen ist die größte auf Tuffstein erbaute Stadt der Etrusker.

Highlights etruskischen Kunstschaffens

In Volterra befindet sich eines der wichtigsten archäologischen Museen der Toskana, das Museo Etrusco Guarnacci mit einem der berühmtesten etruskischen Kunstwerke, der »Urna degli Sposi« (»Urne der Eheleute«), einem Sarkophag mit Figurenreliefs eines alten Ehepaares. Das Museo Etrusco in Volterra bewahrt noch ein besonderes Kunstwerk auf, die »Ombra della Sera« (»Abendschatten«) genannte Bronzefigur, ein Hauptwerk der etruskischen Kunst aus dem 3. Jahrhundert v. Chr.

Ein weiteres legendäres etruskisches Meisterwerk ist die »Chimäre von Arezzo«, eine Bronzearbeit, die im Museo Archeologico Nazionale von Florenz aufbewahrt wird. Das Kunstwerk aus dem 4. Jahrhundert v. Chr. stellt ein Fantasietier mit Körper und Kopf eines Löwen, einem Ziegenkopf auf dem Rücken und einem langen Schwanz in Form einer Schlange dar.

Die »Sphinx von Chiusi«, eines der bekanntesten etruskischen Kunstwerke, geht auf die Jahre 570 bis 560 v. Chr. zurück und wird im Museo Archeologico Nazionale in Chiusi aufbewahrt. Chiusi ist die historische Etrusker-Stadt, wo sich der Sage nach das Labyrinth des Königs Porsenna befand, in dem ein legendärer Schatz gehütet wurde.

Die beeindruckende »Tomba della Quadriga Infernale« aus dem 4. Jahrhundert v. Chr. befindet sich in der Necropoli delle Pianacce in Sarteano. In diesem Grab kann man einen Malereizyklus bewundern, der in der etruskischen Kunst seinesgleichen sucht und ganz der überirdischen Welt gewidmet ist.

Etruskische Steinmaske in der Nekropolis bei Sorano

Das Kloster Monte Oliveto Maggiore am Rande der Crete (oben). Faszination Crete mit bezaubernder Bilderbuchlandschaft: endlose Getreide- und Sonnenblumenfelder, Äcker und Wiesen in allen Farbtönen (rechte Seite unten). Man kann den Duft der Trüffel förmlich riechen (rechte Seite oben).

48 GOLDBRAUNE SCHÖNHEIT – DIE CRETE UND MONTE OLIVETO MAGGIORE

Wie aus dem Bilderbuch

Wenn der Reichtum einer Gegend von der Anzahl der gedruckten Postkarten und vor Ort gedrehten Werbespots abhängen würde, dann zählten die Crete Senesi sicher zu den reichsten Plätzen der Welt. Nicht nur Fotografen, Kameraleute und Künstler sind von der einmaligen Landschaft fasziniert und bleiben mit staunend aufgerissenen Augen stehen.

Zerklüftet und gewellt zwischen Furchen, den Calanchi, und sanften Hügeln, den Biancane, öffnet sich der Landstrich südlich von Siena wie eine verzauberte Mondlandschaft. Stolz und schillernd, mit einer unvergleichlichen Harmonie, je nach Jahreszeit, aus ockerfarbenen, braunen, violetten oder goldgelben Tönen verkörpern die Crete den Inbegriff einer toskanischen Landschaft. Creta ist die Tonerde, die hier durch Verwitterung und Erosion aus dem ehemaligen Meeresboden die heutige Landschaft geformt hat. Endlose Getreide- und Sonnenblumenfelder, Äcker und Wiesen mit weidenden Schafherden, Zypressenalleen und alte Bauernhöfe, kahle Lehmhügel und trockene Erosionslandschaft prägen das Bild – nicht Weinberge, Olivenhaine und dichte Eichenwälder wie im Rest der Toskana.

Magische Augenblicke

Die Landschaft nimmt einen sofort in Beschlag. Karg und beinahe geizig auf der einen Seite, ändert sie immer wieder ihr Gesicht und wird bisweilen im Wechsel der Töne und Farben sogar weich und lieblich. Die Winter sind hier kalt, grau und rau. Das Frühjahr hingegen besticht mit einer bunten Vielzahl von Farben, frisch und wärmend und voller Leben, bis hinein in den Sommer,

STELL- UND CAMPINGPLÄTZE

CAMPING IL TRECCOLO

SP14, 5, 53020 Montalcino SI, camping-iltreccolo.it, GPS: 43.145421, 11.581994. Drumherum ist nichts, das sollte man wissen. Selbst das nächste Dorf ist einen Kilometer entfernt. Dafür steht man absolut ruhig von Wald und Feldern umgeben. Klein, familiär, freundlich und sogar mit Brötchenservice. Bushaltestelle genau vor dem Platz.

der mit Hitze und Trockenheit die Äcker und Felder in eine goldbraune Steppenlandschaft verwandelt. Der Herbst wartet dann wieder mit bunten Farbtupfern und herrlichen Lichtspielen auf, bevor sich allmählich wieder das Jahr zu Ende neigt.
Die Crete breiten sich an der Grenze zwischen den Provinzen Siena und Arezzo bis hin zum Monte Amiata aus und umfassen die Städte Asciano, Buonconvento, Monteroni d'Arbia, Rapolano Terme, San Giovanni d'Asso und Siena. Asciano ist das Zentrum

der Crete. Hier liegt auch der Deserto di Accona, die Accona-Wüste. Mit nur 600 Millilitern Niederschlag pro Jahr zählt sie zu den trockensten Gebieten Italiens.

Das Kloster Monte Oliveto Maggiore

Der Rechtsgelehrte Bernardo Tolomei, Angehöriger einer bedeutenden Familie aus Siena, zieht sich im Jahr 1313 in die Gegend zurück und gründet gemeinsam mit zwei Gleichgesinnten das Kloster Monte Oliveto Maggiore. 1344 wird der neue Orden vom Papst bestätigt. 1348 allerdings sterben der Klostergründer Bernardo und rund 80 seiner Mitbrüder an der Pest.
Die Klosteranlage, einsam auf einer mit Zypressen bewachsenen Hochebene am Rande der Crete gelegen, wird zwischen 1387 und 1514 errichtet und entwickelt sich schon bald zu einem der wichtigsten und größten Klöster der Zeit. Im 15. Jahrhundert wird die eindrucksvolle Klosterkirche im klassischen Stil der großen Benediktinerabteien gebaut. Das prachtvolle und mit Einlegearbeiten verzierte Chorgestühl ist ein besonderes Meisterwerk. Luca Signorelli und Giovanni Antonio Bazi, genannt Sodoma, gestalten im berühmten Kreuzgang einen herrlichen Freskenzyklus mit der Geschichte des heiligen Benedikts von Nursia. Die 36 wandhohen Fresken zählen zu den schönsten der Renaissance. Bei der Klosterbesichtigung stechen das Refektorium und die großartige Bibliothek hervor, ebenso die großzügig angelegten Parkanlagen rund um das Kloster.
Die Abtei ist nach wie vor Sitz des Generalabtes der Olivetaner, eines Zweigordens der Benediktiner. Hier ist auch das Istituto di Restauro del Libro untergebracht, eine berühmte Werkstatt für die Restaurierung von Pergamenten und alten Büchern. Zum landwirtschaftlichen Betrieb des Klosters gehören heute noch 850 Hektar, die zur einen Hälfte Wald, Weide und unbebautes Land umfassen, zur anderen Hälfte Olivenhaine, Weinberge und Getreidefelder.

TOP ★ ERLEBNISSE

★ TRÜFFELMUSEUM

Etwas südlich vom Kloster Monte Oliveto Maggiore erwartet das idyllische San Giovanni d'Asso seine Besucher mit einer imponierenden mittelalterlichen Burganlage aus dem 12. Jahrhundert. Hier ist der Sitz des ersten italienischen Trüffel-Museums. Das »Museum der Sinne« gibt auf 250 Quadratmetern Einblicke in die Welt der köstlichen Knolle und lädt zu einer Reise ins buchstäbliche Zentrum des Pilzes ein: Im Museum steht eine gigantische künstliche Trüffel.
museisenesi.org

★ WANDERUNG

Eine lohnenswerte Wanderung in der Nähe von San Giovanni d'Asso führt zum Bosco della Ragnaia hinter Chiusure. Vom Grenzposten, der im 13. Jahrhundert im Auftrag der Stadt Siena errichtet wurde, hat man einen herrlichen Ausblick über die Crete und das Kloster Monte Oliveto Maggiore.

★ KLOSTERSHOP

Im Laden von Monte Oliveto Maggiore verkaufen die Patres ihre eigenen sowie Produkte aus der Region: Kräuter und Parfums, Olivenöl und Wein, Honig und Liköre …
monteolivetomaggiore.it

WEITERE INFORMATIONEN
cretesenesi.com

49 IM REICH DES BRUNELLO – MONTALCINO UND SANT'ANTIMO

Die Hochburg des Weines

Auch wenn der 5000-Seelen-Ort Montalcino südlich von Siena mit etruskischen Wurzeln und einer Geschichte aufwarten kann, die mit vielen Hochs und Tiefs jener der meisten anderen Städte in der Toskana ähnelt: Seine Berühmtheit verdankt er mit Sicherheit seinem Wein. International glänzt sein Name durch den legendären »Brunello di Montalcino«.

Dass Montalcino hervorragende Lagen für den Qualitätsweinbau vorweisen kann, ist spätestens seit dem Mittelalter bekannt. So schreibt der Dominikanermönch Leandro Alberti in seiner Descrittione di tutta Italia (1550), dass die Stadt »sehr häufig wegen ihrer guten Weine erwähnt wird, die auf ihren lieblichen Hügeln wachsen«.

Der Brunello di Montalcino

Die Bezeichnung »Brunello« taucht zum ersten Mal um die Mitte des 19. Jahrhunderts auf: Gekeltert wird der Wein aus der Sangiovese-Traube, die in der Gegend von Montalcino wegen ihrer intensiv-dunklen Farbe auch »Brunello« genannt wird.

Zunächst ist der »Brunello« ein exklusives Nischenprodukt für wenige Liebhaber. Richtig durchstarten kann er erst 1966 mit der Einführung der geschützten Ursprungsbezeichnung »Denominazione di Origine Controllata«, DOC. Ein Jahr später wird das Consorzio del Vino Brunello di Montalcino gegründet, Weinberge werden neu bepflanzt, die Anzahl der Winzer nimmt zu, die Preise steigen. 1980 erhält der Brunello aus Montalcino als Erster in Italien die kontrollierte und garantierte Ursprungsbezeichnung DOCG. 1998 werden die Schutzbestimmungen ein letztes Mal abgeändert: Die Mindestdauer für den Ausbau im Fass wird von drei auf zwei Jahre reduziert und das Anbaugebiet über die Grenzen von

Blick von der Fortezza auf die Weinhochburg Montalcino (unten). Klosterbrüder im Garten der Abbazia di Sant'Antimo bei Montalcino, einem der beeindruckendsten sakralen Gebäude der Toskana (rechte Seite oben). Eingebettet in eine grüne Ebene ragt die romanische Abtei in den Himmel (rechte Seite unten).

Montalcino hinaus erweitert. Heute werden im Durchschnitt jährlich rund sieben Millionen Flaschen produziert. Hinzu kommen drei Millionen Flaschen Rosso di Montalcino sowie eine Million Flaschen der neu geschaffenen Kategorie Sant'Antimo.
Montalcino selbst wird erstmals 814 erwähnt. Das ruhige Städtchen liegt auf einem 564 Meter hohen Hügel und profitiert heute vom Weintourismus. Stadtmauern aus dem 13. Jahrhundert umgrenzen den historischen Ortskern mit dem klassizistischen Dom San Salvatore, der Piazza del Popolo und dem Palazzo dei Priori, heute Sitz des Consorzio del Vino Brunello. Die gewaltige Fortezza mit sechseckigem Hauptturm, um 1360 von den Sienesen erbaut, thront majestätisch am höchsten Punkt der Stadt. In der Enoteca della Fortezza kann eine große Auswahl der Weine von Montalcino verkostet werden.

Die Abbazia di Sant'Antimo

Zehn Kilometer südlich von Montalcino trifft man in Richtung Castelnuovo dell'Abate auf eines der beeindruckendsten sakralen Gebäude der Toskana: die Abbazia di Sant'Antimo. Sie ist ein außerordentliches Zeugnis der romanischen Architektur und des Geisteslebens im Mittelalter. Der Legende zufolge kommt Karl der Große im Jahr 781 auf dem Rückweg von Rom über die Via Francigena in die Gegend. Um die Pest zu vertreiben, die sein Heer in der Val d'Orcia dezimiert, gelobt er, hier ein Kloster zu Ehren der Heiligen Antimus und Sebastian zu erbauen. 1118 dann beginnt Abt Guidone mit dem Bau der neuen und einmaligen Kirche: Inspiriert von den Benediktinerabteien Vignory und Cluny, schaffen französische Künstler ein einzigartiges Kunstwerk. Das gewaltige Kirchenschiff kann seine französischen Vorbilder nicht verleugnen: Der Chorumgang mit seinem Kapellenkranz erinnert an Cluny. Das Hauptschiff besticht mit seiner schlanken Höhe von 20 Metern. Das diffuse Licht, das durch das große Biforienfenster fällt, lenkt den Blick auf den Hauptaltar.
Nach ihrer Gründung steigt die Abtei von Sant'Antimo in kürzester Zeit zu einem der einflussreichsten Zentren der Region auf. Die Äbte regieren über das ganze Gebiet von Montalcino bis hinein in die Maremma, treiben Steuern ein und sitzen als kaiserliche Beamte zu Gericht. Die goldenen Jahre dauern bis zur Eroberung durch Siena im Jahr 1200. Papst Pius II. Piccolomini hebt die Benediktinerabtei 1462 schließlich auf. Erst 1979 zieht nach über 500 Jahren wieder religiöses Leben in die alten Mauern ein. Französische Augustinermönche lassen sich hier nieder. Die umfangreichen Restaurierungsarbeiten werden 1992 abgeschlossen.

STELL- UND CAMPINGPLÄTZE

WOHNMOBILSTELLPLATZ MONTALCINO

Via Osticcio, 171, 53024 Montalcino SI, GPS: 43.048978, 11.487648. Auf einer Anhöhe oberhalb des Ortes befindet sich der Stellplatz, der ca. 20 Wohnmobilen Platz bietet. Günstige Übernachtungsmöglichkeit, doch keinerlei Ausstattung.

TOP ★ ERLEBNISSE

★ ZU FUSS UNTERWEGS

Ein echtes Erlebnis ist eine Wanderung von Montalcino nach Sant'Antimo. Zehn Kilometer lang geht es durch Weinberge, Olivenhaine und Wälder leicht abwärts in Richtung Civitella und Villa a Tolli gen Castelnuovo dell'Abate. Eingebettet in eine grüne Ebene ragt die beeindruckende romanische Abtei plötzlich in den Himmel. In dieser traumhaften, energiegeladenen Umgebung findet jeder Zeit zum Verschnaufen, zum Abschalten, zum Ausruhen und Auftanken. Sieben Mal täglich versammeln sich die Mönche zum Stundengebet und zu Gottesdiensten, bei denen sie gregorianische Choräle singen.
antimo.it

★ EINKEHR

Die Osteria Basso Mondo lädt in Sant'Antimo mit familiärem Service und hausgemachten Spezialitäten zur Einkehr. Im Laden bietet die Familie Sassetti ihre eigenen Produkte (Käse, Wurstwaren, Olivenöl und Wein) an.
Adresse: Via Bassomondo 7 Castelnuovo dell'Abate, Tel. 0577 83 56 19, ristoranteosteriabassomondo.it

WEITERE INFORMATIONEN

Touristeninformation: prolocodimontalcino.it
Consorzio del Vino Brunello di Montalcino: consorziobrunellodimontalcino.it

Die romanische Kathedrale San Martino in Lucca – von der Stadtmauer aus gesehen (oben). Schmucke Souvenirgeschäfte und gemütliche Kaffeehäuser laden an der idyllisch gelegenen Piazza dell'Anfiteatro in Lucca zur Einkehr (rechte Seite unten). Ein Besuch im historischen Caffè Caselli lohnt (rechte Seite oben).

50 GEHEIMTIPP HINTER MÄCHTIGEN MAUERN – LUCCA

Ein bezauberndes Freilichtmuseum

Lucca ist weniger bekannt und überlaufen als die berühmten benachbarten Kunst- und Touristenorte und ist doch eine der reizvollsten Städte der Toskana. Der stimmungsvollen Atmosphäre hinter den mittelalterlichen Stadtmauern kann sich kaum jemand entziehen. Hinzu kommen herrliche Kunstwerke und historische Baudenkmäler, Festivals und Ausstellungen, die ihresgleichen suchen.

Die Römer gründen Lucca 180 v. Chr. als Kolonie. Zu Zeiten der Langobarden sitzt ein Markgraf in der Stadt auf dem Thron. Danach wird Lucca eine Stadtrepublik. Im 13. und 14. Jahrhundert ist die Stadt für ihre farbenprächtige Seide berühmt. In der Folge steigt Lucca zu einer der einflussreichsten Städte Europas auf. Es folgt eine wechselvolle Geschichte mit Herzogtum und Lucchesischer Republik – bis zur Einigung Italiens im Jahr 1860.
Hinter den gewaltigen Stadtmauern scheint die Zeit stehen geblieben zu sein. Am besten, man schlendert in Ruhe durch die alten Gassen, kehrt in eine der vielen typischen Osterien ein und genießt Kunst und Kultur in der Stadt. Beginnen wir unseren Spaziergang auf den Stadtmauern. Im 15. Jahrhundert erbaut, werden sie im 18. Jahrhundert zu einem herrlichen Stadtpark und zu einer grünen Oase umgewidmet, die wie ein Ring die Stadt umgibt. Die acht Meter breiten Mauern sind Luccas Wahrzeichen – und in ihrer ungebrochenen Wehrhaftigkeit wohl weltweit einzigartig. Von hier aus hat man den besten Blick auf das historische Zentrum. »Stadt der hundert Kirchen« wird Lucca genannt, prägt doch sein Stadtbild eine unüberschaubare Anzahl von Kirchen und religiösen Einrichtungen, und jeder größere Palast hat seine Privatkapelle aufzuweisen.

Torre Guinigi und Torre delle Ore

Zwei Türme stechen in der Altstadt hervor. Die 45 Meter hohe Torre Guinigi mit den sieben Steineichen auf dem Dach wird um 1390 von den einflussreichen Guinigi aus roten Tonziegeln erbaut. Das Viertel längs der Via Guinigi zählt zu den ältesten und beeindruckendsten mittelalterlichen Quartieren der Stadt. Seit dem 13. Jahrhundert reihen sich hier die Palazzi von Luccas reichen Kaufmannsfamilien auf und bilden eine kompakte, romanisch-gotische Einheit. In einem der Guinigi-Palazzi präsentiert das Museo Nazionale Exponate aus Luccas Geschichte von der Etruskerzeit bis zum 18. Jahrhundert.

Gleich in der Nähe zweigt die Via Fillungo ab, einst römische Hauptverkehrsader und heute belebte Geschäftsstraße. Sie heißt nach der reichen Adelsfamilie Fillungo, die hier ihren Stadtsitz errichtet. Der zwischen den Palazzi eingezwängte »Stundenturm« Torre delle Ore ist der höchste der Stadt und trägt seit 1390 eine Uhr. 207 Stufen führen hinauf zum Glockengehäuse, wo man neben einem herrlichen Stadtrundblick auch das vom Genfer Uhrenmacher Louis Simon 1752 eingebaute, handbetriebene mechanische Uhrwerk bewundern kann.

Der Legende nach legt der heilige Frediano im 6. Jahrhundert den Grundstein für die Kathedrale San Martino. Bischof Anselmo da Baggio, der spätere Papst Alexander II., zeichnet 1060 für den Neubau des grandiosen Werkes verantwortlich. Ein dreiarkadiger, tiefer Portikus gliedert die aus weißem und schwarzem Marmor errichtete Fassade. Darüber reihen sich auf drei Ebenen kleine und elegante Bogen mit kunstvoll verzierten Säulen auf. In der westlichen Vorhalle ist ein Fingerlabyrinth aus dem 12. Jahrhundert senkrecht in die Wand gemeißelt. Der wuchtige Turm aus dem 13. Jahrhundert bringt die Harmonie und Eleganz der Fassade etwas ins Wanken. Der dreischiffige, gotische Innenraum beeindruckt mit meisterhaft dekorierten Arkaden und zahlreichen Kunstwerken wie dem marmornen Sarkophag von Ilaria del Carretto, einem Werk von Jacopo della Quercia (1408), der Madonna col Bambino von Domenico Ghirlandaio am Altar und dem Altar von Matteo Civitali in der Kapelle daneben. Von ihm stammt auch der achteckige Tempietto del Volto Santo im Zentrum des Hauptschiffes.

Die idyllisch gelegene Piazza dell'Anfiteatro wurde auf den Ruinen des antiken Forum Romanum erbaut und ist ideal für eine Kaffeepause. Sehenswert sind schließlich auch die elegante Piazza Napoleone, von Einheimischen »Piazza Grande« genannt und Sitz der Provinzregierung, und das Nationalmuseum im Palazzo Mansi aus dem 16. Jahrhundert.

STELL- UND CAMPINGPLÄTZE

WOHNMOBILSTELLPLATZ IL SERCHIO

Via del Tiro a Segno 704, Località S. Anna, 55100 Lucca LU, camperilserchio.it, GPS: 43.850352, 10.485898. Ruhige Lage neben einigen Tennisplätzen am Rande der Stadt. Dennoch kommt man zu Fuß gut in die Altstadt. Drei Baumreihen bieten auch im Sommer Schatten und die Sanitäranlagen sind gepflegt. Zufahrt durch eine Schranke. Strom sowie Ver- und Entsorgung vorhanden.

TOP ★ ERLEBNISSE

★ COMIC & GAMES

Ende Oktober, Anfang November treffen sich in Lucca alljährlich Künstler aus aller Welt zum internationalen »Lucca Comics & Games«-Festival. Comics, Animation, Spiele, Filme, Musik und Cosplay stehen rund um die Uhr im Mittelpunkt des Interesses der durchschnittlich über 150 000 Besucher. luccacomicsand games.com

★ MUSEO DEL FUMETTO

Das Museo del Fumetto MUF in einer ehemaligen Kaserne an der Piazza San Romano lädt das ganze Jahr über ein: Es zeigt die Geschichte des Comic anhand von Originalzeichnungen, Postern, lebensgroßen Figuren und virtuellen Szenenbildern aus der Welt von Walt Disney, Tarzan, Batman, Science-Fiction & Co. fumettolotica.it

★ JAZZ & FOTO

Das Sommer-Jazzfestival auf der Piazza Napoleone taucht Lucca alljährlich im Juli in eine große Klangwolke. Von Ende November bis Mitte Dezember schließlich lädt Lucca zum renommierten Digital Photo Festival rund um die Fotografie und die Fotokunst ein.

WEITERE INFORMATIONEN
luccatourist.it

51 DIE STADT DER TÜRME – SAN GIMIGNANO

Wehrhafte Wolkenkratzer

Das Städtchen San Gimignano zählt 8000 Einwohner und ist neben Florenz, Siena und Pisa eines der beliebtesten Touristenziele in der Toskana. Das »Manhattan des Mittelalters«, wie die Stadt der Türme in Anspielung auf ihre aufsehenerregende Skyline auch genannt wird, besticht mit seinem gemütlichen Flair, mit reichen Kunstschätzen und den malerischen Sehenswürdigkeiten.

Einst ragten 72 Türme in San Gimignano gen Himmel, 15 davon sind übrig geblieben. Schon von Weitem sieht man sie über die Dächer der Stadt aufragen, die sich nördlich von Siena auf einem 334 Meter hohen Hügel oberhalb der Val d'Elsa erstreckt.
Um ihre Macht zu demonstrieren, bauen die einflussreichen Familien von San Gimignano im 12. und 13. Jahrhundert Türme. Meist sind dies quadratische Wohntürme, die ursprünglich als Verteidigungswerke geplant sind, aber allmählich zu reinen Prestigeobjekten werden: Je höher der Turm, desto angesehener sind seine Besitzer und deren Familie. Die ehrgeizigen Rivalitäten der Adeligen treiben die Bauwerke immer mehr in die Höhe. Die baulichen Möglichkeiten der Zeit werden bis an ihre statischen Grenzen voll ausgeschöpft. Mitte des 13. Jahrhunderts wird dem ein Riegel vorgeschoben: Der 54 Meter hohe Rathausturm, die Torre Grossa, dient von nun an als Höchstgrenze: Kein anderer Turm darf höher gebaut werden, und all jene, die bereits höher sind, müssen auf dieses Maß zurückgestutzt werden. Der »dicke Turm« neben dem Palazzo del Popolo am Domplatz ist auch heute noch der höchste Turm – und der Einzige, der für Besucher offen und zu besichtigen ist. All die anderen Türme verteilen sich als beeindruckende Zeugen längst vergangener Zeiten auf das Stadtgebiet.

Sommerliche Stimmung in der Toskana: mit Sonnenblumenfeld und der herrlichen Kulisse von San Gimignano (unten). Blick auf San Gimignano (rechte Seite oben). Auf der zentralen Piazza della Cisterna im Zentrum herrscht meist reges Treiben (rechte Seite unten).

Blick über die Weinberge auf San Gimignano, die Stadt der Türme (unten). Auf der nächtlichen Piazza Duomo (rechte Seite oben). Gaetano und Giovanni Trovato im Sternerestaurant »Arnolfo« in Colle di Val d'Elsa (rechte Seite unten).

Geschlechtertürme – die Casetorri

Geschlechtertürme entstehen in vielen mittelalterlichen Städten, doch nirgendwo sind noch so viele so gut erhalten wie in San Gimignano. Andernorts müssen sie in den meisten Fällen neuen Palästen und Stadtsanierungen weichen. In Bologna beispielweise sind nur zwei von insgesamt 180 solcher Türme übrig geblieben, in Deutschland stehen in Regensburg noch einige gut erhaltene Exemplare. In San Gimignano haben sich die Bauwerke bewahrt, weil die Pest im 14. Jahrhundert in die einst reiche Stadt Armut und Not bringt. San Gimignano bleibt in seiner Entwicklung stehen, denn für Erneuerungen fehlt das Geld. Ein Glück für uns: Zumindest ein kleiner Teil der Geschlechtertürme zeugt hier noch heute von mittelalterlichen Eitelkeiten und Fehden. 1990 erklärte die UNESCO die Geschlechtertürme von San Gimignano zum Weltkulturerbe.

An der Via Francigena

San Gimignanos Wurzeln reichen, wie in der Region üblich, bis in die etruskische Ära im 3. Jahrhundert v. Chr. zurück. Die heutige Stadt heißt nach dem Bischof von Modena, dem heiligen Geminianus, und wird erstmals 929 als »Weiler an der Via Francigena« erwähnt. Die ursprüngliche, bereits ummauerte Siedlung breitet sich zwischen dem Hügel Montestaffoli, auf dem die Florentiner 1353 eine Burg erbauen, und der Anhöhe della Torre aus, wo der Bischofspalast und die Collegiata stehen. Eine Erweiterung des Städtchens Richtung Norden und Süden erfolgt entlang der mittelalterlichen Handels- und Pilgerroute Via Francigena, die sich noch heute als Hauptachse durch die Altstadt zieht. Von Siena kommend, verläuft sie durch die Porta San Giovanni im Süden bis zur nördlichen Porta San Matteo in Richtung Pisa.

Im 12. Jahrhundert wird San Gimignano zur Freistadt und erlebt in den nächsten 150 Jahren seine Blütezeit. Vor allem der Handel und der Anbau von Safran prägen das wirtschaftliche Leben und verhelfen der Stadt zu Reichtum und Ansehen. Die Regierung der Konsuln wird durch einen gewählten Podestà abgelöst. Diesem stehen ein kleiner und ein großer Rat – mit 1200 Mitgliedern – zur Seite.

Im Mai 1300 kommt der in Florenz geborene Dante Alighieri in diplomatischer Mission als Vertreter der Guelfen nach San Gimignano. Zwei Monate lang wird er Mitglied des Priorats, des sechs Mitglieder umfassenden höchsten Gremiums der Stadt. 1319 versucht er erneut, die zerstrittenen Parteien der Guelfen und Ghibellinen in der Stadt auszusöhnen. Vergeblich.

Anhaltende Konflikte und Kriege um Besitzrechte mit den Bischöfen von Volterra und den Nachbarorten hinterlassen ihre Spuren. Aber auch innerhalb der Stadtmauern bekämpfen sich die Geschlechter: Die Ardinghelli, die papsttreuen Guelfen, und die Salvucci, die auf der Seite der kaiserlichen Ghibellinen stehen, bekriegen sich bis aufs Blut. Durch Kriege, Auseinandersetzungen und die schreckliche Pest von 1348 verarmt und geschwächt, verzichtet San Gimignano 1351 auf seine Freiheit und unterwirft sich endgültig Florenz.

Rund um die Pilgerroute

Von der Porta San Giovanni im Süden führt ein Bummel entlang der alten Via Francigena

hinauf zur Piazza della Cisterna, auf der seit 1273 ein monumentaler Brunnen plätschert. Auf der linken Seite steht der Turm der Ardinghelli aus dem 13. Jahrhundert. Auf der anschließenden Piazza del Duomo präsentiert sich linker Hand der 1288 vollendete Palazzo del Popolo, heute Sitz der Stadtverwaltung und des Stadtmuseums. Gleich daneben reckt sich die Torre Grossa von 1311 gen Himmel. An der rechten Seite des Platzes steht der Palazzo del Podestà von 1239 mit dem Turm La Rognosa. Der romanische Dom aus dem 11. Jahrhundert, die Collegiata, erweist sich als kunsthistorisches Juwel mit herrlichen Fresken von Benozzo Gozzoli, Taddeo di Bartolo und Ghirlandaio sowie Holzstatuen von Jacopo della Quercia. Linker Hand geht es hoch zur Ruine der Rocca di Montestaffoli, wo eine herrliche Aussicht lockt. Die Burg wurde 1353 von den Florentinern erbaut und 1558 von Cosimo I. wieder niedergerissen. Die Kirche Sant' Agostino von 1298 steht an der nördlichen Stadtmauer. Entlang des Mauerrings schließt sich der Kreis über die Porta San Jacopo, mit dem Haus der heiligen Fina, den Brunnen aus dem 12. Jahrhundert außerhalb der Stadtmauern und der Anhöhe della Torre mit der unterhalb gelegenen Chiesa San Domenico.

STELL- UND CAMPINGPLÄTZE

CAMPING IL BOSCHETTO DI PIEMMA

Località S. Lucia, 38/c, 53037 San Gimignano SI, boschettodipiemma.it, GPS: 43.453330, 11.053833. Campingplatz außerhalb des eigentlichen Dorfes, gelegen am Rande des kleineren Nachbarorts. Mit dem Bus gelangt man nach San Gimignano, aber es besteht auch die Möglichkeit, eine halbe Stunde zu laufen, und schon ist man zwischen den hohen Türmen verschwunden. Einen schönen Blick genießt man außerdem vom Platz zur Skyline von San Gimignano. Komplett ausgestatteter Campingplatz mit Restaurant.

Vernaccia di San Gimignano

Der Vernaccia di San Gimignano ist der klassische Weißwein aus San Gimignano, einer der wenigen autochthonen Weißen der Toskana. Seine Ursprünge reichen weit zurück in die Geschichte. Aus dem Jahr 1276 stammt seine erste schriftliche Erwähnung in einer Steuerrolle der Gemeinde. Am bedeutendsten ist jedoch seine Erwähnung in Dante Alighieris Divina Commedia. Darin schickt der Dichter Papst Martin IV. ins Fegefeuer, damit dieser seine übertriebenen Gaumenfreuden sühne – ganz besonders die in Vernaccia ertränkten Aale (Purgatorio, Canto XXIV).

Der Wein wird zu mindestens 85 Prozent aus der Rebsorte Vernaccia gekeltert. Bis zu einem Anteil von 15 Prozent können auch einige andere weiße Rebsorten beigemengt werden. 1966 erhält der Vernaccia di San Gimignano als erster italienischer Wein die kontrollierte Ursprungsbezeichnung DOC, seit Juli 1993 trägt er mit der kontrollierten und garantierten Ursprungsbezeichnung DOCG das Siegel der höchsten Qualitätsstufe. Rund 180 Winzer bearbeiten die insgesamt 770 Hektar umfassenden zugelassenen Rebflächen und erzeugen im Durchschnitt rund vier Millionen Liter Wein. Ab einem Jahr Reifung kann der Wein die Qualitätsbezeichnung »Riserva« tragen.

TOP ★ ERLEBNISSE

★ VERNACCIA

Alle Winzer der Gegend sind im Consorzio del Vino Vernaccia di San Gimignano zusammengeschlossen. Das Konsortium lädt täglich von 11.30 bis 19.30 Uhr zur Wine Experience La Rocca. In Weinmuseum präsentiert sich San Gimignanos Vernaccia multimedial und emotional.
sangimignanomuseovernaccia.com

★ KRISTALLSTADT

Nur wenige Kilometer von San Gimignano entfernt liegt Richtung Siena das kontrastreiche Städtchen Colle di Val d'Elsa. Der antike Stadtkern, Colle alta, liegt auf einem Hügel und ist noch heute von den Überresten des Mauerrings aus dem 13. Jahrhundert eingeschlossen. Ende des 16. Jahrhunderts hatte hier die Glasindustrie ihren Ursprung. Heute stellt man hier edle Kristallgläser her, durch die die Stadt internationale Bekanntheit erlangt hat. Im Museo del Cristallo in der Via dei Fossi 8/A wird die Entwicklung der Glasproduktion von einst bis heute in sehr anschaulicher und ansprechender Art nachvollzogen.
museodelcristallo.it

WEITERE INFORMATIONEN

sangimignano.com
Consorzio del Vino:
vernaccia.it

Ein einzigartiges Schauspiel: auf dem Campo dei Miracoli in Pisa mit dem Dom Santa Maria Assunta, dem »Schiefen Turm« und dem Baptisterium (oben). Gewitterstimmung über dem Arno-Ufer (rechte Seite unten). Kitschige Souvenirs aus Pisa (rechte Seite oben).

52 DAS WUNDER DES CAMPO DEI MIRACOLI – PISA

Die schiefe Stadt

Nicht nur der spektakuläre Turm steht schief in Pisa, auch eine stattliche Anzahl von Kirchen, Palästen und Türmen hat sich im Lauf der Jahrhunderte leicht geneigt. Die Touristen aus aller Herren Länder haben aber meist nur ein Ziel: den berühmtesten Turm der Welt auf dem Campo dei Miracoli. »Feld der Wunder« heißt Pisas religiöses Zentrum wörtlich übersetzt.

Piazza del Duomo, »Domplatz«, ist die offizielle Bezeichnung für den Campo dei Miracoli. Seit 1987 gehört er zum Weltkulturerbe der UNESCO. Dom, Baptisterium, der Friedhof Camposanto Monumentale und der schiefe Glockenturm bilden diesen einzigartigen Platz. Die Bezeichnung »Campo dei Miracoli« geht auf Gabriele D'Annunzio, vielleicht sogar auf Dante Alighieri zurück. Normalerweise bildet das religiöse Zentrum einer Stadt auch ihren Mittelpunkt. Nicht so in Pisa. Der Campo dei Miracoli liegt am Nordrand der mittelalterlichen Stadt an einem Ort, der bereits den Etruskern als Kultplatz diente. Beeindruckend sind seine Weite, die Kontraste zwischen dem satt-grünen Rasen und dem strahlend weißen Carrara-Marmor und die Harmonie der verschiedenen Baustile dieses größten zusammenhängenden architektonischen Komplexes des romanischen Europa. Von der Geburt bis zum Tod umspannt der Platz symbolisch das ganze menschliche Leben: vom Baptisterium, der Taufkirche, bis zum Camposanto, dem Gottesacker.

Der Dom Santa Maria Assunta

Im Jahr 1118 wird der Dom von Papst Gelasius II. geweiht. Seinen Bau beginnt Buscheto di Giovanni Giudice bereits 1063. Bis ins 14. Jahrhundert dauern die Arbeiten, und 1595 muss der Dom nach einem Brand fast vollständig renoviert werden. Auffällig ist die elliptische Kuppel, die 1380 von Lupo di Gante und Puccio di Gadduccio hinzugefügt

STELL- UND CAMPINGPLÄTZE

CAMPING VILLAGE TORRE PENDENTE

Viale delle Cascine, 86, 56122 Pisa PI, campingtorrependente.it, GPS: 43.724093, 10.383149. Einfacher Stadtcampingplatz mit gepflegter Ausstattung am Stadtrand. Trotzdem kann man gut zu Fuß zum Schiefen Turm, da Pisa nicht sonderlich groß ist.

wird. Meisterhaft ist die Fassade mit den drei Bronzeportalen von Bonanno Pisano, den Loggien, Arkaden und Statuen. Im riesigen Inneren mit der imposanten Kassettendecke stechen die Kanzel und das Grabmal von Kaiser Heinrich VII. hervor. In der Mitte des Doms hängt »Galileos Kronleuchter«. Der Legende nach entwickelt Galileo Galilei hier während einer Messe beim Anblick des schwingenden Leuchters seine Theorien über das Pendel. Nur schade, dass der Leuchter wohl erst nach Galileis Entdeckung angebracht wird.
An einem Pfeiler der Außenmauer steht der »Stein des Teufels«. Es ist wie verhext: Wenn man seine schwarzen Punkte mehrmals zählt, kommt man jeweils immer auf ein anderes Ergebnis.

Der berühmteste Turm der Welt

Pisas Wahrzeichen ist der schiefe Glockenturm des Doms. 1173 wird mit den Arbeiten des frei stehenden, 55 Meter hohen Campanile begonnen. Bereits nach Fertigstellung der vierten Ebene um 1185 neigt sich der Turm um 90 Zentimeter auf dem Untergrund des versandeten einstigen Hafenbeckens. Die Bauarbeiten werden für ein Jahrhundert unterbrochen und die restlichen vier Ebenen bewusst schräg konstruiert, um die Schieflage auszubalancieren. Die Glockenstube wird erst 1372 vollendet. 1992, die Neigung beträgt schon beinahe drei Meter, schafft man es nach 800 Jahren, die Lage des Turmes zu stabilisieren. Seit 2001 können die spiralförmig angelegten 294 Stufen des Glockenturms im Rahmen einer Führung wieder erklommen werden. Das Baptisterium ist die größte Taufkirche der christlichen Welt. Sie wird von Diotisalvi 1152 nach dem Vorbild der Heilig-Grab-Kirche von Jerusalem begonnen und bis 1284 in mehreren Bauperioden errichtet. Seine charakteristische Segmentkuppel erhält das Baptisterium im Jahr 1358. Verblüffend ist die Akustik in ihrem Inneren: Worte, die auf der einen Seite geflüstert werden, werden auf der anderen Seite verstanden. Blickfang sind die sechseckige Kanzel von Nicola Pisano (1260) und das achteckige Taufbecken.

Camposanto Monumentale

Der Bau des rechteckigen Camposanto, des »heiligen Felds« hinter dem Dom, dauert von 1278 bis 1464. Im Innenbereich ist der Friedhof der Adeligen von Pisa wie ein Kreuzgang mit Rundbogenarkaden um einen malerischen Hof gestaltet. Das berühmteste Werk am Camposanto ist das gigantische Fresko Trionfo della Morte. Der beeindruckende Triumph des Todes wird Buonamico Buffalmacco zugeschrieben.

TOP ★ ERLEBNISSE

★ KATHEDRALE

Die Kathedrale S. Maria Assunta kann mit einem (obligatorischen) Gratis-Ticket besichtigt werden. Der Besuch von Baptisterium, Camposanto Monumentale, Museo dell'Opera del Duomo und Museo delle Sinopie kostet zu den normalen Besichtigungszeiten mit einem Gemeinschaftsticket 10 Euro pro Person.
opapisa.it

★ SCHIEFER TURM

Das Ticket zur Besteigung des Schiefen Turms kostet 20 Euro. Beim Kauf wird gleichzeitig auch die Eintrittszeit festgelegt. Geöffnet ist der Glockenturm für alle ab acht Jahren und nur für Schwindelfreie. In den Sommermonaten kann der Turm auch in den Abendstunden bis 23 Uhr besichtigt werden. Ein besonderes Erlebnis.

★ OSTERIA DEI CAVALIERI

Im historischen Zentrum von Pisa lädt diese traditionsreiche Osteria zu klassischen und schmackhaften Gerichten aus der Region. Zur Auswahl steht auch ein vegetarisches Menü. Adresse: Via San Frediano 16, Tel. 050 58 08 58, osteriacavalieri.pisa.it

WEITERE INFORMATIONEN

musement.com/it/pisa/, comune.pisa.it, pisatour.it

53 DAS UNBERÜHRTE HERZ DER TOSKANA – DIE MAREMMA

Ein Lebensstil

Der südlichste Teil der Toskana wird von der Maremma geprägt, einer Naturlandschaft wie aus dem Bilderbuch. Farben und Düfte, Flora und Fauna, Meer und Berge – eine Reise durch die Maremma wird in jedem Fall zu einem besonderen Erlebnis. Vor allem symbolisiert der Landstrich aber einen eigenen Lebensstil: mit Respekt vor Umwelt, Natur und Kultur und mit der Pflege von Traditionen und Brauchtum.

Die Maremma ist voller Überraschungen. Landläufig wird heute der südliche Zipfel der Toskana als Maremma bezeichnet, im engeren Sinn aber beginnt sie im Norden beim Golf von Follonica und erstreckt sich bis zur Lagune von Orbetello am Monte Argentario. Der flache Küstenstreifen mit der Hügelkette der Monti dell'Uccellina und dem Einzugsgebiet der beiden Flüsse Bruna und Ombrone ist bis vor wenigen Jahrzehnten noch ein zusammenhängendes, mit dem Meer verbundenes Sumpfgebiet. Heute wird dieses Gebiet zu einem großen Teil durch den Parco Regionale della Maremma am Tyrrhenischen Meer geschützt.

Einzigartige Sumpflandschaft

Die Sumpflandschaft entsteht wegen der Flüsse – allen voran der Bruna, der bei Castiglione della Pescaia ins Meer mündet, der Ombrone bei Marina di Alberese und der Albegna bei Orbetello. Im Winter führen sie mehr Schwemmmaterial und Wasser, das nicht sofort ins Meer abfließen kann und sich zurückstaut. Der Wind häuft dazwischen seine Sanddünen auf. So bilden sich weite, flache Binnenseen mit einer Mischung aus salzigem Meerwasser und Süßwasser aus den Flüssen. Die Etrusker versuchten bereits, die Bucht trockenzulegen, indem sie ihre wichtigen Zentren im Hinterland – Roselle, Vetulonia und Popu-

Morgenerwachen in der Maremma: grüne Hügel in sanftem Licht – im Hintergrund die Silhouette der Insel Elba (unten). Eine Naturlandschaft wie aus dem Bilderbuch (rechte Seite oben). Rundblick über die Maremma (rechte Seite unten).

lonia – durch ein Kanalsystem mit dem Meer verbanden. Unter den Römern verfällt das Entwässerungssystem, und die Naturgewalten erhalten die Oberhand – mit weitreichenden Folgen für die Menschen. Im Mittelalter sorgt die Malaria für einen drastischen Rückgang der Bevölkerung in der Region. Auch die groß angelegte »bonifica« unter Großherzog Leopold II. schafft nur vorübergehend Abhilfe. Es dauert noch bis in die 1930er-Jahre, bis die Malaria hier ausgerottet ist.

Heute ist Tourismus im Einklang mit der Natur und der Kultur der Region neben der Landwirtschaft das wichtigste Standbein der südlichen Toskana geworden. In der Maremma setzt man auf Individualität: Ferienwohnungen, Agriturismi und Campingplätze. Erholung und Entspannung, Sport und Naturerlebnis, Kunst und Geschichte sowie das ungezwungene Genießen stehen im Mittelpunkt. Für den leiblichen Genuss sorgen viele hochwertige landwirtschaftliche Produkte aus der Gegend, oft aus biologischem Anbau: Gemüse und Obst, Fisch und Fleisch, Olivenöl und Spitzenweine wie Bolgheri, Scansano und Montecucco.

Der Parco dell'Uccellina

Die Etruskermetropolen Roselle, Vetulonia und Albinia laden ebenso zum Besuch ein wie die schmucken mittelalterlichen Städtchen im hügeligen Hinterland und eine Vielzahl an kulturellen und künstlerischen Initiativen. Vor allem ist die Maremma aber Ziel für Naturliebhaber: Mediterrane Macchia bedeckt weite Teile der noch unberührten Landschaft mit ihren geschützten Zonen. Von der Flussmündung des Ombrone bis nach Talamone, dem alten Hafen der Freistadt Siena, erstreckt sich über 25 Kilometer an der Küste der 8900 Hektar große Parco Naturale della Maremma an den zum Meer abfallenden Monti dell'Uccellina. Sandige Dünen und naturbelassene Strände und Klippen, das weitverzweigte Delta des Ombrone, Sumpfgebiete, von Macchia bedeckte Ebene und sanfte Hügel, der schöne »großherzogliche Pinienwald« Pineta Granducale, Ackerland und Weiden – eine unbeschreibliche Vielfalt mit einem Meer von Blumen und mediterranen Sträuchern, von Düften und Farben öffnet sich dem Besucher. Hier begegnet man noch Füchsen und Dachsen, Stachelschweinen und Wildschweinen, Rehen und Damhirschen und den typischen Rindern (»bovini maremmani«) und Pferden (»cavalli maremmani«). Wie in alten Zeiten sitzen die Maremma-Cowboys, die legendären »butteri«, auf ihren Pferden und treiben ihre Herden über die Weiden.

Insgesamt locken allein in der Provinz Grosseto 13 Naturreservate und Naturparks sowie Schutzgebiete des World Wide Fund For Nature (WWF) mit einer außerordentlich artenreichen Fauna und Flora.

STELL- UND CAMPINGPLÄTZE

ALBERESE CAMPER PARK

Via del Bersagliere, 1, 58100 Grosseto GR, alberesecamperpark.it, GPS: 42.670401, 11.103684. Gepflegter Wohnmobilstellplatz mit Schrankenanlage und Sanitärbereich am Rande eines kleinen Dorfes. Guter Ausgangspunkt für Radtouren in der Maremma.

TOP ★ ERLEBNISSE

★ GIARDINO DEI TAROCCHI

Moderne Kunst in der Maremma: Der berühmte Giardino dei Tarocchi der französisch-schweizerischen Malerin und Bildhauerin Niki de Saint Phalle lädt außerhalb von Capalbio zum Besuch. Die Künstlerin ist in Deutschland durch ihre Nana-Figuren in Hannover bekannt.
nikidesaintphalle.com

★ GIARDINO DEI SUONI

In Boccheggiano in der Gemeinde Montieri beeindrucken an die 20 schwingende und tönende Skulpturen aus Eisen, Bronze und Kupfer im Giardino dei Suoni des Bildhauers und Klangkünstlers Paul Fuchs.
paulfuchs.com

★ GIARDINO SPOERRI

In Seggiano werden im Giardino di Daniel Spoerri, dem Skulpturenpark des Schweizer Künstlers, über 100 Installationen von 50 Künstlern ausgestellt.
danielspoerri.org

★ VIAGGIO DI RITORNO

In den ehemaligen Sümpfen von Buriano in Castiglione della Pescaia lädt der Bio-Architekt und Künstler Rodolfo Lacquaniti zum Besuch in sein surreales Kunstprojekt Viaggio di ritorno.
rodolfolacquaniti.com

WEITERE INFORMATIONEN
turismoinmaremma.it,
parco-maremma.it,
museidimaremma.it

Portoferraio auf Elba: Die florentinischen Befestigungsanlagen mit den stattlichen Mauern aus dem 15. Jahrhundert prägen das Stadtbild des wichtigsten Hafens der Insel (oben). Urlaubsstimmung am Hafen von Porto Azzurro (rechte Seite).

54 GRÜNE INSEL IM TYRRHENISCHEN MEER – ELBA

Magnet für Besucher aus aller Welt

Elba ist nach Sizilien und Sardinien Italiens größte Insel und ein Urlaubsziel von internationalem Ruf. Eine bezaubernde Natur, herrliche Sandstrände und steile Klippen, azurblaues, glasklares Wasser, mediterrane Macchia und mildes Klima, eigener Wein und traditionelle Gerichte, Kunst und eine jahrtausendealte Geschichte tragen das Ihre dazu bei.

Elba liegt knappe zehn Kilometer vom Festland entfernt und ist direkt von Piombino aus mit der Fähre zu erreichen. Die Insel ist mit 224 Quadratkilometern Fläche die größte der sieben Hauptinseln des Toskanischen Archipels, zu dem des weiteren Giglio, Giannutri, Montecristo, Capraia, Pianosa und Gorgona gehören. Von der Punta Nera im Westen bis zum Capo Ortano im Osten ist Elba 27 Kilometer lang, vom Capo Vita im Norden bis zur Punta dei Ripalti im Süden 18 Kilometer breit. Insgesamt 147 Kilometer Küsten mit über 150 zugänglichen Stränden und Buchten sorgen für Abwechslung und Vielfalt. Die 32 000 ständigen Bewohner Elbas verteilen sich auf die acht Inselgemeinden Portoferraio, Campo nell'Elba, Capoliveri, Marciana, Marciana Marina, Porto Azzurro, Rio Marina und Rio nell'Elba.

Elba ist vorwiegend eine gebirgige Insel. Der höchste Punkt ist der 1018 Meter hohe Monte Capanne, ein Granitmassiv im Westen. Sehr abwechslungsreich, teils wild, steil und zerklüftet und dann wieder sanft zum Meer hin abfallend präsentiert sich die Landschaft. Im zentralen Teil der Insel prägt noch zu einem großen Teil die Landwirtschaft das Bild. An vielen Hängen werden auf mühevoll angelegten Terrassen Wein und Oliven kultiviert. Im Osten haben der seit Jahrtausenden betriebene Abbau von Eisenerz und in jüngerer Zeit dessen industrielle Verarbeitung ihre Spuren hinterlassen. Bis in die 1950er-Jahre war die Eisenproduktion die wichtigste Einnahmequelle auf der Insel.

PERSHING 37
2 GE 7545 D
GE 8381 D

Porto Azzurro zählt zu den meistbesuchten Badeorten der Insel. Mit seiner glitzernden Bucht und seinem kleinen Hafen ist er eine wahre Schönheit.

Das Rad der Geschichte

Wohl kaum ein anderer Landstrich der Toskana wird im Lauf der Jahrtausende von der Geschichte derart gezeichnet wie Elba. Es gibt kaum eine Kultur im Mittelmeerraum, die der Insel nicht ihren Stempel aufdrückt. Zum einen sind es die reichen Eisenerzvorkommen, die seit Menschengedenken für großes Interesse sorgen. Zum anderen ist es die strategisch günstige Lage, an der kein Volk vorbeikommt.

Nach dem ligurischen Stamm der Ilvaten erwirtschaften sich die Etrusker ab 750 v. Chr. fünf Jahrhunderte lang mit dem Eisenerzabbau und dem Handel mit Eisen im gesamten Mittelmeerraum große Vermögen. Diverse Nekropolen, die Überreste von Brennöfen und Siedlungsgebieten erinnern noch heute an diese Periode. Zwischendurch besetzen die Griechen die Insel. Aristoteles berichtet von »Aithalia«, der rauchenden, funkensprühenden Insel. Die etruskischen Öfen zur Erzverarbeitung brennen Tag und Nacht, werfen nachts von Weitem sichtbare Funken in den Himmel und lassen tagsüber dichte Rauchschwaden aufsteigen.

Im Jahr 246 v. Chr. erobern die Römer die Insel und geben ihr den Namen »Ilva«. Rund 800 Jahre bildet sie nun einen Teil des Römischen Reiches und dessen Nachfolgern – dem Ostgotenreich und Byzanz.

Insel des guten Weins, Wiege der Zivilisation und Kultur

Plinius der Ältere erzählt von der »Insel des guten Weins« und von den vielen Amphoren, die die Schiffe aus Ilva ans Festland bringen. An den schönsten Buchten errichten sich reiche römische Patrizierfamilien ihre zum Teil noch heute erhaltenen Villen, beispielsweise Linguella, Le Grotte und Capo Castello.

Im Mittelalter nutzt die Seefahrerrepublik Pisa die Rohstoffe der Insel. Eisenerz und Granit werden in großen Mengen exportiert. Unter anderem stammen die imposanten Granitsäulen auf der Piazza dei Miracoli in Pisa, im Pantheon und in der Basilika San Paolo in Rom von Elba. Auch sonst prägen die Pisaner das Bild der Insel, indem sie unter anderem beeindruckende Kirchen im

romanisch-pisanischen Stil und auf riesigen Granitblöcken die Torre di San Giovanni in Campo errichten sowie die mächtige Festung von Marciana Marina und die Burg von Volterraio erbauen.
1548 übernimmt Florenz unter der Herrschaft der Medici und Cosimo I. die Macht auf der Insel. Unter ihrer Führung erblüht vor allem der Hauptort Portoferraio mit neuen Befestigungsanlagen, die beispielgebend für die Militärarchitektur der Zeit werden. Die Harmonie zwischen Meer, Land und Architektur ist derart perfekt und einzigartig, dass Cosimo I. den Ort gleich »Cosmopoli« tauft, »die Wiege der Zivilisation und Kultur, ein Beispiel von Ausgeglichenheit und Rationalität«. Die Spanier besetzen bald darauf Porto Azzurro und teilen sich einige Zeit lang die Macht auf der Insel mit Florenz. Sie erbauen die mächtige Festung San Giacomo, die heute noch als Gefängnis das Ortsbild dominiert sowie das herrlich gelegene Heiligtum Santuario di Monserrato.

Napoleon Bonaparte, der »wichtigste Herrscher«

Im 18. Jahrhundert strecken Österreich, Deutschland, England und Frankreich ihre Fühler nach der Insel aus. Diese wird schließlich im Vertrag von Fontainebleau am 11. April 1814 als Fürstentum mit »souveränem Besitz und Hoheitsrecht« Napoleon Bonaparte zugesprochen. Napoleon landet am 4. Mai 1814 auf der Insel und wird für die Geschichtsschreibung zu deren »wichtigstem Herrscher«. In den neun Monaten und 23 Tagen seiner Herrschaft nimmt er wichtige Reformen in Angriff, baut Straßen, erneuert den Bergbau und fördert den Weinbau. Am 28. Februar 1815 kehrt er nach Frankreich zurück. Auf der Insel zeugen noch zwei Residenzen von Napoleons Aufenthalt: die Palazzina dei Mulini und die Villa di San Martino. Sie sind heute Museen und Pilgerstätten, die Tausende von Besuchern anziehen.

Der Wiener Kongress übergibt Elba bei der Neuordnung Europas dem Herzogtum Toskana, mit dem die Insel 1860 im vereinten Königreich Italien aufgeht. Der Eisenerzabbau und die Stahlindustrie werden wieder angekurbelt und entwickeln sich zum wirtschaftlichen Haupterwerbszweig. Im Zweiten Weltkrieg setzen Bombenangriffe – zuerst vonseiten der Deutschen, dann von den Amerikanern – der Insel schwer zu. In den 1960er-Jahren werden die ersten Weichen für den aufkommenden Tourismus gestellt, heute mit großem Abstand der Wirtschaftsfaktor Nummer eins auf Elba. 1982 wird die letzte Eisenmine geschlossen und 1998 der Parco Nazionale Arcipelago Toscano gegründet.

Blick auf den Forno-Strand in der Biodola-Bucht.

Faszinierende Blütenpracht mit Meeresblick auf Elba (unten). Frisch gefischt: Einladung zum Mittagessen (ganz unten). Am Strand von Marina di Campo (rechte Seite oben). In Capoliveri werden Meeresfrüchte serviert (rechte Seite unten).

Portoferraio, die Stadt Cosimos I.

Portoferraio hat 12 000 Einwohner und ist der Hauptort der Insel. Fabricia unter den Römern, Ferraia im Mittelalter, Cosmopoli (Stadt Cosimos I. und Stadt des Kosmos) unter Florenz – die Namen der Stadt sind so wechselvoll wie ihre Geschichte. Noch heute prägen die florentinischen Befestigungsanlagen mit den stattlichen Mauern aus dem 15. Jahrhundert das Stadtbild des wichtigsten Hafens von Elba. Vom Hafen ausgehend beginnen die Militäranlagen mit der Porta a Terra und der Bastion Palle di Sotto. Danach beeindruckt der Fronte di Terra oder d'Attacco mit seinen verschiedenen Ebenen, vielen Tunnels und zwei Pulverlagern. Ihm schließt sich der Forte Falcone an. Von hier aus ist es nicht weit bis zur Casa Napoleonica, der Palazzina dei Mulini. Napoleons ehemalige Residenz ist heute Museum, das zahlreiche persönliche Besitztümer des Herrschers präsentiert. Weiter geht es nun hinauf zum Forte Stella mit dem Leuchtturm und einer herrlichen Aussicht. In der Via Napoleone wartet die sehenswerte Pinacoteca Foresiana mit beachtlichen Kunstschätzen aus dem 16. bis 19. Jahrhundert. An der Piazza della Repubblica stehen der Dom aus dem 16. Jahrhundert und der Palazzo Comunale – die ehemalige Großbäckerei wird auch »Biscotteria« genannt. Über die Porta a Mare geht es zurück zum Hafen. Linker Hand befindet sich die Fortezza della Linguella mit dem Archäologischen Museum.

Von Portoferraio nach Marina di Campo

Wir verlassen Portoferraio in Richtung Westen. Sechs Kilometer außerhalb in Richtung Procchio steht die Villa Napoleonica di San Martino, die 1814 erbaute Sommerresidenz Napoleons. Biòdola und Procchio laden mit ihrem Golf und ihren weitläufigen Sandstränden zum Badeurlaub ein. Der Charakter der einstigen Fischerdörfer ist schon längst dem Charme der Touristenzentren gewichen. Der Badeort Marciana Marina bietet längs der halbkreisförmigen Strandpromenade bunte Unterhaltung, viele Einkaufsmöglichkeiten und den einzigen zugänglichen Hafen des westlichen Teils der Insel. Die runde Torre Pisana aus dem 12. Jahrhundert wacht über die Hafenzufahrt.

Die Fahrt durch dichte Kastanien- und Eichenwälder hinauf zu den Bergdörfern Poggio und Marciana gibt den Blick frei auf den Monte Capanne, Elbas höchsten Gipfel. Beide Ortschaften haben sich zu beliebten Sommerurlaubsorten in herrlicher Lage gemausert. Von Marciana, das schon unter Pisa eine wichtige Militärstation ist, fährt eine Seilbahn auf den Monte Capanne. Ein Spa-

zierweg von knapp 40 Minuten führt zum mittelalterlichen Santuario della Madonna del Monte. Es steht in 627 Metern Höhe in einer wichtigen archäologischen Zone mit herrlichem Panoramablick. Im Archäologischen Museum im Palazzo Pretorio in Marciana sind wertvolle Fundstücke aus der Gegend ausgestellt.
Über eine atemberaubende Küstenstraße geht die Fahrt rund um den Monte Capanne, dem wilden Westen der Insel, vorbei am Badeort Sant'Andrea weiter bis zur äußersten Westspitze der Insel, der Punta Nera. Herrliche Sandstrände wechseln sich hier mit felsigen Klippen und romantischen Buchten ab. Ausnehmend schön sind die Strände von Fetovàia und Seccheto, von wo aus einst die Granitblöcke aus den nahe gelegenen Steinbrüchen verschifft wurden, und von Càvoli. Das moderne Badezentrum Marina di Campo liegt in der einzigen Ebene der Insel am gleichnamigen Golf.

Von Portoferraio nach Porto Azzurro und Rio Marina

Der Weg Richtung Osten führt von Portoferraio aus vorbei an Weinbergen und Olivenhainen in die fünf Kilometer entfernte Ortschaft Le Grotte. Dort befinden sich die Reste einer 2000 Jahre alten römischen Patriziervilla. Auf der Strecke zum Bergdorf Rio nell'Elba kann man die Ruine der unbezwingbaren pisanischen Rocca del Volterraio aus dem 12. Jahrhundert sehen.
Porto Azzurro zählt zu den meistbesuchten Badeorten der Insel. Mit seiner glitzernden Bucht und seinem kleinen Hafen ist er eine wahre Bilderbuchschönheit. Die von den Spaniern um 1600 erbaute grandiose Fortezza di San Giacomo di Longone dominiert die Ortschaft.
Capoliveri thront auf einer Anhöhe über den zauberhaften Sandstränden Innamorata und Straccoligno und hat sich vom einstigen Bergbaudorf zu einem hübschen Ferienort entwickelt. Der Badeort Rio Marina schließlich stand lange im Mittelpunkt der Eisenerzindustrie und bietet heute ein sehenswertes Bergbau- und Mineralienmuseum.
Zum Abschluss der Rundreise: Schwimmen, Tauchen und Schnorcheln, Segeln, Windsurfen und Kajakfahren in den kristallklaren Wassern an den zahlreichen Stränden der Insel, Wandern, Trekking, Mountainbike, Freeclimbing, Paragleiten und Pferdeausritte im reizenden Hinterland – Elba hat ohne Zweifel für jeden Geschmack und für jedes Bedürfnis viel zu bieten.

STELL- UND CAMPINGPLÄTZE

CAMPING VILLE DEGLI ULIVI

Via della Foce, 89, 57034 Marina di Campo LI, villedegliulivi.it, GPS: 42.751957, 10.245211. Einer von vielen Campingplätzen auf der Insel, die alle einen ähnlichen Standard bieten. Große Anlage mit Swimmingpool und Restaurant. Der Strand ist nur wenige Gehminuten entfernt.

CAMPING LIDO

Loc. Lido di Capoliveri, 57031 Capoliveri LI, elbacampinglido.it, GPS: 42.760662, 10.356060. Klasssischer Campingplatz am Südufer der Insel mit direktem Zugang zum Strand in einer schönen Bucht.

TOP ★ ERLEBNISSE

★ DIE KÜCHE ELBAS

Meer und Berge und all die Völker, die über Elba hinweggezogen sind, haben in der Küchentradition der Insel ihre Spuren hinterlassen. Die Küche Elbas ist in ihren Ursprüngen eine arme Küche – aber mit einer unbeschreiblichen Vielfalt und mit kräftigem Geschmack. An der Ostküste finden wir orientalische Einflüsse wie die schiaccia con i fichi secchi, einen flachen Kuchen mit getrockneten Feigen. Die Spanier steuern die sburrita mit Stockfisch und den Gemüseeintopf gurguglione bei. Für Napoleon wurde das Fischgericht cacciucco aufgetischt. Die Fischküche überzeugt mit toskanischen Spezialitäten wie polpo lesso (Krake) oder zerri fritti (kleine Meeresfische aus der Familie der Centracanthidae). Cardanello (geschmorte Innereien der Ziege), fegatelli (gebratene Schweineleber) und frittata dell'orto (Omelette mit Gemüse) finden wir im Landesinneren der Insel.

★ EINKEHRTIPPS

Ristorante La Bussola, Via Cairoli 2, Portoferraio, ristorantelabussolaelba.it
La Tavernetta, Via a. Vitaliani 42/44, Porto Azzurro, Tel. 0565 951 10

WEITERE INFORMATIONEN
elba-online.com, virtualelba.it

55 BUNTE INSEL, BLAUES MEER – GIGLIO

Ziegen oder Lilien?

Die Isola del Giglio ist ein zauberhaftes Eiland, in dessen mildem Klima vor allem im Frühling ein Meer von Wildblumen gedeiht. Dazu passt, dass sich sein Name mit »Lilieninsel« übersetzen lässt – obwohl er eigentlich auf dem altgriechischen Wort für »Ziege« beruht. Doch egal, ob Blume oder Herdentier: Giglio ist eine facettenreiche kleine Welt mit Charakter, die jederzeit einen Besuch lohnt.

Dass zur Toskana neben dem beliebten Reiseziel Elba noch sechs weitere Inseln gehören, ist vielen Urlaubern nicht bewusst. Die Isola del Giglio, 18 Kilometer vor dem Festland gelegen, nimmt im Toskanischen Archipel den zweiten Rang ein, was Größe, Bekanntheitsgrad und Besucherzahlen betrifft. Man erreicht sie mit der Fähre von Porto Santo Stefano auf der Halbinsel Monte Argentario aus.

Mondänes Ferienparadies

Der 635 Meter hohe Monte Argentario war einst selbst gänzlich von Wasser umgeben, später bildeten vom Fluss Albegna angespülte Sedimente mehrere Verbindungen zum Festland, über die seit 1824 auch eine Straße führt. Die beiden Orte Porto Santo Stefano und Porto Ercole sind vor allem in den Sommermonaten sehr gut besucht. Mit ihren Jachthäfen, Luxusherbergen und Edelrestaurants haben sie sich in den vergangenen Jahrzehnten als äußerst beliebte Urlaubsdestination der italienischen High Society etabliert. In der Hochsaison gilt auf den Uferpromenaden uneingeschränkt die Parole »sehen und gesehen werden«, in den Hafenbecken lassen sich elegante Segler und schnittige, mit allen Extras ausgestattete Motorboote bestaunen.

Die Fähren vom Festland legen in Giglio Porto an (unten). Blick auf die wuchtigen Mauern von Castello (rechte Seite oben). Die hübschen bunten Häuser von Giglio Porto (rechte Seite unten).

Eine Welt für sich

Mit der Überfahrt auf die von etwa 1400 Menschen bewohnte Isola del Giglio lässt man den größten Teil des Festlandtrubels hinter sich. Der 21 Quadratkilometer große Granitfels, der bis zu 498 Meter aus dem türkisblauen Wasser des Tyrrhenischen Meeres ragt, bildet einen Mikrokosmos mit malerischen kleinen Badebuchten, einsamen Wanderpfaden inmitten einer üppigen Pflanzenwelt und drei sehenswerten Ortschaften, die von individuellem Flair und einer jeweils eigenen Mentalität geprägt sind. Die Fähre legt in Giglio Porto an, einem hellen und freundlichen Hafenstädtchen. Seine Einwohner nennen sich »Portolani« – in Abgrenzung zu den seit jeher im Inselinneren ansässigen »Gigliesi«. Die Vorfahren der »Portolani« sollen eingewanderte Süditaliener gewesen sein. Aus der alten Heimat haben sie vielleicht auch die Verehrung für den Schutzpatron Giglios, den heiligen Mamilianus von Palermo, mitgebracht. Es heißt, er habe maßgeblich zum Wunder des 18. November 1799 beigetragen, als die tapfere Inselbevölkerung einen Piratenüberfall der Sarazenen abwehren konnte.

Von Giglio Porto schlängelt sich die Straße hinauf zum Hauptort der Insel, nach Castello. Seinen mittelalterlichen Charakter erhält dieser nicht nur durch die Stadtmauer aus dem 12. Jahrhundert, die dahinterliegenden engen Gassen und uralten Steinhäuser, sondern auch durch die stolz über allem thronende Festung Rocca aldobrandesca. Von Castello aus lassen sich herrliche Wanderungen mit grandiosem Meerblick durch die duftende Macchia und vorbei an steilen Weinbergen unternehmen. Deren Erzeugnis, der kräftige weiße »Ansonaco«, wird nur auf der Insel ausgeschenkt. Im Nordwesten, in der Bucht von Campese, liegt die gleichnamige jüngste Ortschaft Giglios. Früher wurde hier in einem Bergwerk von bis zu dreihundert Arbeitern Pyrit abgebaut und am wunderschönen Sandstrand über eine Seilbahn direkt auf Schiffe verladen. Inzwischen zieht die Bucht ausschließlich Badegäste an, Liegestühle und Sonnenschirme in Reih und Glied sorgen während der Saison für die typisch italienische Bagno-Atmosphäre.

Wechselvolle Geschichte

Giglio blieb von der turbulenten Geschichte Italiens nicht unberührt. Bereits die Etrusker und die Römer siedelten auf der Insel, die später nacheinander von Stadtstaaten wie Perugia, Pisa und Florenz beherrscht wurde. 2012 sorgte Giglio weltweit für Schlagzeilen, als das Kreuzfahrtschiff »Costa Concordia« in unmittelbarer Nähe auf Grund lief und kenterte. Heute erinnert eine Gedenktafel an die 32 Menschen, die bei dem tragischen Unglück ums Leben kamen.

STELL- UND CAMPINGPLÄTZE

CAMPEGGIO BAIA DEL SOLE

Via di Campese, 58012 Giglio Campese GR, campeggiobaiadelsole.com. GPS: 42.373653, 10.883499. Der einzige Campingplatz der kleinen Insel befindet sich im Nordwesten des Eilands und ist terrassenförmig am Hang gebaut. Eine Reservierung ist hier zwingend erforderlich, da es keine Alternative gibt. Schöner Ausblick von fast allen Parzellen aufs Meer.

TOP ★ ERLEBNISSE

★ GIGLIO FEIERT!

Jedes Jahr um den 10. August, den Laurentiustag, wird in Giglio Porto ein mehrtägiges Spektakel veranstaltet. Zum Festprogramm gehören neben Gottesdiensten und Prozessionen auch Konzerte, Spiele und Wettbewerbe. Unbestrittener Höhepunkt der Feierlichkeiten ist jedoch der Palio Marinaro, eine traditionelle Ruderregatta, bei der die drei Stadtteile gegeneinander antreten.

★ TAUCHPARADIES

Die geschützte Meereslandschaft rund um die Insel bietet Reviere für erfahrene Taucher, aber auch günstige Bedingungen für Anfänger. Interessenten melden sich am besten bei einem der vielen Anbieter vor Ort für eine Bootstour oder einen Tauchkurs an.
zeromenodivingcenter.it
internationaldiving.it

★ LEUCHTTURMROMANTIK

An der Punta Fenaio im äußersten Norden Giglios wurde ein Leuchtturm aus dem 19. Jahrhundert zu einem Luxusresort umgestaltet. Da keine Straße dorthin führt, werden Gäste in Giglio Porto per Jeep oder Boot abgeholt.
farodipuntafenaio.it

WEITERE INFORMATIONEN

giglioinfo.it
Fährverkehr von Porto Santo Stefano täglich zwischen 6 und 19.30 Uhr, Mitnahme des eigenen Autos teuer und wegen der guten Busverbindungen auf der Insel unnötig.

Die Regionalhauptstadt Umbriens zeigt eine kompakte Urbanität auf etruskisch-römischen Grundmauern (oben). Besonders ansehnlich ist dieser Abschnitt der Via Appia, der als Treppengasse den Ortskern durchzieht (rechte Seite unten). Die berühmte Keramik findet man natürlich auch in Souveniergeschäften (rechte Seite oben).

56 EINE DER BELIEBTESTEN STUDENTENSTÄDTE ITALIENS – PERUGIA

Spätestens zum Umbria Jazz in die Stadt Peruginos

Wenn sich beim Jazz-Festival das historische Zentrum auf dem Tuffplateau mit begeisterten Menschen aus aller Welt füllt, dann ist die ganz große Zeit des modernen Perugia. Unter Kunstkennern ist Perugia die Stadt des Malers Perugino, unter jungen Menschen eine der beliebtesten Studentenstädte Italiens, die sich in der alten und doch quirligen Metropole Umbriens besonders wohlfühlen.

Knapp 167 000 Einwohner groß, unterteilt in historische Oberstadt auf dem hohen Plateau und neuere Unterstadt. Oben verteidigten schon die Etrusker einen ihrer wichtigsten Stadtstaaten in strategisch günstiger Lage, hinterließen im Tuff darunter Gänge und geheimnisvolle Bauten, die sich das heutige Perugia zunutze macht als Verbindung von unten und oben, mit raffiniert eingebauten Rolltreppen. Etrurien, Rom (ab 310 v. Chr. als Perusia), Gotik und Renaissance haben in der Hauptsache ihre Spuren in dieser schönen Stadt hinterlassen, die mächtige Stadtmauer stammt aus dem Mittelalter. Heute prägen junge Gesichter Perugia, Studenten aus aller Welt lieben ihre Università Italiana per Stranieri, die Ausländeruniversität.

Perugia wurde von den Etruskern auf zwei Hügeln erbaut, dem Colle Landone südlich und dem Colle del Sole nördlich des Domes, die sie durch Aufschüttung miteinander verbanden. Von dem neu geschaffenen Hügelrücken gehen Grate aus, die den besonderen Reiz der Peruginer Straßenzüge ausmachen. Von der Piazza Partigiani führt eine aufregende Rolltreppe durch die Rocca Paolina (vom Renaissance-Baumeister Antonio da Sangallo d. J., 1540) zu den Giardini Púbblici, und hinter der Piazza Italia befindet man sich schon auf dem Corso Vannucci im Zentrum.

STELL- UND CAMPINGPLÄTZE

WOHNMOBILSTELLPLATZ PERUGIA

Via Campo di Marte, 06124 Perugia PG, GPS: 43.098353, 12.383243. Einfacher Wohnmobilstellplatz am Stadtrand. Strom sowie Ver- und Entsorgung vorhanden. Große Fläche bestehend aus Asphalt und Rasengittersteinen neben einem Parkplatz.

Am Corso des Malers Pietro Vannucci ...

... den man eher als Perugino (1446/7–1523) kennt, könnte man sich länger aufhalten, nicht nur, weil die Cafés mit ihren weit vorgeschobenen Tischen so einladend sind, sondern weil es hier außer der großartigen Galleria Nazionale dell´ Umbria mit vor allem umbrischen Kunstwerken zwei kunsthistorische Juwele zu bewundern gibt, klein, aber sehr fein: Das Nobile Collegio del Cambio (1452–1457) der Geldwechsler-Zunft besticht durch handwerklich perfekte Intarsien und Bilder. Perugino zeigte hier alle damals bekannten Perspektive-Tricks. An der rechten Wand hat sich Peruginos Schüler Raffael, der hier mitgewirkt hatte, als Daniel (3. von links) verewigt, und sein Meister gegenüber, an der roten Malerkappe zu erkennen. Im Collegio della Mercanzia (1390), der Zunft der Kaufleute und Händler nebenan, erkennt man über der Holzkanzel, welche Tugenden für den Berufsstand nötig waren – das rechte Maß sowie Gerechtigkeit, Klugheit und Tapferkeit.

Pochendes Herz Piazza IV Novembre

Vor der Kathedrale steht die dreischalige Fontana Maggiore (1275–1278), groß und von Nicola und Giovanni Pisano großartig skulptiert mit Motiven aus dem Alten Testament, mit Monatsbildern und bäuerlichen Szenen sowie dem Greif als Wappentier Perugias. Es handelt sich um den ersten öffentlichen Brunnen, der auch eine echte Funktion hatte: Er markierte das Ende der Wasserleitung in die Stadt.

Die Kathedrale San Lorenzo (14./15. Jh.) zeigt sich zum Platz hin von ihrer schönsten – südlichen – Seite rosa und weiß als Pendant zum Priorenpalast gegenüber (mit großzügiger Freitreppe und dem großen Greif als Machtsymbol). Die innen recht düstere, dreischiffige Hallenkirche besitzt ein schönes Chorgestühl von Giuliano da Maiano und Domenico del Tasso (1486–1491) und rechts vom Südeingang ein prunkvolles Tabernakel in der Kapelle des Heiligen Ringes für den legendären Verlobungsring Mariä, den die Peruginer im toskanischen Chiusi 1473 geraubt hatten. Mittelalter pur erlebt man in den engen Gassen hinter der Kathedrale. Städtebaulich großartig ist das gestelzte Aquädukt entlang der Via Appia nach Nordwesten. An der nahen Piazza Piccinino, einen Steinwurf nach Nordosten aber, sollte man den Pozzo Etrusco anschauen. Er wurde in bester Ingenieursbaukunst im 3. Jahrhundert v. Chr. an der höchsten Stelle der Stadt in 477 Metern Höhe tief in den Felsen gegraben und raffiniert mit akkurat gehauenen Steinen befestigt.

TOP ★ ERLEBNISSE

★ WEINORT TORGIANO

Etwa zehn Kilometer südlich von Perugia lockt Torgiano auf einem 219 Meter hohen Hügel mit Kastell und Mauerring. Ein paar Häuser und Paläste aus dem Mittelalter und der Renaissance bilden einen hübschen Rahmen für das zum Weinort avancierte Dorf. Dank der ausgedehnten Weingüter der Winzerfamilie Lungarotti wird es als Zentrum der berühmtesten umbrischen Rotweine bezeichnet. Mit Weinmuseum.

★ TOLLE LOCATIONS

Zu einem wundervollen Aufenthaltsort haben die Lungarotti Torgiano zudem durch die Osteria del Museo, den Kunsthandwerksladen La Spole sowie das Hotel Tre Vaselle gemacht. Also übernachten, ausgiebig im Spa verwöhnen lassen, fein speisen und bestes Kunsthandwerk erwerben – und natürlich Wein. Schon die Homepage macht Lust darauf: 3vaselle.it/en/le-3-vaselle-resort-spa

★ KERAMIK-LAND

Umbrien ist berühmt für seine Keramiken, ob Fliesen oder Kunstgegenstände, schöne Schalen, Lampen, auch wundervollen Schmuck. Eine gute Adresse in Perugia ist die Materia Ceramica in der Via dei Priori 70, Tel. 075 573 02 52, materiaceramica.com

WEITERE INFORMATIONEN

InfoPoint Porta Nova, Viale Pietro Conti, Tel. 075.5058540

57 DIE STADT DES HEILIGEN FRANZISKUS – ASSISI

Eine Atmosphäre, die jeden gefangen nimmt

Man muss nicht religiös sein, um Assisi auf Anhieb ins Herz zu schließen. Die historische Stadt mit der Franziskus-Grabkirche am Steilhang und der Festungsruine darüber verheißt stimmungsvolle Spaziergänge und überraschende Entdeckungen. Außerdem interessantes Kunsthandwerk und eine hervorragende Gastronomie im Herzen der oftmals von Erdbeben erschütterten Region Umbrien.

Assisi ist immer eine Reise wert, außer um den 4. Oktober herum, dem Todestag des Heiligen, um den sich alles in Assisi dreht – Franziskus, kurz Franz von Assisi, italienisch Francesco. Dann scheint ganz Italien und ein paar weitere Europäer auch, nach Assisi zu strömen, in Italiens zweites religiöses Zentrum nach dem Vatikan.

Von der Rocca den Überblick gewinnen

Von der romantischen Rocca Maggiore bekrönt, liegt Assisi auf einer 505 Meter hohen Bergnase zu Füßen des Monte Subasio. Das ist die Erklärung dafür, warum die Grabkirche San Francesco auf so hohen Stützkonstruktionen ruht, was sie noch gewaltiger erscheinen lässt. Von der Rocca Maggiore (ab 1174) aus, die mit der jüngeren Rocca Minore durch einen Geheimgang verbunden war und unter anderem den jungen Friedrich II. zu Gast hatte, noch durch eine Mauer vereint ist, könnte man es gar mit der Angst bekommen, sie könnte doch noch eines Tages ins Tal abrutschen.

Wie auf dem Reißbrett liegt einem die schöne mittelalterliche Stadt zu Füßen, man erkennt, dass sie auf Terrassen parallel zueinander errichtet wurde, weshalb sich die Hauptgasse in Schlangenlinien durch den Ort zieht. Leicht auszumachen sind zahlreiche weitere Kirchen, darunter der Dom sowie wichtige profane Bauten wie der hohe Stadtturm am Palazzo del Capitano del Popolo. Zwischen den Schlangenlinien der

Obwohl am Ortsrand stehend, bildet die Franziskanerkirche das religiöse Zentrum Assisis, zu dem nicht nur Gläubige streben (unten). Doch die Kathedrale San Rufino befindet sich wirklich mitten in der Stadt, San Rufino (rechte Seite).

Hauptgasse durchschneiden enge Treppengassen das scheinbare Gewühl und verbinden oben und unten – nichts für Gehfaule also. Den Einwohnern von Assisi (knapp 28 400) macht das offensichtlich nicht viel aus, man sieht sie schon frühmorgens meist schnellen Schrittes durch ihre Stadt ziehen.

Die Rocca Maggiore überragt Assisi und bietet sich auch als Aussichtsbalkon an (unten). Durchgang in der Altstadt zwischen der Via San Rufino und der Via Galeazzo Alessi (ganz unten). In die Wälder bei Chiusi La Verna zog sich der Heilige Franziskus zurück (rechte Seite oben). Altar der Kapelle Eremo delle Carceri (rechte Seite unten).

San Francesco von oben nach unten

Unmöglich, bei der Beliebtheit und Bedeutung Assisis als religiöses Zentrum, die Stadt für sich in Ruhe zu genießen? Weit gefehlt! Morgens zwischen sechs und acht Uhr ist das möglich, dann sind schon die meisten kleinen Kirchen und Kapellen für die Gläubigen zum Gebet geöffnet sowie Lebensmittelläden und Caffès, denen ein unwiderstehlicher Kaffeeduft entströmt. Oder gegen Abend, wenn die Touristenbusse abgefahren und die letzten warmen Sonnenstrahlen auf die rosafarbene Travertin-Pracht fast aller Gebäude fallen, sie in ein unwirkliches, violettes Licht tauchen – dann ist Assisi am schönsten, ja, das Herz berührend.

Da sie ausnahmsweise nach Südosten gerichtet ist, leuchtet die Fassade der Grabkirche San Francesco daher schon morgens früh und lockt umso mehr zur Besichtigung oder stillen Andacht. Kaum ein anderes Gotteshaus Italiens ist in Architektur und Ausstattung, vor allem der besten Künstler ihrer Zeit, so aufwendig. Fast möchte man die Doppelkirche als Kunstbuch der Spätromanik und Frühgotik bezeichnen. Am 25. Mai 1230 wurden die sterblichen Überreste des Heiligen Franziskus (1182–1226) in der Unterkirche beigesetzt, doch sie wurde erst 1235 und wieder 1253 geweiht, dann bereits zusammen mit der Oberkirche. Durch sie betritt man den sakralen Komplex, der als Ganzes erst im 15. Jahrhundert vollendet wurde. Und wird gleich gefangen genommen vom Freskenzyklus Giottos (oder nicht Giottos? Genau weiß man es nicht), der in der Sockelpartie des Langhauses in 28 Bildern, bühnenhaft und mit schlichten Gebärden die Lebensgeschichte des Franziskus, seine Wunder als Tatsache erzählt – von aller Welt seit Jahrhunderten bewundert. Im Vierungsbereich hat sich Cimabue 1280 verewigt mit Gewändern und Haltung in der »Kreuzigung«, der »Mariengeschichte« und der »Apokalypse«, die noch ganz im Byzantinischen behaftet sind, während Gesichter, Arme und Beine lebensnah und plastisch sind. In der gedrungenen Unterkirche, der eigentlichen Grabkirche, herrscht überall Prunk – eigentlich ein Widerspruch zum Leben und Wirken des Franziskus! Kein Bogenfeld, keine Wand oder Gewölbezone ohne Fresken, ohne ein Stück des Bilderbuches, an dem vom 13. bis zum 15. Jahrhundert alle damals bedeutenden Künstler gearbeitet hatten: Pietro Lorenzetti

(Passionsgeschichte), Simone Martini (Martinskapelle) und ein unbekannt gebliebener Maler, den man daher als »Franziskus-Meister« bezeichnet, der vielleicht zusammen mit Cimabue die Leidensgeschichte Christi (rechte Seite) und die Lebensstationen des Franziskus (linke Seite) in bewegten Bildern darstellte.

Römisches Forum mittendrin, Mittelalter drum herum

Eigentlich ist Assisi aus einer umbrischen Siedlung als römisches Asisium, nach 89 v. Chr. römisches Munizipium, entstanden. Eindrucksvolle Reste findet man um die heutige Piazza del Comune herum, die auf dem römischen Forum erwachsen ist. Die Kirche Santa Maria sopra Minerva entstand, wie der Name andeutet, 1539 »sopra«, also über dem römischen Minerva-Tempel aus dem 1. Jahrhundert v. Chr., mit seinen sechs korinthischen Säulen eingezwängt zwischen Rathausturm und einem Wohngebäude mit rohem Mauerwerk. Ein schönes Miteinander, das man in Assisi vielfach findet. Aber der Gesamteindruck ist mittelalterlich, mit sehr menschlichen Dimensionen, immer wieder gotisch zugespitzte Fensterlaibungen, enge Gassen, die sich durchschlängeln und durch querende Treppengassen verbunden sind. Man muss gut zu Fuß sein für eine gründliche Stadterkundung, kann aber auch die Minibusse benutzen.

Wo Franziskus befohlen wurde, die Kirche zu erneuern

Auf halber Höhe erhebt sich der Duomo San Rufino (ab 9. Jh. und wieder 1134–1228), San Franziskus ist ja »nur« die Grabkirche, was manche Besucher zu übersehen scheinen. Hier sollen Franziskus und seine Schwester Klara (der eine eigene Kirche in Assisi geweiht ist, Santa Chiara) getauft worden sein. Um auf den Spuren des Heiligen zu bleiben, muss man auch in die Unterstadt und San Damiano einen Besuch abstatten, wo Franziskus 1205 dreimal eine Stimme gehört haben soll, die ihn aufforderte, die Kirche wiederaufzubauen – ob als Gebäude oder als geistige beziehungsweise geistliche Erneuerung. Das Kloster mitten im Olivenhain birgt in sich die kleine, verrußte, tonnengewölbte Kapelle mit der gemalten Kopie des »sprechenden« Kruzifix – das Original wird in Santa Chiara in der Oberstadt aufbewahrt. Es ist ein schöner Spaziergang, zur Porta Nuova im Südosten hinaus.

STELL- UND CAMPINGPLÄTZE

WOHNMOBILSTELLPLATZ ALL'ANTICA MATTONATA

Via Francesca, 2, 06081 Assisi PG, allanticamattonata.com, GPS: 43.065751, 12.598504. Privater Stellplatz am Hof eines Bed and Breakfasts. Ruhige Lage und schöner Ausblick auf Assisi, aber ohne Sanitäreinrichtung.

CAMPING FONTEMAGGIO ASSISI

Via Eremo delle Carceri, 24, 06081 Assisi PG, fontemaggio.it/camping, GPS: 43.066164, 12.630604. Am Hang gelegener Campingplatz mit Restaurant und idealer Lage für einen Besuch von Assisi zu Fuß. Aber auch Wandermöglichkeiten auf den benachbarten Monte Subasio mit tollem Panorama direkt ab dem Platz.

TOP ★ ERLEBNISSE

★ HIER »KERKERTE« SICH FRANZISKUS EIN

Nur vier Kilometer von Assisi entfernt, in 791 Metern Höhe, hatte sich der »Poverello«, der Arme, wie man Franziskus nannte, der seinem reichen Elternhaus den Rücken kehrte, um den Armen zu dienen, seit 1205 immer wieder zum Gebet zurückgezogen. Eremo delle Carceri, die Einsiedelei der Kerker, heißt der Ort inmitten eines dichten Eichenwaldes am steilen Hang des Monte Subasio, der damals nur aus Grotten und kleinen Kapellen bestand. Der heilige Bernhardin von Siena ließ daraus im 15. Jahrhundert ein Kloster bauen.

★ BEI FRANZISKUS ZU HAUSE

Nicht nur Pilger finden in einem franziskanischen Hotel eine nach gründlicher Renovierung komfortable Unterkunft, nämlich gleich hinter der Basilica di Santa Maria degli Angeli in Porziuncula, also unterhalb von Assisi, in der Domus Pacis Assisi, domuspacis.it

WEITERE INFORMATIONEN
Assisi: Piazza del Comune 22, Tel. 075/8138680, guide.umbriaonline.com, visit-assisi.it (Assisi)
eremodellecarceri.it (Carceri)

Die Basilika di San Francesco, hier abendlich angeleuchtet, gehört zu den sieben ranghöchsten katholischen Kirchen.

Urbino wirkt so kompakt, als sei die Stadt in einem Zug errichtet worden (oben). Urbino aus der Vogelperspektive (rechte Seite unten). Blick auf das imposante Castello di Gradara (rechte Seite oben).

58 IM SCHATTEN DES PALAZZO DUCALE – URBINO

Eine urbane Schönheit thront auf ihrem Hügel

Zwar wurde die Stadt bereits von den Umbrern gegründet und von den Etruskern und Römern ausgebaut – doch ihr trutziges Aussehen auf einer Hügelkuppe verdankt sie der Renaissance unter dem mächtigen Federico da Montefeltro. Aus der dichten urbanen Baumasse scheint der Palazzo Ducale mit seinen Türmen und Kuppeln hinauszuwachsen.

Die einen halten den Palazzo Ducale für den schönsten überhaupt, die anderen für ein Konglomerat von architektonischen Bestandteilen. Keiner würde aber behaupten, man könne auf einen Besuch in Urbino verzichten. Federico da Montefeltro (1422–1482), der mit der Hakennase, hat die Stadt ganz nach seinen Ideen umgestaltet, zu einer »idealen Stadt« der Renaissance gemacht. Alle Porträts des Condottiere und Fürsten Federico da Feltro zeigen nur seine linke Seite, denn seine rechte wurde bei einem Reitturnier verunstaltet: Er verlor sein rechtes Auge und sein Nasenbein wurde zertrümmert. Als Condottiere, Söldner, zog er im Auftrag verfeindeter europäischer Staaten in den Krieg und häufte ein riesiges Vermögen an, doch gegen seinen Intimfeind, die benachbarten Malatesta, kämpfte er aus eigenem Antrieb. Aber am Ansehen als großer Humanist und Fürst der Renaissance, der alle bedeutenden Künstler, Denker und Naturwissenschaftler seiner Zeit an seinen Hof zog, ist wohl nicht zu rütteln. Er machte aus Urbino eine Wiege der Renaissance, vergleichbar mit Florenz. Und: Im Urbino seiner Zeit lebten genauso viele Menschen wie heutzutage – knapp 15 000.

Von der Kunstsammlung der Marken ...

Urbino will entdeckt werden, und bei dem wegen der Hügellage unausweichlichen Auf und Ab muss man einige Kondition mitbringen. Auch im Palazzo Ducale, dem wichtigsten Ziel aller Besucher, heißt es wieder Treppen steigen, um sowohl die offiziellen Räume rund um den von Arkaden umstandenen

STELL- UND CAMPINGPLÄTZE

AGRITURISMO PRONTO CAMPI

Via Ca' Cicoccia, 3/5, 61029 Urbino PU, prontocampi.nl, GPS: 43.765704, 12.602340. Der einzige wirklich schöne Campingplatz in der Umgebung von Urbino, auf dem man sich wohlfühlt und warmherzig empfangen wird, wird von Niederländern betrieben. Mit einem Swimmingpool und großzügigen Parzellen bietet er alles, was man sich wünscht. Nur Urbino selbst ist relativ weit weg, doch den dortigen Stellplatz und den Campingplatz sollte man besser nicht ansteuern.

Innenhof als auch die privaten Gemächer der fürstlichen Familie zu besichtigen; die Treppe zu bewundern, die Vasari für die edelste seiner Zeit hielt, und die Fülle der Kunstwerke der Galleria Nazionale delle Marche wenigstens zum Teil zu durchstreifen auf der Suche nach Highlights wie der »Città Ideale« eines nicht gesicherten Malers, Raffaels ans Herz gehendes trauriges Bildnis einer Edeldame, »la Muta« (1507/8), die Stumme, oder Piero della Francescas »Madonna di Senigallia« (1474). Schwerpunkt der Galerie sind logischerweise Werke aus der Renaissance, eben der Zeit Federicos da Montefeltro.

... zum Geburtshaus Raffaels

Nach der Pracht und Kunst fast eine Erholung dürfte der Besuch von Raffaels Geburtshaus in der Via Raffaello 57 sein, heute Museum und Sitz der Raffael-Gesellschaft. Das Haus erwarb Raffaels Vater Giovanni Santi, Humanist und Dichter und ja, auch Maler am Fürstenhof Federicos. Raffael Sanzio (1483–1520) erblickte hier das Licht der Welt und ging hier in die Lehre bei seinem Vater. Im ersten Geschoss um den kleinen Innenhof mit dem Brunnen, an dem die Farben gemischt worden sein sollen, befinden sich in dem Saal mit der Kassettendecke eine »Verkündigung« von Giovanni Santi sowie einige Raffael-Kopien aus dem 19. Jahrhundert wie »Ezechiels Vision«. Nebenan in dem Raum, der als Geburtsstube Raffaels gilt, soll das Fresko »Madonna mit Kind« vom jungen Raffael stammen. Im zweiten Geschoss werden seltene Buchausgaben, Manuskripte etc. aufbewahrt.

Man darf sich von der eher simplen neugotischen Fassade des Oratorio di San Giovanni nicht abschrecken lassen – innen überrascht ein großartiger Freskenzyklus aus der Zeit um 1400 von den Brüdern Lorenzo und Jacopo Salimbeni da San Severino, die als die bedeutendsten Vertreter der Spätgotik in den Marken gelten. Geradeaus wird man magisch angezogen vom Kreuzigungsbild der Apsis mit Christus in der Mitte und beiden Dieben zu seiner Seite. Die rechte Wand wird von der Darstellung des Lebens Johannes' des Täufers eingenommen, die linke zeigt eine »Madonna der Demut«.

Der 1021 begonnene Dom ist die wichtigste Kirche der Stadt, aber nach dem Erdbeben von 1789 wurde er klassizistisch wiederaufgebaut. Er besaß die wunderbare »Pala Votiva di Federico« (1472–1474) von Piero della Francesca, die aber im Zuge der Säkularisierung Napoleons 1811 nach Mailand kam und nun die berühmte Galerie der Brera ziert.

TOP ★ ERLEBNISSE

★ AUSFLUG INS LIEBESNEST VON GRADARA

In Dantes »Göttlicher Komödie«, der Liebesgeschichte zwischen Paolo Malatesta und Francesca da Polenta, spielt das mittelalterliche Castello von Gradara eine romantische Rolle. Heute ist es als Ausflugsziel von der Adria-Küste so wichtig, dass es sogar ganzjährig ein gut funktionierendes Informationsbüro unterhält. Paolos Bruder Gianciotto Malatesta brachte die Liebenden um, die dadurch noch bekannter wurden – so Dantes Geschichte, der eigentlich gern die Wahrheit in dichterischer Form wiedergab. Erwiesen ist sie jedoch nicht.

★ IN URBINO MITFEIERN

Alljährlich im August feiert sich Urbino bei der Festa del Duca selbst. Dann verwandelt sich das historische Zentrum in eine Renaissance-Stadt mit Marktständen, Gauklern und Feuerschluckern. Das Spektakel gipfelt in nachgespielten Kämpfen im Beisein des fürstlichen Hofstaates, alle natürlich in Renaissance-Kostümen.

★ KERAMIKKURSE

Wie Umbrien sind auch die Marken für ihre Keramikkünstler berühmt. Daher werden hier spezielle Keramikkurse angeboten. Informationen dazu unter facebook.com/amicidellaceramica.urbania

WEITERE INFORMATIONEN

turismo.pesarourbino.it; accademiaraffaello.it; gradara.it

59 LAGO TRASIMENO

Wo Hannibal durch eine geniale Umzingelung siegte

Umbriens einziger echter Badesee mit befestigten Dörfern und lieblichen Landschaften ringsum, einer traditionsbewussten Fischerzunft und attraktiven Inseln bietet besondere Aufenthaltsorte für einen Badeurlaub wie für interessante Ausflüge. Naturgeschützt ist der See auch noch.

Eine Rundfahrt um den Lago Trasimeno ist rund 60 Kilometer lang, die schönen Abstecher nicht mitgerechnet. Castiglione del Lago, der wichtigste Ort am Lago Trasimeno, thront sehr hübsch in 305 Meter Höhe auf seinem Felsen, von einer trutzigen, Zinnen gekrönten Mauer beschützt, und ragt wie eine Halbinsel in den See. Schon von Weitem ist die imposante Festung (ab 13. Jh.) Rocca del Leone (Löwenburg) zu sehen, zu deren Füßen dichte Olivenhaine wachsen. Der Palazzo Della Corgna (oder Palazzo Ducale, 16. Jh.) an der Piazza Gramsci besitzt im Inneren sehenswerte manieristische Fresken, u.a. von Pomarancio (nach 1550) mit mythischen Szenen wie »Das Urteil des Paris«.

Im nordwestlichsten Zipfel des Sees geht es bei Borghetto weiter mit der See-Umrundung Richtung Osten. Jetzt heißt es, sich an den Geschichtsunterricht zu erinnern: 217 v. Chr. besiegte hier Hannibal das römische Heer unter Gaius Flaminius (Erbauer der Via Flaminia) in der berühmten Schlacht am Trasimenischen See, einer Umzingelungsschlacht, bei der der schlaue Karthager die Römer im Nebel in einen Hinterhalt lockte.

Auf Hannibals Spuren

Lido di Tuoro-Punta Navaccia ist sozusagen der Landungssteg von Tuoro sul Trasimeno jenseits von Bahnlinie und Superstrada. Das Besondere an der Punta Navaccia (daher der große Parkplatz) ist schon von fern zu erkennen: Campo del Sole, 27 meist hoch aufragende Stelen, halb Architektur im Raum, halb Skulptur, 1985 bis 1987 von Künstlern aus aller Welt spiralförmig angelegt auf einem Gelände mit 44 Meter Durchmesser. Über dem Sandstrand mit Badebetrieb und Bootsverleih gegenüber hockt Tuoro in schöner Lage (309 Meter Höhe) über dem See, wo am Palazzo di Nardo mit Hannibal-Skulptur Wege auf Hannibals Spuren beginnen.

Passignano sul Trasimeno zieht sich vom See einen vorgelagerten Hügel bis in 289 Meter Höhe hoch zur malerischen Ruine seiner Rocca. Das moderne Zentrum zu Füßen des historischen Kerns mit seinen mittelalterlichen Türmen und Mauerresten erstreckt sich entlang der langen Seepromenade mit Hafen und Segelverein. Top-Ziel von hier aus: die Isola Maggiore.

Das pittoreske Castel Rigone (13. Jh.) in 653 Meter Höhe hat bis heute seinen trutzigen Charakter behalten. Eine kurvige Straße führt südwärts direkt nach Magione (293 m). Der Ort wuchs mit der Errichtung des Castello dei Cavalieri di Malta (13. Jh.) mit drei übereinander liegenden Bogengängen und Wachtürmen. Unterhalb von Magione macht das hübsche Monte

Castiglione del Lago, auf einem Hügel am See

Auch die Schwäne genießen den romantischen Sonnenuntergang am Lago Trasimeno.

STELL- UND CAMPINGPLÄTZE

1 BADIACCIA CAMPING VILLAGE

Via Pratovecchio, 1, 06061 Castiglione del Lago PG, badiaccia.com, GPS: 43.180187, 12.017183

2 WOHNMOBILSTELLPLATZ L'AIRONE

Via Lungolago Lelio Giappesi, 1, 06065 Passignano sul Trasimeno PG, GPS: 43.184735, 12.145582

del Lago mit zauberhaftem Auf und Ab von Treppengassen zwischen Natursteinhäusern und herrlichen Seeblicken seinem Namen auf einem Hügel über dem See alle Ehre. San Feliciano mit breiter Uferpromenade aber rühmt sich der klügsten Fischer am See. Sie sorgten erstens für ein eigenes Museum und zweitens dafür, dass die vorgelagerte Insel Polvese und das südliche Seegebiet unter Naturschutz gestellt wurden. Unübertroffen schön ist von hier der Blick über den See bei Sonnenuntergang.

TOP ★ ERLEBNISSE

★ SATT BEI SAURO

42 Tage lang soll der heilige Franziskus im Jahr 1211 auf der Isola Maggiore gefastet und dabei nur einen halben Laib Brot verzehrt haben. Bestimmt nicht hungern dürften diejenigen, die auf der Insel einen Tisch oder ein Zimmer im berühmten Da Sauro buchen (dasauro.it).

★ RELAIS LA FATTORIA

Zauberhafte kleine Residenz in schönem Renaissance-Gebäude mit See-Panorama in Castel Rigone mit kleinem Pool und gutem Restaurant (relaislafattoria.com).

★ NATURSCHUTZ DER POLVESE

Die Provinz Perugia hat die Insel Polvese erworben und unter Naturschutz gestellt, eine herrliche Brutstätte für Wasservögel um die romantische Ruine des Olivetanerklosters herum. Man kann täglich von San Feliciano übersetzen, sonn- und feiertags auch von Castiglione del Lago und werktags von Sant'Arcangelo.

★ MUSEO DELLA PESCA

Das 1997 in neuen Räumen wiedereröffnete Fischereimuseum von San Feliciano ermöglicht eine Vorstellung vom früheren Leben der Fischer am See, informiert über die Ökologie und die Probleme früher und heute, über die Vielfalt der Fauna vor allem.

★ 50 JAHRE VOR MARCO POLO

Der Franziskanerpater Giovanni di Pian di Carpine aus Magione wurde im Auftrag Papst Innozenz' IV. 1245 bis 1247 als Botschafter zum Khan der Tataren geschickt. Darüber verfasste er 1248 einen lateinischen Reisebericht (»Historia Mongolorum«) und hat damit nachweislich 50 Jahre früher als Marco Polo China bereist.

Weitere Informationen:
lagotrasimeno.de

60 MIT DER ROLLTREPPE INS MITTELALTER – ORVIETO

Stadt aus Tuff über dem Paglia-Fluss

Der Tuff unter der Stadt und die Tuffsteine, mit denen sie gebaut wurde, leuchten bei Sonnenaufgang und auch Sonnenuntergang so golden, dass man an ein Gemälde oder eine Fata Morgana glaubt. In den Tuff gruben die Etrusker ihre Nekropolen, im Tuff lagert heute der goldgelbe Weißwein Orvietos, der Weltruhm genießt, trocken und süffig und gut gekühlt sehr delikat ist.

Die Etrusker errichteten ihre Städte aus Verteidigungsgründen auf Bergplateaus, so auch Volsinii, das 264 v. Chr. von den Römern zerstört wurde. Doch der Tuff unter Orvieto ist ganz schön ausgehöhlt, und das bringt Ängste vor dem Zusammenbruch, aber auch manche Vorteile: Man kann darin Keller und Weinlager unterbringen, wo früher vielleicht Nekropolen lagen, aber auch eine Verbindung von Unter- und Oberstadt, etwa ein ganzes System von Rolltreppen. Vom Bahnhof ist es einfach: Man nimmt die »Funicolare« hoch zur Piazza Cahen an der Porta Rocca. Ganz in der Nähe befindet sich der 62 Meter tiefe Pozzo di San Patrizio von 1527/8, in dem zwei Treppen den getrennten Auf- und Abstieg innerhalb des Brunnens ermöglichen. Von hier lässt sich Orvieto, obwohl weit oben in 325 Metern Höhe über der Verlängerung des toskanischen Chiana-Tales gelegen, gut zu Fuß erschließen.

Italiens schönste gotische Kirche – die Kathedrale

Den Domplatz beherrscht die Kathedrale. Gerade noch diejenige von Siena kann mit Orvietos Duomo Santa Maria (ab 1288) mithalten im Hinblick auf ihre großartige gotische Fassade. Um diese genauer betrachten zu können, muss man in die schmale Via Maitani gegenüber ausweichen und erweist gleichzeitig dem Kirchenplaner Lorenzo Maitani Reverenz, der hier 1310 bis 1330 wirkte. Also kein Wunder, dass Sienas Domfassade

Ein Meisterwerk der Architektur ist der Pozzo di San Patrizio mit seiner doppelten Verschalung für die beiden Treppenläufe (unten). Da wird man sicher fündig – auf dem Floh- und Antiquitätenmarkt in Orvieto (rechte Seite oben). Bei den traditionellen Festen füllen sich Orvietos Gassen mit »Edelleuten« (rechte Seite unten).

mit ins Spiel gebracht wird – der Senese Maitani, von der französischen Gotik beeinflusst, soll Orvietos Domfassade konzipiert haben. Ausgeführt wurde diese aber erst später mit farbigen Mosaiksteinchen. Die Sockelpartie schmücken Flachreliefs (1320–1339), die seit einigen Jahren leider durch Plexiglas geschützt werden, seit Irregeleitete ein paar Köpfe abgeschlagen hatten. Dargestellt sind hier Szenen aus dem Alten Testament wie die Schöpfungsgeschichte, die Entstehung der Musik, Prophezeiungen des Messias sowie aus dem Neuen Testament Geschichten aus dem Leben Jesu und das Weltgericht. Letzteres stand Luca Signorelli Pate für seine fantastisch-drastischen Fresken in der Cappella Nuova ganz rechts vor dem Chor – unbedingt anschauen! Und die Darstellung der abtrünnigen Geliebten Signorellis genießen, die für die Sünderin schlechthin steht und vom Teufel weggeflogen wird.
Ein Museumskonglomerat beim Dom klärt über die wichtigsten Etappen in der Geschichte Orvietos auf: das Museo dell'Opera del Duomo mit sakralen Werken aus dem 13. bis 17. Jahrhundert, das Museo Archeologico Nazionale mit Funden aus den Nekropolen sowie das Museo Claudio Faina mit etruskischen Reliefs und griechischen Gefäßen.

Orvieto »underground« und andere Abenteuer

Man kann sich einer geführten Entdeckungstour durch den Untergrund Orvietos anschließen, kann aber auch nur gezielt einzelne Punkte auf eigene Faust angehen wie entlang der Via della Cava mit dem tiefen Pozzo della Cava im Tuff, oder ein Lokal aufsuchen wie Le Grotte del Funaro in der früheren Seilerei, die sich in den Tuffhöhlen eingerichtet haben.
Der Corso Cavour durchschneidet Orvieto von der Porta Rocca im Osten bis zum Westen, wo er durch die Via Filippeschi verlängert wird; von hier stürzt sich die Via della Cava zur Porta Maggiore abwärts. Doch auf seinem Weg führt der Corso am hohen Uhrturm mit dem Moro vorbei, der eine bronzene Glocke schlägt; und hinter ihm der gedrungene Palazzo del Capitano del Popolo (12. Jh.) am Palazzo Comunale (14. und 16. Jh.), daneben die Kirche Sant'Andrea, deren zwölfseitiger Glockenturm mit drei Biforienreihen von ganz eigenwilliger Schönheit ist. An der Piazza della Repùbblica davor »trifft man sich« in Orvieto, um mit der »passeggiata« zu beginnen, die bei den Orvietanern eine Lieblingsbeschäftigung zu sein scheint – so voll wird allabendlich der Corso.

STELL- UND CAMPINGPLÄTZE

WOHNMOBILSTELLPLATZ BATTISTELLI RENZO

Strada della Direttissima, 63, 05018 Orvieto Scalo TR, GPS: 42.725413, 12.126799. Für italienische Verhältnisse großzügige Parzellen auf einer eingezäunten Fläche zwischen zwei Bahngleisen und am Rande eines Großparkplatzes. Dafür aber mit Sanitär, Strom und nur wenige Schritte bis zur Standseilbahn, mit der man bequem in die Altstadt gelangt.

TOP ★ ERLEBNISSE

★ PFINGSTSONNTAG – ARME TAUBE!

Die Festa della Palombella ist Orvietos aufregendstes Fest: Der Brauch, eine lebende Taube zwischen Dom und San Francesco »abzufeuern«, geht auf das Jahr 1404 zurück. Damals vermachte die Edelfrau Giovanna Monaldeschi ihre Reichtümer der Kirche unter der Bedingung, dass alljährlich ein Taubenfest veranstaltet wird. An Pfingstsonntag wird ein Stahlseil durch die ganze Via Maitani bis zu einem hohen Tabernakel der Kirche San Francesco gespannt, um daran Punkt zwölf Uhr einen Strahlenkranz mit einer lebenden Taube unter lauten Böllerschüssen abzufeuern. Hat die Taube die Prozedur lebend überstanden, wird sie vom Bürgermeister dem jüngsten Brautpaar Orvietos überreicht – das soll Glück bringen.

★ SCHLEMMEN IM UNTERGRUND

Die Grotte del Funaro dienten früher einer Seilerei als Werkstatt, weil man in den miteinander verbundenen Grotten im Tuff genügend Platz für das Spannen und Zwirbeln der Seile hatte. Schon lang hat sich darin das Restaurant eingenistet, das man bei einem Besuch der Stadt nicht versäumen sollte. Via Ripa Seranica 41, Tel. 0763 34 32 76, grottedelfunaro.com

WEITERE INFORMATIONEN

Piazza Duomo 24, Tel. 0763/341771, inorvieto.it

Der Piazza San Benedetto mit dem Rathaus und der Basilica, die nach dem letzten Erdbeben erst wieder aufgebaut werden muss.

61 DIE STADT DES HEILIGEN BENEDIKT – NÓRCIA

Erschütterter Pilgerort

Das Kleinod Nórcia ist wieder in die Schlagzeilen geraten – ein Erdbeben hat es schwer getroffen, sogar die Kirche des Ortsheiligen. Doch die Norcini warten nicht lange mit dem Wiederaufbau der Stadt der schwarzen Trüffel.

Nórcia ist einer der anmutigsten Orte Umbriens, der normalerweise vom Individual- wie dem Pilgertourismus gut lebt sowie vom Ruf, die besten Metzger Italiens zu stellen. Ende Oktober 2016 hat ein verheerendes Erdbeben die kleine Stadt mit knapp 5000 Einwohnern schwer getroffen. Ihre Bewohner jedoch nicht in ihrem Glauben erschüttert, dass sie sie schnell wieder aufbauen werden. Hinter wenig hohen und dennoch trutzig wirkenden Mauern mit schönen Toren verbirgt sich ein städtebauliches Juwel, aus dem ein paar Türme nicht sehr hoch aufragen. Den Namen erhielt Nursia, ab dem 6. Jahrhundert v. Chr. ein wichtiger Ort der Sabiner, von der etruskischen Glücksgöttin und wurde 292 v. Chr. römisches Munizipium. 480 werden die Zwillinge Scolastica und Benedetto in Nórcia geboren, die späteren Heiligen Scholastika und Benedikt. Derjenige, der Schutzpatron Europas werden sollte und der in seiner Geburtsstadt naturgemäß sehr verehrt wird, nicht nur von religiösen Menschen. Seine Statue (1880) vor der ihm geweihten Kirche San Benedetto (1290–1338) schaut auf sie und gleichzeitig auf das Rathaus. Während das Standbild Benedettos im Mönchsgewand aufrecht steht, ist von seiner Kirche nur die Fassade stehen geblieben, der Rest ist ein Schutthaufen. Gegenüber duckt sich die nur zweistöckige Castellina, die Festung im Herzen der Stadt. 1554 bis 1564 wurde sie in einfacher Renaissance-Festungsarchitektur für Papst Pius III. errichtet, mit einem 130 Meter langen unterirdischen Fluchtweg nach außen. Bis 1960 Gefängnis, danach Ort des reich bestückten und mit vielen Aktivitäten modernen Städtischen Museums.

INFO: proloconorcia.it, für beste Gastlichkeit bianconi.com

STELL- UND CAMPINGPLÄTZE

WOHNMOBILSTELLPLATZ NORCIA

Via Meggiana, 26, 06046 Norcia PG, GPS: 42.789600, 13.091739. Einfache Schotterfläche am Rande des Dorfs. Ohne nennenswerte Ausstattung, aber ruhige Lage.

Die Rotonda a Mare in Senigallia ist auf einem langen Steg ins Meer hinausgebaut.

62 SOMMERFRISCHE AN DER ADRIAKÜSTE – SENIGALLIA

Strandvergnügen und Rock 'n' Roll

Sommerziele gibt es an der Adria einige, doch während Jesolo und Bibione fast allen geläufig sind, ruft der Name Senigallia oft ein Stirnrunzeln hervor. Dabei hat der Ort in den Marken einiges zu bieten – mehr als nur den langen Sandstrand.

Spiaggia di Velluto, Samtstrand, nennen die Einwohner ihn liebevoll. Auf dem feinen Sand findet bei 14 Kilometern Länge jeder Sonnenhungrige sein Plätzchen: der Ruhesuchende ebenso wie der Partygänger. An der Rotonda a Mare jedenfalls kommt niemand vorbei. Zu Hydrotherapie-Zwecken erbaut und 1930 bei einem Erdbeben zerstört, dient der imposante Rundbau heute als Ausstellungs- und Veranstaltungszentrum. Die Stadt Senigallia, die vorwiegend vom Tourismus lebt, blickt auf eine bewegte Geschichte zurück: Ihr Name (ursprünglich Sena Gallica) erinnert an einen keltischen Stamm (Galli Senoni), der sich im 4. Jahrhundert hier ansiedelte, aber bald von den Römern unterworfen wurde. Im 15. Jahrhundert machte Senigallia durch eine große Handelsmesse von sich reden. Die herrschaftlichen Häuser entlang des Kanals zeugen noch davon. Eines der imposantesten Gebäude ist jedoch die Renaissance-Festung der Della Rovere, die Rocca Roveresca (1480), die auf römischen Grundmauern erbaut wurde und heute wertvolle Gemälde, u. a. von Barocci und Corvi, beherbergt. Wer sich für die Geburtsstätte von Papst Pius IX. interessiert, stattet dem Palazzo Mastai einen Besuch ab. Auch das Rathaus (Palazzo Comunale) und der Dom lohnen einen Blick. In der Chiesa di Santa Maria delle Grazie kann man das Bild der Heiligen Jungfrau am Thron und der Heiligen von Perugino bewundern. Im Sommer wird Senigallia Anlaufstelle der internationalen Rockabilly-Szene: Beim Summer Jamboree kehrt die Stadt für ein paar Festivaltage lang ins Amerika der 1940er- und 1950er-Jahre zurück, und Rock 'n' Roll gibt den Ton an.

INFO: feelsenigallia.it

STELL- UND CAMPINGPLÄTZE

CAMPING DOMUS

Lungomare Leonardo da Vinci, 9, 60019 Senigallia AN, GPS: 43.702108, 13.244550. Einfacher Campingplatz, der nur durch eine Straße vom Strand getrennt wird.

Abendstimmung am imposanten Vanvitelli-Bauwerk in Ancona.

63 DIE SCHÖNE AM MONTE CONERO – ANCONA

Die Hauptstadt der Marken hat viele Facetten

Ehemals von den Griechen gegründet, besticht das an der Adria gelegene Ancona mit Historie und Moderne, vor allem aber mit seinem Charme. Die Regionalhauptstadt ist nicht zuletzt durch ihren Hafen ein wirtschaftliches Zentrum der Region.

Ancona hat zwei Gesichter: das historische Zentrum mit engen Gassen auf Monte Guasco und den modernen Teil mit weltoffenem Hafen an der Küste. Unter den wichtigen Monumenten hervorzuheben ist der romanische Dom San Ciriaco mit fabelhaftem Blick über die Stadt. Im Inneren ruhen die Grundmauern einer frühchristlichen Kirche und eines heidnischen Tempels. Das Archäologische Nationalmuseum im Palazzo Ferretti präsentiert neben keltischen auch griechische und römische Funde. Einer der außergewöhnlichsten Bauten Mittelitaliens ist sicherlich die Mole Vanvitelliana – »Il Lazzaretto«, wie der Militärbau aus dem 18. Jahrhundert genannt wird. Er wurde als Quarantänestation errichtet und dient heute als Veranstaltungsort. Sehenswert ist auch das antike Amphitheater mit anliegender Therme. Kunstliebhaber entdecken in der Kirche San Domenico die »Kreuzigung« von Tizian und die »Verkündigung« von Guercino. In der Pinakothek Francesco Podesti und in der Galerie für Moderne Kunst ist u. a. Tizians »Jungfrau mit Kind und Heiligen« zu sehen.

Neben Bauwerken und Kunst sollte man in Ancona das Meer nicht unbeachtet lassen: Anfang September findet hier das Fest des Meeres, die Festa del Mare, statt. Hunderte Schiffe ziehen zu Ehren der Ertrunkenen auf die See, an Land gibt es Aufführungen und Paraden. Spätestens dann sollte man sich eines der typischen Gerichte der Marken gönnen, z. B. Huhn mit Oliven und Anchovis. Oder aber den beliebten Brodetto, der aus 13 Sorten Fisch und Meeresfrüchten besteht. Am Schluss vielleicht noch eine Lonza di Fico, eine Salami aus getrockneten Feigen und Nüssen?

INFO: anconatourism.it

STELL- UND CAMPINGPLÄTZE

CAMPING VILLAGE INTERNAZIONALE

Via S. Michele, 10, 60020 Sirolo AN, campinginternazionale.com, GPS: 43.523629, 13.621259. An einer Steilküste gelegener und dennoch bewaldeter Platz mit bestem Blick auf das Meer. Zugang zum Strand über steilen Abstieg. Allerdings weit außerhalb von Ancona.

Der Monte Titano gehört mit seinen drei Festungen zum UNESCO-Welterbe.

64 KLEIN, ABER OHO – SAN MARINO

Zwergstaat mit Flair

24 Kilometer südwestlich von Rimini schwebt man nach San Marino hinauf, einem Staats-Winzling in spektakulärer Lage auf schroffem Kalksteinfelsen. Feierliche Wachablösung vor dem Palast, ein Dorado für Briefmarken- und Münzensammler.

Die Republik San Marino mit knapp 33 000 Einwohnern wird seit 1700 Jahren vom Volk regiert, hat zwar einen Sitz im Europarat, ist aber nicht Mitglied der EU, dafür in der UNO und der UNESCO. Die meisten kommen, um die grandiosen Ausblicke zu genießen, die man von den trutzigen Mauern der Hauptstadt des Kleinstaates mit vielleicht noch 300 Bewohnern hat. Bequem vom Borgo Maggiore mit der Schwebebahn angekommen, wird man fast erschlagen von den vielen bunten Auslagen der Souvenirshops, die San Marinos Straßen säumen. In der Basilica del Santo mit der Chiesetta di San Pietro verehrt man eine Statue des Schutzpatrons Marino, des Staatsgründers, eine Urne im Hochaltar enthält seine Überreste. Der Weg ins Zentrum zurück führt unweigerlich zur Piazza Libertà mit dem Regierungspalast, dem Palazzo Púbblico, wo von Mai bis September stündlich jeweils zur halben Stunde (8.30–18.30 Uhr) die berühmte Wachablösung zelebriert wird. Das Gebäude ist dem auf dem Felsen begrenzten Raum entsprechend hoch und schmal ausgefallen. Am Portal wacht die Festungsgarde in fotogener Uniform: grüner Rock, rote Hose mit schwarzen Seitenstreifen, weiße Handschuhe, flache Schildmütze mit rotem Bömmel, an der Seite der Säbel, in der Hand die Muskete mit aufgepflanztem Bajonett. Wer glaubt, in einer Bronzebüste Abraham Lincoln zu erkennen, hat sich nicht getäuscht. Dem US-Präsidenten wurde die Ehrenbürgerschaft von San Marino verliehen. Er dankte dem kleinen Staat in einem Brief: »Ihr Land, wenn auch klein, ist eines der verehrtesten der ganzen Geschichte.«

INFO: visitsanmarino.com

STELL- UND CAMPINGPLÄTZE

WOHNMOBILSTELLPLATZ P10

Via Napoleone Bonaparte, 43, 47890 Città di San Marino, GPS: 43.935427, 12.443918. Einfacher Stellplatz, dafür aber in bester Lage am Altstadtrand. Über einen Fahrstuhl auf der anderen Straßenseite gelangt man direkt in das Zentrum. Ver- und Entsorgung sowie Strom vorhanden.

LATIUM

Grüne Hügel rund um die Hauptstadt

Das kulinarische Angebot lässt das Feinschmeckerherz höherschlagen (oben). Der Parco Savello auf dem Aventin-Hügel ist einer der schönsten Aussichtspunkte in Rom (unten). Blick von der Engelsburg auf die Peterskirche, dem Zentrum der Christenheit (links).

Der pittoreske Fischerort Marta lädt zum Verweilen ein. Schon von Weitem zu sehen: der achteckige Uhrturm (oben). Fischerboote säumen das Ufer des Kratersees, an dem die Fischerei einen hohen Stellenwert hat (rechte Seite unten). Hoch hinaus: eine mittelalterliche Gasse im Ort Bolsena (rechte Seite oben).

65 EUROPAS GRÖSSTER VULKANISCHER SEE – LAGO DI BOLSENA

Intakte Natur im äußersten Norden Latiums

Sanfte Hügel auf der einen, unverbaute Ufer mit kleinen Stränden auf der anderen Seite: Der Vulkankratersee von Bolsena bietet perfekte Voraussetzungen für einen unaufgeregten Urlaub mit oder ohne Badevergnügen. Mittelalterliche Dörfer thronen auf steilem Tuffgestein, Ausflüge in die Nachbarregionen Umbrien und Toskana oder in das nur etwa 100 Kilometer entfernte Rom bieten sich an.

Ruhig liegt er da, der See, der mit seinem klaren blauen Wasser Urlauber in seinen Bann zieht und im Sommer die wichtigste Einnahmequelle der Gegend ist. Kaum zu glauben, dass hier noch vor etwa 370 000 Jahren dramatische vulkanische Explosionen stattfanden und Lava und Gesteinsbrocken die Szenerie prägten. Noch heute zeugen Strandabschnitte mit feinkörnigem Lavasand von vergangenen Zeiten. Mit einer Uferlänge von 43 Kilometern ist der Bolsenasee gerade für Familien ein beliebtes Baderevier, das sich malerisch in die Landschaft fügt. Bausünden und große Industrieanlagen sucht man hier vergeblich. Stattdessen entdeckt man die alten Mauern kleiner Dörfer am Ufer und in den Hügeln. Idyllisch wirken die beiden Inseln Isola Bisentina und Isola Martana. Doch Vorsicht: Der ruhige Anblick trügt. Sind die ersten Meter ins Wasser noch flach, fällt der See nach ca. 20 Metern unvermittelt ab und erreicht eine beachtliche Tiefe von bis zu 151 Metern. Vermutlich auch deshalb besticht der See – auch in kulinarischer Hinsicht – durch seinen Fischreichtum. Hechte, Barsche, Schleien und andere Fische tummeln sich unter zahlreichen Wasservögeln im See. An den Aalen fand man wohl bereits

STELL- UND CAMPINGPLÄTZE

WOHNMOBILSTELLPLATZ IL GUADETTO

Viale Luigi Cadorna, 131, 01023 Bolsena VT, areacamperilguadetto.it, GPS: 42.635864, 11.987077. Brötchenservice, Duschen (aber ohne WC) und Strom vorhanden. Man übernachtet auf Grasboden unter Baumkronen und hat nur wenige Schritte zum Sandstrand. Auch der Ort Bolsena ist zu Fuß gut erreichbar.

im Mittelalter Gefallen: Papst Martin IV. soll sich bei einem Gelage an dem köstlichen Aal sogar zu Tode geschlemmt haben.

Etruskisches Erbe

Lange vermutete man das politische Zentrum der Etrusker (Velsna) hier bei Bolsena. Mittlerweile gehen Fachleute jedoch davon aus, dass sich dieses weiter östlich befand. Um 280 v. Chr. zerstörten die Römer Velsna, die Überlebenden zogen nach Volsinii, das heutige Bolsena. Das Erbe bleibt sichtbar: Gerade die Dörfer auf dem Kraterrand wie Montefiascone – bekannt auch für den Weißwein Est! Est!! Est!!! – zeugen in ihrer Anlagestruktur von den etruskischen Vorfahren. Auf steilen Tuffplateaus schmiegen sie sich an die Felsen und bieten dem Besucher ein pittoreskes Fotomotiv. Das in Ufernähe gelegene Bolsena bietet sich als Hauptstandort nicht nur für historische Erkundungstouren an. Der Ortskern zieht sich in schmalen Gassen den Hügel hinauf. Ausgehend vom Hauptplatz, der Piazza Mateotti, erreicht man über das Stadttor Arco di San Francesco das mittelalterliche und imposante Castello Monaldeschi. Hier ist das Museo Territoriale del Lago di Bolsena beheimatet, das Auskunft über Geschichte und Geologie der Gegend gibt und einen herrlichen Blick auf den See bietet.

Die Märtyrerin Santa Cristina in Bolsena

Hauptsehenswürdigkeit Bolsenas ist die Basilica di Santa Cristina an der gleichnamigen Piazza. Sie ist, wie soll es anders sein, der Ortsheiligen gewidmet, die hier um 300 lebte und noch heute verehrt wird. Zum Christentum bekehrt, so die Legende, versuchte der Vater, sie zur Umkehr zu bewegen. Doch sie hielt Folter und Tötungsversuchen stand – selbst ein schwerer Stein ließ sie auf wundersame Weise nicht im See versinken.

Am Ende starb sie stattdessen durch zwei Pfeile und ging nicht nur als Märtyrerin, sondern auch als Patronin der Müller, Seeleute und Bogenschützen in die Geschichte ein. Begünstigt durch die direkte Lage am Pilgerweg der Via Francigena besuchten zahlreiche Pilger ihr Grab. Noch heute kann man ihr Martyrium in der romanischen Kirche aus dem 11. Jahrhundert auf Bilderzyklen und Fresken bestaunen und ihrer Gruft einen Besuch abstatten. Selbst die Fußabdrücke der Märtyrerin sind zu besichtigen.

TOP ★ ERLEBNISSE

★ FRONLEICHNAM MIT BLUMENFEST

An Fronleichnam findet in Bolsena das Blumenfest der Infiorata mit Prozession statt. Dank vieler helfender Hände verwandelt sich die Stadt dann in ein einziges Blumenmeer. Die Motive der künstlerisch ausgefeilten Blumenteppiche reichen von ornamentalen Mustern bis hin zu konkreten Personen und Szenen des Christentums.

★ MUSEO TERRITORIALE DEL LAGO DI BOLSENA

Alleine schon die Festung Rocca Monaldeschi della Cervara, in der das Museum untergebracht ist, ist einen Besuch wert. Im Inneren beleuchten archäologische Fundstücke die Geschichte der Region inklusive Vulkanismus. Daneben gibt ein Aquarium einen guten Überblick über die tierischen Bewohner des Sees.
simulabo.it

★ ITALIENISCH LERNEN

Wer neben dem Dolcefarniente am See noch seine Italienischkenntnisse erweitern möchte, hat bei Senza Parole die Möglichkeit dazu. Von Mai bis September werden in der Sprachschule (gegründet in Hamburg!) italienische Sprache und Kultur vermittelt.
senzaparole.de

WEITERE INFORMATIONEN
visitbolsena.it

66 METROPOLE MIT 3000 JAHREN GESCHICHTE – ROM

... und ewig lockt die Stadt

»Caput mundi«, »Haupt der katholischen Kirche«, »Stadt der sieben Hügel«, »Ewige Stadt«: Rom trägt viele Namen – zu Recht. Denn die Fülle einzigartiger Kunstschätze aus 3000 Jahren Geschichte, ihre Bedeutung als Zentrum der katholischen Kirche und das rege Leben sowie die unvergleichliche Atmosphäre in Straßen, Gassen und Plätzen macht die Stadt zu einer der faszinierendsten Metropolen der Welt.

Rom, die »Ewige Stadt«, zieht Besucher aus aller Welt in ihren Bann und hinterlässt tiefgreifende Eindrücke – für alle Zeiten. Kaum eine andere Metropole kann sich rühmen, schon seit Jahrhunderten magischer Anziehungspunkt für Besucher aus aller Welt zu sein. Ob an Kunst, Kultur oder Geschichte Interessierte, ob Pilger oder Klerus, ob Liebhaber der römischen Lebensart. Sie alle kamen und kommen in die Tiberstadt, um Geschichte zu sehen und zu fühlen, wie es sonst auf der Welt – an einem einzigen Ort vereint – kaum möglich ist.
Wie einst dem Dichterfürsten Goethe ergeht es vielen Besuchern heute: Der erste Kontakt mit greifbarem Altertum bleibt unvergessen, haben doch sämtliche Epochen der Antike faszinierende Bauwerke und einzigartige Artefakte hinterlassen. Verschieden gut erhalten, erzählen sie immer ihre ureigene Geschichte. Auch wenn vom Rom der Etrusker nur karge Spuren über die Jahrhunderte gekommen sind, so hinterließ das rätselhafte Volk mit den dunklen Wurzeln ausgerechnet ein Bauwerk, das bemerkenswerterweise bis zum heutigen Tag gemäß seiner ursprünglichen Bestimmung genutzt wird: die Cloaca Maxima, das unversehrte Abwassersystem. Weitere Zeugnisse sind viel kleinerer Natur: Schmuck, Bronzen, Begräbnisutensilien,

Der Ponte Fabricio führt über den Tiber ins einstige jüdische Ghetto (unten). Die prächtigen Mosaiken der gotischen Santa Maria Maggiore erinnern an Byzanz (rechte Seite).

NICOLAVS PP IIII

Die Caracalla-Thermen dienen im Sommer als Opernkulisse (unten). Berninis Fontana dei Quattro Fiumi auf der Piazza Navona (ganz unten). Wie ein Blick in eine andere Zeit: der Hinterhof Arco degli Acetari in der Nähe des Palazzo Cancelleria (rechte Seite oben). Beliebte Tour: mit der Vespa auf den Gianicolo (rechte Seite unten).

Tonsarkophage oder Büsten – alles zu sehen in der Villa Giulia. Schönste Bauten aus der römischen Republik, die bis zur Ermordung von Julius Cäsar 44 v. Chr. dauerte, sind die beiden entzückenden Tempel auf dem Foro Boarium, während der Ponte Fabricio von den Fußgängern noch heute als Brücke über den Tiber genutzt wird.

Das Goldene Kaiserreich

Die beeindruckendsten Zeugen der Antike stammen aus der imperialen Ära der Stadt, die mit Kaiser Augustus 27 v. Chr. ihren Anfang nahm. In dieser glanzvollen Zeit bis zur Teilung des Reiches in Ost- und Westrom entwickelten die Herrscher der verschiedenen Dynastien eine wahre Bauwut: Ergebnis ist auch der gewaltige und weltweit einzigartige Pantheon-Rundtempel, das wohl am besten erhaltene Bauwerk der Antike – beauftragt von Kaiser Hadrian, dem Erbauer der Engelsburg, einem anderen Wahrzeichen Roms. Der größte antike Bau, den es bis heute zu bestaunen gibt, das Kolosseum, entstand unter Kaiser Vespasian, während das Forum Romanum, das politische, gesellschaftliche und wirtschaftliche Herz der Metropole, von verschiedenen Kaisern beständig erweitert wurde, wie auch die Kaiserforen und die faszinierenden Trajansmärkte.

Eine neue Ära

Doch all die Pracht der Tempel und die Machtdemonstration der Siegestore halfen nicht, denn Rom war ein anderes Schicksal beschieden. Das Christentum hielt Einzug und läutete eine neue Ära ein, durch Kaiser Konstantin den Großen und dessen Sieg an der Milvischen Brücke über den Usurpator Maxentius, der noch den alten Göttern huldigte. Konstantin, der sich mit dem Konstantinsbogen verewigte, besann sich durch eine Traumvision eines Besseren und zog mit dem christlichen Kreuz auf den Standarten in die Schlacht – es ist die erste, die im Zeichen des christlichen Herrn geschlagen wurde. Diesem Sieg ist zu verdanken, dass das Christentum bald schon zur Staatsreligion und Rom das neue Zentrum des neuen Glaubens wurde. Kirchen über Kirchen wurden zu Ehren des einzig wahrhaftigen Gottes erschaffen. Sie nur annähernd aufzuzählen ist kaum möglich, heißt es doch, Rom habe mehr Kirchen als das Jahr Tage. Pflicht sind auf jeden Fall die sieben großen Basiliken, darunter allen voran natürlich Sankt Peter, der Nabel der katholischen Welt, heute nur noch zweitgrößte Kirche der Welt; dann Roms Bischofskirche San Giovanni in Laterano, San Paolo fuori le Mura im byzantinischen Stil und das Gotik-Juwel Santa Maria Maggiore.

Weltberühmte Kunstgalerien und Antikensammlungen

Wem jetzt noch nicht der Kopf schwirrt, der besucht noch Roms Museen, die zu den bestbestückten der Welt zählen. Die Auswahl ist überreich: Allein schon die Fülle der Vatikanischen Sammlungen einigermaßen zu bewältigen, bräuchte wohl Wochen und Monate – die Sixtinische Kapelle und die Stanzen des Raffael noch nicht eingerechnet –, ganz zu schweigen vom Besuch der weltberühmten Kunstgalerien Spada, Doria Pamphili, Borghese, Venezia und Barberini, und die Antikensammlungen Villa Giulia, das Kapitolinische und das Römische Museum. »Qual der Wahl«, so müsste der Wahlspruch der Stadt heißen, die zwingt, klare Schwerpunkte zu setzen – oder zurückzukommen. Für diesen Fall sollte man sicherheitshalber eine Münze in den berühmtesten Brunnen der Welt werfen, die Fontana di Trevi, ganz wie es der Brauch verlangt. Für uns das Sinnbild des sinnlichen Roms, verdienten die monumentalen Wasserspiele kurioserweise kaum die Aufmerksamkeit von Dichterfürst Goethe. Dem schien das Ganze zu überladen, wie im Übrigen die Bauten des Mittelalters, der Renaissance und des Barock ganz im Allgemeinen.

Römisches Leben

Viel lieber nahm Goethe am römischen Leben teil, das er wiederum in all seiner Üppigkeit aufs Höchste schätzte. Er saß auf der Piazza Navona mit dem herrlichen Vier-Ströme-Brunnen, trank dort vielleicht seinen Espresso, wie er es auch gern im berühmten Caffè Greco tat, das nur fünf Minuten von seiner Wohnung nahe der Piazza del Popolo entfernt lag, wo er auch täglich alle Facetten des römischen Lebens ausgiebig studieren konnte. Heute ist die Gegend eher bekannt für Luxus-Shopping, allen voran die hochpreisige Via Condotti, die Stichstraße, die zur berühmten Spanischen Treppe führt, Roms vielleicht beliebtestem Fotomotiv. Von so viel Kultur entspannen lässt es sich perfekt in dem einen oder anderen Stadtteil, der nicht so zentral liegt. Authentische Trattorie und Ostarie zuhauf gibt es rund um den Campo de' Fiori, im Trastevere und in erst in neuerer Zeit erschlossenen Vierteln wie dem Testaccio – einst ein antiker Müllberg – oder im studentisch geprägten San Lorenzo, wo die Preise noch moderat sind. Hier befinden sich auch die angesagten Clubs und Diskotheken – wenn man nach einer langen Sightseeingtour noch dazu fähig sein sollte. Wie man sieht, bleibt einem nichts anderes übrig als zurückzukehren, nach Rom, in die »Ewige Stadt«.

STELL- UND CAMPINGPLÄTZE

ROMA CAMPING IN TOWN

Via Aurelia, 831, 00165 Roma RM, roma.huopenair.com, GPS: 41.886755, 12.404868. Näher an das Zentrum Roms gelangt man nicht. Der Platz besteht überwiegend aus Bungalows. Leider ist nur ein kleiner Bereich für Wohnmobile und Wohnwagen vorgesehen. Dafür sind diese Parzellen jedoch mit Hecken abgetrennt und verhältnismäßig groß. Direkt vor den Toren des Campingplatzes verläuft eine vierspurige Straße, an der sich eine Bushaltestelle befindet.

TOP ★ ERLEBNISSE

★ AUF DER VESPA DURCH DIE STADT

Wer sich den römischen Straßenverkehr zutraut, sollte eine Automatik-Vespa anmieten, denn es gibt kaum ein flexibleres Fortbewegungsmittel, um den Stadtkern zu erkunden. Für Zauderer gibt es dazu allerdings auch eine – nicht minder vergnügliche – Alternative: sich als Beifahrer auf einer Vintage-Vespa hinauf auf den Gianicolo chauffieren zu lassen, einen der sieben Hügel Roms mit unvergleichlichem Blick über die Stadt bis zu den Albaner Bergen.
bicibaci.com

★ AUF DEM TIBER NACH OSTIA ANTICA

Ein unvergessliches Erlebnis ist die Fahrt auf dem Tiber nach Ostia Antica, dem antiken Hafen des alten Roms. Die sechsstündige Fahrt führt aus den römischen Stadtmauern hinaus bis zur Mündung des Tibers, wo eine ausgiebige Besichtigung der einzigartigen Ruinen die Bootsfahrt krönt.

★ WO GOETHE WOHNTE

Unweit der Piazza del Popolo befindet sich an der Via del Corso Nr. 18 die ehemalige Wohnung des mit Goethe befreundeten Malers Johann Heinrich Wilhelm Tischbein, bei dem Goethe von 1786 bis 1788 zu Gast war.
casadigoethe.it/de

WEITERE INFORMATIONEN

italien.city-tourist.de
turismoroma.it

WEINREGION LATIUM

Italiens eher unbekanntes Winzerterritorium

Die Weine aus Piemont und Venetien und aus Sizilien sind allseits bekannt – die Weinregion Latium genießt dagegen immer noch nicht den Ruf, der ihr eigentlich gebührt. Der Weinanbau in Latium hat eine sehr lange Geschichte, die mit den Römern, großen Weintrinkern, begann. Päpste und ihre Kardinäle ließen sich regelmäßig mit den begehrten Tropfen ihrer ausgedehnten Ländereien versorgen.
Heute geht diese Weinregion immer noch im Kampf um die Aufmerksamkeit internationaler Weinliebhaber unter. Die Stars aus dem Piemont und der Toskana ziehen nach wie vor das meiste Interesse unter Weintrinkern auf sich. Und sie bieten von Stararchitekten entworfene Weinkeller, die Jahr für Jahr immer mehr Touristen anziehen. Solche Weinkeller gibt es in Latium nicht. In dieser Region geht alles etwa weniger stylisch und eher hausbacken zu, was aber der Qualität der Weine keinen Abbruch tut.

Antikes Mosaik mit Weinkrug

Nicht nur »Est! Est!! Est!!!«

Latium bietet einen der bekanntesten Weine ganz Italiens. Kein umwerfender, aber ein süffiger und sommers erfrischender Tropfen mit dem Namen »Est! Est!! Est!!!«. Einer Legende zufolge soll im späten Mittelalter der deutsche Bischof Johannes Fugger auf seiner Reise nach Rom diese drei Worte ausgesprochen haben, zu deutsch »Es ist! Es ist!! Es ist!!!«. Der lebenslustige Bischof hatte einen Gehilfen vorausgeschickt, um an die Türen von Wirthäusern, in denen der Wein gut mundet, »Est« zu schreiben. In Montefiascone, etwa 100 Kilometer nördlich von Rom, schmeckte dem Vorkoster der Wein so gut, dass er gleich drei Mal »Est!« an die Tür schrieb. Eine reizvolle Anekdote.
In Latium wird heute Wein auf etwa 20 000 Hektar Land angebaut. Wichtig sind die Lavaböden der Region, denn fast ausschließlich auf diesem Terrain wachsen Reben – im Norden

Weinverkostung in einer Enoteca in Rom

Roms für frische Weißweine, im Süden für kräftige Rotweine. Neben dem »Est! Est!! Est!!!« lohnt das Verkosten der Weine aus Frascati, einer Hügellandschaft bei Rom, wo einst Kardinäle und in Castelgandolfo die Päpste Sommerferien machten. Der Frascato-Wein, ein frischer Weißer, besteht aus Malvasia- und Trebbiano-Trauben. Die Grechetto-Traube, die eigentlich hauptsächlich in der benachbarten Region Umbrien gekeltert wird, ist die Basis für den Orvieto-Weißwein. Alle diese Weißweine aus Latium sollte man nicht zu lange im Keller lassen, sie sollten jung getrunken werden. Nur so garantieren sie Gaumenfrische. In Latium kann man auch Weinperlen entdecken, etwa den immer noch eher unbekannten Cesanese-Wein, einen im Geschmack unkonventionellen und außergewöhnlichen Roten. Da er stark mineralisch ist – dank der vulkanischen Böden, auf denen seine Reben wachsen –, verführt er mit einzigartigen Aromen, etwa Zartbitterschokolade und Kirsche.
Es ist einigen Önologen zu verdanken, dass die Weine Latiums heute aus ihrem Schattendasein herauskommen. Wie im Fall des Cesanese. Immer mehr Winzer Latiums bieten inzwischen wirklich erstklassige Tropfen, die sich bestimmt nicht hinter den berühmten Namen aus der Toskana und aus anderen Regionen verstecken müssen.

Weinbar in Civita di Bagnoregio

Probiertour

Einer der zu Recht angesehensten Önologen ist Riccardo Cotaralla. Ihm ist es zu verdanken, dass der in der Regel preiswerte bis billige »Est! Est!! Est!!!« inzwischen großes Ansehen genießt. Cotarellas »Est!«-Wein ist einer der besten der ganzen Region.
Am besten verkostet man die lokalen Weine der Region bei den Rundfahrten durch Latium. Dabei schrecke man nicht vor altmodisch anmutenden Winzergeschäften und Weinkellern zurück. Im Latium legt man nicht so viel Wert auf Design und futuristische Architektur wie in der Toskana. Oder aber man trinkt sich durch Latiums beste Tropfen in Rom. Hier findet man sie in Restaurants, Pizzerien, Trattorien und in den vielen Weinbars. Der Besuch von Lokalen zum Weintrinken und Essen hat in Rom übrigens Tradition. Seit der Antike. Im antiken Rom war es den Bürgern untersagt, in ihren Wohnungen zu kochen. Zu groß war die Gefahr von Feuersbrünsten. Also ging man außer Haus essen und trinken. Das ist bis heute so.
Für die römischen Gastro-Klassiker eignen sich vor allem die eher kräftigen Rotweine aus dem Süden der Region. Nudelgerichte mit Innereien, ein ausgezeichnet schmeckendes Highlight der römischen Küche, aber auch die Saltimbocca-alla-Romana-Kalbsschnitzel mit Rohschinken und Salbei verlangen einen Roten. Die erfrischenden Weißweine hingegen passen perfekt zur hauchdünnen Pizza romana und zu Cacio e Pepe, einem Nudelgericht mit Pfeffer und dem stark würzigen Pecorino-Käse, ebenfalls ein Klassiker der Region.
Infos: italysfinestwines.it/vini-lazio

Der Blick vom Kapitolshügel auf das Forum Romanum verrät die gewaltigen Ausmaße der antiken Stätte (oben). Ein Besuch der Aussichtsterrasse auf dem Vittoriano lohnt sich. In jede Richtung bietet sich ein herrlicher Ausblick, wie hier bis zum Kolosseum (rechte Seite).

67 NABEL DER ANTIKEN WELT – FORUM ROMANUM UND KOLOSSEUM

Wahrzeichen der Ewigen Stadt

Etwa tausend Jahre lang schlug im Forum Romanum das Herz des Römischen Reiches, und kaum ein anderer Ort besitzt solch eine Geschichtsträchtigkeit, auch wenn die Überreste nur wenig vom Glanz der Antike widerspiegeln. Umso mehr beeindruckt das imposante Kolosseum, dessen Name an die 36 Meter hohe Kolossalstatue Neros erinnern soll, die sich hier an seiner einstigen Wohnstatt »domus aurea« erhob.

Mit Sicherheit gehört ein Besuch des Forum Romanum zu den Glanzpunkten eines Romaufenthalts. Durch die Entwässerung des einst morastigen Tales entstand damals zwischen vier Hügeln ein perfekt geeigneter Handelsplatz. Nach dem Ausrufen der Römischen Republik entwickelte der sich rasch vom geschäftigen Markt- zum öffentlichen Versammlungsplatz und Herzstück der Stadt, die bald Mittelpunkt eines riesigen Imperiums sein sollte. In der Kaiserzeit wurde das Forum immer mehr mit prächtigen Tempeln und Basiliken, verherrlichenden Gedenkmonumenten und Triumphbögen, Siegessäulen und Standbildern ergänzt. Doch dann nahm der Niedergang seinen Anfang, und damit einher ging auch der Verfall des prachtvollen Forums.

Heidnischer Tempel bedurfte man nicht mehr, sie wurden in christliche Gotteshäuser umgewandelt oder ganz geschlossen. Zudem diente das Forum bis zur Renaissancezeit als Steinbruch, der praktischerweise direkt vor der Tür lag. Den kostbaren Tra-

Auch nach Einbruch der Dunkelheit lohnt ein Besuch des Kolosseums.

vertin und Marmor benötigte man für den Bau neuer Paläste, neuer Kirchen und neuer Denkmäler. Die eingestürzten Überreste überwucherten bald schon Gras und Efeu, und der einstige Nabel der antiken Welt verkam zum »campo vaccino«, zur Rinderweide, wie der Ort noch zur Zeit von Goethes Italienreise hieß. Zu den besterhaltenen Überresten des Forums gehört heute der Tempel von Antoninus und Faustina. Der Kaiser war über den Tod seiner geliebten Gattin Faustina so betrübt, dass er sie zur Göttin erklärte und ihr den prachtvollen Tempel erbauen ließ. Der gute Zustand des Gebäudes ist dem Umstand zu verdanken, dass es im 11. Jahrhundert in die Kirche San Lorenzo in Miranda umgewandelt wurde. Großer Kult wurde auch um die Vestalinnen gemacht. In dem runden Vestatempel mussten sechs ausgewählte Patriziertöchter das geheiligte Feuer am Brennen halten. Sie genossen besondere Vorrechte, doch brach eine von ihnen das Keuschheitsgelübde, wurde sie lebendig auf dem Friedhof für Verbrecher begraben.

Cäsar und Augustus

Den Tempel Julius Cäsars, von dem nur spärliche Überreste erhalten sind, ließ Kaiser Augustus zum Andenken an seinen vergöttlichten Adoptivvater errichten. Er wurde 42 v. Chr. an dem Ort begonnen, wo der Leichnam des ermordeten Tribunen auf dem Forum vor der Regia, der späteren Residenz des Pontifex Maximus, verbrannt worden war. Beim Anblick der Ruinen denke man an die bewegende Szene von Cäsars Bestattung, als Marcus Antonius mit bebender Stimme das Volk gegen dessen Mörder aufstachelte. Auf der 50 Meter entfernten Rostra, der öffentlichen Rednertribüne, die ihren Namen den hier als Trophäe befestigten Rammschnäbeln erbeuteter Kriegsschiffe verdankt, mag Cäsar vor seiner Ermordung noch glühende Reden an das Volk gehalten haben. Ihre große Plattform ist heute noch zu sehen, unweit vom Lapis Niger, dem schwarzen Stein, der das Grab des mythischen Romgründers Romulus bezeichnet.
Unscheinbar, aber umso bedeutungsvoller sind zwei weitere steinerne Zeugnisse: der

Umbilicus Urbis mit erhaltener kreisrunder Basis, der »Nabel Roms« und damit symbolischer Mittelpunkt des Imperiums, und die einst mit Gold verkleidete Marmorsäule Miliarum Aureum, die den »Meilenstein 0« markierte – Anfangs- und Endpunkt aller römischen Konsularstraßen.
Die auffällige hohe Phokas-Säule nahebei wurde allerdings erst 608 n. Chr. aufgestellt, als das Römische Reich längst Geschichte war. Papst Bonifaz IV. ehrte damit den byzantinischen Kaiser Phokas, der nach Rom gereist war, um dem Papst die Umwandlung des Pantheons zur Kirche zu erlauben.

Castor und Pollux

Der benachbarte Castor-und-Pollux-Tempel von 484 v. Chr., von dem die Basis und drei Säulen aus parischem Marmor zeugen, war den Stadtpatronen geweiht, jenem Zwillingsbrüderpaar, das der Legende nach den Römern gegen die aufständischen Latiner zur Hilfe geeilt war und das als Erste die Siegesmeldung nach Rom getragen hatte. Noch älteren Datums als der Tempel der Zwillinge ist der des Saturn. Bereits 498 v. Chr. eingeweiht, dienten seine unterirdischen Gewölbe als Aufbewahrungsort für die Standarten der Legionen und die Senatsverordnungen, wie auch für den Staatsschatz.
Cäsar wollte sich wegen des Bürgerkriegs des geheiligten Schatzes bemächtigen, für ihn war es ein Einfaches, die Genehmigung des Senats zu erhalten. Doch versperrte ihm der Tribun Metellus den Weg und erklärte, dass niemand eintreten würde, es sei denn über seine Leiche. Cäsar ließ sich nicht abhalten und ließ die Tür mit Äxten einschlagen, während Metellus klug das Weite suchte.

Das Amphitheater der Flavier

Höhepunkt des alten Rom ist zweifellos das Kolosseum, das eigentlich Amphitheatrum Flavium heißt, weil es unter der Herrschaft zweier Kaiser des Flavier-Geschlechts erbaut wurde. Es gilt als das größte geschlossene Bauwerk der römischen Antike und ist als eines der größten Wunder der damaligen Kultur zum Wahrzeichen Roms avanciert. Das Theater, dessen gewaltige Reste immer noch seinen alten Glanz erahnen lassen, wurde unter Kaiser Vespasian 72 n. Chr. begonnen und von seinem Sohn Titus acht Jahre später vollendet. Finanziert wurde der Bau vermutlich mit dem Gold aus dem geplünderten Tempelschatz Jerusalems, und in nur sieben Jahren zogen 40 000 Sklaven, darunter viele jüdische Gefangene, die imposanten Mauern hoch. 100 000 Kubikmeter Travertin wurden verbaut, und allein schon die verwendeten Eisenklammern für die Steinblöcke wogen 300 Tonnen. Von den Metallklammern zeu-

Wo früher kampferprobte Gladiatoren durch die Gänge schritten, trifft man heute auf eine Vielzahl Geschichtsinteressierter (unten). Auf Augenhöhe mit der längst eingestürzten Kolosseumsarena kann man sich vielleicht vorstellen, welch grausame Kämpfe sich hier einst abspielten (ganz unten).

Der Brunnen auf der Piazza della Rotonda (unten) ist ebenso beliebter Treffpunkt für junge Römer wie der Platz vor dem Pantheon (rechte Seite unten). Der frühere Tempel der »Gesamtheit der Götter« wurde in eine Kirche verwandelt und erhielt einen Altarraum (ganz unten). Im »Hotel Abruzzi« nächtigt man mit Blick auf die Piazza della Rotonda (rechte Seite oben).

gen nur noch die zahlreichen Löcher in den Steinen, das Metall war im Mittelalter heiß begehrt.

Es gibt kaum ein Kapitel in der Geschichte Roms nach Christi Geburt, das nicht mehr oder minder mit dem Kolosseum verknüpft ist, das so zum Symbol des römischen Lebens wurde. So sagt der Beda Venerabilis, ein angelsächsischer Benediktinermönch, der als Heiliger verehrt wird, schon im 8. Jahrhundert: »Solange das Kolosseum steht, steht Rom; fällt das Kolosseum, wird auch Rom fallen; wenn aber Rom fällt, fällt die ganze Welt.« Als nach der Normannenkatastrophe von dem klassischen und alten Rom nur noch ein Skelett übrig blieb, verfiel auch das Kolosseum. Jahrelang diente es als Steinbruch – das Material hätte ausgereicht, eine ganze Stadt zu bauen.

»Brot und Spiele«

Das Kolosseum diente Theateraufführungen, Festspielen und sportlichen Veranstaltungen, bei denen man gleichzeitig Brot in die Menge der Zuschauer warf: »panem et circenses«, Brot und Spiele – danach lechzte das Volk, das war die liebste Beschäftigung, der liebste Zeitvertreib der vergnügungssüchtigen Römer – allen voran die Zirkusspiele. Sie wurden vermutlich gegen Ende der republikanischen Zeit ins Leben gerufen, um jenen kriegerischen Geist der Römer zu erregen und wachzuhalten, der sie zum Herrn der Welt gemacht hatte. So entwickelte sich das Handwerk der Gladiatoren, die darauf trainiert waren, sich gegenseitig zu töten, während Raubtiere jeder Art die Gräuel der »ludi circenses« erhöhten. Der Geschichtsschreiber Lucius Cassius Dio berichtet, dass 9000 wilde Tiere in den 100 Festtagen getötet wurden, während derer das Bauwerk seiner Bestimmung übergeben wurde. Nach Beendigung der Tierhatzen wurde die Arena oft mit Wasser gefüllt, und es wurden Seeschlachten inszeniert. Kaiser Konstantin der Große und einige seiner Nachfolger versuchten den Gladiatorenkämpfen ein Ende zu setzen, aber die Römer sträubten sich, so leicht wollten sie doch nicht auf das gewohnte Vergnügen verzichten. Doch dann betrat eines Tages – es ereignete sich zu Beginn des 5. Jahrhunderts – ein aus dem Orient stammender Mönch namens Telemachus die Arena, so berichtet die Legende. Unerschrocken stellte er sich zwischen die beiden Gladiatorengruppen und wandte sich an die Zuschauer in den Rängen, um sie zu beschwören, von der grausamen Unterhaltung abzusehen. Spöttische Rufe erhoben sich, und schließlich wurde der Mönch sogar gesteinigt, der

so zum Märtyrer der Menschlichkeit wurde. Von dem Tag an aber sollen die Spiele zum Stillstand gekommen sein.

Das Bauwerk

Das ellipsenförmige Kolosseum misst in seinem längsten Durchmesser 187 Meter, in seinem kürzesten 155 Meter, die Arena selbst 76 mal 46 Meter. Die äußeren Wände, die ursprünglich 57 Meter aufragten, setzten sich aus drei Rängen übereinanderliegender Arkadenreihen zusammen. Im ersten Rang mit dorischer, im zweiten mit ionischer und im dritten mit korinthischer Säulenordnung. Darüber erhob sich noch ein viertes Stockwerk, das durch Mauerblenden, korinthische Lisenen, gestützt war. Der Zutritt von außen wurde gestattet durch 80 Bogen, von denen jeweils vier auf einen großen, rundum laufenden Gang führten.

Im Mittelpunkt einer Seite des Podiums befand sich der Platz des Kaisers, »suggestum« genannt, rings darum die Plätze der Senatoren und der Mitglieder der kaiserlichen Familie. Es folgte das »maenianum primum«, die Plätze der Zivil- und Militärtribunen und der »eques«, der Ritter, die den Senatoren im gesellschaftlichen Rang folgten. Das »maenianum secundum« darüber war wohlhabenden Bürgern vorbehalten, auf denen Eheleute jedoch gesondert nach Plätzen saßen. Das niedere Volk musste sich schließlich mit dem obersten Sektor begnügen, dem »summum«, nur Frauen der untersten Schichten waren noch schlechter untergebracht. Für sie standen Stehplätze auf einer Holzkonstruktion auf dem obersten Stockwerk zur Verfügung, das Titus aufsetzen ließ.

Das Kolosseum war gewöhnlich nicht bedeckt, aber bei schlechtem Wetter oder bei zu großer Sommerhitze schützte die abertausenden Zuschauer ein riesiges Zeltdach. Zu dessen aufwendiger Bedienung wurden Flotten aus Ravenna und vom Kap Misenus nach Rom kommandiert. Die beiden Matrosengruppen nahmen auch an den Seeschlachten teil, die im Amphitheater veranstaltet wurden, nachdem es mit Wasser vollgelaufen war. Als das Kolosseum auf der Höhe seiner Herrlichkeit stand, hatte es sicherlich ein imposantes Szenario römischer Größe und Macht abgegeben. Aber noch heute, nach den vielen Zerstörungen, die das Bauwerk über die vielen Jahrhunderte erleiden musste, ist das Amphitheater der ganze Stolz Roms und Gegenstand höchster Bewunderung.

STELL- UND CAMPINGPLÄTZE

CAMPEGGIO FLAMINIO

Via Flaminia Nuova, 821, 00189 Roma AG, villageflaminio.com, GPS: 41.958718, 12.481580. Im Norden Roms in direkter Nachbarschaft zu einem Sportzentrum gelegen. Gepflegte Anlage, an der Rezeption gibt es Bustickets für die Fahrt in die Stadt.

TOP ★ ERLEBNISSE

★ RUHMESHALLE FÜR DIE EWIGKEIT

Das gewaltige Pantheon ist das besterhaltene Bauwerke aus der klassischen Antike. Zwar bezieht sich die Inschrift am Gesims der Säulenhalle auf Agrippa, doch Forschungen haben inzwischen nachgewiesen, dass der Rundbau auf die Zeit von Kaiser Hadrian zurückgeht. Papst Bonifatius IV. wandelte ihn 609 in eine Kirche um. Sterbliche Überreste vieler Märtyrer wurden aus den Katakomben hierher verbracht und bestattet, wie auch große Künstler und Könige in der nunmehr christlichen Ruhmeshalle ihre letzte Ruhe fanden.
rome-museum.com/de/pantheon-rom.php

★ ROMS SCHÖNSTE AUSSICHTSTERRASSE

Einen der schönsten Ausblicke auf die Ewige Stadt hat man von der Aussichtsterrasse am Rand der Farnesischen Gärten, die einst Kardinal Alessandro Farnese anlegen ließ. Die sollte man beim Besuch der Ruinen des Palatin unbedingt einplanen. Die Gärten bieten nicht nur eines der wundervollsten Panoramen, hier lässt es sich auch im kühlenden Schatten der Pinien und Lorbeerbüsche, umweht vom Duft von Oleander und Rosen, wunderbar entspannen und erholen.
villafarnesina.it

WEITERE INFORMATIONEN
roma-antiqua.de/antikes_rom/forum_romanum/

68 URRÖMISCHES FLAIR UND RENAISSANCE-HOCHBURG – TRASTEVERE

Besuch in einem besonderen Stadtteil

Das Viertel auf der Westseite des Tibers lockt mit labyrinthartigen Gassen, malerischen Plätzen und dem quirligen Leben in den Cafés und Restaurants rund um sein Herzstück, die Piazza di Santa Maria di Trastevere. Doch auch die Kultur kommt nicht zu kurz – allem voran die Villa Farnesina aus der Renaissancezeit mit ihrer unvergleichlichen Ausstattung gilt es zu bestaunen.

Blick in den Altarraum der Kirche, die sich innerhalb eines Klosterkomplexes befindet und bereits im 5. Jahrhundert errichtet wurde (unten). Eine Pause tut gut auf der Piazza Santa Maria in Trastevere (rechte Seite oben). Der Saal der Hochzeit Alexanders des Großen mit Roxane in der Villa Farnesina wurde nach dem gleichnamigen Fresko benannt (rechte Seite unten).

Pulsierendes Zentrum von Trastevere ist die Piazza vor der Kirche Santa Maria di Trastevere mit ihrem eleganten Renaissance-Portikus und romanischen Glockenturm, der dem Platz sein unverwechselbares Gepräge gibt. Überall stehen Café-, Restaurant- und Pizzeriatische wackelig auf holprigem Kopfsteinpflaster. Und in der Mitte der Piazza erhebt sich der Brunnen von 1692, der beliebter Treffpunkt ist. Vor allem junge Leute sitzen gern zu Dutzenden auf den marmornen Stufen seines oktogonalen Sockels. Wie die Kirchenvorhalle stammt auch der Brunnen von Carlo Fontana – treffender kann ein Brunnenbauer nicht heißen.

Die Festa de Noantri

Noch unterhaltsamer wird die Piazza in den letzten zwei Juliwochen. Dann wird hier die Festa de Noantri begangen – mundartlich für »di noi altri« (»von uns anderen«, was auf die Anwohner des Trastevere im Gegensatz zu jenen anderer Vierteln anspielt). Dann verwandelt sich Trastevere in ein Open-Air-gelände. Trödel- und Imbissbuden und Feuerwerk sorgen für die gute Laune der Menschen, die jeden Tag scharenweise über das gesamte Viertel hereinbrechen. Das Fest mit religiösem Ursprung findet alljährlich ab dem Samstag nach dem 16. Juli statt, wenn die Statue der Madonna del Carmine

Der Vicolo della Torre hat den idyllischen Charme eines Dorfes (unten). Der Flohmarkt in Trastevere ist eine wunderbare Abwechslung zum Designerladen (ganz unten). Vom Gianicolo aus sieht man bis hin zu den Albaner Bergen (rechte Seite oben). Für Erfrischung sorgt die barocke Fontana dell'Acqua Paola (rechte Seite unten).

durch Trastevere in die Kirche San Crisogno getragen wird. Die direkt anschließenden Feierlichkeiten, ein ausgelassener Karneval ganz eigener Prägung, ziehen sich bis in den August hin.

Als Oase der Ruhe kommt dann die Kirche Santa Cecilia in Trastevere im Osten des Viertels gerade recht. Papst Pascali ließ sie zu Ehren der Märtyrerin, der Schutzheiligen der Musik, im 9. Jahrhundert errichten – der Legende nach an jenem Ort, wo das Haus des Römers Valerianus und seiner Frau Caecilia gestanden haben soll, obwohl selbst die katholische Kirche das heute bezweifelt. Jedenfalls haben Archäologen Reste einer weitläufigen römischen Wohnanlage entdeckt. Ihre heutige Gestalt verdankt die Basilika den barocken Umbauten im 18. Jahrhundert, wenngleich das Mosaik in der Apsis noch aus alter Zeit stammt und die Fresken in der oberen Galerie aus dem 13. Jahrhundert den Wendepunkt hin zur aufkeimenden Renaissance zeigen.

Villa Farnesina – Sommersitz der Renaissance

Ein Schmuckstück ganz anderer Art ist die Villa Farnesina, die als eine der ersten echten Renaissance-Villen überhaupt gilt. Sie wurde so zum architektonischen Vorbild vieler Nachfolgebauten. Besuchermagnet ist jedoch die Ausstattung von den großen Künstlern der Zeit, darunter auch der unvergleichliche Raffael, der hier eines seiner Hauptwerke schuf.

Heute in Staatsbesitz, beauftragte Vatikanbankier Antonio Chigi 1508 seinen Landsmann aus Siena, Baldassare Peruzzi, mit dem Bau dieser Sommervilla unweit des Stadtzentrums. Erst später gelangte sie dann in die Hände des Namenspatrons, des Kardinals Farnese, der sie 1577 erwarb. Die fürstliche Residenz des Vatikan-Bankiers Chigi sollte den ganzen Luxus der Zeit entfalten – was dem Baumeister zweifellos gelungen ist. Inmitten eines üppigen Parks gelegen, bot das zweiflügelige Gebäude, wegen Schlichtheit und Harmonie der Proportionen hoch gelobt, reichlich Raum für die rauschenden Feste, die Chigi zu feiern pflegte, warum er auch den Beinamen »il magnifico« erhielt. Für zahllose Künstler und Literaten, Prinzen und Diplomaten, Kardinäle und auch Päpste wurde Chigi zum perfekten Gastgeber, der sie alle aufs Fürstlichste bewirtete. Den illustren Gästen servierte man Speisen und Getränke sogar im eigenem Silberservice, das mit deren Wappen versehen war. Nach Beendigung des Festmahls wurden sie angehalten, das kostbare Geschirr einfach in den vorbeifließenden Tiber zu entsorgen – was sie auch mit großem Vergnügen taten,

ohne zu ahnen, dass ein verstecktes Netz aufgespannt war, in dem die silberne Gerätschaft sorgsam aufgesammelt wurde. Allzu verschwenderisch wollte Chigi dann eben doch nicht sein.

Gipfel der Renaissance-Malerei

Die Ausschmückung der Villa, die größter Anziehungspunkt für die Besucher ist, übernahmen berühmte Künstler wie Giulio Romano, Sebastiano del Piombo, Sodoma, auch Baldassare Peruzzi selbst und, allen voran, Raffael. Raffael, der unerreichte Meister der klassischen Renaissance, malte Wände und Decke der Gartenloggia mit wundervollen Fresken aus: dem »Konzil der Götter« und der »Hochzeit von Amor und Psyche«. Anmutige jugendliche Gottheiten der Antike schweben durch das Rom der Päpste, griechisch-römische Ideale und Themen verschmelzen mit christlichen. Für Raffaels »Drei Grazien« hingegen soll Chigis Geliebte, die Kurtisane Imperia, Modell gestanden haben. Ebenfalls ausgestattet hat Raffael die Sala di Galatea, die auch im Erdgeschoss liegt. Namensgebend für den Saal ist sein Fresko »Triumph der Nymphe Galatea«. Die schöne Tochter des griechischen Meeresgottes Nereus wird vom einäugigen Zyklopen Polyphem geliebt. Doch die Liebe bleibt einseitig, die Nymphe macht sich über seine Bemühungen nur lustig. Dass Konkubine Imperia ihr Gesicht auch der spottenden Nymphe geliehen haben soll, bleibt Vermutung. Auch Baldassare Peruzzi und Sebastiano del Piombo hinterließen im Galatea-Saal ihre Spuren. Peruzzi schuf an der Decke den »Sternenhimmel«, der, einer humanistischen Tradition folgend, die Konstellationen der Gestirne zur Geburtsstunde Chigis zeigt. Für die Lünettenfresken zeichnet del Piombo verantwortlich. Sie erzählen verschiedene Episoden aus Ovids Metamorphosen.

Sodomas Hauptwerk

Ein bedeutendes Werk von Renaissance-Maler Sodoma, der eigentlich Giovanni Antonio Bazzi hieß, gibt es im »piano nobile«, im Obergeschoss zu entdecken. Das Fresko ziert das Schlafgemach von Agostino Chigi und schildert die Hochzeitsnacht von Alexander dem Großen mit Roxana, der Tochter des Perserkönigs Darius. Die Darstellung mit dem Makedonenfürsten, der seiner Braut die Krone übereignet, symbolisiert den Sieg der Liebe über alles Weltliche. Hymen und Eroten mit Liebespfeilen helfen Roxane beim Entkleiden, sie unterstreichen die Erotik der Szenerie. Im Obergeschoss beeindruckt auch die Sala delle Prospettive mit Peruzzis illusionistischen Fresken. Hinter einem vorgetäuschten Säulengang öffnen sich Szenen bukolischer Landschaften und idealisierter Stadtveduten Roms.

STELL- UND CAMPINGPLÄTZE

HAPPY VILLAGE E CAMPING ROMA

Via del Prato della Corte, 1915, 00123 Roma RM, happycamping.net, GPS: 42.002790, 12.452234. Abgelegener, ruhiger und komfortabler Campingplatz. Mit einem Shuttleservice gelangt man in das Stadtzentrum.

TOP ★ ERLEBNISSE

★ SPAZIERGANG MIT AUSSICHT

Der Gianicolo, benannt nach dem altrömischen Gott Janus, zählt nicht zu den sieben Hügeln Roms, auch wenn sich seine Kuppe 80 Meter über dem Häusermeer erhebt. Der Fußweg lohnt sich, weil sich oben ein unvergleichlicher Blick auf die Stadt öffnet bis hin zur Silhouette der Albaner Berge. Trotz der Mühsal sollte man den Aufstieg nicht versäumen, auch der vielen Sehenswürdigkeiten wegen, die sich entlang der Passegiata del Gianicolo aufreihen, die in den Piazzale Giuseppe Garibaldi mündet. Diese große Panoramaterrasse ist den Gefechten gewidmet, die hier 1849 stattfanden.
museos.com/de/rom/gianicolo-huegel-rom/

★ IM HERZEN DES VIERTELS

Zentraler und authentischer kann man in Roms lebendigstem Viertel kaum wohnen: Das Gästehaus Luxury Trastevere bietet eine Terrasse mit einzigartigem Blick auf den Glockenturm der Kirche Santa Maria im Herzen des Trastevere.
romeluxuryroom.com/main/index.php/en

★ FEIERLICHE PROZESSION

Das bekannteste Prozessions-Fest, die Festa di Noantri, bei der eine Zedernholzmadonna durchs Viertel getragen wird, findet im Juli statt.
festadenoantri.it

WEITERE INFORMATIONEN
turismoroma.it

Die Malereien in der Kuppel der Sant'Agnese in Agone an der Piazza Navona stellen »die Glorie des Paradieses« dar.

Die barocke Fassade von Sant'Agnese beherrscht den Platz.

69 EIN PLATZ ZUM TRÄUMEN – PIAZZA NAVONA

Barocke Pracht

Kein anderer Platz Roms kann mit so aufregender Atmosphäre aufwarten, kein anderer zeigt Roms barockes Gesicht in solcher Geschlossenheit, kein anderer lädt so schön zum Verweilen ein oder zum Erkunden seiner Fassaden und herrlichen Brunnen – vor allem der berühmten Fontana dei Fiumi.

Die Piazza Navona, von der viele behaupten, sie sei einer der schönsten Plätze der Welt, ist auf dem Areal eines antiken Stadions angelegt. Ihren Ruf als herausragendes Beispiel einer barocken Platzanlage aber verdankt sie Papst Innozenz X. Anlässlich des Heiligen Jahres 1650 entschloss dieser sich zur Umgestaltung des Stadions. Er veranlasste den Neubau der Kirche Sant'Agnese und plante zwei kleine Brunnen am oberen und unteren Ende der Piazza sowie die zentrale Brunnenanlage, den Vier-Ströme-Brunnen. Mit der »Fontana dei Fiumi« in der Mitte des Platzes vollendete das Barockgenie Gian Lorenzo Bernini eine seiner eindrucksvollsten Schöpfungen. Der Brunnen, dessen szenischer Effekt einzigartig ist, sollte den Obelisken erhöhen, den man vom Circus des Maxentius hierher verbrachte. Aus dem großen Becken wachsen Felsen empor, die diesen Obelisken tragen, mit höchst fantasievollen Tieren und Pflanzen. An den Ecken thronen die Personifikationen von Ganges, Nil, Donau und Rio de la Plata – Flussgottheiten der Ströme, die als die größten der vier damals bekannten Erdteile angesehen wurden, versehen mit der jeweiligen Flora und Fauna. Dabei soll der Nil sein Haupt verhüllen, weil seine Quellen noch nicht bekannt waren. Indes erzählt eine Geschichte, die auf den hehren Wettstreit Berninis mit seinem ebenso berühmten Konkurrenten Borromini anspielt, der Nil müsse seine Augen vor den Konstruktionsfehlern der Borromini-Kirche Sant' Agnese vis-à-vis zudecken, wiewohl der Rio de la Plata seine Hände nach oben werfe, weil zu befürchten sei, das Gotteshaus drohe einzustürzen …

INFO: santagneseinagone.org

Gut belagert: Das Rauschen des Wassers mischt sich mit einem permanenten Wispern zahlloser Stimmen.

70 BRUNNEN DER SEHNSUCHT – DIE FONTANA DI TREVI

Eines der Wahrzeichen Roms

Schon der Name des berühmtesten aller Brunnen macht Romfans wehmütig, und am liebsten würden sie gleich wieder in die Ewige Stadt zurückkehren. Damit sich dieser Wunsch auch bewahrheitet, muss man nur eine Münze in die Fluten des barocken Kunstwerks werfen – Erfolg garantiert!

Als der Architekt Nicolò Salvi und der Bildhauer Pietro Bracci 1762 die Arbeiten zur prächtigen Fontana di Trevi in der Via delle Murratte abschlossen, ahnten sie nicht, dass sie damit ein Kunstwerk schufen, das für die römische Metropole weltweit zum Symbol schlechthin werden sollte. Die großartige Komposition als Abschlusswand der Wasserleitung der Acque Vergine stellt den Triumph des Neptun, des Herrschers über die Wasser, dar. Mit zahllosen Statuen und Reliefs über den Felsgruppen geschmückt, sprudelt das klare Wasser aus allen Ecken und Winkeln.

Der Feldherr Marcus Agrippa führte die »Jungfrau-Wasser« mittels eines 26 Kilometer langen Aquädukts aus den Sabiner Bergen ins Herz der Stadt. Der Name »Acque Vergine« entstand der Legende nach, als Agrippas Soldaten sich auf dem Feld nahe der Via Collatina befanden, Wasser suchten und ein Mädchen trafen, das ihnen die Quelle mit klarem Wasser zeigte. Diese Begebenheit ist in einem Relief auf der rechten Seite dargestellt, während das Relief links Agrippa zeigt, wie er Kaiser Augustus den Plan zum Bau des Aquädukts präsentiert. Wenig amüsiert über den Brunnenbau war übrigens Graf Conti di Poli: Der gewaltige Triumphbogen, der die gesamte Fassade seines Palastes ausfüllte, nahm keine Rücksicht auf Stil und Ausmaß des gräflichen Domizils. Vor allem die Geschosshöhe war ihm ein Dorn im Auge. Doch des Grafen Einspruch blieb ohne Folgen, das Einzige, was zählt, ist, dass der Prachtbrunnen tatsächlich erbaut wurde und noch heute die Menschen erfreut.

INFO: rom-info.de

71 MITTELPUNKT DER CHRISTENHEIT – SANKT PETER UND VATIKANISCHE MUSEEN

Gotteshaus und Schatzkammer der Superlative

Da wo sich heute die bedeutendste Kirche der Welt, der Petersdom, erhebt, ergötzte sich einst Nero daran, wie Christen auf sein Geheiß gekreuzigt wurden – darunter auch Petrus, als er sein Martyrium erlitt. Ob sich hier tatsächlich das Grab des Apostels befindet, ist ungewiss. Gewiss ist aber, dass sich der Vatikan, der sich daraus entwickelte, die bedeutendste Kunstsammlung der Welt beherbergt.

Auf dem Petersplatz (unten). Der Blick von der Kuppel der Peterskirche auf Berninis Kolonnaden ist atemberaubend (rechte Seite oben). Bramantes gigantische Wendeltreppe wurde 1512 in Auftrag gegeben (rechte Seite unten).

Kaiser Konstantin, der dem Christentum zur Vorherrschaft über den heidnischen Glauben verhalf, veranlasste den ersten Kirchenbau zu Ehren des Märtyrers Petrus. Die Basilika über seinem – vermeintlichen – Grab wurde 326 von Papst Silvester eingeweiht und dann immer mehr erweitert und ausgeschmückt, verfiel schließlich aber, und erst unter Papst Julius II. im 15. Jahrhundert begann man mit der Errichtung einer neuen Basilika. Es war der berühmte Baumeister Donato Bramante, der beauftragt wurde, den Plan zu entwerfen – ein Bauvorhaben, das sich über 176 Jahre erstrecken sollte. In diesem langen Zeitraum lösten verschiedene Bauvorschläge einander ab, darunter auch ein Plan Raffaels, bis schließlich der fast siebzigjährige Michelangelo den Zuschlag erhielt, der die griechische Kreuzform Bramantes mit einer Kuppel wieder aufgegriffen hatte.

Nach Michelangelos Tod gingen die Arbeiten nach seinen Entwürfen weiter, aber in

Decke und Wände der Sala di Costantino, Teil der Stanze di Raffaello, wurden vom Meister aus Umbrien ausgemalt.

der Zeit von Papst Paul V. legte man sich endgültig auf den Plan eines lateinischen Kreuzes mit verlängertem Längsbalken von dessen Kollegen Carlo Maderno fest. So viele Hände und Köpfe haben beim Bau von Sankt Peter mitgewirkt, dass es schwierig zu bestimmen ist, wer als wahrer Schöpfer des Gotteshauses gilt.

Schönste Kulisse der Welt

Sehr viel einfacher fällt dies bei der Piazza di San Pietro, bei der kein Zweifel an der Urheberschaft besteht. Sie ist das Werk des großen Barockmeisters Gian Lorenzo Bernini, der im Auftrag von Papst Alexander VII. zwischen 1656 und 1667 einen Platz anlegte, der seinesgleichen sucht. Er schuf mit dem Platz eine Kulisse für die Zusammenkünfte der Christen aus aller Welt, die als vielleicht berühmtester Platz der Welt ihren Zauber bis heute bewahrt hat. Das Szenarium ist beherrscht von der großartigen Kuppel, die Michelangelos Genius ersann. Strahlend erhebt sie sich vor dem Hintergrund des Himmels, in dessen graublaue Färbung das Gewölbe übergeht.

Die Kolonnaden, die die Piazza zu beiden Seiten rahmen, sind Berninis schönstes Werk. Die halbkreisförmig geöffneten Flügel gebieten feierlich Einlass zur Peterskirche und zur päpstlichen Residenz. Mit den Säulengängen hat Bernini die ganze Kraft seines Genies offenbart, wie auch seine Statuen zeigen, die die Kolonnaden krönen. Der 25 Meter hohe Obelisk, den bereits Kaiser Caligula aus Heliopolis herschaffen ließ, erinnert an die Martyrien der frühen Christen. Von den Brunnen zu beiden Seiten stammt der rechte von Carlo Maderno, der linke vermutlich von Bernini selbst, sie geben dem gewaltigen Platz Lebendigkeit. Für die dichtgedrängte Menge der Gläubigen mag es nichts Feierlicheres geben als die Segenserteilung an einem strahlenden Ostersonntag, wenn der Papst von der Loggia della Benedizione den »Urbi et Orbi«-Segen spricht und damit Rom und den gesamten Weltenkreis weiht.

Das Gotteshaus

Die frisch restaurierte zweistöckige Fassade aus Travertin stammt wie auch der Kirchengrundriss von Carlo Maderno, der die Basilikafront in Weiß und Ocker gestaltete, mit roten und grünen Akzenten auf der Loggia della Benedizione, auf der mit mächtigen Buchstaben Name und Titel von Borghese-Papst Paul V. prangen. Die mittleren Bronzetore aus dem 15. Jahrhundert, vom Florentiner Bildhauer Filarete gegossen, befanden sich ebenfalls im Vorgängerbau. Ganz rechts befindet sich die Porta Santa, die zugemauerte Heilige Pforte, die nur im Heiligen Jahr für zwölf Monate geöffnet wird. Alle 25 Jahre am Weihnachtsabend begibt sich der Papst nach altem Ritus in Begleitung einer Prozession zu dieser Tür und kniet dreimal nieder. Dann fällt die Mauer nach einem Hammerschlag aus dem Türrahmen, und der Papst tritt durch sie ein. Der erste Eindruck vermittelt nicht gleich die riesige Ausdehnung der dreischiffigen 186 Meter langen Basilika mit 123 Meter langem Querhaus und – inklusive Laterne – 137 Meter hoher Kuppel.

Erst nach mehrmaligem Betreten erfasst man diese ungeheuren Ausmaße. Blickfang im prunkvollen Schauspiel aus edlen Mosaiken, erlesenem Marmor und kostbaren Säulen ist der Papstaltar, der sich im Mittelpunkt über Petrus Grab erhebt. 95 Lampen brennen davor, Tag und Nacht. Den überbordend geschmückten Baldachin mit seinen goldverbrämten gewundenen 20-Meter-Säulen goss Bernini aus der eingeschmolzenen Bronze, die vom Dach des Pantheons geraubt wurde. Grandioser sind aber die sich dem Himmel entgegenreckende Kuppel Michelangelos und die vier Kolossalpfeiler, die das Gewölbe stützen. Sie dienen als Kapellen für die berühmten Reliquien: den Kopf des Heiligen Andreas, das Schweißtuch der Veronika, ein Stück des echten Kreuzes von Kaiser Konstantins Mutter Helena und die Lanze, mit der Longinus die Seite Jesu durchstach. Dazu passend stehen in den Nischen die Heiligenstatuen von Andreas, Veronika, Helena und Longinus.

Größte Kunstschätze bergen auch die vielen Kapellen. Wohl berühmtestes Werk ist die Pietà, sicher eine der schönsten und anrührendsten Werke Michelangelos, die er im Alter von 24 Jahren ausführte.

Die größte Kunstsammlung der Welt

Doch die Fülle an Artefakten im Petersdom verblasst fast im Vergleich zu den Schätzen, die die Vatikanischen Museen in über 11 000 Zimmern und Sälen bergen. Ob griechische Skulpturen oder römische Büsten, ob etruskische Bronzen oder ägyptische Sarkophage,

Michelangelos »Pietà« zählt zu den berühmtesten Skulpturen der Kirche (unten). Der Fußboden der Galleria dei Candelabri mit antiken Skulpturen besteht aus feinsten Marmorintarsien (ganz unten).

In der Galleria dei Candelabri faszinieren nicht nur griechische und römische Skulpturen, schon die Räume allein sind den Besuch wert (unten). Kostbare Gobelins zieren die Galleria dei Candelabri e degli Arazzi (rechte Seite oben). Die beeindruckende Kuppel von Sankt Peter wurde von Michelangelo gestaltet (rechte Seite unten).

ob Reliefs des Altertums oder Gemälde der Neuzeit. Schwerpunkte sollte der Besucher sich unbedingt setzen, bevor er sich in das prachtvolle Labyrinth der Museen begibt. Sonst besteht die Gefahr, sich im Detail zu verlieren und womöglich keine Zeit mehr zu haben für die Besichtigung der Highlights des Vatikanpalasts: Michelangelos Sixtinische Kapelle und Raffaels Stanzen, mit denen sich beide Künstler ein ewiges Denkmal setzten und der Kunstwelt Werke von unermesslichen Wert schenkten.

Die Prunkstücke der Antike aber beherbergen die vier Kabinette des oktogonalen Belvedere-Hofes. Unter den Trümmern von Neros Domus Aurea wurde 1506 das wundervolle Werk der Laokoon-Gruppe, der Stolz der vatikanischen Sammlung, ausgegraben. Sie zeigt den trojanischen Priester mit seinen Söhnen im Kampf auf Leben und Tod mit zwei Riesenschlangen, die dem Mythos nach von Minerva gesandt waren. Ein weiteres Wunderwerk ist der »Apoll von Belvedere«, eines der größten Juwele des Vatikans, mit stolzem Antlitz und meisterhaft durchgebildetem Körper. Aus ganz anderer Epoche stammen der »Perseus mit Medusenhaupt« und Antonio Canovas Faustkämpfer Creugante und Damoxenos, während die Hermesstatue auf ein Original von Praxiteles zurückgeht. Ein großartiger Blickfang ist auch der »Apoxyomenos«, eine römische Kopie des Hauptwerks von Lysippos, einem griechischen Meister des 4. Jahrhunderts v. Chr., die die klassische Idealgestalt eines jungen Mannes verkörpert.

Raffaels Stanzen

Sofort nach seiner Ankunft in Rom wurde Raffael vom Architekten Bramante Papst Julius II. vorgestellt. Einige Räume über den Borgia-Gemächern waren schon von Sodoma, Perugino und anderen Meistern ausgemalt worden. Doch der herrschaftsbewusste Papst wollte sich selbst verewigen. So entschloss er sich, die Fresken der sogenannten Stanzen zu entfernen und die Wände vom jungen Raffael neu ausstatten zu lassen.

Die erste Stanze ist nach dem Hauptgemälde benannt, das den Brand der römischen Altstadt darstellt, der durch Papst Leo IV. angeblich zum Erlöschen gebracht worden sein soll. Ein weiteres Motiv zeigt Äneas, der dem Brand Trojas entflieht, seinen Sohn Ascanius an der Hand führend. Ein drittes Fresko wurde von Raffael nur noch entworfen: Es zeigt in Ostia einfallende Sarazenen. In der zweiten Stanze, der »Sala della Segnatura«, sieht man Raffaels erste große Arbeiten, Höhepunkte der Renaissancemalerei. Die vier Gewölbemedaillons versinnbildlichen in

Allegorien die Grundthemen des Raumes. Die »Disputa del Sacramento« steht für die Theologie, die »Scuola d'Atene« repräsentiert die Philosophie, der »Parnass« mit dem musizierenden Apoll die Dichtkunst, und die Gerechtigkeit symbolisieren Szenen mit den drei Kardinaltugenden und der Einsetzung des Rechts.

In der folgenden »Sala d'Eliodoro« ist die Ausdruckskraft Raffaels noch kräftiger, sind die Bewegungen der Figuren lebhafter geworden. Die Fresken zeigen unter anderem »Helidors Vertreibung aus dem Tempel«, die »Befreiung des Petrus aus dem Kerker«, Raffaels erstes Nachtbild, »Leo der Große Attila Einhalt gebietend« und die »Messe von Bolsena«, das eine Legende mit einem zweifelnden Priester erzählt. Die Fresken der letzten Stanze, die nur auf Entwürfen Raffaels basieren, haben vor allem das Leben Konstantins des Großen zum Thema, darunter die »Kreuzesvision«, die »Schlacht an der Milvischen Brücke« und »Konstantins Taufe«.

Die Sixtinische Kapelle

Die Kapelle, in der das Konklave zur Papstwahl stattfindet, wurde von Giovanni dei Dolci 1470 für Papst Sixtus IV. erbaut und von den bedeutendsten Künstlern ihrer Zeit ausgemalt – genannt seien nur Botticelli, Perugino oder Ghirlandaio. Vor allem besucht wird die Kapelle jedoch wegen der unvergleichlichen Meisterwerke, die Michelangelo hier der Welt hinterließ. Der kunstbeflissene Papst Julius II. gab dem noch jungen Michelangelo den Auftrag, die Decke der »Cappella Sistina« zu bemalen. Der Meister nahm an, das Werk wurde im Mai 1508 begonnen und vier Jahre später vollendet. In einem Kraftakt unvorstellbaren Ausmaßes bedeckte er die gewaltige Fläche von 40 Metern Länge mit architektonisch gegliederten biblischen Szenen, angefangen mit Bildern von der Erschaffung der Welt und der Menschen, dem Sündenfall, Noah und der Sintflut, dazu Propheten und Sibyllen, die die größten Figuren des gesamten Deckenfreskos sind. 23 Jahre später erst schuf Michelangelo sein Hauptwerk, das »Jüngste Gericht«, das ihn wahrlich unsterblich machte: Christus als Weltenrichter, umgeben von Maria, Aposteln und Heiligenfiguren, auf der linken Seite die Auserwählten, die zum Himmel streben, rechts die Verdammten, auf die die ewige Hölle wartet. Fast 400 Gestalten entwarf der Künstler für seine grandiose Komposition – und schuf eines der fantastischsten Meisterwerke abendländischer Kultur.

TOP ★ ERLEBNISSE

★ MICHELANGELOS IMPOSANTE KUPPEL

Wem sich die Ausmaße der Basilika noch nicht ganz erschlossen haben, der besteige Michelangelos genialische Kuppel, die mit gut 42 Metern das größte freitragende Ziegelbauwerk der Welt ist. Den Aufstieg erleichtert ein Lift, der die 510 Stufen um 190 verkürzt. Oben öffnet sich der Blick auf den gewaltigen Vatikankomplex wie auch ins Ehrfurcht einflößende Kircheninnere.

★ LUXUS AN DER SPANISCHEN TREPPE

Hoch über der Spanischen Treppe liegt die wohl gediegenste Herberge Roms: das Hassler Medici. Illustre Gäste haben hier schon Nächte verbracht – Stars wie Audrey Hepburn, Luciano Pavarotti, Clint Eastwood, US-General Dwight D. Eisenhower sowie Monacos Fürst Rainier, der hier seinen Honeymoon mit Grace Kelly verlebte.
hotelhassler.com

★ ROMS SCHLARAFFENLAND

Was der Vatikan für den Geist ist, das ist die Salumeria Roscioli am Campo dei Fiori für die irdischen Gelüste, und sogar Sterneköche kaufen hier ihre Wurst- und Käsewaren. Den köstlichen Culatello, Bresaola und Caciocavallo kann man auch mit einem Gläschen Wein gleich vor Ort verkosten.
roscioli.com

WEITERE INFORMATIONEN
vatican.va
info.rome-roma.net/de/site/petersplatz/

72 VOM LIDO DI TARQUINIA NACH BOMARZO

Ausflugsfahrt durch Latium

Die Region Latium bietet viele interessante Routen für Touren. Die Region ist voller Kunst und Natur. Doch von Tarquinia aus führt eine besondere Erlebnisstraße in Städte mit viel Kunst, umgeben von dichten Wäldern, bis in einen fantastischen Park, dessen Bedeutung bis heute unklar ist.

Tarquinia Lido ist sicherlich keiner der schönsten Strände Italiens. Doch Sand und Wasser sind sauber und garantieren Erholung, bevor die Fahrt losgeht. Die nordlaziale Route bietet viele Entdeckungen, für die man gestärkt sein sollte.

Vom Lido di Tarquinia aus steuert man das Wohnmobil auf der Straße SP44 in die malerische Kleinstadt Tarquinia. Das mittelalterliche Städtchen ist fast komplett erhalten und wartet mit großer Kunst auf.

Der Palazzo Vitelleschi aus dem 15. Jahrhundert ist eines der schönsten Beispiele dieser Architektur in ganz Latium. Im Museo Nazionale Tarquiniense – Tarquinia ist eine Etruskergründung – werden die Schätze aus der Etruskerzeit aufbewahrt. Eine der schönsten romanischen Kirchen Latiums ist Santa Maria di Castello aus dem frühen 12. Jahrhundert. Herrlich der chromatische Fußboden ganz aus Marmorintarsien.

Totenstädte und romanische Meisterwerke

Direkt bei Tarquinia befindet sich die etruskische Nekropole Monterozzi, eine faszinierende Totenstadt. Locker stehen die kreisrunden und mit Gras bewachsenen Gräber dicht beieinander. Viele können besichtigt werden. Ein Traumort!

Über die SP3 geht es durch die grüne Landschaft weiter nach Tuscania. Das Städtchen wirkt wie die perfekte Kulisse für einen mittelalterlichen Historienfilm. Die beiden romanischen Kirchen San Pietro und Santa Maria Maggiore erheben sich etwas außerhalb des Ortes und sind komplett erhalten geblieben, ganz ohne spätere architektonische Hinzufügungen. Entlang der Straße sollte man auf Hinweisschilder achten: Latium war Etruskerland, und überall finden sich ihre Totenstädte, die besichtigt werden können.

Marta am malerischen Bolsena-See erreicht man über die SP12. Hoch über dem See liegt die Ortschaft Montefiascone. Von hier kommt ein schon im Mittelalter berühmter, einfacher, aber erfrischender Weißwein, der noch heute sehr beliebt ist: »Est! Est!! Est!!!«. Kurios ist die romanische Kirche San Flaviano. Es handelt sich um zwei übereinander gebaute Kirchen mit Freskenmalereien.

Wo Päpste residierten und Monster drohen

Weiter geht es über die SR2 nach Viterbo, in Sachen Architektur des Mittelalters eine der reichsten und schönsten Städte Latiums. Hier lohnt ein ausgedehnter Spaziergang, um den ganzen Charme der Stadt zu erleben. Ganze mittelalterliche Stadtviertel sind komplett erhalten geblieben. Herrlich ist der Palazzo dei Papi aus dem 13. Jahrhundert, in dem im Mittelalter einige Päpste residierten und gewählt wurden. Aus Viterbo führt die Via Trieste zur Viale Fiume,

Etruskische Grabkunst und romanische Kirchen in Tuscania

um dann Bagnaia zu erreichen. Renaissance-Baumeister Vignola errichtete hier Ende des 16. Jahrhunderts die Villa Lante: zwei prächtige Pavillons mit Freskenmalereien, umgeben von einem klassisch italienischen Garten mit Wasserspielen.

Die SP151 schlängelt sich durch Wälder und kleine Ortschaften nach Osten. Nicht das Straßenschild nach Bomarzo, über die SP20, verpassen. Bei der pittoresken kleinen Ortschaft Bomarzo verzaubert der Parco dei Mostri seine Besucher. Diesen »Monstergarten« aus schiefen Häusern und Tempeln, Riesenmäulern und rätselhaften großen Skulpturen ließ sich der vom Leben geschlagene Adlige Vicino Orsini in der zweiten Hälfte des 16. Jahrhunderts anlegen – in diesem Traumland konnte er die Unbilden des Lebens vergessen und Besucher in Erstaunen versetzen. Der Monstergarten von Bomarzo bildet den enigmatischen Abschluss dieser Tour durch das nördliche Latium.

Entfernung: Lido di Tarquinia–Bomarzo: ca. 100 km

STELL- UND CAMPINGPLÄTZE

1 WOHNMOBILSTELLPLATZ VITORCHIANO

Via della Teverina, 19-11, 01030 Vitorchiano VT, GPS: 42.471370, 12.172310

Das Löwengrab in der etruskischen Nekropole Monte Calvario bei Tarquinia

TOP ★ ERLEBNISSE

★ FEIN SPEISEN IN TUSCANIA

Ein kleiner Platz, alte Häuser, viel Ruhe und ein Lokal, in dem nur Gerichte mit Fisch und Meeresfrüchten serviert werden. Das Dieci sedie bietet alles vom Feinsten und zu einem Festpreis von 40 Euro pro Person für ein üppiges Menü samt Wein und Wasser. Tel. 342 745 80 72

★ EIN TRAUM VON EINEM LANDSCHLOSS

Der Palazzo Farnese überragt die Ortschaft Caprarola und ist einer der prächtigsten Paläste der Renaissance. Sechseckig, mit Innenhof und fast komplett mit zauberhaften Fresken ausgemalt. visitcaprarola.it

★ BRÖCKELNDE SCHÖNHEIT

Civita di Bagnoregio ist ein Zwergdorf, das sich seit Urzeiten auf einem steilen Tuffsteinfelsen erhebt und nur über eine Fußgängerbrücke zu erreichen ist. Ein zauberhafter Ort, vor allem bei Sonnenuntergang. Leider bröckelt der poröse Tuffstein, und Civitas Zukunft sieht düster aus. civitadibagnoregio.it

★ MITTELALTER MIT ALLEM KOMFORT

Cecilia Cecchini Bisoni, kurz Pucci, besitzt im klitzekleinen Proceno eine alles überragende Burg mit Garten und Pool, einem gemütlichen Burgrestaurant (die Küche befindet sich in einer etruskischen Gruft) und einem Gartenrestaurant für den Sommer. castellodiproceno.it

★ STRASSEN IM STEIN

Die Etrusker bauten nicht nur Straßen, sondern schlugen sie auch, um keine Umwege zu machen, direkt aus dem weichen Tuffstein heraus. In den Wäldern bei Pitigliano, Sovana und Sorano lassen sich diese im Grünen versteckten Felsstraßen begehen. pitigliano.org

Zehn Engelsfiguren sowie die Statuen von Peter und Paul zieren die Engelsbrücke über den Tiber (oben). Steinerne Figuren blicken vom Ponte Vittorio Emanuele II auf die Engelsburg (rechte Seite oben), die in der Abendsonne erglüht (rechte Seite unten).

73 EINZIGARTIGE ZEUGNISSE DER ANTIKE – ENGELSBURG UND ENGELSBRÜCKE

Kaiser Hadrians schönste Bauten

Der bronzene Erzengel Michael auf der Dachrotunde ist weithin sichtbar. Er gab dem gewaltigen Grabmal, das Kaiser Hadrian für sich und seine Nachfolger errichten ließ, seinen Namen. Auch die Engelsbrücke, eine der ältesten Brücken Roms, gab der Kaiser in Auftrag. Sie gewährte einst den Zutritt zum Mausoleum und bietet auch heute noch den schönsten Blick darauf.

König Mausolos von Halikarnassos gewann Unsterblichkeit durch sein prächtiges Grabmal, das nach ihm Mausoleum genannt wurde – eines der Sieben Weltwunder. Würdiger Nachfolger ist das Mausoleum Kaiser Hadrians von 139 n. Chr., das Castel Sant'Angelo, auch wenn das, was davon übrig ist, nicht mehr ganz die einstige Pracht vermitteln kann. Prokop, ein Historiker des 6. Jahrhunderts, beschreibt, wie der Bau seinerzeit aussah: »Er hatte eine viereckige Basis, über der sich ein großer Turm erhob, der mit dorischen Säulen, Statuen und Nischen für Inschriften geschmückt war. Auf der Spitze stand eine kolossale Quadriga mit Kaiser Hadrian, und die starken Mauern waren mit Marmor verkleidet. Nach dem Kolosseum war es das prächtigste Beispiel römischer Baukunst.« Die Geschichte des Grabmals ist die Geschichte Roms. Es sah alle Kämpfe und Intrigen des Mittelalters, die Verschwendungssucht der Renaissance-Päpste oder die Schrecken des »Sacco di Roma«, als deutsche Landsknechte 1527 die Stadt plünderten. Noch zur Kaiserzeit wurde es zum Bollwerk ausgebaut und mit der Stadtmauer verbunden, ab 1277 besetzte es der Vatikan, vor allem als Fluchtburg, wie der »Passetto« verrät, der 700 Meter lange Geheimgang zum Vatikan. Der Name »Engelsburg« hat seinen Ursprung in einer Legende: Als 590 in der Stadt die Pest wütete, erschien Papst

Gregor I. der Erzengel Michael, der sich auf dem Mausoleum niederließ und sein Schwert in die Scheide steckte – das Zeichen, dass die Seuche vorüber war. Die Bronzestatue zu seinen Ehren schuf der flämische Künstler Pieter Verschaffelt im 18. Jahrhundert.

Im Inneren der Burg

Eine 125 Meter lange Spiralrampe führt zur Treppe von Papst Alexander VI., die ganz allmählich ansteigt und quer durch den gesamten Bau verläuft, hin zu den ersten Papstgemächern. Besonders sehenswert sind das kunstvoll ausgemalte Bad Papst Clemens VII. und die Sala Paolina aus dem 16. Jahrhundert. Die Fresken erzählen Szenen aus dem Leben Alexanders des Großen und des Apostels Paulus. Entzückend ist das illusionistische Fresko eines Patriziers, der aus einer Tür herausspäht. Ein mit Grotesken ausgeschmückter Gang führt zur früheren Bibliothek und weiter zur Camera del Tesoro. Bis 1870 befand sich dort das Geheimarchiv des Kirchenstaates. Eine Wendeltreppe windet sich von hier aus hinauf zur Terrasse mit dem Erzengel, von der aus sich ein herrlicher Blick auf ganz Rom eröffnet. Dass das Castel Sant'Angelo lange Zeit auch berüchtigtes Gefängnis war, davon zeugen die düsteren Kellerverliese, in denen berühmte Gefangene schmachteten, darunter der umstrittene Alchemist Cagliostro, der florentinische Goldschmied Benvenuto Cellini oder die Patriziertochter Beatrice Cenci, die zur Legende wurde, weil sie – als Mörderin ihres Vaters verurteilt – im Cortile dell'Angelo enthauptet wurde.

Die Engelsbrücke

Mit Sicherheit ist der Ponte Sant'Angelo die schönste der antiken Brücken Roms. Kaiser Hadrian ließ sie im Jahr 136 als Zugang zu seinem Mausoleum über den Tiber schlagen – die mittleren drei Arkaden sind noch original erhalten.

Den Eingang zur Brücke bewachen die Petrusstatue von Lorenzo Lotti und die Paulusstatue von Giulio Romano, die Mitte des 16. Jahrhunderts unter Papst Clemens VII. aufgestellt wurden. Den Auftrag für die zehn barocken Engelsstatuen mit Passionswerkzeugen hingegen erteilte Clemens IX. dem bereits 70-jährigen Gian Lorenzo Bernini. Die zwei Werke, die der Künstler selbst ausgeführt hatte, befand der Papst als zu kostbar, um sie draußen stehen zu lassen; sie wurden durch Kopien ersetzt. Die Originale zieren seither die Kirche Sant'Andrea delle Fratte.

TOP ★ ERLEBNISSE

★ TOSCAS TODESPRUNG

Den dritten Akt seiner berühmten Oper »Tosca« über die tragische Liebe zwischen der Sängerin Tosca und dem Maler Mario Caravadossi legte Giacomo Puccini auf die Dachterrasse der Engelsburg, Schauplatz der Hinrichtung des Malers und Toscas Sprung in den Tod. Gianfranco de Bosio hat die Oper an Originalschauplätzen inszeniert.
imdb.com/title/tt0257232

★ WOHNEN WIE DIE LORDS

Unweit der Spanischen Treppe befindet sich ein »very british« Hotel: das Inghilterra. Bereits die Dichter Keats, Shelley und Lord Byron waren Gast in diesem Palazzo, der seit 1850 als eine der elegantesten Hoteladressen der Stadt fungiert. Bei erstklassigem Service fühlt sich der Gast in einem der eleganten wie geräumigen Zimmer und Suiten fast wie ein König.
starhotelscollezione.com/en/our-hotels/hotel-d-inghilterra-rome

★ ROMS BERÜHMTESTES CAFÉ

Kein Geheimtipp, aber ein Klassiker, den man als Rombesucher auf keinen Fall versäumen darf: das Caffè Greco in der Via Condotti. In dem 1760 gegründeten Kaffeehaus verkehrten schon Casanova, Winckelmann und Goethe.
anticocaffegreco.eu

WEITERE INFORMATIONEN
om-info.de/sehenswertes-engelsburg.html

74 SOMMERFRISCHE DER HERRSCHER – TIVOLI UND SEINE VILLEN

Idealtypus des Vergnügungsparks

An den Aurelianischen Mauern beginnt sie, die Via Tiburtina. Sie führte schon zur Zeit der römischen Republik nach Tibur, dem heutigen Tivoli, das zur beliebtesten Sommerfrische erkoren wurde. Was heute die Besucher vor die Tore Roms führt, sind die herrschaftlichen Villen und ihre weitläufigen Parks mit plätschernden Wasserspielen, stürzenden Kaskaden und verwunschenen Grotten.

Mag sein, dass Tivoli mit seinen knapp 60 000 Einwohnern, 30 Kilometer nordöstlich von Rom gelegen, durch den Nachkriegsbauboom seine Ursprünglichkeit eingebüßt hat, doch konnte sich der historische Ortskern viel von der Atmosphäre des einstigen Bergdorfes bewahren. Noch immer säumen mittelalterliche Häuser die Gassen aus Kopfsteinpflaster. Noch immer liegt es eingebettet im üppigen Grün der Tiburtinischen Berge, und die Luft ist klar und rein. Und noch immer stürzen die Wasser des Tiber-Nebenflusses Aniene schäumend in die Tiefe. Zu den berühmtesten Persönlichkeiten, die hier ihren Landsitz hatten, zählen die Dichter Catull und Horaz, die Kaiser Hadrian und Trajan, wie auch Cäsars Mörder Brutus und Cassius. Sie alle genossen bei ausgedehntem Spaziergang im Schatten der Pinien oder erholsamer Rast am Brunnen nicht nur die Kühle der Bergluft, wenn die Hitze des Sommers das Leben in Rom lähmte, sie nahmen auch heilende Bäder in den Schwefelquellen, die hier entspringen. Kaiser Augustus behauptete jedenfalls, in Tivoli von seiner Schlaflosigkeit geheilt worden zu sein.

Mittelalterliche Atmosphäre

Der strategisch günstig gelegene Ort erlebte aber auch düstere Zeiten. Wegen der vielen Invasionen ließ Papst Pius II. in Tivoli im 13. Jahrhundert schließlich die Trutzburg

Der weitläufige Park der Villa d'Este (unten). Verspielte Brunnen, hier in Form eines Bootes, verteilen sich über die gasamte Parkanlage (rechte Seite).

Verwunschen gibt sich der Park der Villa Gregoriana mit den verstreut liegenden Ruinen (unten). Die Kolonnaden des Canopus sind Hauptanziehungspunkt in der Villa Adriana (ganz unten). Das Innere der Villa d'Este ist prachtvoll ausgestattet, hier die Prima Stanza Tiburtina (rechte Seite oben). Die Via Appia Antica (rechte Seite unten).

Rocca Pia über den Ruinen eines Amphitheaters erbauen und erklärte großspurig: »Es ist leichter, Rom zurückzugewinnen, wenn man Tivoli besitzt, als Tivoli zurückzugewinnen, wenn man Rom besitzt.« Im historischen Zentrum gibt es einiges zu entdecken. Immer einen Besuch wert sind unter anderem der Dom San Lorenzo aus dem 17. Jahrhundert mit einer lebensgroßen mittelalterlichen Kreuzabnahme, die romanische Kirche San Silvestro mit wunderbaren Fresken, die urige Casa Gotica und die antiken Überreste des Tempio della Sibilla mit rechteckigem Grundriss und ein Vesta-Rundtempel, der an jenen auf dem Forum Boarium in Rom erinnert.

Königin der Villen

Der luxuriöse Lebensstil der alten Römer wurde in der Renaissance wiederentdeckt und wie die Architektur auch aus der Antike adaptiert. Die Villa d'Este erhebt sich auf dem Areal eines Benediktinerklosters, das der neue Besitzer, Kardinal Ippolito II. d'Este, Mitte des 16. Jahrhunderts umgestalten ließ. Ippolito, Sohn Lucrezia Borgias und des wohlhabenden Ferrara-Herzogs Alfonso I., wollte eigentlich Papst werden, so wie sein skandalumwitterter Großvater Alexander VI. Doch aus seinen Plänen wurde nichts, und so zog der reiche Sprössling aus dem Hause der Este als Statthalter nach Tivoli. Geld spielte keine Rolle, deshalb beauftragte er den bekannten Baumeister Pirro Ligorio, die alten Klostermauern zum prächtigen Palazzo auszubauen. Äußerlich präsentiert sich die Villa erstaunlich schlicht, doch zieren das Innere Groteskenmalereien des späten 16. Jahrhunderts.

Ihren wahren Ruhm aber verdankt die Residenz etwas anderem, »Königin der Villen« wird sie ihrer herrlichen terrassierten Gärten, Brunnen und Grotten wegen genannt. Geschickt wusste man das natürliche Gefälle des Geländes und die Wasser des Aniene zu nutzen. Die vollkommene Verschmelzung von Natur und Architektur und die malerische Umgebung ließen hier eine der berühmtesten Villen Italiens entstehen, Vorbild für viele spätere Luxuslandsitze. Obwohl die Gärten im Laufe der Jahrhunderte gelitten haben, vermittelt die parkähnliche Anlage mit zahllosen Wasserspielen und fantasievollen Brunnen noch immer einen lebendigen Eindruck des frivolen Lebens damaliger Herrschaft. Von der großen Loggia aus wandelt man inmitten üppigen Grüns zur Diana-Grotte oder Berninis wundervoller Fontana del Bicchierone. Auch auf ein kleines Modell der Tiberinsel stößt man, die Rometta mit allegorischen Statuen und einer Kopie der römischen Wölfin. Sie liegt am Ende des Viale delle Cento Fontane, der von moosbewachsenen Brunnen mit Groteskenfiguren, Obelisken und Wappenadler

gesäumt wird. Nicht missen sollte man den fabelhaften Blick, den die unterste Terrassenstufe den Besuchern bietet.

Denkmal des Papstes

Noch eine Attraktion hat Tivoli zu bieten, eine weitere Sommerresidenz, die ihrer berühmten großen Schwester wegen ganz zu Unrecht ein Schattendasein führt. Anlegen ließ die Villa Gregoriana samt ihrem Park Papst Gregor der XVI. 1835, seither stand sie Modell für viele Landschaftsmaler, die sie in Öl, als Aquarell oder Kupferstich verewigten. Der Aniene, der an den umgebenden Hügeln immer und immer wieder für verheerende Überschwemmungen sorgte, wurde umgeleitet. Wildromantische Gärten und zauberhafte Grotten entstanden – und die Grande Cascata, die hinter der Stadt über 100 Meter in die Tiefe stürzt.

Insel der Einsamkeit

Ein nicht minder starker Besuchermagnet ist die Villa Adriana, sechs Kilometer südlich von Tivoli, von Hadrian als Sommersitz zwischen 118 und 134 n. Chr. erbaut. Leider litt die Villa sehr unter Plünderungen, und irreparable Schäden wurden ihr zugefügt, als man ihren Marmor zur Gewinnung von Zementkalk brannte. Schließlich setzten Altertumsliebhaber der Renaissance das Zerstörungswerk fort – die geraubten Statuen sind heute auf Europas Museen verteilt. Dennoch vermittelt die Villa mit ihren mächtigen Ruinen einen überwältigenden Eindruck imperialer Prachtentfaltung.

In der fast einen Quadratkilometer großen Anlage wurden auf Geheiß des Kaisers Orte und Bauten kopiert, die ihn auf seinen ausgedehnten Reisen durchs Imperium besonders beeindruckt hatten. Besonders imposant ist das Maritim-Theater, ein rundes Wasserbecken mit einer von eleganten Säulen umstandenen »Insel der Einsamkeit«, die über eine Schwingbrücke erreichbar ist. Es heißt, sie sei Hadrians Lieblingsort gewesen, an dem er sich eine Auszeit von der Politik gönnte und sich den Schönen Künsten widmete. Da Hadrian auch sehr der griechischen Philosophie und Architektur zugetan war, wurde ein Teil der Gärten dem Wald von »Akademe« nachgebildet, wo Platon einst seine Schüler gelehrt hatte, und so entstand das Abbild der »Stoa Poikile«, der berühmten Athener Säulenhalle, die den Stoikern den Namen gab.

Der wohl ambitionierteste der Nachbauten war der »Canopus«, ein ägyptisches Serapis-Heiligtum, das von einem 185 Meter langen Kanal gesäumt wurde. Zur Dekoration wurden aus dem Land der Pharaonen eigens Statuen importiert, doch zieren das Kanalufer auch griechische Karyatiden.

TOP ★ ERLEBNISSE

★ KÖNIGIN DER STRASSEN

Die Via Appia Antica war eine der Lebensadern des Römischen Imperiums, und unter den Römerstraßen gilt sie als »Regina Viarum«, als »Königin der Straßen«. Seit 1997 gehören der antike Verkehrsweg und seine zahlreichen beeindruckenden wie malerischen Überreste aus glorreicher Vergangenheit zu einem 3500 Hektar großen Landschaftspark mit breitkronigen Pinien und schlanken Zypressen. An der Kirche Santa Maria delle Piante soll Petrus Jesus die Frage »Domine, quo vadis?«, »Herr, wohin gehst du?« gestellt haben. rome-guide.de/via-appia-antica

★ KOSCHER ESSEN IM JÜDISCHEN VIERTEL

Nahe dem Campo dei Fiori liegt Roms Jüdisches Viertel mit vielen Restaurants: Carciofi alla giudia, frittierte Blütenköpfe der Artischocken, gehören zu den koscheren Spezialitäten, die es hier zu entdecken gibt, ob bei Piperno, bei Giggetto oder in der Taverne del Ghetto. Eine Institution ist die Bäckerei Boccione, die die herrlichsten Leckerbissen aus dem Ofen zaubert, denen selbst der ehemalige Papst Benedikt XVI. erliegt, wie ein Dankschreiben von ihm verrät.

WEITERE INFORMATIONEN
turismoroma.it/de/places/tivoli

Die Villa Aldobrandini kann nicht besichtigt werden. Es lohnt aber ein Gang durch den Garten, weil sich von oben ein herrlicher Blick erschließt (oben). Die Hänge vulkanischen Ursprungs eignen sich bestens für den Weinanbau (rechte Seite unten). Die Probierstube liegt über der seit mehr als 300 Jahren entweihten Kirche (rechte Seite oben).

75 ERHOLUNG AUF DEM HÜGEL – FRASCATI

Abseits der Hektik Roms

Schon die alten Römer, später auch der reiche Adel, sehnten sich im Hochsommer nach kühler, frischer Luft. In Frascati wurden sie fündig. Einige von ihnen richteten sich dort mit prunkvollen Villen, plätschernden Wasserspielen und einem guten Weißwein ein.

In Rom kann es voll, stickig und heiß sein, besonders in den Sommermonaten. Das war schon immer so, lange bevor Papst Franziskus 2015/2016 das außerordentliche »Heilige Jahr der Barmherzigkeit« verkündete, in dem Millionen Pilger in die Metropole strömten. Manch einer war dann froh, wenn er sich aufs Land zurückziehen konnte, zum Beispiel in die Albaner Berge vor den Toren Roms. Es ist eine idyllische Gegend mit abgrundtiefen Kraterseen und sanften Hügeln. An ihnen kleben die Castelli Romani, kleine Dörfer und alte Orte. Wie Frascati zum Beispiel. Ein Städtchen mit überschaubarem Stadtbild und etwas mehr als 22 000 Einwohnern, das auf einer Anhöhe mit Blick auf die Hauptstadt thront.

Vornehme Adresse auf dem Land

Nicht nur die alten Römer suchten in der hügeligen Umgebung Roms Erholung, auch Kardinäle, Päpste und der reiche, prachtliebende Adel richteten im 16. Jahrhundert hier ihre Sommerfrische ein – mit Palästen und plätschernden Wasserspielen. Villa Torlonia, Lancellotti, Falconieri und Tuscolana: Dass es besonders feine Adressen für vornehme Hausherren in Frascati gab, beweist allen voran die am Hang oberhalb der Piazza Marconi liegende Villa Aldobrandini. Dieser Prachtbau mit Barockgarten vor imposanter Fassade war ein Geschenk Papst Clemens VIII. an seinen Neffen Kardinal Pietro Aldobrandini. Die Arbeiten, die von 1598 bis 1602 dauerten, leitete ein Schüler Michelangelos, Giacomo della Porta. Von dem Platz zu Füßen der Villa starten die meisten Besucher ihren Stadtrundgang. Sie bummeln zum majestätischen Springbrunnen auf der Piazza Roma, schauen in die ockerfarbene Kathedrale auf der Piazza San Pietro und schlendern zur Jesuskirche auf der Piazza del Gesù. Die Kirche, deren Fassade dem Vorbild der Jesuskirche in Rom nachempfunden ist, zählt zu den schönsten Gebetshäusern der Castelli Romani. Je weiter man in das Labyrinth der kleinen Gassen eintaucht, desto tiefer kommt man in die Altstadt. Die Piazza Paolo III war einst die Keimzelle der Stadt. Hier steht der Bischofspalast, erbaut um das Jahr 1458 unter Papst Pius II. Nur wenige Schritte weiter krönen ein Springbrunnen aus dem 15. Jahrhundert und die unscheinbare Chiesa di Santa Maria in Vivario aus dem 13. Jahrhundert die Piazza San Rocco. Die Kirche mit elegantem Glockenturm im romanischen Stil ist das älteste Gotteshaus Frascatis und wurde 1538 durch Papst Paul III. zur Kathedrale erhoben.

Spuren der alten weinseligen Zeit

Wer dem berühmten frischen, süffigen Weißwein am Ort seiner Erzeugung zusprechen möchte, braucht keine vier Sterne, um glücklich zu werden. Die Spuren der alten weinseligen Frascataner Zeit lassen sich am besten in einer »Fraschetta« entdecken. Im Ursprung war es eine Schankstube, in der bei mitgebrachtem Käse, Aufschnitt, eingelegtem Gemüse und Oliven der neue Wein probiert wurde. Heute werden in den meisten einfachen Schenken neben einem guten Glas Frascati-Wein oder Cannellino auch Hausmannskost vom Feinsten und gängige Spezialitäten wie die »porchetta«, die »schiaffoni alla nasona« (Röhrennudeln mit Tomaten-Fleisch-Soße und Mozzarella), die »coppiette« (getrocknetes, in dünne Streifen geschnittenes, mit Gewürzen verfeinertes Fleisch) und die überall präsenten »ciambelline al vino« (Weinkringel) auf den Tisch gebracht. Dass sich die Winzer Frascatis das Wissen um den Wein übrigens nicht erst mühsam aneignen mussten, sondern schon mit der Muttermilch aufgesogen haben, erzählt eine Mär von der Amme mit drei Brüsten, die die Kinder der Weinbäuerinnen nicht nur mit Milch, sondern auch mit Wein genährt hat. An das »Busenwunder« von einst erinnert ein Riesenkeks, der hier in jeder Bäckerei angeboten wird.

TOP ★ ERLEBNISSE

★ KÜNSTLERZUFLUCHT

Was haben der Historiker Friedrich Meinecke, der Landschaftsmaler Jakob Philipp Hackert und die beiden Schriftsteller Richard Voß sowie Paul Heyse gemeinsam? Alle verkehrten in der Villa Falconieri. Das auf dem Fundament einer römischen Villa erbaute Herrscherhaus verfügte über eine hohe Anziehungskraft auf Künstler. Heute beherbergt die Villa eine Akademie. Führungen immer sonntags 10–12 Uhr. vivariumnovum.net/en/villa-falconieri

★ WEINDEGUSTATION

In Sachen Wein sollte man sich Richtung Monteporzio Catone begeben. Inmitten idyllischer Rebgärten befindet sich die Cantina Santa Benedetta, die älteste Kellerei der Castelli Romani. Das kleine, knapp drei Kilometer nordöstlich von Frascati gelegene Weingut entstand auf dem Gelände eines ehemaligen Klosters. Auf zehn Hektar holen Winzer Alberto und seine Frau Fabia ganz individuelle Traubensäfte heraus. Zur Weinprobe empfangen sie ihre Gäste zwischen den Rebzeilen oder in der Probierstube. santabenedetta.it

★ WUNDERBAR SPEISEN

Eine authentische Küche, angenehme Gastgeber und stilvolle Räumlichkeiten findet man im Hotel und Restaurant Cacciani mitten in Frascati. cacciani.it.

WEITERE INFORMATIONEN
comune.frascati.rm.it

NEAPEL, KALABRIEN UND APULIEN

Historische Naturgewalten und Trauminseln

An Neapels Krippenstraße Via San Gregorio Armeno kann man sich sogar mit dem Papst »eindecken« (oben). Die Pasticceria Andrea Pansa in Amalfi geht auf das Jahr 1830 zurück (unten). Positano an der Amalfiküste ist ein ehemaliges Fischerdorf, das sich weit nach oben aufstapelt. Heute ein Bilderbuch-Ferienort! (links).

Spaziergang durch die Ruinen des antiken Paestum (oben). Blick durch eines der Stadttore von Paestum (rechte Seite unten). Aus Kampanien kommt der beste Büffelmozzarella (rechte Seite oben).

76 MAGNA GRAECIA – PAESTUM

Triumph über die Zeit

Seit zweieinhalb Jahrtausenden stehen die monumentalen Säulen der Tempel von Paestum unerschütterlich an ihrem Platz. Weder die Verdrängung ihrer griechischen Erbauer durch die Römer noch Jahrhunderte des Vergessenseins in einer verwilderten Sumpflandschaft, Erdbeben oder andere Naturgewalten vermochten sie zu Fall zu bringen. Seit ihrer Wiederentdeckung versetzen sie Generationen von Besuchern in ehrfürchtiges Staunen.

Bevor sich das römische Imperium über die gesamte Apennin-Halbinsel ausdehnte, war Süditalien größtenteils in griechischer Hand. Das Gebiet wurde damals auch »Magna Graecia« (Großgriechenland) genannt.

Eine griechische Kolonie

Verschiedene griechische Stadtstaaten hatten bereits im 8. Jahrhundert vor Christus damit begonnen, einen Teil ihrer wachsenden Bevölkerung in neue Kolonien nordwestlich des hellenischen Mutterlandes zu schicken. Einige dieser Siedlungen sorgten bald selbst für weitere »Ableger«. So gründete die am Ionischen Meer gelegene Stadt Sybaris um 600 v. Chr. eine Kolonie mit dem Namen Poseidonia am heutigen Golf von Salerno. Diese mauserte sich zu einem wohlhabenden, mit prächtigen Heiligtümern ausgestatteten Handelszentrum und geriet zunehmend unter den Einfluss des italischen Volkes der Lukanier. Im Jahr 273 v. Chr. eroberten die Römer das heutige Kampanien. Die Stadt am Golf hieß fortan nicht mehr Poseidonia, sondern Paestum.

Veteranen aus den Legionen wurden angesiedelt, ein großes Forum, Thermen und ein Amphitheater machten die blühende römische »colonia« komplett. Doch die Verlagerung wichtiger Handelsrouten und die zunehmende Versumpfung des Umlands der Stadt sorgten für den schleichenden

STELL- UND CAMPINGPLÄTZE

WOHNMOBILSTELLPLATZ EOSTO PAESTUM

Via Magna Graecia, 821, 84047 Paestum SA, eolosostacamperpaestum.com, GPS: 40.424922, 15.007761. Ruhiger, angenehmer Platz unter Bäumen und gleich gegenüber der archäologischen Ausgrabungsstätte. Ver- und Entsorgungsstation sowie Strom vorhanden.

Niedergang Paestums ab der Spätantike. Die letzten Bewohner zogen sich schließlich zum Schutz vor Sarazenenüberfällen und auf der Flucht vor der Malaria in die Berge zurück. Die prächtigen Bauwerke Paestums verfielen, sie wurden von Pflanzen überwuchert oder unter einer Schicht aus Erde und Sand begraben. Mehr als 700 Jahre lang war die einst so stolze Stadt vergessen, erst 1752 entdeckte man ihre Ruinen wieder.

Tempel für die Ewigkeit

Seitdem sorgen vor allem die drei erstaunlich gut erhaltenen, zwischen 550 und 450 v. Chr. erbauten dorischen Tempel bei Archäologen und Historikern ebenso wie bei Touristen aus aller Welt für Staunen und Begeisterung. Zwei der Gebäude werden noch immer Basilika und Poseidon- beziehungsweise Neptun-Tempel genannt, obwohl man heute annimmt, dass in beiden die griechische Göttin Hera verehrt wurde. Sie stehen dicht beieinander im südwestlichen Bereich des Geländes. Die Basilika wirkt mit ihren bauchigen, gedrungenen, mit flachen Kapitellen versehenen Säulen schwerer und archaischer als der jüngere Nachbarbau, bei dem sogar noch die dreieckigen Giebel zu sehen sind.

Im Norden, jenseits der Überreste des Forums und anderer öffentlicher Gebäude aus römischer Zeit, steht der Athena-Tempel, der früher auch Ceres-Tempel genannt wurde. Am höchsten Punkt der Stadt errichtet, ist er kleiner und wirkt deutlich filigraner als die beiden anderen Heiligtümer. Ebenfalls überraschend gut erhalten sind Teile der Stadtmauer aus dem 5. und 4. vorchristlichen Jahrhundert. In der Blütezeit Paestums war sie insgesamt 4,7 Kilometer lang und mit vier großen Toren sowie 24 Wach- und Wehrtürmen versehen.

Sprung ins Jenseits

Das zur Ausgrabungsstätte gehörende Museum zeigt nicht nur bemalte Vasen, Figuren, Gebrauchsgegenstände und andere Funde, die Archäologen im Umfeld der Tempel und im gesamten ehemaligen Stadtgebiet von Paestum geborgen haben. Man bekommt hier auch einen Überblick über die Entwicklung der Stadt, dazu anschauliche Informationen zum Alltagsleben in der Antike. Der Höhepunkt der Ausstellung ist eine sensationelle Entdeckung aus dem Jahr 1968: Zwei Kilometer südlich von Paestum fand man damals das mit bunten Fresken versehene »Grab des Tauchers« – das bisher einzige erhaltene Beispiel für griechische Wandmalerei aus dem 5. vorchristlichen Jahrhundert. Das namengebende Bild zeigt einen Turmspringer, der sich elegant ins Wasser stürzt. Sein Sprung ist ein Sinnbild für den Übergang vom vertrauten Diesseits ins unbekannte Jenseits.

TOP ★ ERLEBNISSE

★ MOZZARELLA UND MEHR

Nur wenige Kilometer von Paestum entfernt kommen qualitätsbewusste Genießer voll auf ihre Kosten. In der Tenuta Vannulo wird neben Joghurt und Schokolade vor allem Büffelmozzarella biologisch und mit großem Augenmerk auf das Wohlbefinden der Tiere produziert. Betriebsführungen mit Verkostung werden nach Anmeldung angeboten. vannulo.it

★ NATUR ENTDECKEN

Paestum liegt direkt vor den Toren eines der größten Naturschutzgebiete Italiens. Im Parco Nazionale del Cilento, Vallo di Diano e Alburni führen Wanderwege über Berge und durch dichte Wälder. Am besten übernachtet man hier im Agriturismo oder auf einem Campingplatz und lässt sich auch die naturbelassenen Strände nicht entgehen! cilentoediano.it

★ KÜHLES NASS

Wer nach der Besichtigung Paestums eine Abkühlung braucht, findet diese nicht nur an den nahen Stränden, sondern auch wenige Kilometer im Landesinneren im Parco Turistico delle Sorgenti am Fluss Calore. Picknickplätze, Liegestühle und eine Bar sorgen hier für eine entspannte und familienfreundliche Barbecue-Atmosphäre. Località ponte Paestum, 84020 Controne, Tel. 338 590 28 07

WEITERE INFORMATIONEN
museopaestum.beniculturali.it

77 SEHEN UND STERBEN? – NEAPEL

Im Schatten eines Vulkans lebt es sich bewusster

Wer unter der ständigen Bedrohung eines Vulkanausbruchs lebt, hat eine andere Einstellung zum Leben, genießt eher jeden Tag mit allem, was er bringen mag – behaupten manche Neapolitaner. Reisende sollten sich vor allem in Acht nehmen vor Taschendieben, Neapel dennoch keinesfalls aus dem Programm streichen, sondern einfach noch besser auf Kamera, Papiere und Geldbörse aufpassen!

Den stärksten Eindruck von Neapel, mit knapp einer Million Einwohnern die drittgrößte Stadt Italiens, gewinnt man vom Hausberg Vomero aus. Man schaut auf ein überraschend geordnetes historisches Zentrum (und auf das Meer hinaus), was aber ganz einfach zu erklären ist: Die schon griechische Siedlung (um 800 v. Chr.) wurde unter Roms Herrschaft wie üblich ordentlich eingeteilt, in gleich drei parallel zum Meer angeordnete »decumani« und dazu quer verlaufende »cardi«. Heute ist das pochende Herz Neapels – griechisch Nea Polis, neue Stadt – im Kern hauptsächlich vom blumigeren spanischen Barock geprägt. Und wurde 1995 als Ganzes in das Weltkulturerbe der UNESCO aufgenommen.

Doch nicht nur Griechen und Römer hinterließen ihre Spuren. Unter anderen waren die Staufer hier, Friedrich II. ließ die Stadtmauer erneuern und die Universität schon 1224 gründen, Karl von Anjou machte der Stauferkrone 1268 ein Ende, 1442 wiederum eroberte Alfons von Aragon die Stadt und legte sie mit Sizilien zum Königreich Neapel zusammen. Knapp 100 Jahre später entstanden wegen der immer größer werdenden spanischen Bevölkerung (Soldaten und ihre Familien) die Quartieri Spagnoli, die spanischen Viertel zu Füßen des Vomero. Den Habsburgern folgten die Bourbonen und 1806 setzte Napoleon seinen Schwager Murat als Vizekönig ein, der bereits 1815 durch den Wiener Kongress abgesetzt wurde, der das Königreich

Nicht weitab vom Zentrum liegt der schicke Stadtteil Vomero (unten). Die Eisen-Glas-Konstruktion der Galleria Umberto I (1887–1890) ist kreuzförmig angelegt, ihre Glaskuppel ist 60 Meter hoch (rechte Seite).

Hübsch ist das Renaissance-Tor des Castel Maschio Angioino (unten). Nordwestlich von Neapel liegt die Höhle der Sibylle von Cumae (ganz unten). Nicht nur von Pizza verstehen die Neapolitaner viel, auch von anderen kulinarischen Genüssen (rechte Seite oben). Dieses Porträt ist im Archäologischen Museum zu sehen (rechte Seite unten).

beider Sizilien wiederherstellte. Dem machten erst die Truppen Garibaldis 1860 ein Ende. Im Zweiten Weltkrieg von den Alliierten bombardiert – danach begann das anstrengende Zeitalter der Camorra, auch im 21. Jahrhundert gilt sie als der größte Arbeitgeber in Neapel, das ein wichtiger Warenumschlagplatz für Süditalien ist und ein Verkehrsknotenpunkt, auch aufs Meer, zu den vorgelagerten Inseln. Vom Vomero also erkennt man vor allem den am nächsten am Meer gelegenen »decumanus«, hier Spaccanapoli genannt, weil er die Altstadt wirklich wie mit dem Lineal durchschneidet. Diese lange Straße verläuft geradlinig vom sogenannten spanischen Viertel am Fuß des Vomero-Hügels bis zum Stadtteil Forcella mitten durch das historische Zentrum und trägt offiziell mehrere Namen.

Das ist, weil von den meisten Touristen aufgesucht, auch die bei Taschendieben besonders beliebte Ecke – also aufpassen! Aber es lohnt sich. Wer hier die Spaccanapoli entlangschlendert und die engen Seitengassen mit einbezieht, hat echte Neapel-Luft und Atmosphäre eingeatmet; schaut in die Innenhöfe der alten Wohnblocks voller Leben mit hängender Wäsche, Fahrrädern und spielenden Kindern; und passiert manche Sehenswürdigkeit wie den liegenden Nilgott mittendrin.

»Duftende« Keramik und die Gasse der Krippenbauer

Ein guter Startpunkt ist die hohe verspielte Rokoko-Säule der Immaculata, der Unbefleckten Empfängnis (1747–1750) auf dem Platz vor der Jesuitenkirche Gesù Nuovo mit ihrer auffälligen Fassade aus dunklen Diamantquadern, die früher einen Palast aus dem 15. Jahrhundert schmückte, aus dem sie entstand. Doch das Highlight ganz in der Nähe ist der Klosterkomplex Santa Chiara mit der Grabkirche für Robert von Anjou (1310). Den Kreuzgang zieren bunte Keramikbänke in amalfitanischer Manier – mit mythologischen und ländlichen Szenen und Zitronen, die so leuchten und echt wirken, als würden sie duften …

Links führt die Via San Gregorio Armeno in eine malerische Gasse, in der sich die berühmten Krippenbauer Neapels versammelt haben, die Pastorai. Vorsicht Krippen-Fans! Da kann man ordentlich viel Geld ausgeben, denn nirgendwo wird man schönere Krippenfiguren finden. Schließlich gelten die neapolitanischen Krippen als die fantasievollsten, bewegtesten, typischsten.

Einer Theaterkulisse gleich – vom Molo Beverello stadteinwärts

Vom Molo Beverello vor dem eigentlichen Hafen aus beginnt eine geradezu theatralische Folge wichtiger Bauten der Stadt. Als

Beschützerin erhebt sich gleich die grandiose Festung Castel Nuovo oder auch Maschio Angioino genannt, die seit ihrem Baubeginn 1279 mehrfach umgebaut wurde. Besonders hübsch ist das Renaissance-Tor, das zwischen zwei der insgesamt fünf wuchtigen Rundtürme hineingedrückt zu sein scheint. In der Festung sollte man sich mindestens zwei Dinge anschauen: die Sala dei Baroni mit einem wundervollen Sternenhimmel und die Cappella Palatina mit Skulpturen und Malerei des 14. und 15. Jahrhunderts.
Das königliche Schloss, Palazzo Reale (17./18. Jh.), der frühere Sitz der Bourbonen ein Stück weiter südwestlich, wirkt wie ein Vorhang für die große, halbrunde Piazza del Plebiscito davor, die mit der klassizistischen Basilica Reale San Francesco di Paola (1817–1846) abschließt. Innen kann man sich selber recht königlich fühlen auf der Prunktreppe von 1651, die zu opulent eingerichteten Apartments führt. Im Piano Nobile befinden sich auch der Thronsaal, die Hofkapelle und das Hoftheater. Aber das wirklich wichtige Theater liegt quasi in einem Anbau, das Teatro San Carlo (1737), das zu den bedeutendsten Italiens gehört und als ältestes Opernhaus der Welt gilt, obwohl es nach einem Brand 1816 völlig neu aufgebaut werden musste. 3000 Zuschauer finden Platz im rotplüschigen Opernsaal mit den vergoldeten Logen, wo schon der Neapolitaner Enrico Caruso (1873–1921) debütierte. Es gibt interessante Führungen durch das San Carlo. Tritt man aus dem Theater hinaus, stolpert man quasi in die großartige Galleria Umberto I mit ihren Glas-Eisen-Konstruktionen von 1887 bis 1890. Kreuzförmig angelegt, im Kreuzpunkt eine 60 Meter hohe Glaskuppel. Bunter Marmorboden, edle Geschäfte und ein einladender Ort zum Entspannen nach einem vielleicht anstrengenden Stadtbummel. Ein Caffè mit Tischen »im Freien«, also unter Dach, gibt es ja. Schließlich gibt es in Neapel den wohlschmeckendsten »caffè« überhaupt!

Santa Lucia ...

Das Hafenviertel Santa Lucia im südlicheren Bereich der Altstadt sollte man sich für den Schluss aufheben, denn in seinem Borgo Marinari, der Fischer und Seeleute zu Füßen des trutzigen Castel dell'Ovo den Tag ausklingen zu lassen, ist eine besonders gute Idee. Das ist schon lange das In-Viertel, die Ausgehszene mit Lokalen verschiedenster Couleurs. Im Sommer locken Gartenrestaurants, in denen abends bei Kerzenlicht köstliche Fischgerichte serviert werden und dazu Neapolitaner herzzerreißende, sehnsuchtsvolle Lieder zu Gitarrenklängen singen.

STELL- UND CAMPINGPLÄTZE

WOHNMOBILSTELLPLATZ NEAPEL

Via Comunale Guantai Ad Orsolone, 121, 80131 Napoli NA, camperclubnapoli.it, GPS: 40.86794, 14.197212. Sehr guter und sicherer Stellplatz am Rande der Stadt. Klassische Parzellen und die gesamte Anlage ist eingezäunt und mit einem Tor verschlossen. Der Stellplatz ist von Campingfreunden erstellt worden und wird von diesen betrieben. Sanitär vorhanden. Eine Bushaltestelle ist nur wenige Meter entfernt.

TOP ★ ERLEBNISSE

★ ZWEI SEHR BEDEUTENDE MUSEEN

Im Norden Neapels befindet sich das Museo Archeologico Nazionale, eine der bedeutendsten Antikensammlungen der Welt dort, wo ab 1612 die königliche Kavallerie untergebracht war; museoarcheologiconapoli.it. Und auf der Hügelkuppe des Capodimonte thront der gleichnamige Palast, in dessen Räumen das Museo Nazionale di Capodimonte mit Werken vom 13. bis zum 20. Jahrhundert untergebracht ist. capodimonte.cultura.gov.it

★ VIELLEICHT NEAPELS BESTES FISCHRESTAURANT

Neapolitaner führen ihre Gäste gerne in besonders gute Lokale, und dazu zählt, in allerbester Hafenlage, das Pescheria di Napoli, also die Fischhalle Neapels. Alles frisch und lecker zubereitet. Via Vicinale San Donato 76-82

★ BEQUEME STADTERKUNDUNG

Mit einem Tagesticket für den »Hop-On/Hop-Off«-Bus kann man Neapel auf eigene Faust erkunden, indem man den Panoramabus mit offenem Verdeck, der drei verschiedene Routen zu allen wichtigen Sehenswürdigkeiten abfährt, benutzt. Infos: hop-on-hop-off-bus.com/de/neapel-bustouren

WEITERE INFORMATIONEN
infoturismonapoli.it

78 VON NEAPEL ZUR HALBINSEL VON SORRENT

Vom Vulkan bis zum Kap

Von Neapel aus geht es zunächst in die Antike und auf einen Vulkan, um dann den Panoramastraßen der Sorrentiner Halbinsel zu folgen. Hier locken tolle Aussichtspunkte, gastronomische Erlebnisse, zauberhafte Ortschaften in ungemein malerischer Landschaft und die besterhaltenen Tempel der alten Griechen.

Die E45 führt von Neapel aus zu den antiken Städten Ercolano und Pompeji, in denen man nachfühlen kann, wie die alten Römer lebten und das Leben genossen. Von Ercolano aus schlängelt sich die SP145 den Vesuv hinauf. Die Fahrt ist unvergessliches Erlebnis. Knapp unterhalb des Gipfels angekommen folgt ein Spaziergang bis an den dampfenden Kraterrand.
Bei Pompeji nehme man die SS145. Sie führt entlang einer malerischen Küstenstraße mit Blick auf Neapel und Capri direkt nach Sorrent. Der legendäre historische Ferienort bietet noch viel Charme der Jahrhundertwende.

Umgeben von mächtigen Felsen lockt der Strand von Praiano.

Von hier aus starten die Fähren für Tagestouren nach Capri.

Das malerische Kap

Immer der Küste entlang, über kleine und kleinste Straßen, geht es in den Süden der Halbinsel von Sorrent. Kleine Badeorte und Badebuchten wechseln sich ab. Von Termini aus erreicht man über die Via Campanella den südlichsten Punkt der Halbinsel: Punta Campanella. Nackte Felsen, die ins Meer zu stürzen scheinen, ein alter Leuchtturm und immer eine frische Brise machen diesen Ort zu einem der schönsten der Region.
Von Termini aus führen verschiedene kleine Straßen ins malerische Fischerdorf Marina del Cantone. Empfehlenswert sind hier die Fischrestaurants direkt am Strand. Zuvor empfielt sich eine herrliche Wanderung von Nerano aus in die pittoreske Baia di Ieranti, eine ungemein einsam gelegene Badebucht in unberührter Natur. Zurück nach Termini geht es über Sant'Agata dei due Golfi zur Prachtstraße der Halbinsel mit so berühmten Ortsnamen wie Positano, Amalfi und Ravello.

Ein Traumort nach dem anderen

Positano wirkt mit seinen am Strand und am Hang errichteten weißen Häusern und Gassen wie ein Bühnenbild. Immer am Meer entlang – Vorsicht beim Fahren! – folgen das ebenfalls reizvolle Praiano und dann Amalfi. Im Mittelalter war Amalfi eine einflussreiche Zwergseemacht. Von dieser glorreichen Zeit zeugen noch heute prächtige Bauten wie der zweifarbige romanische Dom mit dem umwerfend schönen Innenhof Chiostro del Paradiso.
Nicht weit von Amalfi, immer entlang der Küste, schlängelt sich die SP1 hoch über dem Meer nach Ravello. Dieser unbestritten zauberhafte Ort ist so eindrucksvoll, dass Richard Wagner hier eine Szene seiner Oper »Parsifal« komponierte.
Nicht nur der prächtige romanische Dom lädt zu einem Besuch ein, sondern auch die historischen Villen. Die Villa Rufolo war schon im 13. Jahrhundert eine Adelsresidenz mit Mega-Panorama. Die Villa Cimbrone wurde im 18. Jahrhundert errichtet und bietet ebenfalls eine Terrasse mit atemberaubendem Blick auf die südliche Küste der Halbinsel.
Auch wenn die gemütliche und manchmal anstrengende Fahrt mit dem Wohnmobil entlang der Küste und ohne Pausen über zwei Stunden dauert, sollte man über Vietri und Salerno auf der SP175 ins südliche Paestum fahren. Im archäologischen Park erheben sich die besterhaltenen Tempel der Griechen in Italien. Die zwischen dem 6. und 5. Jahrhundert v. Chr. errichteten Bauwerke stehen inmitten einer weitgehend naturbelassenen Landschaft und wirken tatsächlich wie aus einer anderen Zeit.
Entfernung: Neapel–Paestum: ca. 180 km

STELL- UND CAMPINGPLÄTZE

1 WOHNMOBILSTELLPLATZ NEAPEL
Via Comunale Guantai Ad Orsolone, 121, 80131 Napoli NA, camperclubnapoli.it, GPS: 40.86794, 14.197212

2 WOHNMOBILSTELLPLATZ POMPEJI
Via Antonio Segni, 23, 80045 Pompei NA, GPS: 40.753999, 14.497320

3 CAMPING INTERNATIONAL NUBE D'ARGENTO
Via Capo, 21, 80067 Sorrento NA, nubedargento.com

4 WOHNMOBILSTELLPLATZ EOSTO PAESTUM
Via Magna Graecia, 821, 84047 Paestum SA, eolosostacamperpaestum.com

TOP ★ ERLEBNISSE

★ SCHLEMMEN WIE IM PARADIES

Don Alfonso in Sant'Agata dei due Golfi ist seit 1890 ein Begriff, und heute ist das international ausgezeichnete Restaurant eines der besten Italiens. Hier wird garantiert kampanische Küche vom Allerfeinsten geboten, begleitet von den besten regionalen Tropfen. Nicht preiswert, aber ein Gastro-Erlebnis. Unbedingt im Voraus reservieren!
donalfonso.com

★ MEKKA DER NUDELN

Die unscheinbare Ortschaft Gragnano gilt als Italiens Pasta-Hauptstadt. Hier wird ausschließlich bester italienischer Hartweizen verarbeitet. Eine besondere Wasserhärte und ein besonderes Lüftchen sorgten einst dafür, dass die geschmacksintensive, bissfeste Pasta di Gragnano im ganzen Land berühmt wurde. Sehenswert ist das Pasta-Museum im Ort.
fabbricadellapastadigragnano.com

★ KLASSIK MIT PANORAMA

Das Ravello Festival bietet alljährlich im Juli und August klassische Musik vom Besten. Die Konzerte finden in den Innenhöfen historischer Villen statt, im futuristisch anmutenden Konzertsaal von Oscar Niemeyer und auf Panoramaterrassen. Ein unvergessliches Erlebnis sind die Konzerte bei Sonnenuntergang mit Blick auf die Amalfiküste.
ravellofestival.com

★ KERAMIK SEIT DER ANTIKE

In Vietri sul Mare wurden schon in der Antike Keramikwaren produziert. Heute ist diese Tradition weltbekannt. Die farbenfrohen und oft mit Fisch- und Meeresfrüchtemotiven verzierten Objekte sind einfach nur schön und ein ausgefallenes Mitbringsel. Zu was Vietris Keramikkünstler fähig sind, kann im lokalen Museo della Ceramica besichtigt werden.

Das Forum von Pompeji mit den Ruinen der Markthalle und des Jupitertempels (oben). Im Innenhof der Casa della Fontana (rechte Seite unten). Die »calchi« in der Villa dei Misteri führen Besuchern die Katastrophe anschaulich vor Augen (rechte Seite oben).

79 SPAZIERGANG IN DIE ANTIKE – POMPEJI

Ein einzigartiger Kulturschatz

1700 Jahre lang waren die Ruinen der einst blühenden 20 000-Einwohner-Stadt Pompeji unter einer tiefen Erdschicht verborgen. Seit sie in den vergangenen Jahrhunderten nach und nach wieder freigelegt wurden, gewähren sie faszinierende Einblicke in das Leben einer längst vergangenen Epoche. Für Historiker und Archäologen stellt das antike Pompeji eine schier unerschöpfliche und durch nichts zu ersetzende Quelle dar.

Die wohl eindrücklichsten Zeugen des Infernos, das die antike Stadt vor knapp zwei Jahrtausenden heimsuchte, sind die »calchi«: Gipsabdrücke der Hohlräume, die die Körper der Opfer im erkalteten Gestein hinterließen. Sie zeigen Erwachsene, Kinder und auch Tiere im Moment ihres gewaltsamen Todes – zusammengekauert, Schutz suchend, manche wie in der Bewegung erstarrt.

Die Katastrophe

Laut Plinius dem Jüngeren war es um die Mittagszeit des 24. August im Jahr 79 n. Chr., als eine gewaltige Eruption ungeheure Mengen an Asche, Gasen und Lava aus dem Vulkan in die Atmosphäre schleuderte. Für viele der verbliebenen Einwohner Pompejis, die die aus dem Vesuv emporschießende Rauchsäule sahen, war es bereits zu spät: Bald regneten Bimssteine wie Geschosse vom Himmel, brachten Häuser zum Einsturz und machten eine Flucht unmöglich. Einige Stunden später sorgte eine mit rasender Geschwindigkeit zu Tal stürzende, 300 Grad heiße Wolke aus Gas und Asche, ein sogenannter »pyroklastischer Strom«, für die endgültige Vernichtung.

Die verschüttete Stadt geriet für lange Zeit in Vergessenheit. Gegen Ende des 16. Jahrhunderts tauchten erste Fundstücke auf, doch erst nach unsystematischen Grabungen im 18. Jahrhundert wurde klar, dass es sich bei

STELL- UND CAMPINGPLÄTZE

WOHNMOBILSTELLPLATZ POMPEJI

Via Antonio Segni, 23, 80045 Pompei NA, GPS: 40.753999, 14.497320. Sehr kleiner Stellplatz hinter einigen Wohnhäusern mit entsprechendem Hinterhofcharme. Die Einfahrt erfolgt außerdem durch ein sehr enges Tor. Dafür steht man hier sicher und vor allen Dingen sehr nahe an der Ausgrabungsstätte. Ver- und Entsorgung sowie Strom sind vorhanden.

den zutage geförderten Ruinen um die Reste von Pompeji handelte. Die sensationelle Neuigkeit verbreitete sich wie ein Lauffeuer in ganz Europa, lag die Rückbesinnung auf die Kulturen der Antike doch voll im Trend der Zeit. Gelehrte Besucher wie Johann Wolfgang von Goethe waren begeistert.

Professionelle Grabungen

Seit dem 19. Jahrhundert werden die Ausgrabungen professionell und wissenschaftlich betrieben. Wurden dabei anfangs zahlreiche der herrlichen Wandgemälde und Mosaike abgetragen und zusammen mit geborgenen Gebrauchs- und Dekorationsgegenständen nach Neapel ins Museo Archeologico Nazionale geschafft, bemühte man sich später, alles am jeweiligen Fundort zu belassen. Immer wieder kam es auch zu Rekonstruktionsmaßnahmen und anderen baulichen Eingriffen, die heute als problematisch betrachtet werden.

Etwa zwei Drittel der Stadt wurden freigelegt – und waren bald von erneuter Zerstörung bedroht. Viel zu lange war die Konservierung der Funde vernachlässigt worden. Erst mithilfe von EU-Geldern und internationalem Engagement konnte man dem Verfall schließlich Einhalt gebieten und dabei auch das Angebot für Besucher modernisieren.

Sprechende Steine

Ein Rundgang durch die Überreste der antiken Stadt, die zum Zeitpunkt ihrer Zerstörung auf eine über 700-jährige Geschichte zurückblicken konnte, ist ein unvergleichliches Erlebnis. Die tiefen Spurrillen in den Pflastersteinen der Straßen zeugen von regem Verkehr. Die Wohnhäuser hatten meist nicht mehr als zwei Stockwerke, die Räume waren nach römischer Bauweise um einen Innenhof – das Atrium – angeordnet, der für Licht und frische Luft sorgte. Vielerorts sind Wandmalereien mit den unterschiedlichsten Motiven bis hin zu explizit erotischen Darstellungen erhalten. Der eindrucksvollste Freskenzyklus befindet sich in der Villa dei Misteri, die außerhalb der antiken Stadtmauern lag. An vielen Details wird deutlich, wie ähnlich uns die Menschen der Antike waren. So fand man an Hauswänden sogenannte »Graffiti«: Wahlparolen, Schmähungen, Werbung und frivole Witze. Der Wohlstand der damals direkt am Meer gelegenen Handelsstadt Pompeji zeigt sich auch in aufwendig gestalteten Grabmonumenten. Werkstätten, Geschäftsräume und öffentliche Gebäude wie Theater, Tempel, Forum und Thermen vervollständigen den Eindruck vom pulsierenden Leben in einer Stadt der Antike.

TOP ★ ERLEBNISSE

★ LA CASA DEL FAUNO

Neben öffentlichen Gebäuden wie dem Amphitheater oder dem Forum begeistern in Pompeji vor allem die Relikte von Privathäusern. Das »Haus des Fauns« ist eines der größten und beeindruckendsten. Hier wurde auch das berühmte Mosaik entdeckt, das Alexander den Großen bei der Schlacht bei Issos zeigt. Das Original befindet sich im Archäologischen Museum in Neapel, vor Ort ist heute eine Kopie zu sehen.

★ DIE MADONNA

Im Zentrum des modernen Pompeji befindet sich das Santuario della Beata Vergine del Rosario, eine monumentale Basilika aus dem 19. Jahrhundert. Im Inneren der Kirche ist das Gnadenbild zu sehen, das Pilger aus aller Welt anzieht. Vom Glockenturm bietet sich ein Ausblick, der nicht nur zum Vesuv und den Ausgrabungsstätten, sondern auch über den Golf von Neapel reicht.
santuario.it

★ BOSCO DE' MEDICI

Die Azienda Agricola Bosco de' Medici liegt in unmittelbarer Nähe der Ausgrabungsstätten. Hierher kommt man vor allem wegen der hervorragenden, mehrfach ausgezeichneten Weine, die ihren speziellen Charakter dem vulkanischen Boden der Gegend verdanken. Neben Verkostungen bietet die Azienda auch Übernachtungsmöglichkeiten.
boscodemedici.com

WEITERE INFORMATIONEN
pompeiisites.org

80 DIE SCHLUMMERNDE NATURGEWALT – VESUV

Gefährlicher Nachbar

Er ist unverzichtbarer Bestandteil der Silhouette Neapels, und viele behaupten, dass seine bedrohliche Gegenwart das Lebensgefühl und den Charakter der Menschen prägt, die in seinem Umkreis wohnen. Eine Tour auf den Vesuv bietet nicht nur die Gelegenheit, Erdgeschichte hautnah zu erleben, sondern sie sorgt auch für atemberaubende Ausblicke auf den Golf von Neapel und die pulsierende Metropole zu seinen Füßen.

Der Krater des Vesuvs, der seine heutige Form erst beim jüngsten Ausbruch im Jahr 1944 erhalten hat, wirkt kaum beängstigend: keine rot glühenden flüssigen Gesteinsmassen, keine donnernden Eruptionen – nur einige Rauchschwaden von sogenannten Fumarolen zeugen derzeit von den zerstörerischen Kräften, die in seiner Tiefe lauern.

Trügerische Ruhe

Daran, dass sich diese Kräfte auch in Zukunft wieder Bahn brechen werden, besteht kein Zweifel. Mithilfe modernster Technik wird der Vulkan überwacht wie ein Patient auf der Intensivstation. Hochempfindliche Messgeräte registrieren jedes leichte Beben und jede kleinste Veränderung des Berges. Es existieren Notfallpläne und Gefahrenzonen. Trotzdem ist allen klar, dass ein erneuter »plinianischer« Ausbruch – vergleichbar mit dem, der 79 n. Chr. Pompeji und Herculaneum vernichtete – unkalkulierbare Folgen haben würde. Vielleicht geschieht das erst in Hunderten von Jahren. Doch niemand kann heute garantieren, dass es nicht schon viel früher so weit sein wird.

Der Vesuv ist der einzige Vulkan mit regelmäßiger Aktivität auf dem europäischen Festland. Seit etwa 400 000 Jahren entlädt sich hier immer wieder der Druck aus dem Erdinneren, der sich durch die Verschiebung der Kontinentalplatten aufstaut. Jede größere

Der Vesuv im Licht der untergehenden Sonne (unten). Der Vulkan prägt seit jeher die Silhouette Neapels (rechte Seite oben). Farbenprächtiges Fresko in der Villa von Oplontis (rechte Seite unten).

Eruption zerstört alles Leben im näheren Umkreis, formt die Landschaft um und verändert vor allem auch die Gestalt des Vulkans selbst. Auf solche Katastrophen folgt stets eine mehrere Jahrhunderte andauernde Zeit der Aktivität mit kleineren, nach menschlichen Maßstäben aber immer noch verheerenden Ausbrüchen, wie man sie beispielsweise in den Jahren 472, 1631 und 1906 erlebte. Seit 1944 ist der bis dahin feurig brodelnde Krater scheinbar erloschen. Doch Experten sehen gerade in dieser Ruhephase ein Zeichen dafür, dass das nächste Erwachen des Vulkans umso heftiger ausfallen dürfte.

Der Weg zum Krater

Der Vesuv hat eigentlich zwei Gipfel, die durch ein fünf Kilometer langes Tal namens »Valle del Gigante« getrennt werden: den 1132 Meter hohen Monte Somma – ein Teil des Rumpfes, der beim Ausbruch im Jahr 79 n. Chr. übrig geblieben war – und den heutigen Vulkankegel, der auch »Gran Cono« genannt wird. An dessen Spitze, in 1281 Metern Höhe, befindet sich der Krater. Er ist bis zu 300 Meter tief und hat einen Durchmesser von etwa 500 Metern.
Der Vesuv war bereits im frühen 19. Jahrhundert ein äußerst beliebtes Ziel für Italienreisende aus aller Welt. Deshalb wurden immer wieder Maßnahmen getroffen, um Besuchern den Aufstieg zu erleichtern. Die Standseilbahn, die ab 1880 auf den Vulkan fuhr, fiel dem letzten Ausbruch zum Opfer. Später gab es einen Sessellift, doch dessen Betrieb wurde bereits vor Jahrzehnten wieder eingestellt. Trotzdem ist eine Tour auf den Vesuv auch heutzutage nicht besonders beschwerlich: Bis auf 1000 Meter Höhe kann man bequem mit dem Auto fahren. Die Straße führt vorbei an dicht bepflanzten Hängen, an denen die Reben für die »Lacrima Cristi« (Träne Christi) gedeihen – so lautet der poetische Name der traditionellen Weinsorte dieser Region. Vom Parkplatz aus ist der Aufstieg zum Gipfel dann in einer halben Stunde zu bewältigen. Hierbei betritt man den Parco Nazionale del Vesuvio. Der Bewuchs wird in dieser Zone immer spärlicher, bis man schließlich die karge Mondlandschaft erreicht, die den Krater umgibt. Allein der Blick, den man von hier oben auf die Küste sowie auf Neapel und seine Vorstädte genießt, ist den Aufstieg wert. Ein besonders faszinierendes Schauspiel bietet sich dem Betrachter am Abend, wenn die Sonne hinter dem Horizont verschwindet und die unzähligen Häuser der quirligen Metropolregion als schier endloses Lichtermeer erstrahlen.

STELL- UND CAMPINGPLÄTZE

WOHNMOBILSTELLPLATZ ESTATICO

Via Dalbono, 74, 80055 Portici NA, GPS: 40.827313, 14.3511809. Ruhiger Stellplatz westlich des Vulkans. Ver- und Entsorgung sowie Strom vorhanden, nur eine Dusche. Große Fläche für ca. 100 Fahrzeuge. Die Anfahrt darf nicht von Westen erfolgen, da die Autobahnunterführung nur 2,40 m hoch ist.

TOP ★ ERLEBNISSE

★ BESTEIGUNG MIT FÜHRER

Wer des Italienischen mächtig ist, kann den Vesuv auch auf einer der geführten Wanderungen erkunden.
guidevesuvio.it

★ DIE VILLA DER KAISERIN

Wo heute der neapolitanische Vorort Torre Annunziata liegt, befand sich zur Zeit des katastrophalen Vesuv-Ausbruchs von 79 n. Chr. die Villensiedlung Oplontis. 1964 stieß man hier auf die verschütteten Überreste einer Villa, die wohl Poppea, der zweiten Frau des Kaisers Nero, gehörte. Die freigelegten Räume faszinieren vor allem durch farbenfrohe Wandmalereien.
Via Sepolcri, 80058 Torre Annunziata, pompeiisites.org

★ DAS OBSERVATORIUM

Mit dem Osservatorio Vulcanologico Vesuviano befindet sich am Hang des Vulkans, auf halber Strecke zum Krater, das älteste Vulkan-Observatorium der Welt. Es wurde 1841 gegründet und ist bis heute in Betrieb, enthält aber auch ein sehenswertes Museum mit geologischen Überwachungsgeräten aus dem 19. Jahrhundert.
ov.ingv.it/ov

WEITERE INFORMATIONEN
parconazionaledel vesuvio.it

Die Felseninsel Capri im Golf von Neapel war schon im 19. Jahrhundert Sehnsuchtsziel und steht auch heute noch bei Urlaubern hoch im Kurs.

Hafen-Flair in Marina Grande (oben). Blick auf die berühmten »Faraglioni« (rechte Seite unten). Unverwechselbar: das Farbspektakel in der Grotta Azzurra (rechte Seite oben).

81 DER WAHRE INSELTRAUM – CAPRI

Zeitlos schön

Seit beinahe 200 Jahren ist sie der Sehnsuchtsort schlechthin: die Insel Capri im Golf von Neapel. Ihre einzigartige Schönheit zog Generationen von Künstlern und Schriftstellern an und in deren Gefolge die Reichen und Mächtigen. So entstand ein Mythos, der auch den heutigen Touristenströmen mühelos standhält. Der Zauber dieses Eilands ist ungebrochen.

Schroff erheben sich die steilen Felsen Capris aus dem tiefblauen Wasser des Tyrrhenischen Meeres. Auf den ersten Blick wirkt die überwiegend aus Kalkstein bestehende Insel eher karg und alles andere als lieblich.

Eine Insel für alle Sinne

Doch gerade diese Beschaffenheit bildet die Grundlage für viele unvergessliche Eindrücke eines Besuchs auf Capri: Welche Aussicht könnte reizvoller sein als der Blick vom »Belvedere di Tragara« auf die »Faraglioni«, die imposanten Felsformationen direkt vor der senkrecht abfallenden Steilküste? Auch das viel gerühmte Farbspektakel in den zahlreichen Wasserhöhlen der Insel – neben der weltbekannten Blauen Grotte gibt es auch eine Weiße, eine Grüne und eine Rote Grotte – entsteht durch das Zusammenspiel von Meerwasser, Sonnenlicht und Kalkstein. Und an Capris Steilhängen wachsen Pflanzen, deren Aroma nicht nur Wanderer betört: Nelken und Rosmarin, Mimosen und Lilien sind einheimische Bestandteile der Düfte und Parfums, die seit Jahrhunderten auf der Insel hergestellt werden. Eine unverwechselbare Note erhalten diese sinnlichen Kreationen durch das ätherische Öl aus der Schale der allgegenwärtigen Zitronen, denen das milde Klima der Insel bestens behagt. Aus ihnen wird auch eine hochprozentige Gaumenfreude hergestellt: der Limoncello, ein Zitronenlikör, den die unzähligen Souvenirläden in Flaschen jeder erdenklichen Form und Größe anbieten.

Die Welt zu Gast

Wer an der Marina Grande aus der Fähre steigt und dann mit der »Funicolare« (Seilbahn) in die von 7300 Menschen bewohnte Ortschaft Capri fährt, der ist sofort mitten im Geschehen. Die zentrale, von mehrstöckigen Fassaden eingerahmte »piazzetta« ist eine Bühne für das Schauspiel des capresischen Alltags – und wer sie betritt, wird damit Zuschauer und Darsteller zugleich. Alle Tagestouristen und Reisegruppen kommen hier vorbei und werden von den Gästen an den Tischen der vier Cafés am Platz wahlweise ignoriert oder neugierig beobachtet. Auch die gut betuchten Inselbesucher, mit denen die zahlreichen Luxusboutiquen und -hotels auf Capri ihr Geschäft machen, lassen sich hier sehen. Die Anziehungskraft der Insel auf die Reichen und Mächtigen besteht schon sehr lange: Dem römischen Kaiser Tiberius etwa gefiel es auf Capri so gut, dass er von der Insel aus sein Reich regierte und vor 2000 Jahren Bauten wie die Villa Jovis errichten ließ, deren Überreste die heutigen Touristen bestaunen. Zu Beginn des 19. Jahrhunderts kamen die ersten Künstler, und mit ihnen begann ein Reigen großer Namen: Rilke, Bacon und Gorki, Mendelssohn und Debussy sind nur einige davon – und manche, wie Axel Munthe, Curzio Malaparte und Friedrich Krupp, prägten Capri nachhaltig. Diven wie Jackie Onassis, Liz Taylor und Brigitte Bardot sorgten im 20. Jahrhundert für den Ruf Capris als mondänes Jet-set-Paradies, der bis heute viele Besucher fasziniert.

Das stille Capri

Trotz des ungebrochenen Touristenstroms kann man auf Capri Momente der Ruhe erleben. Von der zweiten Inselgemeinde Anacapri aus entflieht man dem heute oft beklagten Trubel der Massen ganz einfach mit dem Sessellift. Er bringt seine Passagiere auf den 589 Meter hohen Monte Solaro, wo ein atemberaubendes Panorama wartet. Wer über Nacht bleibt, kann – wenn die Tagesgäste längst weg sind – ungestört durch die Gassen der Ortschaft streifen. Und dann sind da noch die vielen Spazier- und Wanderwege durch die duftende Macchia, auf denen sich immer wieder neue, wunderbare Ausblicke über den Golf von Neapel bieten und die manchmal sogar zu idyllischen Badebuchten führen. Der Sentiero dei Fortini verbindet den eindrucksvollen »Faro« (Leuchtturm) der Punta Carena mit der berühmten Blauen Grotte, der »Grotta Azzurra«.

STELL- UND CAMPINGPLÄTZE

Keine Campingmöglichkeit auf der Insel.

TOP ★ ERLEBNISSE

★ TRAUMHAFTE AUSSICHT

Begibt man sich von der Ortschaft Capri aus zur Ostküste der Insel mit den spektakulären Gesteinsformationen des »Arco Naturale«, kommt man nach etwa 20 Minuten am Ristorante Le Grottelle mit seiner Aussichtsterrasse vorbei. Es lohnt sich, hier eine Pause einzulegen! In der Hochsaison wird für den Abend eine Tischreservierung empfohlen.
Via Arco Naturale 3, Tel. 081 837 57 19

★ TREPPE MIT GESCHICHTE

Die »Scala Fenicia« verbindet seit Jahrtausenden die Ortschaften Capri und Anacapri. Erbaut wurde sie wohl zwischen dem 7. und 6. Jahrhundert v. Chr. von griechischen Siedlern. Wer die 921 Stufen nicht scheut, kann beim Aufstieg grandiose Ausblicke genießen.
Einstieg bei der Via Marina Grande 201 in Capri

★ EINMAL UM DIE INSEL

Eine Bootsrundfahrt gehört zu den unvergesslichen Erlebnissen eines Besuchs auf Capri. Bei Blue Sea Capri kann man Touren unterschiedlicher Länge buchen, teilweise sogar mit Picknick an Bord. Außerdem werden Fahrten an die Amalfiküste angeboten.
Adresse: Via Acquaviva 24, 80073 Capri, Tel. 338 925 32 86, blueseacapri.com

WEITERE INFORMATIONEN
Piazza Umberto I,
Tel. 081 837 06 86,
capritourism.com

82 DIE SCHÖNSTE KÜSTE DER WELT? – COSTIERA AMALFITANA

40 Kilometer Kurven und traumhafte Ausblicke

Ob sie die schönste Welt ist, darf man als Geschmackssache betrachten, großartig ist diese Küste zwischen Sorrento und Vietri sul Mare auf jeden Fall. 13 Dörfer zieren die steilen Abhänge der Monti Lattari, bis ans Meer reichen nur Amalfi, Atrani, Maiori und Minori, Positano und Vietri sul Mare. Sie gehören zu den Traumzielen am Mittelmeer und zum UNESCO-Weltkulturerbe.

Im Jahr 1840 eröffnet, rund 40 Kilometer lang und mit unzähligen Kurven gesegnet, ist es die Amalfitana oder S.S. 163, die eine traumhaft schöne Küste erschließt. Ein Aufenthalt an der Costiera Amalfitana zählt zu den teuersten in Italien, aber einmal sollte man es sich gönnen und vielleicht nicht unbedingt in der allerhöchsten Hochsaison, wenn sich die Schönen und Reichen hier ein Stelldichein geben – sehen und gesehen werden! Und ganz wichtig: Das Auto sollte man am besten zu Hause lassen, denn in den engen Dörfern ist das Fahren entweder absolut verboten, oder sehr eingeschränkt oder sehr teuer, und das Parken, falls man einen Platz findet … Und über die Amalfitana selber zu fahren bringt höchstens Nervenkitzel und erfordert viel Geduld – schöner ist ohnehin eine Bootstour entlang der Traumküste. Seine bekanntesten Orte sind Amalfi, die wichtigste Stadt nach der Provinzmetropole Salerno weiter weg, und Positano. Weniger touristisch geben sich, ebenfalls direkt an der Küste gelegen, Minori und Maiori sowie das Keramikstädt-

Zwischen Meer und Fels eingeklemmt – das kleine Atrani (unten). Ravello, das musikalische »Nest« über der Amalfitana (rechte Seite).

Positano, das quirlige Dorf der Amalfitana, lädt auch zum Schlemmen ein.

chen Vietri sul Mare. Und ein Kleinod im Hinterland hoch über der Küste ist Ravello – weltberühmt, Richard Wagner sei Dank.

Amalfi – der wichtigste Ort …

… war einmal im Mittelalter ein bedeutendes Handelszentrum und eine Seerepublik, eine der vier wichtigen im Mittelmeer neben Venedig, Genua und Pisa. Weshalb noch heute im Wechsel mit den anderen die spektakuläre Regatta stattfindet, also alle vier Jahre.
In Amalfi wurde sogar die erste Fassung des Seerechts im Mittelmeer niedergeschrieben. Während damals vielleicht 50 000 Menschen in Amalfi lebten, sind es heute lediglich an die 5300, die sich mit einem kleinen Rest der Stadt begnügen müssen, die 1343 von einer Sturmflut ins Meer gerissen wurde.
Das malerische Städtchen mit seinen weiß getünchten Häusern besetzt die Berghänge und zieht sich in die Seitentäler hinein. Überall laden Restaurants und Cafés zur Einkehr ein, Souvenirläden verführen zum Shoppen. Am oberen Ende einer steilen Freitreppe erhebt sich der Duomo Sant'Andrea (11.–13. Jh.) mit seiner Mosaiken- und Majolika-verzierten Fassade, der im 19. Jahrhundert neu aufgebaut werden musste, nachdem ihn ein Erdrutsch zerstört hatte. Aber es wurde gute Arbeit geleistet. Der orientalisch wirkende Glockenturm mit seinen grünen und gelben lasierten Ziegeln ist besonders hübsch, passt gut zum Kreuzgang mit seinen spitzbogigen Arkaden. Nur das Innere der Kirche, das man durch die im 11. Jahrhundert in Konstantinopel gegossene bronzene Tür betritt, ist barockisiert.
Amalfi war nicht nur als Handelsplatz und Seerepublik bedeutend, sondern mit zahlreichen Mühlen in der nahen Valle dei Mulini auch als Produktionsort von handgeschöpftem Papier. Im Museo della Carta wird dieses Kunsthandwerk historisch aufbereitet; man kann heute wieder vor Ort geschöpftes Briefpapier kaufen, ein besonders schönes und authentisches Mitbringsel.

Positano – der schönste Ort …

… denn rund um ihn ist die Landschaft besonders spektakulär, vom 1444 Meter hohen Monte San Michele stürzen sich die Kalkfelswände fast durchweg direkt ins Meer. Kein

Wunder, dass in Positano auf den rund 200 Metern Höhenunterschied quasi übereinandergestapelt gebaut werden musste: zwischen der Chiesa Nuova mit dem Rest eines byzantinischen Mosaikfußbodens oben bis zur Hafenmole an der Spiaggia Grande. Und die, im Schutz der Kuppelkirche Santa Maria Assunta, ist im Hochsommer der absolute Treff, ob zum Baden oder Schlemmen in einem der Restaurants. Manchen freilich könnte es hier dann zu eng werden. Ausweichen kann man hinter dem wuchtigen Rundturm nach links oder nach rechts zu den winzigen Nachbarbuchten. Garantiert ein freies Plätzchen findet man allerdings auch dort nicht unbedingt. Sonst gehört zum Pflichtprogramm im sehr hübschen Positano, wo der Bikini hoffähig gemacht worden sein soll, die steilen Treppengassen zwischen der in Serpentinen verlaufenden Hauptgasse hinauf- und hinabzusteigen, in den super schicken Boutiquen etwas ganz im Positano-Weiß aus feiner oder gröberer Spitze zu erstehen – und einzukehren. Und sich für den Abend seinen Wunschtisch in einem der kulinarischen Tempel zu reservieren. Oder oberhalb in Montepertuso oder im benachbarten winzigen Nest Nocelle, zu dem erst seit Kurzem eine Straße und damit einer der Minibusse führt, wie sie auch die Hauptgasse Positanos erschließen für diejenigen, die weniger gut zu Fuß sind. Sonst gibt es einen endlos langen historischen Treppenweg abwärts … Wie Amalfi ist auch Positano ein guter Ausgangspunkt für Bootsausflüge nach Neapel, Capri und Sorrent sowie in die andere Richtung nach Amalfi und Salerno.

Ravello – der musikalische Ort …

… denn im Sommer finden auf dem kleinen Hochplateau in 350 Metern Höhe über der Küste, das der Ort für sich beansprucht, begehrte Konzerte klassischer wie moderner Musik statt. Rund 2500 Menschen leben hier mehr oder weniger ganzjährig, denn das Klima ist mild und die nette Hotellerie ausgeglichen. Anders als die weiß getünchten Dörfer an der Küste ist Ravello fast mittelalterlich finster und hat doch schöne lichte Plätze und natürlich großartige Ausblicke. Wenn es unten an der Küste zu heiß und schwül und mit allzu vielen Bade- oder Schaulustigen beängstigend eng wird, dann ist Ravello-Zeit! Hier geht alles einen ruhigeren Gang als weit unten, lassen sich auch im Sommer die Wirtsleute mehr Zeit für ihre Gäste, und man kann Kindern freien Lauf lassen.

Dass Ravello trotz seiner Lage hoch oben vom 11. bis zum 13. Jahrhundert ein wichtiger Handelsort war und daher von der Seerepublik Pisa 1335 zerstört wurde, erkennt man heute höchstens noch am Duomo San Pantaleone (ab 11. Jh.). Sein großartiges

Auch Kulturelles gibt es an der Amalfiküste reichlich wie hier in der Sant'-Andrea-Kathedrale von Amalfi (unten). Dieser zauberhafte Garten gehört zur Villa Cimbrone in Ravello – heute ein Hotel (ganz unten).

Dieser kleine Strand liegt versteckt zwischen den Felsen in der Nähe von Praiano (unten). Die Villa Rufolo in Ravello inspirierte Richard Wagner (ganz unten). Malerisch am Hang liegt Positano (rechte Seite oben). Blick vom Hotel San Pietro (rechte Seite unten).

bronzenes Portal von 1179 zeigt in 54 Relieftafeln biblische Geschichten. Prächtig ist auch innen die von sechs Löwen getragene, mit Mosaiken intarsierte Marmorkanzel von 1272 – alles also aus der Blütezeit Ravellos im Mittelalter. Und an der Villa Rufolo, die ebenfalls aus dem 13. Jahrhundert stammt und damals von einer der reichsten Familien im verspielten moresken Stil errichtet wurde, sieht man es außerdem.

Eine zweite Blütezeit nahm mit Richard Wagner ihren Anfang, der 1880 zusammen mit seiner Frau Cosima in der Villa Rufolo zu Gast war, allerdings nicht mehr bei den Rufolo selber, sondern ihrem Nachfolger, dem schottischen Industriellen Francis Neville Reid, der sie 1851 erwarb und in historisierendem Stil wiederaufbauen ließ. So zeigt sie sich wieder im normannisch-moresken Stil. Auch den Garten ließ der Schotte anlegen und soll selber die mediterrane und exotische Flora ausgewählt haben, die hier bestens gedeiht und zu genussvollen Spaziergängen einlädt.

Heute ist in der Villa ein europäisches Kulturinstitut untergebracht, und sie bildet Sommer für Sommer eine wundervolle Kulisse für das »Ravello Festival« für klassische und moderne Musik im Freilichttheater. Dieses grüne Theater ist berühmt für seine riesigen Pinien, eine wahre Postkartenschönheit. Allzu früh dürfen die Konzerte jedoch nicht beginnen, denn gegen Abend zirpen sonst die Zikaden hier ganz besonders laut im Wettstreit mit dem Orchester …

Was gar nicht gut funktioniert, ist der 2010 fertiggestellte Konzertsaal des brasilianischen Architekten Oscar Niemeyer für 400 Zuschauer, 300 Meter hoch über der Steilküste und wie eine Welle aus weiß gestrichenem Zement. Man wollte damit Ravello »winterfest« machen und ließ es sich sogar von der Europäischen Union finanzieren. Aber erst 2015 fand darin das erste Konzert statt und hat wohl niemanden wirklich begeistert. Kein Wunder, der Architekt hatte alles aus dem fernen Brasilien geplant und war nie vor Ort, um Ravellos Atmosphäre einzuatmen – wie einst Wagner, der sich hier für das Bühnenbild des zweiten Aktes (Klingsors Zaubergarten) seiner Oper »Parsifal« inspirieren ließ.

Vietri sul Mare und die kleineren Dörfer

Das östliche Ende der Amalfitana markiert Vietri sul Mare, das von seiner Produktion handgefertigter Keramik lebt. So wie seit dem Mittelalter, als von hier aus die Vietri-Fliesen, Teller und Vasen und andere Keramikgegenstände gehandelt wurden. Die Hauptfarben sollen den blauen Himmel, das türkisfarbene Meer und die grüne Macchia des Mittelmeeres widerspiegeln.

Der Produktionsort allerdings befindet sich in einem kleinen Ortsteil von Vietri, in Raito, wo auf einem kleinen Hügel das Keramikmuseum bei der Villa Guariglia einen Besuch wert ist. Gesammelt wurde hier vor allem Keramik vom 17. bis zum 19. Jahrhundert. Ebenfalls in Raito bestand von den 1920er-Jahren an eine deutsche Künstlerkolonie, die einen starken Einfluss auf die Keramikkunst des Ortes haben sollte. Daher findet man im Museum einen speziellen Raum dieser deutschen Phase. Sie war eng verbunden mit der Gründung der I. C. S., der Industria Ceramica Salernitana 1926 durch den deutsch-jüdischen Unternehmer Max Melamerson. Das Typische an der neuen Keramik waren ihre Motive: statt Blumen, Früchten und Ornamenten wurden nun dörfliche Szenen und Figuren dargestellt, was bis heute in Vietri sul Mare sehr beliebt ist.

Beliebte Filmkulissen

Nur knapp 5500 Menschen leben in Maiori, das hauptsächlich touristisch interessant ist, weil es über den längsten Strand an der Amalfitana verfügt. Bekannt geworden ist das Nest durch Roberto Rosselini, der hier ab 1946 mehrere Filme drehte wie »Paisà«, »Il Miracolo« und »L'Amore« sowie »Viaggio in Italia«, eher unter dem Titel »Liebe ist stärker« bekannt. Auf dem Weg nach Sorrent führt die Amalfitana durch Minori, einen knapp 2700 Einwohner kleinen, geradezu verschlafenen Badeort mit recht tiefem Strand. Hier sind Archäologen fündig geworden, denn es gab eine rund 30 Räume große römische Villa, die gut versteckt nur auf dem Seeweg erreichbar war. Was von ihr übrig blieb, ist im Museo Villa Romana zu sehen: Mauerreste, Fresken und Tongefäße.

An Ravello vorbei kommt man nach Atrani. Das geradezu kuschelige Nest mit nicht einmal 850 Einwohnern wird von seinen mittelalterlichen Wachtürmen am Berghang beschützt und gilt als ein Ort besonders individualistischer Einwohner mit eigenen Traditionen und eigenem Dialekt. Den Ortsmittelpunkt bildet die Piazza Umberto I, wenige Schritte unter den Bogen der Amalfi-Küstenstraße hindurch vom Meer aus zu erreichen. Der Brunnen von 1927 ist ein beliebter Hintergrund für Filme und Werbespots, abends genießen hier Einheimische wie Besucher gern einen Drink in einem der Straßencafés.

STELL- UND CAMPINGPLÄTZE

Die Amalfitana darf mit Wohnmobilen und Wohnwagen nur nachts in der Zeit von 0.00 bis 6.30 Uhr befahren werden.

TOP ★ ERLEBNISSE

★ TRAUMHAFTE SONNENUNTERGÄNGE

Auf der Terrasse des San Pietro di Positano mit ihren Bänken aus bunter Majolika den Sonnenuntergang hinter Positano zu genießen, gehört zu den ganz großen Naturschauspielen an der Amalfitana. Und im San Pietro zu wohnen, gehört zu den großen Genüssen und Privilegien, wenn man zwischen April und Anfang November eines der Zimmer oder Suiten für sich reservieren kann. ilsanpietro.it

★ REGATA STORICA

1954 beschloss man die Wiederaufnahme der Regatten unter den vier historischen Seerepubliken Pisa, Venedig, Genua und Amalfi, die vom 10. bis zum 18. Jahrhundert das Mittelmeer beherrschten. Die Regatten finden meist am ersten Juni-Sonntag statt, dann herrscht herrliche Festtagsstimmung, und während des an sich recht kurzen Wettsegelns der »feindlichen« Mannschaften halten alle den Atem an. Muss man miterleben!

★ GESCHÜTZTE ZITRONEN

Die großen saftigen Zitronen der Amalfitana-Küste, genannt Sfusato Amalfitano, sind seit 1999 als Marke geschützt. Wer das Aroma einer Amalfi-Zitrone genossen hat, wird sie bestimmt nicht vergessen, erst recht nicht den kräftigen Duft ihrer weißen Blüten.

WEITERE INFORMATIONEN
amalfitouristoffice.it

Überall in Sorrento duftet es nach Zitronen, fast das ganze Jahr über (oben). Der verwunschene Kreuzgang des Franziskanerklosters von Sorrento (rechte Seite unten). Blick in die Altstadt (rechte Seite oben).

83 IM DUFTENDEN ZITRONENGARTEN – SORRENTO

Limoncello aus dem Land, wo die Zitronen blühn

Nur 50 Meter auf einem Tuffgrat über dem Meer, da kann man fast nicht von »sich erheben« sprechen, und »unten« am Meer befindet sich ja auch der dunkle Strand mit kleinem Jachthafen. »Oben« dient die Via San Cesareo als Promenade für die kleine Stadt mit etwa 16 300 Einwohnern, die im Sommer ordentlich Zuwachs an Urlaubern bekommt. Doch dank des milden Klimas im Schutz der Monti Lattari ist Sorrento ein Ganzjahresziel.

Griechen und Römer wussten bereits die klimatisch günstige Lage von Sorrento zu schätzen, was nur noch wenige archäologische Reste belegen. Aber dass der Ort in schöner Lage mit Blick auf Neapel, den Vulkanberg Vesuv und auf die vorgelagerte Insel Capri ab dem 19. Jahrhundert Sehnsuchtsziel vieler europäischer Dichter und Granden wurde, steht außer Zweifel. Außerdem: Im Nu bringt heute die Circumvesuviana Gäste nach Neapel, Pompeji und Herculaneum, und über die S.S. 163 erreicht man in kürzester Zeit das nächste Sehnsuchtsziel, die Costiera Amalfitana.

Zu den großen Söhnen Sorrentos zählt Torquato Tasso (1544–1595), der unglückliche und später krankhaft melancholische Dichter, der auch am Hof von Ferrara und Urbino weilte. Der russische Schriftsteller Maxim Gorki versuchte, sich hier ab 1924 einige Jahre lang von seiner Tuberkulose auszukurieren und zog Verehrer nach sich. Doch richtig berühmt wurde der Ort 1955 durch den Film »Pane, Amore e …«, zu Deutsch: »Liebe, Brot und tausend Küsse«. Gedreht vor allem im Grand Hotel Excelsior Vittoria mit Sofia Loren als Hauptdarstellerin. Und dann: »Torna a Surriento« von Giambattista und Ernesto de Curtis, das die Rückkehr nach Sorrent und ans Meer intonierte. Das Grand Hotel Vittoria hängt noch immer über der Steilküste und hat seinen nostalgischen Charme bewahrt. Der Blick von seiner Terrasse ist hinreißend, mindestens so schön wie von der Villa Comunale, dem Rathaus. Man überschaut Badeanstalten und die Marina Piccola, wo die Boote nach Capri abfahren. Und genießt den Golf von Neapel.

Bummelstraßen und luftige Balkone

Das Herz des Städtchens bildet die Piazza Tasso mit der Statue für Torquato Tasso in der Mitte, umgeben von gelben und weißen Wohnhäusern mit ihren luftigen Balkonen. Von ihr geht die Einkaufsstraße Via San Cesareo ab, die dem Verlauf des römischen Decumanus Maximus entspricht und an der sich einst die nobelsten Familien der Stadt niederließen, was man an so manchen Türen und Toren noch immer sehen kann. Der parallele Corso Italia trug lange den Namen Via Nuova, weil sie tatsächlich erst im 19. Jahrhundert entstanden ist als Hauptverkehrsader. Die lange Via San Cesareo ist im Zentrumsbereich Fußgängerzone, mit dunklen Steinplatten belegt und einem Basar nicht unähnlich – Souvenirs! Limoncello in allen erdenklichen Arten von Flaschen, die riesigen Zitronen von Sorrento, bunte Keramik, Schmuckdosen in Intarsienarbeit, natürlich auch Sommerklamotten. Am Corso Italia erhebt sich, leicht zurückversetzt in ihren klaren Formen, die dreischiffige Kathedrale Santi Filippo e Giacomo mit abgetreppter Fassade und je einer Rosette über den drei Portalen (1478). Im Inneren überrascht die Pfeilerbasilika mit ihrer reichen Marmorauskleidung. Von ihrem frühchristlichen und byzantinischen Vorgängerbau sind Relikte erhalten, zu sehen in der Taufkapelle mit dem Becken, in dem auch Torquato Tasso getauft wurde.

Fleißige Kunsthandwerker und florierender Fremdenverkehr

Das eine wäre nicht so blühend ohne das andere – das Kunsthandwerk hätte heute sicher keine so große Bedeutung für Sorrent ohne den blühenden Tourismus, ob Tagesgäste oder solche, die sich in einem der nostalgischen Grandhotels oder kleinen Pensionen verwöhnen lassen, und auch Einkaufsbummel auf dem Programm haben. Zu den wichtigsten Kunsthandwerkszweigen gehört die Intarsienkunst, mit der man ganze Räume auskleiden könnte, Möbel schreinern und, ja, auch kleine Souvenirs wie die beliebten Schmuckkästen. Eine Hommage an sie ist das Museo Bottega della Tarsia Lignea (nahe der Via San Cesareo), dessen Sammlung dem Architekten und Designer Alessandro Fiorentino zu verdanken ist.

STELL- UND CAMPINGPLÄTZE

VILLAGE CAMPING CAMPOGAIO SANTAFORTUNATA

Via Capo, 39/a, 80067 Sorrento NA, santafortunata.eu, GPS: 40.627752, 14.357427. Großer Campingplatz mit Pool und tollem Blick über die Küste und die weiter unten liegende Ortschaft.

TOP ★ ERLEBNISSE

★ DON ALFONSO IN SANT'AGATA SUI DUE GOLFI

Zehn Minuten von Sorrento mit dem Wagen, keine Stunde zu Fuß nach oben in die Mitte der Halbinsel von Sorrent, hinein in die Pineta und in den eher bescheidenen Ort Sant' Agata sui Due Golfi, eben über den beiden Golfen von Neapel bzw. von Salerno. Das Ziel, so man rechtzeitig reserviert hat, ist das Restaurant Don Alfonso 1890 mitten im Ort: seit Jahrzehnten die kreativste Küche weit und breit, mit einem unglaublichen Weinkeller. Adresse: Corso Sant'Agata 11, Tel. 081 878 00 28, donalfonso.com

★ LIMONCELLO-REZEPT

1 Liter feinster Alkohol, 1 Liter Wasser, 500 Gramm Zucker, hauchdünn geschälte Schalen von 6 bis 7 großen Amalfi-Zitronen. Letztere ca. zehn Tage lang in Alkohol einlegen, dann Wasser kochen, Zucker hinzugeben und zum Alkohol gießen (zuvor die Zitronenschalen entfernen). Filtern und in Flaschen abfüllen – nach ca. zwei Wochen erstmals eiskalt probieren.

WEITERE INFORMATIONEN

Via Padre Reginaldo Giuliani 46, 80067 Sorrento (NA), Tel. 081 877 17 84, sorrentotouristoffice.com

84 EIN TRAUM IN BLAU – DIE COSTA DEI CEDRI

Zauberhafte Orte mit Traumstränden vor eindrucksvoller Bergkulisse

Kilometerlang schlängelt sich die nördliche Küste Kalabriens am Tyrrhenischen Meer entlang. Wilde Natur, atemberaubende Blicke auf kristallklares Wasser und feine Sandstrände ziehen Besucher in ihren Bann und lehren sie eines: Die Riviera dei Cedri hat mit Zedern nicht viel zu tun. Dafür hat man hier fast immer Sonnengarantie.

Wer denkt, ihren Namen verdanke die Riviera dei Cedri dem Zedernbaum – so zumindest die falsche deutsche Übersetzung –, der liegt falsch: Mit Cedri ist die Zitronatzitrone gemeint, die hier seit der Spätantike heimisch und aus unserem Weihnachtsstollen nicht wegzudenken ist. Aus Schale und Saft der Frucht werden Getränke, Sirup, Marmeladen und eben das berühmte Zitronat hergestellt. Die ätherischen Öle finden aber auch in der Kosmetik- und Pharmabranche Anwendung.

In Santa Maria del Cedro liegt das heutige Hauptanbaugebiet der Zitronen. Die Plantagen der stacheligen Bäumchen liegen im Tal des Abatemarco. Für die Juden hat die Frucht eine besondere Bedeutung: Sie ist fester Bestandteil des Laubhüttenfestes, das am Ende der Erntesaison gefeiert wird. Die Zedratzitrone wird als Frucht des biblischen Prachtbaums verehrt. Daher zieht es jedes Jahr im September/Oktober Rabbiner zur Zitronatsuche an den Golf von Policastro. Die schönsten Stücke gehen von dort aus auf Weltreise. Bei Interesse an der gelben Frucht lohnt sich ein kurzer Besuch des Museo del Cedro.

Badefreuden und Ortsperlen

Sieht man einmal über die Horden neapolitanischer Badegäste, die die Küste im August überschwemmen, und einige Bausünden der 1970er-Jahre hinweg, ist die Costa dei Cedri ein wahres Paradies für Liebhaber des Meeres. So manch einem

Typisch kalabresisches Bergdorf: Scalea, umrahmt von himmlischem Blau, schmiegt sich an die Hügel (unten). Die imposanten Ruinen der Burg von Amantea ziehen Besucher in ihren Bann (rechte Seite).

Bei so vielen Traumstränden mit Sand und Fels fällt die Auswahl schwer. Ein besonderes Glanzstück ist der Strand von Arcomagno bei San Nicola Arcella (unten). Die Farbe Blau dominiert (ganz unten). Vom Ort aus hat man einen wundervollen Blick auf die Bergkulisse und den Golf (rechte Seite oben). Wandgemälde in Diamante (rechte Seite unten).

stockt beim ersten Blick auf den Golf der Atem: Dramatische Felsen wechseln sich mit einladenden Sand- und Kiesbuchten ab, an der Küstenstraße reihen sich Orte wie Perlen an einer Schnur. Praia a Mare ist der erste von ihnen: Am Strand stolpert man unweigerlich über den Küstenwachturm Torre di Fiuzzi (16. Jh.), auch ein Schnorchelausflug in die Grotten der ca. vier Kilometer langen Isola di Dino lockt Badenixen an. Die Wasserqualität ist hervorragend. Natürlich gibt es hier – wie andernorts auch – eine blaue Grotte. Zu erwähnen ist außerdem der Treppenspaziergang zur Marienkapelle in der Karstgrotte, Nachfolgerin eines byzantinischen Höhlenklosters und durchaus beeindruckend in die Landschaft eingebettet. Sie dient heute noch als Wallfahrtsort.

San Nicola Arcella, etwas weiter südlich, besticht durch einen weiten Sandstrand von außergewöhnlich grauem Farbton. Das gewaltige Gebirgsmassiv im Hintergrund hält den Wind ab und sorgt für ein ungestörtes Sonnenbad. Zu besichtigen gibt es im hübschen, aber kleinen Ort lediglich den Palazzo dei Principi Lanza, die Torre di San Nicola und die Torre Saracena. Die meisten Besucher kommen aber ohnehin wegen des Strandes von Arcomagno hierher, und zwar zu Fuß, denn anders ist er nicht zu erreichen. Eingesäumt von hohen Felsen, die eine Art natürlichen Torbogen bilden, ist ein Sprung ins kühle Nass hier etwas Besonderes.

Auch Scalea am Ufer des Flusses Laos erobert man über Treppen – daher auch der Name (ital. »scala« für Treppe). Oben thronen das Kastell und die Chiesa Santa Maria d'Episcopio, die in ihrem Ursprungsbau auf das 12. Jahrhundert zu datieren ist und die Statue der Stadtpatronin Madonna del Carmine (Fest am 16. Juli) beherbergt. Dieser Oberkirche steht die Chiesa di S. Nicola in Plateis als Chiesa del Sotto am Fuße der Altstadt gegenüber. Einen Besuch wert ist auch das Museum in der Torre Cimalonga, die Teil der aragonesischen Stadtbefestigung ist. Die modernen, von der Bauwut der 1980er-Jahre geprägten Stadtviertel auf den Nachbarhügeln lässt man lieber ganz aus. Einst lag hier der Hafen, der Scalea unter den Anjous zu einem wichtigen Handelszentrum machte und heute längst versandet ist.

Wandmalereien und scharfe Würze

Diamante ist eine weitere Perle an der Costa dei Cedri: Der schönste Strand ist hier sicherlich derjenige der Punta Santa Litterata, der nicht nur mit kristallklarem Wasser, sondern vor allem mit einem Reichtum an Meeresgetier aufwarten kann und zum Schnorcheln einlädt. Auf die zahlreichen Seeigel sollte

man in jeglicher Hinsicht ein gutes Auge haben, ihre Stacheln sind recht schmerzhaft. Doch auch der Ort selbst hat einiges zu bieten: Die Kirche der Immacolata aus dem 17. Jahrhundert und die moderneren Wandmalereien (Murales) zahlreicher Künstler aus den 1980er-Jahren machen aus Diamante ein riesiges Freilichtmuseum. Das fünf Kilometer nördlich gelegene Cirella ist zwar recht unauffällig, die Halbinsel an der Punta bietet jedoch neben den Resten einer römischen Patriziervilla einen fantastischen Blick auf den Golf.

Wer Anfang September in Diamante ist, sollte sich auf keinen Fall die Festa del Peperoncino entgehen lassen. Hier dreht sich bei Vorführungen, Probieraktionen und Kochworkshops alles rund um den König der kalabresischen Küche, nicht selten auch als »Viagra der Armen« bezeichnet. Selbst eine Accademia del Peperoncino besitzt Diamante, seit 1994 schon. Die Mission, ganz klar: das Studium des südamerikanischen Nachtschattengewächses in Theorie und Praxis. In Diamante steht die kleine rote Schote hoch im Kurs: So gibt es bei den Ruinen von Cirella Vecchia ein Peperoncino Jazz Festival, das im Sommer bei Einheimischen wie Touristen für heiße Rhythmen sorgt.

Thermen und Kirchenschätze

In Cetraro winkt ein heilsames Bad in den schwefelhaltigen Thermen. Wer Mitbringsel für zu Hause sucht, wird unter einem der zahlreichen Zitratprodukte, die hier angeboten werden, sicher fündig. Ein kurzer Abstecher in den Palazzo del Trono mit kleiner archäologischer Sammlung lohnt sich. In Paola kann man dagegen das 1595 erbaute Kloster des heiligen Francesco, Kalabriens Schutzheiligen, bewundern. Der Ort zählt zu den bedeutendsten und meistbesuchten Pilgerstätten Italiens. Amantea, jahrzehntelang abwechselnd in byzantinischem und arabischem Besitz, besticht mit seinem zehn Kilometer langen Strand in Goldfarbe. Die Felsen im Wasser formen kleine Buchten, in denen man wunderbar Ruhe und einen flachen Zugang ins klare Wasser findet. Die alte Handelsstadt selbst liegt auf einer Anhöhe und bietet sowohl vom Wasser aus als auch innerorts einen malerischen Anblick. In der Altstadt finden Besucher Schätze wie etwa die Kirche von San Bernardino, ein seltenes Werk spätgotischer Architektur in der Region. In der barocken Kirche San Biagio symbolisieren neun Statuengruppen die Passion Christi. Hoch oben im Ort gelangt man zu den Ruinen des Normannenkastells.

STELL- UND CAMPINGPLÄTZE

VILLAGGIO CAMPING ORCHIDEA

Via, SS 18 Tirrena Inferiore, 1, 87020 Lido, CS, GPS: 39.742860, 15.807832. Ruhige Lage direkt an der Küste mit Zugang zum Strand. Parzellen befinden sich unter schattigen Baumkronen.

TOP ★ ERLEBNISSE

★ REVIER FÜR SPORTHUNGRIGE

Die Küste zwischen Amantea und Belmonte lädt mit dem Parco Marino Regionale Scogli di Isca zu Erkundungstouren unter Wasser ein. Richtung Monti di Orsomarso lässt sich auf einer Wanderung zu einem der Bergdörfer noch ein ursprüngliches Kalabrien entdecken. Um Gleitschirmfliegen, Klettern und Rafting kümmern sich Sportunternehmen vor Ort, u. a. Laoraft. laoraft.it

★ ÜBERNACHTEN IN DIAMANTE

Das Hotel La Cometa an der Via Panoramica bei Diamante ist ein familiäres Kleinod mit einfachen, aber sauberen Zimmern. Bis zum Strand Lido u'Caricaturo sind es zwar 1,5 Kilometer, dafür bietet die Unterkunft aber erholsame Stille und einen Pool mit Meerblick. lacometadiamante.eu

★ DIE MURALES-FREILUFTAUSSTELLUNG

1981 verwandelten Maler aus ganz Italien die Altstadt von Diamante in eine riesige Freiluftausstellung. Zu sehen sind Wandmalereien mit geschichtlichen Motiven, politischen Aussagen, aber auch Wünschen und Träumen. Ein mehrmonatiges Festival huldigt der Straßenkunst und schlägt den Bogen in die Gegenwart: Das OSA Street Art Festival.

WEITERE INFORMATIONEN

turiscalabria.it und peperoncino.org

Sicher das bekannteste Wahrzeichen von Italiens Stiefelsporn ist das Felsentor an der Küste bei Vieste (oben), liebevoll Architello, »Törchen«, genannt. Auf einem kleinen Sporn erstreckt sich auch Viestes malerische Altstadt ins azurblaue Meer (rechte Seite unten), das auch die Tremiti-Insel San Domino umgibt (rechte Seite oben).

85 DES STIEFELS SPORN – DER GARGANO

Apuliens wilde Seite

Bei der Silhouette in Stiefelform, die Italien so unverwechselbar macht, fällt die Rolle des »Stiefelsporns« der Halbinsel Gargano und ihrem mächtigen Gebirgszug zu. Durch diesen ist die herrliche Natur der Region geteilt: Auf der einen Seite liegt eine steil zum Meer abfallende Küste, auf der anderen Seite dichte Wälder und dazwischen geschichtsträchtige Orte.

Die Gargano-Halbinsel, eine Fläche von über 2000 Quadratkilometern, erstreckt sich über 65 Kilometer Länge und 40 Kilometer Breite. Der felsige Vorsprung, dessen höchster Berg Monte Calvo eine Höhe von 1055 Metern erreicht, besteht vorwiegend aus porösem Kalkstein, in dem die Karstprozesse zahlreiche Spuren hinterlassen haben. Aleppo-Kiefern säumen die schroffe Küste, während Orangenhaine, knorrige Olivenbäume und riesige Johannisbrotbäume den abweisend strengen Landschaftscharakter mildern. Seltene Pflanzen verstecken sich in den Schluchten, wie eine besondere Art von Glockenblume, eine endemische Species, die im Schatten der Felsen gedeiht. Steile Klippen und kleine, mit Macchiavegetation bedeckte Felsklippen markieren den Küstenverlauf, eingekerbt nur von den »calenelle« genannten Buchten, von langen Sandstränden und jäh das Gestein spaltenden Kavernen. Zerklüftet ragen Felsbogen aus den tiefblauen Fluten empor, und die Stille wird nur unterbrochen vom Brausen der Wellen und dem Schrei der Rötelschwalben, die die eigenartigen flaschenförmigen Nester bauen. Wundervolle Orte der malerischen Gargano-Küste sind Manacore südlich von Peschici und Testa del Gargano nördlich von Vieste. Zu den beeindruckenden Impressionen zäh-

STELL- UND CAMPINGPLÄTZE

CAMPING PICCOLO PARADISO

Lungomare Enrico Mattei, 104, 71019 Vieste FG, GPS: 41.860568, 16.174016. Einer von vielen Campingplätzen auf der Halbinsel. Traumlage direkt am Strand. Wer eine der Parzellen in der vorderen Reihe bekommt, hat nicht nur vom Wohnmobil aus Blick auf das Meer, sondern kann direkt von der Trittstufe in den Sand springen.

CAMPING BAIA DEGLI ARANCI

Lungomare Europa, 48, 71019 Vieste FG, baiadegliaranci.it, GPS: 41.886746, 16.166091. Große Campinganlage mit Pool, Bungalows und direktem Zugang zum Strand. Die Parzellen für Wohnmobile, Zelte und Wohnwagen liegen etwas im hinteren Bereich ohne Meerblick, dafür aber schattig unter Bäumen.

len riesige Grotten, die die gesamte Küste säumen, spitze Monolithen, die bizarr aus dem Wasser auftauchen, versteckte kleine Sand- oder Kiesbuchten, vom Widerschein des blendend weißen Kalksteins erhellt. Umgeben von rauen Felswänden klammern sich sattgrüne Pinien und wettergekrümmte Wildoliven an die steilen Hänge, als stürzten sie jeden Moment in die Tiefe.

Meer, Berge und Orte geistlicher Zuflucht

Es ist diese ständige Gegenüberstellung zwischen Meer und Bergen, dem Glitzern des Wassers und dem Weiß der Kalkfelsen, die im Gargano so faszinieren. Und dass dieser Landstrich vor Millionen und Abermillionen Jahren eine echte Insel gewesen ist, wie die nahen Tremiti-Inseln, unterscheidet die Natur des Gargano von der ansonsten weitgehend flachen apulischen Landschaft. Nicht zuletzt deshalb ist der Gargano eines der begehrtesten Tourismusziele Süditaliens. Hier findet man alles: das Meer, die Berge und hochverehrte Orte geistlicher Zuflucht – wie San Giovanni Rotondo, das längst Loreto als »italienisches Lourdes« überholt hat.

Die Stadt Manfredonia ist meist das Tor zur Halbinsel. Sie ist Nachfahrin der antiken Siedlung Sipontum und kann mit zwei herausragenden, erhaltenen römischen Kultstätten aufwarten, den Kirchen San Leonardo und Santa Maria. Ein Stückchen weiter östlich liegt Mattinata, das sich rühmen kann, die einzige Ortschaft Apuliens zu sein, die an der südlichen Adriaküste liegt. Die Staatsstraße von Mattinata nach Vieste eröffnet alle Pracht des Küstensaums, die traumhaften Buchten von Zàgara, Pugnochiuso und Campi reihen sich auf wie an einer Perlenkette bis zur Bucht von San Felice, in der das Meer einen Durchgang in dem Felsen gegraben hat.

Die windgeformten Klippen von Pizzomunno sind Vieste vorgelagert, die Stadt mit ihrem pittoresken Centro storico, dessen weiß getünchte Häuser, verbunden durch zahllose Treppchen und Gässchen, sich unter dem mächtigen, von Stauferkaiser Friedrich II. erbauten Kastell ducken. Ein weiterer kultureller Höhepunkt ist Monte Sant'Angelo. Dessen Besucher grüßen bei Ankunft die für den Ort charakteristischen weißen »Reihenhäuschen«, größte Attraktion aber ist die Wallfahrtskirche des Erzengels Michael, die über einer Grotte errichtet wurde, in der er erschienen sein soll.

TOP ★ ERLEBNISSE

★ PARADIESISCHE INSELN

Die Tremiti-Inseln, ein Archipel aus drei Eilanden, liegen ca. 20 Kilometer von der Küste des Gargano entfernt. Zu erreichen ist das Paradies von Pèschici, Vieste oder Manfredonia aus. San Domino ist die größte und landschaftlich schönste der Inseln. Ihre Küste ist mit malerischen Grotten, wie der Bue Marino, durchsetzt, die oft nur per Boot zu erreichen sind. Die Insel Capraia ist ein von einer steil abfallenden Felsküste umgebenes kleines Plateau, wo sich ebenfalls eine große Zahl an Höhlen befindet, mit spärlichem Licht in tausend Farben. Und San Nicola ist, obwohl das kleinste der Eilande, das Verwaltungszentrum des Archipels, das auch in religiöser und geschichtlicher Hinsicht die größte Rolle spielte, wie die romanische Abteikirche Santa Maria a Mare zeigt. italien-inseln.de/italia/tremiti.html

★ TRAUMLAGE AM KAP

Direkt am Fuße der stimmungsvollen Altstadt von Vieste steht am steilen Felsen das Hotel Seggio mit einem in den Fels gebauten Pool und direktem Zugang zum Meer über die Badeterrassen. hotelseggio.it/en/pages/init/index.php

WEITERE INFORMATIONEN
gargano.it

GALLÍPOLI UND SEINE UNTERIRDISCHEN ÖLMÜHLEN

Die Stadt des Lampenöls

Die kleine, ganz bezaubernde Altstadt von Gallípoli im Südwesten des italienischen Stiefels liegt auf einer mit dem Festland verbundenen Insel und ist von mächtigen Festungsmauern umgeben, die steil aus dem Meer aufsteigen. Im Sommer mag das Meer still und harmlos daliegen, im Winter aber kann es sich schnell zu einem aufbrausenden, Gischt versprühenden Ungetüm entwickeln und an den hohen Mauern des Städtchens nagen. Kein Wunder, dass die Kirchen Gallípolis fast alle aufs Meer blicken, wie um Gnade zu bitten für den schützenswerten Ort, den seine Erbauer, die alten Griechen, kalí polis, »schöne Stadt«, nannten.

Spaziergang durch die Altstadt

Gallípoli ist eine angenehme Bummelstadt, die langsam erobert werden sollte. Beginn ist beim Castello Aragonese aus dem 16. Jahrhundert, das sich pittoresk im Hafenbecken spiegelt. Dahinter lockt gleich der große Mercato Coperto, in dem inzwischen Souvenirs zu finden sind. Unter den Arkaden nebenan befindet sich das einladende Caffè dello Sport, in dem sich die Alteingesessenen gerne treffen. Berühmt ist hier der »Caffè con panna«, mit aufgeschlagenem Sahnehäubchen.

Von hier aus ist es nur ein Katzensprung innerhalb der Altstadtmauer – schließlich misst die ganze Insel nur etwa 400 mal 400 Meter – ins Zentrum. Dieses birgt eine Besonderheit, die allein schon ein Grund für den Besuch Gallípolis wäre: ein ganzes System von unterirdischen Ölmühlen. Und zwar auf beiden Seiten der Straße, aber unterirdisch.

Eva mit der Schlange, Mosaik in Sacro Cuore di Gesù

Reichtum dank saurer Oliven

Im 17. Jahrhundert wurden diese Ölmühlen aus dem Felsen geschlagen, mindestens 35 sollen es im Centro storico gewesen sein. Wieso der Aufwand, fragt man sich? Ganz einfach: Die kleine befestigte Insel bot keinen Platz für normale Ölpressen, zudem wird es hier im Sommer so heiß, dass man lieber nicht auf die hohen Außentemperaturen achten wollte. Drei Jahrhunderte lang, vom Ende des 16. bis zum Ende des 19. Jahrhunderts, war Lampenöl die Haupteinnahmequelle der Stadt. Lampenöl aus kostbaren Oliven? Keineswegs, denn die Ölbäume in dieser Gegend lieferten zu säurehaltige Oliven, um daraus ein gutes Speiseöl zu pressen. Also produzierte man aus ihnen gleich das an sich minderwertigere Lampenöl. Aber dieses in so guter Qualität, dass es im gesamten Mittelmeerraum zum Verkaufsschlager wurde.

Mit dem Verkaufserlös leisteten sich die Bewohner Gallípolis Gewürze und gutes Bauholz. Nicht nur das: Das Geschäft mit dem Lampenöl und den

Eine der alten, unterirdischen Ölmühlen Gallípolis

Luftaufnahme von Gallipoli bei Sonnenuntergang, unbeschreiblich schön

eingeführten Produkten florierte derart, dass sich hier sogar ausländische Handelsniederlassungen etablierten, darunter französische und englische, holländische und russische. So wurde Gallípoli dank zu saurer Oliven zu einer wahren kosmopolitischen Stadt. Irgendwie spürt man es noch heute, wenn man mit offenen Augen durch die Gassen schlendert, die Palazzi genauer anschaut und bemerkt, wie reich die Kirchen ausgestattet sind. Besonders hübsch ist Santa Maria della Purità, die innen vollständig mit Keramikfliesen ausgelegt ist. Die raumfüllenden naiven Barockbilder stammen vor allem vom apulischen Liborio Riccio aus Muro Leccese.

Eine zu große Kathedrale und überall Hähne

Und auch die Kathedrale Sant'Agata, die mitten in den Altstadthäusern irgendwie zu groß geraten scheint, zeugt von der einstigen Bedeutung der Stadt. Sie wurde 1630 begonnen und 1696 mit einer aufwendigen Fassade vollendet. Das dreischiffige Innere ist überreich freskiert und ausgestattet. Gallípoli konnte es sich ja leisten, die besten neapolitanischen Meister des 17. und 18. Jahrhunderts damit zu beauftragen, wie Giovanni Andrea Coppola, Gian Domenico Catalano oder auch Nicola und Carlo Malinconico. Auffallend sind an allen Straßenecken und an jedem Haus der Altstadt die hübschen weißen Keramiktafeln mit blauer Schrift und einem Hahn – die Bewohner von Gallípoli nämlich führen den Namen ihrer Stadt nicht auf den griechischen Ursprung, sondern auf einen Hahn, italienisch »gallo«, zurück.

Info: Frantoio Ipogeo (unterirdischer Ölmühlen-Komplex): Via Antonetti de Pace 87 (gegenüber dem ebenfalls besuchenswerten Museo Civico mit seinen archäologischen und naturkundlichen Sammlungen) und Via Angeli 3.

Viel Platz für Obst und Gemüse in den Gassen der Altstadt

Besonders lohnenswert ist ein Ausflug nach Trani mit seiner berühmten Kathedrale aus normannischer Zeit, die sich am Ende des malerischen Hafens erhebt (unten), und dem Castel Monte, der Trutzburg von Kaiser Friedrich II. (rechte Seite unten). Quirlig geht es in Baris Altstadt mit ihren vielen Geschäften zu (rechte Seite oben).

86 APULIENS QUIRLIGE KAPITALE – BARI

Italienische Metropole und orientalische Kasbah

Apuliens Hauptstadt ist berüchtigt für ihr Verkehrschaos und das Labyrinth an verwinkelten Gassen und Plätzen, die eher an eine orientalische Kasbah erinnern als an die Altstadt einer europäischen Metropole. Und doch gibt es hier keine Moschee zu bestaunen, sondern faszinierende Architekturzeugnisse der normannisch-staufischen Blütezeit sowie das pittoreske Flair gelebter »Italianità«.

Bari ist eines der wichtigsten Wirtschaftszentren der süditalienischen Halbinsel, eine Metropole voller Hektik und doch auch bedeutsames Kulturzentrum. Eine schnelle Stadtentwicklung sorgte auch für negative Folgen, weil die Stadt ohne Planung wuchs, was chaotische Auswirkungen hatte. Heute besteht die Stadt aus drei klar getrennten Bereichen: die Altstadt, das Viertel aus dem 19. Jahrhundert und die moderne Stadt. Am besten reist man mit dem Zug an, um ins für die Besucher vor allem interessante Centro storico zu gelangen, das sich auf einem Felsvorsprung zwischen zwei Sturzbächen entwickelte und unter häufig wechselnder Herrschaft wirtschaftlich wie kulturell aufblühte.

Kostbare Beispiele apulischer Romanik

Die Basilika San Nicola, die Baris Schutzpatron, dem Heiligen Nikolaus, Bischof von Myra, geweiht ist, ist ohne Zweifel eines der wundervollsten Beispiele der apulischen Romanik und diente als Vorbild für die in

großer Eile in ganz Apulien zu jener Zeit erbauten Kathedralen. Die stattliche Fassade aus makellos weißem Kalkstein, gerahmt von zwei massiven Türmen, ist durch auf Säulen stützende Lisenen dreigeteilt und nimmt damit die innere Raumaufteilung vorweg. Ein Rundfenster schmückt den Giebel, während eine Reihe kleiner Blendbogen an den Dachgesimsen entlangläuft. Drei Portale führen ins Kircheninnere, das mittlere mit von zwei steinernen Stieren getragenem Säulengiebel. Ergänzt werden sie durch die vom nördlichen Bogengang erreichbare Porta dei Leoni, deren Skulpturen und Basreliefs Szenen aus Ritter-Epen schildern. Das dreischiffige Innere enthält einige einzigartige Beispiele mittelalterlicher Plastik, darunter allen voran ein prächtiges Ziborium mit herrlich gestalteten Kapitellen aus dem Jahr 1150 – eines der wenigen erhaltenen überhaupt –, das den als Cattedra di Elia bekannten Bischofsthron aus dem 12. Jahrhundert überdacht. Weitere Glanzstücke sind die monumentale Ikonostase und der silberne Altar im rechten Querschiff. Deren eingravierte Szenen erzählen von den Wundern des Heiligen Nikolaus, dessen sterbliche Überreste in der Gruft darunter ruhen.

Nicht minder bedeutend ist die Kathedrale San Sabino, eine Basilika aus byzantinischer Zeit, die mehrfach umgebaut wurde – was ihrer Ausstrahlung jedoch keinen Abbruch getan hat. Eine große Fensterrose aus gotischer Zeit schmückt die dreigliedrige Fassade, deren elegante romanische Formen noch zu erkennen sind. Langwierige Restaurierungsarbeiten haben dem Inneren mit seinen hohen Emporen, das ebenfalls mit einem kostbaren Ziborium aufwarten kann, sein ursprüngliches Aussehen wiedergegeben. Augenfällig beim Stadtrundgang ist auch das Castello Svevo mit vier mächtigen Eckbastionen, die Anfang des 16. Jahrhunderts errichtet wurden, um die Residenz der Isabel von Aragon besser schützen zu können. Den trapezförmigen Bau im Inneren aber beauftragte schon der Stauferkaiser Friedrich II.

Das Murat-Viertel

Ab der zweiten Hälfte des 18. Jahrhunderts war die von Mauern umgürtete Stadt für die Bevölkerung bereits zu klein geworden, doch erst unter der Regentschaft Napoleons wurden die Bauarbeiten eines neuen Stadtviertels eingeleitet. Dieser Bezirk, nach seinem Erschaffer Murat-Viertel genannt, ist wirtschaftliches Zentrum der Stadt, mit langen, sich schachbrettartig kreuzenden Alleen. Ins Auge stechen hier seit der Mussolini-Ära einige Monumentalbauten wie das Teatro Petruzzelli oder die Pinacoteca Provinciale, die italienische Meisterwerke verschiedenster Kunstepochen beherbergt.

STELL- UND CAMPINGPLÄTZE

WOHNMOBILSTELLPLATZ BARI

Via Giovanni Gentile, 84, 70126 Bari BA, GPS: 41.102680, 16.925304. Eigentlich wirkt das Gelände wie ein Abstellplatz für nicht genutzte Fahrzeuge. Aber man darf und kann hier übernachten. Keine Schönheit, aber sehr hilfreich, um Bari zu besichtigen.

TOP ★ ERLEBNISSE

★ DAS PERFEKTESTE BAUWERK

Mit seinem strikt oktogonalen Grundschema stellt das Castel del Monte sicher eines der faszinierendsten Bauwerke aller Zeiten dar. Apuliens berühmte Festung, die wegen seiner architektonischen Einzigartigkeit auf der UNESCO-Weltkulturerbe-Liste steht, ließ der Stauferkaiser Friedrich II. im 13. Jahrhundert auf einem in weiter Landschaft einsam stehenden Hügel errichten. Die Feste mit ihren acht achteckigen Türmen an den Eckpunkten des Polygons ruht in absoluter Harmonie und diente als kaiserliches Symbol weltlicher Macht.
italien.de/staedte/castel-del-monte

★ DIREKTE LAGE AM MEER I

Perfekt am Meer situiert ist das Hotel Grande Albergo delle Nazioni, das Pool und wunderbare Ausblicke auf die Altstadt und das Meer bietet und sich dennoch in Fußnähe zur Altstadt Baris befindet.
ih-hotels.com/it

★ DIREKTE LAGE AM MEER II

Ungemein malerisch erhebt sich die Kathedrale von Trani am Meeresufer auf einem Landvorsprung, der seit dem 1. Jahrhundert den hübschen Fischerhafen rahmt. Dort lässt es sich auch in zahllosen Restaurants vortrefflich speisen.

WEITERE INFORMATIONEN
pugliaturismo.com/apt-bari/

Den besten Blick auf die urtümliche Welt von Matera hat man vom Platz des Domes aus (oben). Nur ein Beispiel für die zahllosen Felskirchen, die in den porösen Tuffstein geschlagen wurden, ist die kleine San Benedetto alla Civitä (rechte Seite unten). Das Höhlenleben genießen kann man im Hotel Sextantio (rechte Seite oben).

87 DIE WUNDERSAME WELT DER HÖHLENWOHNUNGEN – MATERA

Italiens einstige »nationale Schande«

1993 zum UNESCO-Weltkulturerbe erklärt, galten die Höhlensiedlungen Materas, die sogenannten Sassi, 40 Jahre zuvor noch als Italiens »nationale Schande«, in denen die ärmere Bevölkerung in unwürdigen Verhältnissen lebte. Heute ist der Besuch der Höhlenstadt, die aus kleinen Gassen und Plätzen, Kavernen und Kellern besteht, ein Höhepunkt in der noch recht wenig bekannten Provinz Basilicata.

Die Landschaft rund um Matera, zwischen den Flüssen Bradano und Basento, ist geprägt von vielen Gravine, tiefen Schluchten, die das Wasser durch Erosion in den Kalksteinfelsen gegraben hat; von Abgründen, die im Vergleich zur darüberliegenden Bodenschicht oft mit üppiger Vegetation aufwarten und die Feuchtigkeit lange speichern und damit eine stetige Wasserversorgung gewährleisten; von Spalten im Erdreich, die sich jäh auftun und mit ihren vielen Grotten und Höhlen Zuflucht und natürlichen Schutz bieten. Tief unten in der Erde zu leben war zwar in prähistorischen Zeiten oft der Normalfall, im Mittelalter aber änderte sich das bereits. Doch weil der Landstrich bis ins 10. Jahrhundert wegen der Überfälle durch Sarazenen und Piraten ein höchst gefährliches Fleckchen Erde war, blieb den Menschen dennoch nichts anderes übrig, als weiterhin in den unwirtlichen Höhlen von Matera Schutz zu suchen. Und so gilt die bereits seit der Jungsteinzeit besiedelte Region als eines der ältesten Siedlungsgebiete der Welt. Nicht zu Unrecht besagte daher ein bekanntes englisches Reisebuch von einst, Matera sei der einzige Ort auf der Welt, in dem die Bewohner behaupten könnten, sie wohnten in denselben Häusern, wie ihre Ahnen vor 9000 Jahren.

STELL- UND CAMPINGPLÄTZE

WOHNMOBILSTELLPLATZ MATERA

Contrada Pedale Della Palomba, Snc, 75100 Matera MT, areacamper-matera.it, GPS: 40.679909, 16.621424. Großzügige Fläche von einer netten Betreiberfamilie gleich neben einer Kartstrecke außerhalb von Matera. Aber im Übernachtungspreis ist auch ein Shuttleservice in die Altstadt inbegriffen. Ansonsten ist es etwas weniger als eine Stunde Fußweg. Dusche, WC, Strom, Ver- und Entsorgung vorhanden.

»Christus kam nur bis Eboli«

Dass das dem Vergessen anheimgefallene Matera vor Jahrzehnten überhaupt wiederentdeckt wurde, ist dem italienischen Schriftsteller und Arzt Carlo Levi zu verdanken, der in den 1930er-Jahren, der Zeit des Faschismus, in der Basilicata ein Jahr in politischer Verbannung verbringen musste. In seinem 1945 erschienenen Roman »Christus kam nur bis Eboli«, der 1979 mit Gian Maria Volonté, Lea Massari und Irene Papas von Francesco Rosi kongenial verfilmt wurde, ist auch von den Höhlen Materas die Rede, wenn Levis Schwester, zu Besuch beim Bruder, sagt: »In diesen schwarzen Löchern mit Wänden aus Erde sah ich Betten, elenden Hausrat und hingeworfene Lumpen. Auf dem Boden lagen Hunde, Schafe, Ziegen und Schweine. Im Allgemeinen verfügt jede Familie nur über eine solche Höhle, und darin schlafen alle zusammen, Männer, Frauen, Kinder und Tiere. So leben zwanzigtausend Menschen. (…) Ich habe noch nie ein solches Bild des Elends erblickt.« Erst Ende der 1980er-Jahre lernte man den Wert der Sassi wieder zu schätzen: Restauriert und neu aufgebaut, fanden sie ihren Platz auf der Weltkulturerbeliste und konnten bis heute dem allgemeinen Gentrifizierungswahn entkommen – was vielleicht das eigentliche Wunder ist.

Das religiöse Leben

Doch nicht allein die Felswohnungen sind in der Altstadt sehenswert, noch mehr ziehen den Besucher die Höhlenkirchen in den Bann. 160 Sakralbauten soll es in Matera und Umgebung geben, die allen voran Benediktinermönchen und Ordensbrüdern aus Griechenland zu verdanken sind, die sie teils durch die Aushöhlung bereits vorhandener Tuffsteingrotten schufen. Dutzende wunderschöne, mit Fresken ausgestaltete Gotteshäuser – gemauerte oder in den Fels geschlagene – entstanden auf diese Weise allein im historischen Stadtkern, darunter die romanische Kathedrale Madonna della Bruna, die sich auf einer hochgelegenen Piazza erhebt; die gotische San Giovanni Battista oder die faszinierenden Höhlenkirchen Santa Maria dell'Idris, die sich auf einem Felsvorsprung erheben; Santa Lucia alle Malve, die eindrucksvolle Votivfresken schmücken; schließlich die dreischiffige Madonna della Virtù, die griechisch geprägte San Nicola dei Greci sowie der beeindruckende Grottenkomplex des Convicino San Antonio Abate.

TOP ★ ERLEBNISSE

★ DREHORT BERÜHMTER FILME

Pier Paolo Pasolini nutzte die einzigartige Atmosphäre des Ortes, um hier 1964 die Geburt Christi in seiner Verfilmung des Matthäusevangeliums zu drehen. Ihm folgten Mel Gibson 2004 mit seiner »Passion«, dessen Kreuzigungsszene auf der anderen Seite der Schlucht entstand, und Timur Bekmambetow, der 2015 eine Neuverfilmung von »Ben Hur« wagte.

★ WOHNEN IM HÖHLENHOTEL

Wer gern an Filmschauplätzen wohnen und Materas Flair zur Gänze einsaugen will, dem sei eines der komfortablen Höhlenhotels ans Herz gelegt, die durch den Ausbau von Sassi-Wohnungen entstanden. Das Resorthotel Sant'Angelo zum Beispiel verfügt über 16 jener historischen Höhlenbehausungen, die zu 50 Quadratmeter großen Einheiten elegant umgestaltet wurden, über jeden wünschenswerten Komfort verfügen und teils mit atemberaubenden Ausblick auf die Altstadt aufwarten. santangeloresort.it/en

★ AUFSCHLUSSREICHE AUSGRABUNGEN

Wer mehr über Materas Geschichte erfahren will, sollte die interessante archäologische Sammlung des Museo Domenico Ridola besuchen. museimatera.it/museo-ridola

WEITERE INFORMATIONEN
turismomatera.it

88 STADT DER KONTRASTE – COSENZA

Liebe auf den zweiten Blick

Neben der geschichtsträchtigen, morbid-charmanten Altstadt von Cosenza sind moderne Bezirke entstanden, in denen das junge Kalabrien den Blick nach vorn richtet. Das ist nicht der einzige Kontrast, der die heimliche Kulturhauptstadt der Region an der Stiefelspitze prägt. Wer sich auf ihre Ecken und Kanten einlässt und dabei hin und wieder einen zweiten Blick riskiert, der wird umso reicher belohnt.

Obwohl Cosenza mitten in einer zerklüfteten, schwer zugänglichen Region liegt, ist die Stadt in den vergangenen Jahrhunderten immer wieder ein Stützpunkt der Mächtigen und ein Handelszentrum gewesen, von dem auch kulturelle Impulse ausgingen. In der Antike bildete »Consentia« – so der lateinische Name – eine wichtige Etappe auf der Via Popilia, die Rom mit »Rhegium« – dem heutigen Reggio di Calabria – verband.
Ein Spaziergang durch die Altstadt, die im Schutz von sieben Hügeln sowie den Flüssen Busento und Crati errichtet wurde, führt zu den Relikten einer wechselvollen Geschichte.

Altstadt mit Patina

Die zentrale Flaniermeile ist nach dem 1509 in Cosenza geborenen Philosophen Bernardino Telesio benannt, der durch seine Erforschung der Naturgesetze zu einem Wegbereiter des modernen wissenschaftlichen Denkens wurde. Der Corso Telesio führt vorbei an einst prächtigen Fassaden, denen jedoch die Spuren der Jahrhunderte meist deutlich anzusehen sind, was viel zum eigentümlichen, wehmütigen Charme des ganzen Viertels beiträgt. In den historischen Mauern lassen sich heute kleine Läden und Handwerksbetriebe, Kunstgalerien und nette Lokale entdecken. Der gotische Dom, der das Grabmal für Isabella von Aragon enthält, bekam seine heutige Gestalt im 13. Jahrhundert. Bei seiner Einweihung war der Stauferkaiser Friedrich II. anwesend, der seinerzeit auch die wuchtige Burganlage des Castello Svevo erweitern ließ, die noch immer auf dem Colle Pancrazio über der Stadt thront. Im Diözesanmuseum kann man neben Gemälden, Skulpturen, Paramenten und kostbaren liturgischen Gerätschaften vor allem die »Staurothek« bewundern: Das prächtige, mit Gold und Edelsteinen ver-

Blick über den Fluss Crati auf die Chiesa di San Domenico (unten). Im Dom von Cosenza hat Stauferkaiser Friedrich II. seinen Sohn Heinrich begraben (rechte Seite oben). Italiens Südspitze lockt auch mit süßen Versuchungen (rechte Seite unten).

zierte Reliquienkreuz überreichte der Kaiser den Herren der Stadt einst als Geschenk zur Domweihe. An der Piazza XV Marzo zeugt die Accademia Cosentina von der historisch-kulturellen Bedeutung Cosenzas. Sie wurde 1511 gegründet und gilt damit als eine der ältesten Akademien Europas.

Am Puls der Zeit

In der Ebene nördlich des Busento erstreckt sich die von breiten Straßenzügen geprägte Neustadt, in der zahlreiche Geschäfte, Bars und Restaurants für eine quirlige Atmosphäre sorgen. Ihr Herzstück ist die Fußgängerzone auf dem Corso Mazzini. Bis spät in die Nacht fungiert sie als Treffpunkt, Einkaufs- und Amüsiermeile für Jung und Alt, Einheimische und Touristen. Letztere staunen über die Skulpturen von Künstlern wie Giorgio de Chirico, Joan Miró und Salvador Dalí, die aus dem Nachlass des in Cosenza geborenen Sammlers Carlo Bilotti stammen und den Corso Mazzini zu einem echten »museo all'aperto« machen – einem kostenlosen, jedermann zugänglichen Freilichtmuseum. Zur Aufbruchsstimmung, die das »junge« Cosenza auszeichnet, trägt wesentlich die 1972 eröffnete Università della Calabria bei, die über 25 000 Studierende zählt. Sie hat ihren Sitz im sieben Kilometer entfernten Vorort Rende, dieser wartet ebenfalls mit einer reichen Geschichte und einer sehenswerten Altstadt auf.

Für Schatzsucher

Einige Quellen berichten, dass der Westgotenkönig Alarich, der kurz nach der Plünderung Roms im Jahr 410 bei Cosenza starb, mit all seinen wertvollen Besitztümern im Flussbett des Busento begraben worden sei. Der Dichter August von Platen sorgte im 19. Jahrhundert mit seiner romantischen Ballade »Das Grab im Busento« für eine weite Verbreitung dieser Legende. Mehr oder weniger ernst gemeinte Spekulationen darüber, ob irgendwo unter dem Fluss tatsächlich unermessliche Reichtümer verborgen seien, zogen immer wieder Glücksritter an und reißen bis heute nicht ab. Doch auch wenn Alarichs Grab weiterhin verborgen bleiben sollte, gibt es in Cosenza genügend Schätze zu entdecken.

STELL- UND CAMPINGPLÄTZE

WOHNMOBILSTELLPLATZ TORREMEZZO DI FALCONARA

SP39, GPS: 39.259260, 16.062321.
Cosenza bietet weder Stellplatz noch Campingplatz, auch nicht in der näheren Umgebung. Wer die Stadt besichtigen möchte, übernachtet besser auf einem der wenigen Plätze an der Küste oder zumindest etwas landeinwärts auf diesem noch relativ neuen Stellplatz. Hier übernachtet man bei einem freundlichen Betreiber, der Stellflächen auf einer Wiese anbietet.

TOP ★ ERLEBNISSE

★ CAFÉ MIT STIL

Im Zentrum der Altstadt befindet sich das bereits im Jahr 1803 gegründete Gran Caffè Renzelli. Die stilvolle Dekoration der Räume mit Fotos und Dokumenten aus der Geschichte des Hauses sowie der freundliche Service machen den Abstecher in diesen Traditionsbetrieb zu einem Highlight jedes Stadtrundgangs.
Corso Bernardino Telesio 46, Tel. 0984 268 14, renzelli.com

★ DIE CALATRAVA-BRÜCKE

Seit 2018 ist Cosenza um eine Attraktion reicher: Der Star-Architekt Santiago Calatrava entwarf mit dem »Ponte San Francesco di Paola« die höchste Schrägseilbrücke Europas, die als moderne Verbindung zwischen Alt- und Neustadt den Fluss Creti überspannt.

★ KLEIN, ABER FEIN

Die Galleria Nazionale di Cosenza ist im altehrwürdigen Palazzo Arnone untergebracht. Der Eintritt ist frei, ausgestellt sind Bilder und Skulpturen kalabrischer und süditalienischer Künstler aus den letzten fünf Jahrhunderten, dazu kommen zeitgenössische Werke.
Via Gian Vincenzo Gravina

WEITERE INFORMATIONEN

Piazza XI Settembre, Tel. 0328 175 44 22, cosenzaturismo.it

Die Bucht Torre Sant'Andrea mit ihrem kristallklaren Wasser ist ein Naturparadies des Salento im südlichen Teil Apuliens.

Einer Theaterkulisse gleich umgeben Lecces Domplatz reich geschmückte Paläste (oben). Heimische Künstler sorgten für eine Opulenz, die in Italien ihresgleichen sucht: so die üppige Stuckatur der Barockfassade der Chiesa Santa Croce (rechte Seite oben links) oder das Fußbodenmosaik in Otrantos normannischem Dom (rechte Seite oben rechts).

89 HAUPTSTADT DES BAROCK – LECCE

Architekturkulisse ganz eigener Prägung

Manch Kunsthistoriker der vergangenen Jahrhunderte war der Überzeugung, es entstünde die schönste Straße der Welt, stellte man alle Kirchen Lecces in einer Reihe auf. Die jubelnde Barockkunst an den Fassaden von Kirchen und Palazzi, Elegien steingewordener Engel und Heiliger, Früchte und Blüten, verleiht der Stadt eine einzigartige Pracht und Eleganz, die ihresgleichen sucht.

Die außerordentliche Schönheit von Lecces Kirchen und herrschaftlichen Wohnsitzen zieht Besucher zuhauf an. Ganz zu Recht, denn Lecce ist nicht nur die bedeutendste Kunststadt der Region Salento, sie verdient auch einen Platz weit vorn in der Reihe der Hauptstädte des Barock. Dieser Kunststil hat hier eine unvergleichliche Originalität und Vielfalt erreicht. Er ist dem großen Geschick einheimischer Architekten, Steinmetze und Bildhauer zu verdanken, die Bauten von überraschender Opulenz schufen und den weichen und relativ leicht zu bearbeitenden rosafarbenen Stein aus den in der Umgebung gelegenen Steinbrüchen in faszinierende Kunstwerke verwandelten. Einst wichtige römische Siedlung, deren Amphitheater heute noch durch monumentale Ruinen am Hauptplatz, der Piazza Sant'Oronzo, beeindrucken, verlor Lecce seine Vorherrschaft an Otranto, als dieses sich zum wichtigsten Hafen Italiens entwickelte.

Neuen Aufschwung erlebte die Stadt dann unter der Herrschaft der Normannen, Staufer, Aragonier, Habsburger und Bourbonen, als Lecce mehr und mehr zum Handelsstützpunkt ausgebaut wurde. In jener Zeit steten Wachstums blühte der charakteristische Baustil auf: der sogenannte »Barocco leccese«, der die Stadt mit Bauwerken von hohem künstlerischen Wert bereicherte. Ein Rundgang durch die Straßen und Gassen

bietet wundervolle Blicke: die überwältigende Üppigkeit der Prunkfassade von Santa Croce, die harmonisch kombinierten Stile der Chiesa dei Santi Niccolò e Cataldo, das Schloss von Kaiser Karl V. und allem voran die raffiniert komponierte Szenerie des Kathedralenplatzes, des künstlerischen Herzstücks der Stadt.

Eine Barockkulisse von effektvoller Wirkung

Von der prächtigen Chiesa dei Teatini mit ihrer kolossalen Portalstatue der Heiligen Irene über den Corso Vittorio Emanuele kommend, erreicht man die sogenannten Propyläen, durch die man den Kathedralenplatz betritt, eine von verschiedenen Gebäuden eingeschlossene Piazza, die wie eine effektvolle Theaterkulisse wirkt. Der von Giuseppe Zimbalo entworfene fünfstöckige Domturm aus dem 17. Jahrhundert beherrscht den Platz, und während die Hauptfront der Kathedrale von strenger Schlichtheit ist, ließ Zimbalo seiner Fantasie freien Lauf, als er den barocken Schmuck der Seitenfassade entwarf, um eine angemessene dramatische Wirkung zu erzielen. Die Kirche grenzt rechts an den Bischofspalast des 15. Jahrhunderts, der vor allem durch eine elegante Loggia im ersten Stock prunkt. Die andere Seite des großen Platzes ist vom Palazzo del Seminario abgeschlossen, ein am Anfang des 18. Jahrhundert fertiggestellter Bau, den lange Reihen von Fenstern auf jedem der zwei Stockwerke zieren, während eine dreibogige Loggia das prächtige Portal überblickt.

Zeugnisse üppiger Steinhauerkunst

Das eindrucksvollste Beispiel des Barock und für viele Besucher Höhepunkt der Stadtbesichtigung ist die wundervolle Chiesa Santa Croce neben dem Palazzo dei Celestini (heute Palazzo del Governo) mit seiner imponierenden Fassade aus Bossenquadern und Lisenen, die beide zusammen eine atemberaubende architektonische Flucht üppiger Steinhauerkunst bilden. Und wieder war es Zimbalo, der die Arbeiten vollendete: eine Fassade, die in zwei Ebenen geteilt und von einem großen Giebel gekrönt ist, dessen unterer Bereich von sechs Halbsäulen und drei Portalen mit herrlichen Fensterrosen untergliedert wird. Ein großer Balkon indes markiert die Grenze zwischen oberem und unterem Bereich: Er ruht auf 13 Karyatiden, die groteske Figuren, Allegorien und mystische Tiere darstellen.

STELL- UND CAMPINGPLÄTZE

AGRITURISMO ARANGEA

Via Vecchia Lecce – Copertino, 20, 73010 Lequile LE, arangea.it, GPS: 40.312801, 18.120903. Ein kleines Bed & Breakfast weit außerhalb von Lecce mit angeschlossenem Restaurant. Hier werden auch Camper gerne empfangen und können die Sanitäreinrichtungen nutzen. Auf dem Radweg sind es knapp sechs Kilometer bis Lecce.

TOP ★ ERLEBNISSE

★ TRAUMSTRAND VON ALIMINI

Ein weiter einsamer Strand und azurblaue Fluten bietet die Spiaggia di Alimini zwischen Lecce und Otranto, mit wildem mit Pinien und mediterranem Buschwerk bewachsenem Hinterland. villainpuglia.it/DE/DettaglioLocalita/Alimini

★ STANDESGEMÄSS WOHNEN

Perfekt zum Flair der barocken Stadt passt das altehrwürdige Grand Hotel di Lecce mit seiner Fin-de-Siécle-Atmosphäre und seinem Outdoor-Pool. grandhoteldilecce.it/de

★ APULIENS SCHÖNSTE PROMENADE UND GRÖSSTES MOSAIK

Ein städtebauliches Juwel ist Otranto. Schon die Promenadenterrasse mit Blick auf das azurblaue Meer und die stimmungsvollen engen Gassen lohnen den Besuch. Zudem besticht der Ort mit seiner Kathedrale, die die Normannen im 12. Jahrhundert errichteten. Ein würdevolles barockes Portal und eine feine Fensterrose zieren die Front, Glanzstück im prächtigen Kircheninneren aber ist das monumentale wie äußerst fantasiereiche Bodenmosaik aus dem 12. Jahrhundert, ein Werk von einzigartiger kunsthistorischer Bedeutung, das den Kirchenraum wie ein kostbarer Teppich auskleidet. nelsalento.de/otranto

WEITERE INFORMATIONEN
comune.lecce.it

90 ALBEROBELLO UND SEINE SCHWESTERN – IM LAND DER WEIßEN TRULLI

Steinerne Rundbauten, weiße Gassen und normannische Kathedralen

Alberobello, Locorotondo oder Martina Franca – alle diese Städte verbindet eine besondere Architekturform: die Trulli, Steinhäuser mit meist weiß gekalktem, spitz zulaufendem Dach und Abschlussstein, was für ihr unverwechselbares Aussehen sorgt. Mit Recht kann man behaupten, dass diese kurios anmutenden Bauernhäuser neben Castel del Monte Apuliens berühmtestes architektonisches Aushängeschild sind.

Locorotondo (unten), das sich wie alle »weißen Orte« Apuliens auf einem Hügel erstreckt, ist die sehr viel weniger überlaufene und daher viel beschaulichere kleine Schwester von Alberobello, das vor allem wegen seiner zahllosen steinernen Trulli-Rundbauten berühmt ist und zum UNESCO-Weltkulturerbe zählt (rechte Seite oben). Die Castellana Grotte (rechte Seite unten).

Es wird erzählt, dass den Bauern wegen der zu hohen Grundsteuern, die für Häuser zu entrichten waren, in den Sinn gekommen sei, ihre Häuser mit einem einzigen, abnehmbaren Schlussstein auf der Spitze zu errichten. So brauchten sie vor den jeweiligen königlichen Inspektionen aus Neapel nur mit einem Seil den Schlussstein herunterziehen, um das Haus, das gänzlich ohne Mörtel auskam, ganz passend wieder einstürzen zu lassen. Eine zweite Version besagt, dass der Lehnsherr die Häuser so habe bauen lassen, um den Bauern, die ihre Steuern nicht bezahlten, mit dieser effektvollen Methode zur Strafe ihre Behausungen zerstören zu können. Vielleicht aber liegt der Ursprung der merkwürdigen Bauweise auch in der fernen Vergangenheit des Orients, die in Apulien leicht Fuß fassen konnte, da sich die Rundbauten einfach errichten ließen, und es an entsprechendem Baumaterial nicht mangelte.

Wie auch immer, noch heute stehen viele dieser prägnanten Trulli-Bauten mit ihren drolligen Zipfeldächern, deren originelle Architektur einem runden Grundriss folgt. Die Mauern werden in Trockenbauweise hochgezogen und bekommen einen weißen

Kalkanstrich, während die Kuppel mit konzentrischen Reihen grauer Steinziegel, den »chiancarelle«, bedeckt ist, die abschließend oft mit astrologischen oder religiösen Symbolen dekoriert sind.

Alberobello, Hochburg der Trulli

Berühmtestes Trulli-Städtchen ist Alberobello, das als Welthauptstadt dieser Rundbauten gilt, und dessen Altstadt zum Nationaldenkmal und zum UNESCO-Weltkulturerbe erklärt wurde. Es avancierte zu einem der beliebtesten Reiseziele Apuliens. Vor allem die reizvollen Viertel Monti mit der Trulli-Kirche Sant'Antonio und das – weniger touristische – Aia Piccola bestehen ausschließlich aus einer dichten Ansammlung von Trulli (das erste nicht in Trullo-Bauweise entstandene Haus von Alberobello, die Casa D'Amore, entstand hier erst 1797). Die unregelmäßig gepflasterten Gassen sind von überaus malerischer Kraft, vor allem zur Zeit der Rosenblüte, deren Farbenpracht wirkungsvoll mit dem Weiß der Kalkwände kontrastiert. Der Name der Stadt entstammt dem lateinischen Ausdruck »Sylva Arboris Belli« mit deutlich weniger beschaulicher Bedeutung, heißt es doch nichts anderes als »Wald des Kriegsbaumes« – was auf die weiten Eichenwälder der Umgebung hinweisen soll.

Die kleinen Trulli-Schwestern

Die konkurrierende Trulli-Schwester Locorotondo erhebt sich auf einem Hügelrücken und überblickt aus dieser dominierenden Lage das Tal der Istria, eine fruchtbare, dicht bevölkerte Karstsenke mit großer Ansammlung von Trulli. Die runde Stadtanlage ist durch kreisförmig und radial angelegte Gassen zwischen weiß gekalkten Häusern gekennzeichnet. Ein ähnliches, wenngleich imposanteres Stadtbild bietet das als »weiße Stadt« gerühmte Ostuni, das sich ebenfalls auf einem Hügel erhebt und von der Kathedrale im normannischen Stil mit herrlicher 24-strahliger Fensterrose gekrönt wird – als einziges nicht gekalktes Bauwerk der Stadt. Sie erhebt sich oben auf dem Hügel auf einer kleinen Piazza, deren eindrucksvolle Kulisse vom Bischofspalast mit eleganter Loggia vollendet wird.

Eine weitere Perle ist Martina Franca in herrlicher Lage auf dem höchsten Hügel der Murgia dei Trulli, eine Stadt, die vor allem auch wegen ihrer Rokoko-Bauwerke berühmt ist, die das historische Zentrum schmücken. Am prunkvollsten ist die Collegiata di San Martino. Die Kirche ist mit einer üppigen Fassade und einem Portal versehen, dessen beherrschende Skulpturengruppe die Legende des Heiligen Martin mit dem Bettler abbildet.

STELL- UND CAMPINGPLÄTZE

CAMPING BOSCO SELVA

Via Bosco Selva, 25, 70011 Alberobello BA, campingboscoselva.it, GPS: 40.770958, 17.236476. Schöner Campingplatz mit dichtem Baumbestand in ruhiger Lage südlich von Alberobello. Nach rund einer halben Stunde Spaziergang steht man mitten im Ort. Die Sanitäranlagen sind gepflegt.

TOP ★ ERLEBNISSE

★ IMPOSANTE TROPFSTEINHÖHLEN

1938 entdeckte der Speläologe Franco Anelli die Höhlen von Castellana Grotte, Italiens größte und bekannteste Ansammlung von Tropfsteinkavernen, die bald zu einem der wichtigsten Besuchermagnete Apuliens avancierten. Die eindrucksvollen Karsterscheinungen entstanden durch Regenwasser, das den porösen Kalkboden leicht durchdringen konnte und Ablagerungen zurückließ. Der gewundene Lauf des Wassers erodierte das Gestein und formte Schächte und Grotten sowie unzählige Stalagmiten und Stalaktiten, die die Besucher heute in ihren Bann ziehen. Die märchenhafte Welt aus kristallinen Säulen und zerklüfteten Spitzen glitzert mit Hunderten von skulpturengleichen Gebilden. Sie schmücken die fast drei Kilometer lange Strecke, die in etwa zwei Stunden zu durchwandern ist.
grottedicastellana.it/de

★ IM TRULLO WOHNEN WIE EINST

Die einzigartigen Steinhäuser nicht nur besichtigen, sondern auch darin nächtigen: Das bietet das ungewöhnliche Hotel dei Trulli mit seinem Konglomerat verschiedenster Rundbauten.
dei-trulli.alberobello.hotels-apulia.com

WEITERE INFORMATIONEN
prolocoalberobello.it

Die Sila mit ihren ausgedehnten Mischwäldern erinnert an Mittel- und Nordeuropa (oben). Die karge Berglandschaft des Aspromonte (rechte Seite unten). Mittelalterliche Gasse in Gerace (rechte Seite oben).

91 DER WILDE SÜDEN – NATIONALPARKS IN KALABRIEN

Naturparadies für Entdecker

Die südlichste Region des italienischen Festlands gilt vielen Reisenden nur als Durchgangsstation auf dem Weg zu den Natur- und Kulturschätzen Siziliens. Dabei sind die Landschaften an der Stiefelspitze an Ursprünglichkeit, Dramatik und Faszination kaum zu übertreffen. Drei Nationalparks laden zu Erkundungstouren in ein unbekanntes, wildes Italien ein.

Wölfe, Wildkatzen und Raubvögel bevölkern die steilen Berghänge und tiefen Schluchten Kalabriens. Gemeinsam mit uralten Baumriesen und geheimnisvollen Felsformationen verkörpern sie die ungezähmte Seite der Apennin-Halbinsel.

Parco Nazionale del Pollino

Der Parco Nazionale del Pollino ist der größte Nationalpark des Landes und erstreckt sich über Gebiete Kalabriens sowie der Basilikata. Direkt an der Grenze zwischen beiden Regionen liegt der höchste Berg Süditaliens mit dem Namen Serra Dolcedorme (2267 m), in dessen Nachbarschaft erhebt sich der kaum niedrigere Monte Pollino (2248 m), der dem Park seinen Namen gegeben hat. Doch nicht nur das spektakuläre Gebirge lohnt die Erkundung: Das im Südosten des Pollino-Massivs gelegene Dorf Civitá ist die sehenswerteste der Siedlungen Nordkalabriens, in denen sich Nachkommen albanischer Einwanderer seit Jahrhunderten ihre eigene Sprache und Tradition bewahrt haben.

Sila – Köstliches aus der Natur

Weiter südlich, im Parco Nazionale della Sila, fühlen sich manche Touristen aus Mittel- und Nordeuropa plötzlich wie zu Hause: Auf sanft gewellten Hochebenen wechseln sich ausgedehnte Misch- und Kiefernwälder mit von Gebirgsbächen durchzogenen Weideflächen und kühlen Bergseen ab. An einigen Stellen

im Park kann man riesenhafte und jahrhundertealte Bäume bestaunen wie die »Giganti della Sila« bei Spezzano. Für die Kalabresen ist die Sila ganzjährig ein beliebtes Ausflugsziel: Im Sommer genießt man das angenehm kühle Klima, im Frühling und Herbst die farbenprächtige Natur, im Winter locken die Skigebiete am Monte Curcio (1788 m) oder am Botte Donato (1928 m). Ein besonderes Erlebnis ist eine Fahrt mit der historischen Schmalspurbahn von Moccone über Camigliatello bis zum über 1400 Meter hoch gelegenen Bahnhof von San Nicola.
Viele Wanderwege unterschiedlicher Länge und Schwierigkeit führen durch den Nationalpark, für Fahrradtouren bietet sich ein Streckennetz mit Ausleihstationen rund um den Lago di Cecita, den Lago Arvo und den Lago Ampollino an. In der einzigartigen Landschaft Zentralkalabriens gedeihen nicht nur die berühmten Sila-Kartoffeln, sondern auch große Mengen an Kastanien und Steinpilzen.

Die schroffen Berge des Aspromonte

Der »raue Berg« – so wird »Aspromonte« übersetzt – erreicht an seinem höchsten Punkt, dem Montalto, ebenfalls eine Höhe von fast 2000 Metern. Der Parco Nazionale dell'Aspromonte umfasst die unzugänglichsten und am wenigsten erschlossenen Gebiete im Süden Kalabriens. Das macht ihn einerseits zu einem Traumziel für moderne Abenteurer, andererseits hält die schroffe Gebirgslandschaft eben auch einige Unwägbarkeiten bereit: Manche Gegenden sind kaum von Menschen, dafür aber von wilden Tieren bewohnt. Ausgetrocknete Flussbetten können plötzlich zu reißenden Strömen werden – und nicht zuletzt gelten die Höhlen und Schluchten des Aspromonte seit jeher als Rückzugsgebiet der berüchtigten Verbrecherorganisation 'Ndrangheta, die für Touristen jedoch stets unsichtbar bleibt. Auf die warten hier stattdessen unvergessliche Eindrücke ganz anderer Art: atemberaubende Ausblicke über das Ionische oder das Tyrrhenische Meer bis nach Sizilien und zu den Liparischen Inseln, bizarre Gesteinsformationen wie die Roccia del Drago (Drachenfelsen) und Dörfer wie Bova und Gallicianò. In ihnen hat sich seit der Antike, als die Griechen Süditalien besiedelten, ein griechisch-kalabrischer Dialekt erhalten. Auch in traditionellen Riten sowie in der örtlichen Küche ist die Verwurzelung in der griechischen Kultur noch immer zu spüren. Einzigartig sind hier außerdem die Bergamotte-Plantagen, die Kalabrien zum weltweit wichtigsten Anbaugebiet dieser äußerst aromatischen Zitrusfrucht machen.

STELL- UND CAMPINGPLÄTZE

WOHNMOBILSTELLPLATZ TIRIOLO

GPS: 38.946388, 16.506482. Sehr einfacher Stellplatz für vier Fahrzeuge in einem kleinen Dorf. An Markttagen kann es passieren, dass alles belegt ist oder man morgens nicht wegkommt. Ver- und Entsorgungsstation vorhanden.

TOP ★ ERLEBNISSE

★ MITTELALTER-FLAIR

An den nordöstlichen Ausläufern des Aspromonte befindet sich mit Gerace ein mittelalterliches Städtchen, das ganz offiziell zu den »schönsten Ortschaften Italiens« zählt. Der Dom aus normannischer Zeit gehört zu den bedeutendsten religiösen Bauwerken Kalabriens, außerdem ist Gerace für traditionell gefertigte Keramiken bekannt.
Piazza del Tocco 1, 89040 Gerace, Tel. 0964 35 60 01

★ RAFTING

Der Fluss Lao bahnt sich seinen Weg durch tiefe Schluchten im Nationalpark Pollino. Ein ideales Ziel für alle, die ihr kalabrisches Naturerlebnis mit einer actiongeladenen Rafting-Tour verbinden möchten! Verschiedene Anbieter vor Ort machen es möglich.
laorafting.com,
raftingsulfiumelao.it,
raftingcalabria.it

★ STILO

Im Hinterland von Monasterace, zwischen den Nationalparks Sila und Aspromonte, liegt hoch über der ionischen Küste ein uraltes Kleinod, das auf die griechisch-byzantinische Vergangenheit Kalabriens verweist: die einzigartige Kirche von Stilo, genannt »La Cattolica«.
Via Cattolica, 89049 Stilo,
visitstilo.it

WEITERE INFORMATIONEN
parks.it/regione.calabria

SIZILIEN

Königin der Mittelmeerinseln

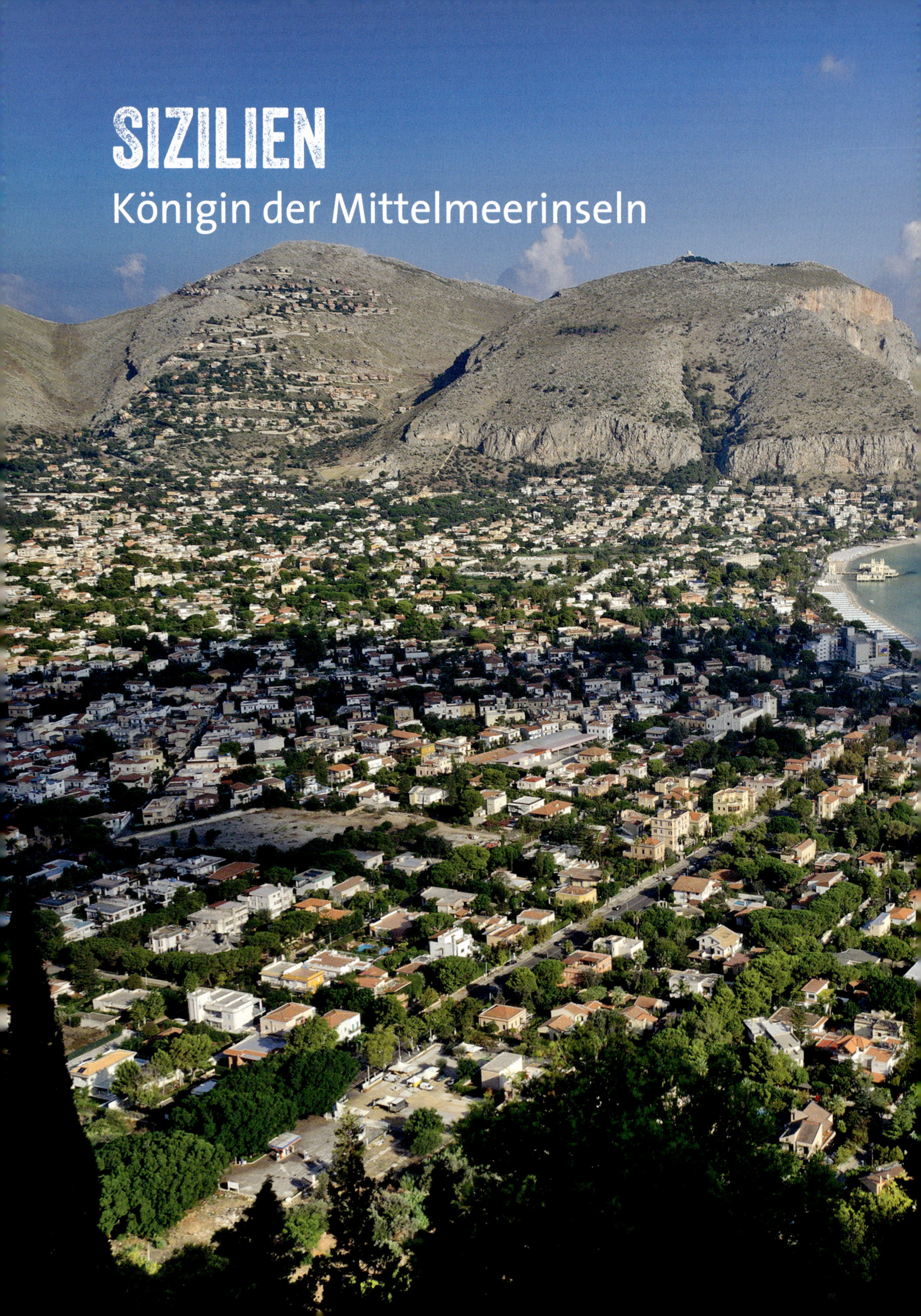

Der Fischfang war lange der wichtigste Erwerbszweig der Inselbewohner (oben). Die Errichtung der Kirche San Giovanni degli Eremiti dauerte von 1130 bis 1143 (unten). Blick auf Mondello, im Hintergrund der Monte Pellegrino (links).

92 DAS GOLDENE ERBE DES MITTELALTERS – PALERMO

Normannische Bauwerke und byzantinische Mosaike

Im 7. Jahrhundert v. Chr. von den Phöniziern gegründet, hatte Palermo ab 831 seine besten Jahre als Hauptstadt des arabischen Siziliens. Diese orientalische Pracht endete mit Roger I. und seiner erfolgreichen Eroberung im Jahr 1072. Nun drückten die Normannen dieser Stadt ihren Stempel auf und hinterließen strenge monumentale Gebäude, die aber arabische Einflüsse keineswegs verleugnen.

Die Bar Marocco liegt am Cassàro, der wichtigsten Verkehrsader im Zentrum Palermos, und vielen erscheint die Eingangstür wie das Tor zum Paradies. Nur, um für wenige Minuten den schwarzen Dieselwolken der Stadtbusse zu entkommen und gegen den betörenden Duft von frisch gemahlenem Kaffee einzutauschen. Seit Jahrzehnten ist die Bar ein Spiegelbild von Palermo, denn sie alle kommen hierher: im Morgengrauen die Straßenkehrer und Müllmänner, etwas später die Bankangestellten und Advokaten, gegen Mittag die Hausfrauen und dazwischen jede Menge Touristen. Für Letztere ist dies ein guter Ort für eine kurze Stärkung, denn gegenüber wartet die große Attraktion Palermos, die Kathedrale mit den Staufergräbern, darunter der Sarkophag des legendären Stauferkaisers Friedrich II.

Der Dom – normannische Baukunst

Doch zuerst beeindruckt die gewaltige Kathedrale; auf diesen Grundfesten stand im 6. Jahrhundert schon eine christliche Basilika, dann folgte eine Moschee. In der normannischen Epoche wollte der Engländer Walter of the Mill den Machtanspruch eines Erzbischofs von Palermo manifestieren und ließ am Ende des 12. Jahrhunderts eine dreischiffige Basilika errichten. Natürlich wurden in den Jahrhunderten analog den Stilepochen Veränderungen durchgeführt, und heute betritt

Blick über Palermo (unten). Palermos Schönste: die barocke Cattedrale Maria Santissima Assunta (rechte Seite oben). Doch Palermo bietet noch weitere imposante Gotteshäuser, etwa die Martorana-Kirche (rechte Seite unten).

Das pittoreske Keramikdach der Porta Nuova am Corso Vittorio Emanuele wurde erst im 17. Jahrhundert hinzugefügt, nachdem das Stadttor 1667 zerstört und wiederaufgebaut worden war.

man die Kathedrale durch eine gotisch-katalanische Vorhalle aus dem Jahr 1453. Ganz interessant, dass eine der Säulen noch aus der Moschee stammt. Doch das Interesse richtet sich auf die Gräber der Staufer, es sind vier purpurfarbene Sarkophage aus Porphyr, der bis dahin nur für römische und byzantinische Herrscher verwendet wurde. Sie stehen in zwei Reihen und vorne links ist der Sarkophag von Friedrich II., oftmals geschmückt mit Blumen von Verehrern. Aufgewachsen ist der selbstbewusste, hoch gebildete Friedrich im Palazzo dei Normanni, auch Palazzo Reale genannt. Mit seinem Tod im Jahr 1250 war es mit der Blütezeit von Palermo und letztendlich ganz Siziliens vorbei.

Eine der Hauptverkehrsadern der Stadt, der Cassàro, führt in wenigen Minuten zu dieser Residenz, die unter Friedrich II. ihre größte Pracht entfaltete und in jener Zeit als Nabel des Abendlandes galt. In den Räumen trafen sich Gelehrte und Künstler, es wurde Arabisch, Griechisch und Lateinisch gesprochen. Seit 1947 tagt hier das sizilianische Parlament.

Mosaiken mit Bibelmotiven

Man betritt das Gebäude durch den Cortile Maqueda und eine Treppe führt zur Cappella Palatina. Die ehemalige Hofkirche, erbaut von Roger II. in der Mitte des 12. Jahrhunderts, ist ein Zeugnis der großen kulturellen Blütezeit. Vom Boden bis zur Decke ist die Cappella Palatina mit goldfarbenen Mosaiken ausgekleidet, eine ideale Verbindung von arabischer Freude an Farbe und Erzählkunst und strenger normannischer Architektur.

Im Halbdunkel gelegen, kann man den erhöhten Platz für den Königsthron erkennen, der von einem gewaltigen Mosaik mit dem

Pantokrator Christus zwischen den beiden Aposteln Petrus und Paulus eingerahmt wird. So weit das Auge reicht, werden Episoden aus der Bibel in zahllosen Mosaiken erzählt. Sehenswert sind auch die Seitenschiffe mit Szenen der Apostelgeschichte von Petrus und Paulus. Die Kuppel beherrscht Christus als Alleinherrscher (Pantokrator), eingerahmt von einer griechischen Inschrift. In den Ecknischen sind die Evangelisten abgebildet.

In der zweiten Etage liegen die »Appartamenti Reali«, darunter der Saal von Roger II. mit Mosaiken von Pflanzen und Tieren. Daneben liegt der Herkulessaal mit Fresken von Giuseppe Velasquez (1799), hier tagt das Parlament von Sizilien. Südlich des Normannenpalastes, nur einen Katzensprung entfernt, wird man von den roten Kuppeln im maurischen Stil angelockt, die sich in den Vordergrund schieben. Sie gehören zur ehemaligen Klosteranlage von San Giovanni degli Eremiti, doch nur die kleine Kirche und ein schöner Kreuzgang haben die Zeit überdauert. Auf den Grundmauern einer Moschee, die wahrscheinlich auf einem heidnischen Hermes-Heiligtum errichtet wurde, hat man das erste römisch-katholische Kloster im Jahr 1132 im Auftrag von Roger II. erbaut.

Im Inneren des Klosters gibt es keinerlei Dekoration, einzig in der Sakristei lassen sich Spuren von Fresken entdecken; die thronende Muttergottes zwischen zwei Heiligen ist hier gut zu erkennen. In der Mitte des Kreuzgangs steht ein arabischer Brunnen, von dort gibt es einen schönen Blick auf die roten Kuppeln.

La Martorana

Durch ein Gewirr von Gassen geht es in Richtung Hafen, und an der breiten Via Maqueda steht die Kirche San Cataldo. Auch dieser kompakte normannische Bau trägt rote Kuppeln. Das Innere, ganz im Zeitgeist der Normannen, zeigt sich völlig schmucklos bis auf den Fußboden mit seinen Intarsienarbeiten und den Kapitellen der vier antiken Säulen. Ganz anders bei dem Sakralbau La Martorana alias Santa Maria dell'Ammiraglio an der Piazza Bellini, wo die ältesten Mosaiken Siziliens zu sehen sind, wohl um 1130. Die ehemals normannische Kirche trägt heute eine Barockfassade, an der sich allerdings Details der arabischen Geschichte finden lassen. Doch der Ursprung war eine Kreuzkuppelkirche auf dem Grundriss eines griechischen Kreuzes, der Altarraum endet in drei Apsiden. Vielfache Veränderungen an der Kirche haben die Mosaiken zwar nicht unberührt gelassen, aber man bekommt noch einen guten Eindruck von der einstigen

Der Brunnen auf der Piazza Pretoria ist ein Werk von Francesco Camilliani (unten). Ein Gutteil des Lebens in Palermo spielt sich auf den zahlreichen Märkten ab (ganz unten).

Der Palazzo Reale, auch Palazzo dei Normanni genannt, ist der Sitz des Inselparlaments (unten). Auch der Blick vom Palast über die Stadt beeindruckt (ganz unten). Die prächtige Kathedrale Maria Santissima Assunta ist Wahrzeichen und Mittelpunkt der Stadt (rechte Seite oben). Palermo-Park: Landhaus Giulia (rechte Seite unten).

Pracht. Heute sind nur noch die Deckengewölbe und Bogen mit byzantinischen Goldmosaiken überzogen, einst war die gesamte Kirche auf diese Art ausgeschmückt. In dem Mosaik der Vierungskuppel ist Christus als Pantokrator dargestellt, eingerahmt von Engeln in betender Stellung. Sehr eindrucksvoll ist auch das Mosaik des Kirchengründers in der Vorhalle mit Georg von Antiochien, der zu Füßen der Muttergottes liegt. Gegenüber lässt sich der König Roger II. von Christus persönlich die Krone aufsetzen. Seit 1943 wird in La Martorana der Gottesdienst wieder nach griechisch-orthodoxem Ritus durchgeführt.

Die älteste normannische Kirche

Wer die normannische Epoche liebt, sollte die älteste Kirche Palermos nicht vergessen. Sie liegt im Südosten, dabei überquert man die älteste Brücke der Stadt, den Ponte dell'Ammiraglio. Wahrscheinlich im Jahr 1072 von Roger I. errichtet, liegt die Kirche San Giovanni dei Lebbrosi außerhalb der mittelalterlichen Mauern. Das war die Zeit der Eroberung, als die Stadt noch in arabischen Händen war, und deshalb wurde sie jenseits des Zentrums gebaut. Im Jahr 1150 stiftete Roger II. ein Spital für Leprakranke neben der Kirche, die diesen Beinamen bekam. Eingerahmt von grünen Hecken liegt die Kirche heute inmitten eines Neubauviertels. So kommt der archaische Charme ihrer normannischen Architektur mit einer schmucklosen Fassade und zwei maurischen Kuppeln gut zur Geltung. Im Westen des Hauptbahnhofs liegt der Friedhof Sant'Orsola mit der Kirche Santo Spirito, auch Chiesa del Vespro genannt. Der Name erinnert an das Massaker der Sizilianischen Vesper. Damals entlud sich am 30. März 1282 der Hass der Palermitaner auf die Franzosen. Während die Einheimischen auf den Beginn des Vespergottesdienstes warteten, hatte ein junger Franzose eine verheiratete Frau belästigt. Dies war der Anlass für ein wahlloses Niederstechen der Besatzer, aber auch von Frauen, die sich mit ihnen eingelassen hatten. In dieser Nacht starben etwa 2000 Menschen. Das Gemetzel ist als Sizilianische Vesper in die Geschichte eingegangen und hat Giuseppe Verdi zu einer Oper inspiriert.

Die Kirche ließ Erzbischof Walter von Palermo Ende des 12. Jahrhunderts als erstes Zisterzienserkloster auf Sizilien bauen. Mehrfach verändert, wurden 1882 anlässlich des 600-jährigen Jubiläums der Sizilianischen Vesper alle späteren Einbauten entfernt. Das Innere strahlt die strenge Einfachheit der Zisterzienser aus, an der Holzdecke sind noch etliche Spuren einer ehemaligen Verzierung zu erkennen.

Die Lustschlösser der Normannen

Sicherlich ist der Palazzo dei Normanni ein wichtiges Zeugnis normannischer Architektur, viel charmanter sind allerdings die islamisch-normannischen Lustschlösser. Man sollte mit La Cuba beginnen, eine knappe Viertelstunde Fußweg vom Normannenpalast entfernt. Als orientalisches Lustschloss inmitten des königlichen Parks geplant, wurde es 1180 von König Wilhelm II. vollendet. Im Jahr 1320 gelangte das La Cuba in Privatbesitz, und mit dem Schriftsteller Giovanni Boccaccio in die Weltliteratur, der das elegante Anwesen zum Schauplatz seiner Handlung in seinem Decamerone wählte. Nun ist das Schloss im Besitz des Staates und leider gehen die dringend nötigen Restaurierungsarbeiten nur zögerlich voran. Bisher wurden nur etliche Gewölbe, Stützbogen und der umlaufende Sims mit der Kufi-Inschrift wieder instand gesetzt. Ganz in der Nähe, im Park Villa Napoli liegt La Cubula, es ist der letzte erhaltene Pavillon dieser Epoche in einem Zitronenhain. Es ist ein quadratisches Gebäude mit einer roten Kuppel, zu allen vier Seiten mit einem Spitzbogenportal.

La Zisa verzaubert

Noch weiter im Südosten steht La Zisa. Es ist das schönste Gebäude im arabisch-normannischen Stil in Palermo, errichtet im Auftrag von König Wilhelm I. Mitte des 13. Jahrhunderts und heute sehr gut restauriert. Der eindrucksvollste Raum ist der Brunnensaal mit seinen Mosaiken und dem Stalaktitengewölbe (Muqarna). Gegenüber dem Eingang ist ein Paradiesbrunnen angebracht. Von dort floss das Wasser über eine schräge Wand in einen Kanal, der in den Boden eingelassen war. La Zisa wurde als Sommerresidenz gebaut, und zur Kühlung diente ein aufwendiges Kanalsystem. Auch hatte man die Frontseite in den Nordosten platziert, um den frischen Wind vom Meer einzufangen. Seit 1951 im Staatsbesitz, ist heute das Museum für Islamische Kunst untergebracht.

STELL- UND CAMPINGPLÄTZE

WOHNMOBILSTELLPLATZ PALERMO

Via Quarto dei Mille, 11B, 90129 Palermo PA, greencarpalermo.it, GPS: 38.109762, 13.342365. Als Schönheit kann man diesen Stellplatz zweifellos nicht bezeichnen. Eigentlich handelt es sich um einen Hinterhofparkplatz, umgeben von hohen Wohnhäusern mit entsprechender Geräuschkulisse. Dafür ist der Platz aber bewacht, umzäunt und sehr zentral. Ideal auch, wenn man am nächsten Tag die Fähre zurück zum Festland nutzen möchte. Strom, Ver- und Entsorgung sowie Sanitär sind vorhanden.

TOP ★ ERLEBNISSE

★ FOTOS GEGEN DIE MAFIA

In Stadtviertel Zisa wurde in einer ehemaligen Industriehalle das Centro internazionale di Fotografia eingerichtet. Hier ist das Werk der couragierten Fotografin Letizia Battaglia zu sehen, die ihr Leben dem Kampf gegen die Mafia gewidmet hat. Via Paolo Gil 4

★ DIE MÄRKTE VON LO CAPO UND BALLARÒ

Dass Sizilien ein Paradies für den Gaumen ist, zeigen die Marktstände in den Gassen nördlich des Cassàro. Unterhalb der Piazza Domenico liegt der Mercato Vucciria, der älteste Markt Palermos. Man sollte sich »paste con le sarde« in der Trattoria da Toto gönnen. Via Coltellieri 5

★ ERHOLUNG ZWISCHEN MONTE PELLEGRINO UND MONTE GALLO

Zwölf Kilometer von Palermo entfernt lockt der mondäne Badeort Mondello. Ein Erlebnis ist das Restaurant Alle Terrazze in einem imposanten klassizistischen Gebäude. alleterrazze.it

WEITERE INFORMATIONEN

provincia.palermo.it/turismo
Cattedrale di Palermo: Corso Vittorio Emanuele, cattedrale.palermo.it

Eine markante Erhebung: der Monte Monaco am Strand von San Vito Lo Capo (oben). Traumhaft gelegen ist die Tonnara di Scopello, eine der ältesten Thunfischfabriken auf Sizilien, die schon mehrfach als Filmkulisse diente (rechte Seite unten). Blick auf den Traumstrand San Vito Lo Capo (rechte Seite oben).

93 EIN TRAUM VON EINEM NATURRESERVAT – LO ZINGARO

Siziliens erstes Naturschutzgebiet lädt zum Wandern ein

Eine Panoramastraße sollte die beiden Orte San Vito Lo Capo und Scopello verbinden und eine der letzten unberührten Küsten Siziliens erschließen. Doch die Bevölkerung wehrte sich und ein Jahr später wurde ein Naturreservat eröffnet. Sein Wahrzeichen ist die Zwergpalme. Die archaische Bergwelt Lo Zingaro ist ein Paradies für Wanderer.

Es gibt vielerlei Routen mit unterschiedlichen Schwierigkeitsgraden. Ihnen allen gemeinsam ist diese wundervolle Küste, wo das Meer tiefe Buchten in die Felsen gegraben hat. Besonders aufregend sind die Ausblicke von den bis zu 900 Meter hohen Bergen, von denen aus man den gesamten Golfo del Castellammare überblickt. Der Rundweg im Naturreservat ist eine anspruchsvolle Tour, für die man gute sechs Stunden einplanen sollte, allerdings mit der Perspektive, auf dem Rückweg gelegentlich ins Meer springen zu können. Da es wenig Schatten auf dieser Strecke gibt, dürfte dies eine höchst verlockende Aussicht sein. Wer mit kleineren Kindern unterwegs ist, aber diese schöne Küste nicht missen möchte, kann unterhalb des Besucherzentrums direkt zum Kiesstrand der Cala Capreira absteigen. Parallel oberhalb verläuft der Küstenweg, der viel müheloser zu bewältigen ist als die Bergwanderung. Hier kann man mit den Kindern einfach loslaufen, wenn sie müde sind, dreht man um und sucht einen der Strände auf. Der Ausgangspunkt für beide Wanderungen ist der Südeingang des Parks.

Schon bald erreicht man einen Felsentunnel, ein Relikt der geplanten Küstenstraße nach San Vito, die glücklicherweise nie fertig gebaut wurde. Wer die kleine Bergtour machen möchte, folgt zunächst dem Weg am Besucherzentrum, der über einen Grashang in Richtung des Pizzo del Corvo führt.

Herrliche Ausblicke

Dieser kleine Gipfel liegt eigentlich rechts von der Route, lohnt aber unbedingt einen Abstecher. Hier, auf knapp 400 Metern Höhe, bietet sich ein herrlicher Ausblick. Im Süden sieht man Scopello, im Osten den Golfo del Castellammare, und rundherum breitet sich der Naturpark Riserva dello Zingaro aus. Wieder zurück auf der Route geht es an vereinzelten Häusern vorbei. An der Località Sughero gibt es die letzte Möglichkeit, den Wanderweg deutlich zu verkürzen: Über einen Pfad gelangt man schnell direkt an die Küste.

Für die anstrengendere Bergtour geht man bis zum letzten Haus der Località Sughero, das sich Rifugio del Falco nennt, und erreicht dann in Serpentinen ein Hochplateau mit dem kleinen Borgo Cusenza. In diesem Dorf haben noch bis zur Mitte des 20. Jahrhunderts Bauern gewohnt, aber heute ist der Ort endgültig verlassen. Aber es wird versucht, im Rahmen eines Projekts zum traditionellen Anbau von Hartweizen der Gegend neues Leben einzuhauchen. Auch werden die Gebäude, die lange Jahre dem Verfall preisgegeben waren, nach und nach restauriert. Bald danach folgt eine Wendung nach rechts, vorbei an der Grotte Mastro Peppe Siino zur Contrada Uzzo. Bevor man auf dem Küstenweg wieder zurückläuft, könnte man noch einen Abstecher zum Museo della Attività Marinare machen, dort wird alles über die Tradition des Thunfischfangs an der Westküste Siziliens erzählt. Dann ist endgültig die Küste erreicht, und dieser leichte Weg findet deutlich mehr Liebhaber als die Bergvariante.

Unberührte Buchten

Nun freuen sich wohl alle auf ein Bad, denn die nahe gelegene Cala dell'Uzzo gehört zu den schönsten Stränden im Reservat. Der Weg führt dicht an der Küste entlang, und man kann sich an den reizvollen Buchten kaum sattsehen, die Lo Zingaro so berühmt gemacht haben. Das Wahrzeichen des Naturparks, die charmante Zwergpalme gedeiht besonders üppig in der Contrada Zingaro, denn sie schätzten den sandigen Boden des westlichen Mittelmeerraums. Diese Fächerpalme wächst mehrstämmig und sieht daher eher wie ein Busch aus. Man kann ihre Blattknospen als Gemüse essen, aber die Zwergpalmen werden meist als Zierpflanzen kultiviert.

STELL- UND CAMPINGPLÄTZE

CAMPING VILLAGE EL-BAHIRA

Contrada Salinella, 91010 San Vito Lo Capo TP, elbahira.it, GPS: 38.152631, 12.732004. Große Campinganlage, die nichts missen lässt. Wenn die Schatten spendenden Bäume nicht ausreichen, dann kühlt entweder der Swimmingpool ab oder das Meer, das nur wenige Schritte entfernt ist. Zahlreiche Sportmöglichkeiten sind außerdem vorhanden. Ansonsten ist der Platz aber ziemlich abgelegen.

TOP ★ ERLEBNISSE

★ SAN VITO LO CAPO

Es ist Idylle pur. Die weißen kubischen Häuser von San Vito lo Capo, dazu kleine Hotels und Pensionen bieten eine harmonische Kulisse für den schönsten Strand Siziliens, strahlend weiß liegt er unterhalb des Monte Monaco, in vielen Nuancen von Türkis glitzert das Wasser. Perfekt für Ferien mit der Familie, und natürlich ist im August die Hölle los.

★ FEST FÜR COUSCOUS

Couscous kommt aus Nordafrika und ist eine Erinnerung an die Araber, die im Mittelalter auf Sizilien lebten. An der Westküste Siziliens hat jedes Restaurant Gerichte mit Couscous auf der Karte, und für das internationale Festival Mitte September kommen Köche aus der ganzen Welt und präsentieren rund um die Wehrkirche San Marti ihre Ideen. couscousfest.it

★ TRAPANI – EHER VERGESSEN

Eher im Schatten von Palermo, Catania, Noto oder gar Taormina, liegt die Stadt Trapani an der Westküste, kaum 40 km von San Vito lo Capo entfernt. Hier ist der größte Fischereihafen der Insel und daher sollte man auf jeden Fall ein Fischrestaurant zum Mittagessen aussuchen. Sehenswert ist die Altstadt und etwas Besonderes wäre ein Ausflug zu den Ägadischen Inseln.

WEITERE INFORMATIONEN

Riserva naturale orientata dello Zingaro: riservazingaro.it
San Vito Lo Capo: comune.sanvitolocapo.tp.it

94 GRIECHISCHE TEMPEL UND THERMALQUELLEN – SELINUNT UND SCIACCA

Vom Archäologischen Park zum Fischerdorf

Jeder Besucher Siziliens mit Interesse an der Antike wird sich die Tempelstadt Selinunt ansehen. Immerhin sind acht Tempel zu besichtigen und das nahe gelegene Demeter-Heiligtum. Der Ferienort Marinella di Selinunte lockt mit einem herrlichen Sandstrand, und Sciacca bietet eine perfekte Terrasse für einen endlosen Blick aufs Meer.

Der Herbst ist ein guter Zeitpunkt für Besuche von antiken Stätten. Es ist nicht mehr so heiß, und die goldene Herbstsonne zeigt die Tempelfassaden in einem faszinierend weichen Licht. Die einstige Stadt Selinunt wurde 628 v. Chr. gegründet und erhielt ihren Namen von dem wilden Sellerie, der hier immer noch wächst. Zwischen zwei Flüssen gelegen und mit fruchtbarer Erde gesegnet, erlebte Selinunt seine Blütezeit im 5. und 6. Jahrhundert, wurde dann in den Punischen Kriegen stark in Mitleidenschaft gezogen und schließlich in einem Seebeben völlig zerstört. Die Überreste der Tempel kennzeichnete man mit Buchstaben, weil man nicht wusste, welchen Gottheiten sie gewidmet waren.

Meisterwerke griechischer Architektur

So war der Tempel E im Süden wahrscheinlich der Göttin Hera geweiht und wurde in den 1960er-Jahren wieder aufgerichtet, weil hier man das hohe Niveau griechischer Architektur auf eindrucksvolle Weise zeigen konnte. Heute nicht mehr zu sehen, war dieser Tempel mit quadratischen Relieffeldern (Metopen) und Friesen mit drei vertikalen Unterteilungen, sogenannten Triglyphen, verziert. Die Tempelgruppe im Osten besteht aus drei Tempeln, dazu der Tempel F, auch »Athena-Tempel« genannt. In der Antike war das Gebälk an der Ostseite mit Kampfszenen geschmückt. Sämtliche Metopen sind heute im archäologischen Museum von Palermo ausgestellt. Erst im Rohbau befand sich

Der Tempel E wurde etwa um 450 v. Chr. errichtet und war vermutlich Hera geweiht; er ist noch sehr gut erhalten (unten). Das Gotteshaus Santuario di San Calogero auf dem Gipfel des Monte San Calogero, auch bekannt als Monte Kronio, birgt eine Statue aus der Hand von Giacomo Gagini (rechte Seite oben). Erholung am Strand von Marinella (rechte Seite unten).

Tempel G, als Selinunt von den Karthagern überfallen wurde und so liegen halbfertige Kapitelle im Steinbruch von Cave di Cusa. Gut 30 Meter hoch könnte dieser Tempel gewesen sein und war laut einer Inschrift dem Gott Apollon gewidmet.

Akropolis und Herakles-Tempel

Über die Via dei Templi geht es durch das Tal des Gorgo di Cottone und hinauf zur Akropolis. Mächtige Mauern schützten die Oberstadt, die schachbrettartig angelegt war. Im Südosten der Akropolis lagen Tempel, die nur in Resten erhalten sind. Tempel B jenseits der Ost-West-Achse war der letzte, der vor dem Angriff der Karthager fertiggestellt wurde. Hinter der Akropolis erstreckte sich die antike Stadt, noch heute unter Sand begraben. Man sieht aber mächtige Befestigungsanlagen, die wohl der Tyrann von Syrakus im 4./3. Jahrhundert v. Chr. anlegen ließ. Das Wahrzeichen Selinunts sind die mächtigen Säulen des Herakles-Tempels (Tempel C), den man 1927 aufgerichtet hatte. Gebaut um 550 v. Chr., war das älteste Gebäude der Akropolis ausdrucksstark verziert. Der Ostgiebel war mit einem grellfarbigen Gorgonenhaupt geschmückt. Westlich der Akropolis führt ein Wanderweg zum Heiligtum der Erd- und Fruchtbarkeitsgöttin Demeter und ihrer Tochter Persephone, einst die Hauptgöttinnen Siziliens. Bei Selinunt hatten sie eine ihrer bedeutenden Kultstätten, verehrt als Malophorus (Trägerin des Granatapfels) und Pasikratea (Alleinherrscherin). Direkt gegenüber liegt einer der wenigen erhaltenen Kultbezirke des Zeus Meilichios, der meistens als Schlange dargestellt wird.

Bummel durch Sciacca

Sciacca wurde von Selinunt aus gegründet und geriet nach der Zerstörung 409 v. Chr. unter karthagische Herrschaft. 300 v. Chr. kamen die Römer, und seit der Eroberung durch die Araber im Jahr 840 trägt der Ort den Namen Sciacca. Man sollte das Auto im Schatten des Grand Hotel delle Terme parken und die kleine Stadt zu Fuß entdecken. Schon nach wenigen Minuten ist die Piazza Scandaliato erreicht, die Terrasse von Sciacca, die zu einem Kaffee mit Blick über das Meer einlädt. Von eindrucksvollen Renaissance- und Barockfassaden wird die Hauptstraße Corso Via Vittorio Emanuele eingerahmt, darunter die Casa Francesco Scaglione aus dem frühen 18. Jahrhundert, heute ein Museum. Am westlichen Ende des Corso liegt der Palazzo Steripinto, der im Stil der katalanischen Gotik und seiner Fassade aus Diamantquadern ein wahrer Blickfang ist. Nur einen Katzensprung entfernt, an der Piazza Don Minzoni, steht der Dom aus dem 12. Jahrhundert. Wer ein Souvenir sucht, könnte mit handgefertigter Keramik glücklich werden, denn la ceramica besitzt eine große Tradition in dieser Stadt.

STELL- UND CAMPINGPLÄTZE

HELIOS CAMPING

Via del Mediterraneo, 271, 91022 Triscina TP, campinghelios.it, GPS: 37.582593, 12.769611. Am Rande der kleinen Ortschaft Triscina mit direktem Zugang zum Sandstrand. Einfache Ausstattung, hat aber alles, was man benötigt. Familiär geführt.

TOP ★ ERLEBNISSE

★ ERHOLUNG VON DER ANTIKE

Östlich vom Archäologischen Park Selinunt liegt das Feriendorf Marinella mit einer ungewöhnlichen Szenerie aus Tempeln und weißem Sandstrand. Was gibt es Schöneres, als nach den alten Griechen die Wellen des Mittelmeers zu genießen? Dann zum Tintenfisch vom Grill des Restaurants La Pineta, bekannt für die beste Fischküche der Region und natürlich beste Lage am Meer. Adresse: Via Punta Cantone, Marinella di Selinunte, Tel. 092 44 68 20

★ LUST AUF GOLF

Östlich von Sciacca liegt das Verdura Resort, eine Ferienanlage mit knapp 200 Zimmern und zwei Golfplätzen. Sein Besitzer Sir Rocco Forte hat sizilianische Wurzeln und ist ein leidenschaftlicher Golfspieler. Und die Antike ist nicht weit – eine Stunde ist es nach Selinunt im Westen und ebenfalls eine Stunde nach Agrigent im Osten. roccofortehotels.com

★ ERACLEA MINOA – DIE KRETER WAREN HIER

Viel Geschichte und kaum etwas zu sehen. Auf einem Plateau von Selinunt im 6. Jahrhundert angelegt, soll hier der kretische König Minos gewesen sein auf der Jagd nach Daidalos. Heute schaut man auf die Grundmauern einer griechischen Stadt und hat einen traumhaften Blick auf das Meer.

WEITERE INFORMATIONEN

Selinunte: selinunte.net
Sciacca: sciacca.it

95 ZU FUSS DURCH DEN NATURPARK DELLE MADONIE

Wandern gehört zur Tradition

Im Urlaub nur entspannen passt aktuell nicht in den Zeitgeist. Bewegung ist gefragt, und Anbieter von Wanderreisen und Fahrradtouren haben Hochkonjunktur. Auf Schusters Rappen die Gegend kennenzulernen, gehört seit Langem zu Sizilien, denn seit dem 18. Jahrhundert stand die Besteigung des Ätna auf dem Programm einer Grand Tour.

Nicht so kontrastreich wie der Ätna mit seinem schwarzen Lavasand und den menschlichen Tragödien durch die feurige Magma, aber Labsal für die Seele ist der Naturpark Delle Madonie im Süden des Ferienortes Cefalù. Besonders in den schwer zugänglichen Höhenlagen gibt es eindrucksvolle Laubwälder aus Korkeichen, Buchen und hohen Stechpalmen, während in tieferen Lagen die Oliven- und Mandelbäume gedeihen. Eine charmante Landschaft aus Grün, dazwischen kleine Dörfer, die im Mittelalter gegründet wurden, als die Küstenbewohner vor den Piraten in die Berge geflohen sind. Mit dem Auto warten unzählige Kurven auf schmalen Straßen, dafür verirrt sich kaum ein Fremder in dieses Hinterland. In kalten Wintern ist sogar Wintersport auf dem 1600 Meter hohen Piano della Battaglia möglich. In den Madonie gibt es übrigens etliche Agroturismo-Betriebe, die Reitpferde für Unterricht und Ausritte zur Verfügung stellen.

Wandern mit Blick aufs Meer

Einen Einblick in die Welt der Madonie gibt eine knapp zweistündige Wanderung auf einem Naturlehrpfad, der auf dem 1200 Meter hohen Piano Sempria beginnt. In Serpentinen geht es bergan, und ein markanter Punkt ist eine mächtige Flaumeiche, die gut 800 Jahre alt sein kann. In ihrem Stamm wurde eine Marienkapelle eingerichtet. Weiterhin bergauf durch einen Steineichenwald kommt man zu einer Lichtung mit Blick auf den Monte Nebrodi und mit viel Glück auf den Ätna. Es wartet der Piano Pomo, dort steht eine pagghiaru, die typische Schutzhütte der Forstarbeiter, und dann läuft man vorbei an alten Buchen zum Cozzo Luminario mit seinem Gipfelkreuz auf 1512 Metern. Die Nordküste mit dem Städtchen Castelbuono und dem Tyhrrenischen Meer liegt dem Wanderer zu Füßen. Der Rückweg zum Parkplatz am Piano Sempria verheißt noch einen Glücksmoment, denn dort steht die Berghütte Rifugio Crispi, die für ihr herzhaftes Essen bekannt ist.

Wunderschön: die Gebirgslandschaft um Castelbuono

Zwei Wanderer am Gipfelkrater des Ätna

Weltkulturerbe Pantàlica

Gute drei Stunden dauert die abwechslungsreiche Wanderung in die Vergangenheit Siziliens. Im Hinterland von Syrakus liegt das Weltkulturerbe Pantàlica, eine wichtige Siedlung in der späten Bronzezeit. Davon sind heute nur mehr das Anaktoron mit Wohnräumen und einer Werkstatt zur Bronzeverarbeitung übrig, das große Erlebnis sind die Nekropolen mit mehr als 5000 Felsengräbern. Unterhalb des Anaktoron liegt der Parkplatz, und dann führen Hinweise auf wettergegerbten Holzschildern in die Zeit vor der Antike. Dabei stößt man auf eine alte Bahntrasse, die aus unserer Zeit stammt, denn eine Schmalspurbahn hatte Syrakus bis 1956 mit dem Örtchen Vizzini verbunden. Die Wanderung ist ein Fest für Freunde des Altertums, denn es gibt unendlich viele Details zu entdecken – darunter das byzantinische Felsendorf S. Micidario, alte Verteidigungsgräben, dazwischen Schluchten des Flusses Calcinara mit seinem klaren grünblauen Wasser.

STELL- UND CAMPINGPLÄTZE

1 AGRICAMPEGGIO GOLE DI TIBERIO

Contrada Marcatogliastro, 90013 Castelbuono PA, www.agricampeggiogoleditiberio.it, GPS: 37.951789, 14.140286

Auf jeden Fall eine Wanderung Wert: die Nekropole von Pantalica

TOP ★ ERLEBNISSE

★ IMMER WIEDER DER ÄTNA

Der Ätna ist nicht zu überbieten, und wer schon zum Kraterrand gewandert ist, könnte es mal mit dem Geländewagen versuchen. Für etwas mehr Abenteuer kann man durch einen Lavatunnel wandern und ein kurzes Trekking im Fluss wagen. legendarysicily.it

★ GOLE DI TIBERIO

Südwestlich von Cefalù liegen die Canyons des Tiberio. Es ist ein Freizeitvergnügen geworden, die Natur vom Schlauchboot aus zu erobern. Es gibt ein paar Klippen zu überwinden, und man kann schon mal nass werden. goleditiberio.com

★ AUF DER NORDSEITE DES ÄTNA

Am Piano Provenzano liegt das Skigebiet des Vulkans, im Sommer ist es der Beginn einer dreieinhalbstündigen Wanderung zum Monte Nero. Vorbei an kleinen Kratern und in Richtung Rifugio Timpa Rossa geht es durch ein weitläufiges Lavafeld, dann erreicht man die eindrucksvolle Lavahöhle Grotta dei Lamponi. Danach empfiehlt sich eine Rückkehr, denn ohne einen kundigen Bergführer ist das Weitergehen zu gefährlich.

★ AUF DEM PFERDERÜCKEN

Im Naturpark Delle Madonie liegt die Tenuta Luogo Marchese, die Pferde zum Unterricht oder für Ausritte zur Verfügung stellt. Es werden Tagesausflüge nach Castelbuono, Pollina oder zu den Schluchten des Tiberio angeboten, außerdem mehrtägige Touren nach Cefalù oder zu den Hochlagen der Madonie. Ein Höhepunkt ist sicherlich das siebentägige Trekking quer durch Sizilien, von der Nord- zur Südküste. tenutaluogomarchese.it

Das Tal der Tempel beeindruckt noch mehr bei Sonnenauf- oder -untergang (oben). Aus den Ruinen auferstehen ließ man im 19. Jahrhundert diese Ecke des Kastor-und-Pollux-Tempels, die nachts stimmungsvoll beleuchtet wird (rechte Seite).

96 DAS 2500 JAHRE ALTE AKRAGAS – AGRIGENT

Eine Stadt gibt nie auf

Der erste Eindruck bietet ein Bild starker Kontraste. Die moderne Stadt zieht sich die Hänge hinauf, und unten, entlang der Staatsstraße liegen die griechischen Tempel des antiken Akragas. Weiter südlich bestimmen die Industrieanlagen von Porto Empedocle die Szenerie.

Agrigent war schon in prähistorischer Zeit besiedelt. Historisch belegt ist die Gründung von Akragas um 581 v. Chr. durch dorische Kolonisten aus Gela und Rhodos; die Stadt erhielt den Namen des nahen Flusses, der heute San Biagio heißt. Ihre Blütezeit erlebte die Griechenstadt unter dem Tyrannen Theron (488–472 v. Chr.). Sein Sieg über die Karthager brachte Akragas viel Geld und machte es zur zweitgrößten Polis nach Syrakus. Damals lebten hier etwa 200 000 Menschen, heute sind es rund 60 000. In jener Zeit entstanden die großartigen Tempelbauten, und der Dichter Pindar pries die Stadt als »schönste der sterblichen Städte«. Sehr ironisch reagierte hingegen der aus Akragas stammende Philosoph Empedokles: »Sie bauen, als würden sie ewig leben, und speisen, als wollten sie morgen sterben.«

Mit dem Angriff der Karthager im Jahr 409 v. Chr. war der griechische Traum vorbei. Im Ersten Punischen Krieg wurde Akragas 261 v. Chr. von den Römern überfallen, dann 255 v. Chr. von Karthagern ausgeplündert, und 210 v. Chr. kamen nochmals die Römer. Sie versklavten die Einwohner und ersetzten sie durch ihre eigenen Leute. Nun hieß die Stadt Agrigentum.

Die Geschichte nahm ihren Lauf mit Vandalen und Westgoten, sodass die Araber eine völlig heruntergekommene Stadt vorfanden. Aber mit der Epoche der Normannen wandelte sich Girgenti zu einem wohlhabenden Bischofssitz. 1927 erhielt die Stadt wieder den Namen Agrigento, denn Mussolini träumte von der Wiederauferstehung des Römischen Reiches.

Das heutige Agrigent

Ein Gewirr von steilen Treppen und kleinen Gassen bestimmt die Stadt unserer Tage. Der Mittelpunkt ist der Piazzale Aldo Moro, hier beginnt die Via Atenea, die Hauptgeschäftsstraße der Stadt. Weiter oben liegt die normannische Kirche Santa Maria dei Greci, die

Ein schier endloses Ruinenfeld bilden die umgestürzten Säulen des Dioskuren-Tempels (unten). Die Atlasstatue im Tal der Tempel (ganz unten). Doch Agrigent hat mehr zu bieten als Ruinen aus der Antike, darunter die »Sizilianische Akropolis«, der Hera-Tempel (rechte Seite oben) – sowie auch das Geburtshaus des Schriftstellers Pirandello (rechte Seite unten).

auf den Fundamenten eines Athena-Tempels steht. Durch einen Glasboden im Altarraum und im rechten Seitenschiff sind die Reste dieses Tempels zu sehen. Noch etwas weiter oben wurde der Dom San Gerlando gebaut, den die Normannen auf den Ruinen eines Zeus-Tempels errichteten. Das Innere der dreischiffigen Basilika musste nach einem Erdbeben 1966 restauriert werden.

Das Tal der Tempel

Für die Besichtigung der Tempel sollte man den frühen Morgen wählen, dann trifft man meist nur auf wenige Besucher und das Licht ist unvergleichlich schön.

Seit 1997 gehört »Valle dei Templi« zum UNESCO-Weltkulturerbe und ist eine der großen Attraktionen Siziliens. Am besten beginnt man mit dem Tempel der Hera Lakinia, der auf dem höchsten Punkt steht und zwischen 460 und 440 v. Chr. erbaut wurde. Dieser klassische Tempel hatte eine Ringhalle aus sechs Säulen an der Schmalseite und 13 an den Längsseiten. Man weiß nicht genau, welche Gottheit hier verehrt wurde. Von den Karthagern zerstört, erhielt der Tempel beim Wiederaufbau durch die Römer im 1. Jahrhundert n. Chr. eine Rampe an der östlichen Seite. Vor dem Tempel sind Reste eines Altars zu sehen, hier wurden Früchte, Wein, Honig und Öl als Opfer dargebracht.

Der berühmteste Tempel

Schon bei der Anfahrt zieht der Concordia-Tempel alle Blicke auf sich. Er ist einer der am besten erhaltenen Tempel der griechischen Antike und verzaubert durch seine Ebenmäßigkeit. Die Säulen schwellen in der Mitte an und verjüngen sich nach oben. Seine gute Erhaltung verdankt er der Nutzung als christliche Basilika seit dem 4. Jahrhundert. Im Zuge dieser Umwidmung wurden die Längswände des Kultraums, der »cella«, durchbrochen und zu Arkaden umgewandelt. Die Gänge zwischen den Säulen hatte man zugemauert und den Eingang von der Ostseite auf die Westseite verlegt. Im 18. Jahrhundert bekam er sein ursprüngliches Aussehen zurück und gilt heute als einer der perfektesten dorischen Tempel.
Nun geht es zum Tempel des Herakles, vorbei an einer frühchristlichen Nekropole. Um 500 v. Chr. gebaut, wurden einige Säulen Anfang des 20. Jahrhunderts wieder aufgerichtet, Reste vom Verputz sind noch zu erkennen. In der Antike sahen die Besucher keinen weißen Marmor, sondern schauten auf bunt bemalten Sand- und Kalkstein. Am Fuß des Abhangs liegt das Grab des Theron, das aus römischer Zeit stammt.
Zu Anfang des 19. Jahrhunderts reiste der Münchner Hofbauintendant Leo von Klenze

mit Kronprinz Ludwig, dem späteren König Ludwig I. von Bayern, durch Sizilien. Der Stararchitekt jener Zeit war der Erste, der zahlreiche Tempel wissenschaftlich vermessen und seine Erkenntnisse aufgezeichnet hat.

Der westliche Tempelbezirk

Die westlichen Tempel sind durch ein Erdbeben zerstört und deren Trümmer über eine gewaltige Fläche verstreut worden. Der Tempel des Olympischen Zeus muss alle bisherigen Abmessungen gesprengt haben. Für eine Vorstellung von der Größe sorgt die Kopie eines Telamons, der das Gebälk des Zeus-Tempels tragen musste. Als Denkmal für den Sieg über die Karthager bei Himera hatte der Tyrann Theron diesen Tempel entwerfen lassen. Eine Säule hätte eine Höhe von gut 18 Metern erreichen sollen. Doch der größte aller dorischen Tempel wurde nie vollendet, er überstieg letztlich die menschlichen Kräfte. Später wurden viele seiner Steinquader für den Hafen in Porto Empedocle verwendet.

Nur ein kleines Schild im westlichen Tempeltal verrät den Eingang zum Giardino della Kolymbetra. Schon in der Antike versorgte ein kleiner See in diesem Garten die Stadt mit Wasser. Obwohl der See austrocknete, konnte aufgrund ausreichender Bodenfeuchtigkeit ab dem 14. Jahrhundert Zuckerrohr und bis weit ins 20. Jahrhundert Obst und Gemüse angebaut werden. Dann verwilderte das Gelände und diente als Mülldeponie. Heute ist es wieder ein idyllischer Garten mit Orangen- und Zitronenbäumen, Macchia, Feigen- und Mandelbäumen. Ein Ort, um ein wenig auszuruhen, bevor man die übrigen Tempel und das Museum besucht.

Das Archäologische Museum

Auf dem Weg zum Museum könnte man am Dioskuren-Tempel vorbeischauen, auch Kastor- und Pollux-Tempel genannt. Er wurde in der Mitte des 19. Jahrhunderts wieder aufgerichtet, und man sieht nun vier Säulen, ein Stück Gebälk und Giebel. Einst bestand er aus sechs Säulen an der Schmalseite und je 13 Säulen an den Längsseiten. Im Archäologischen Museum sind die Funde chronologisch geordnet. Dort befindet sich auch das Original des vom Zeus-Tempel stammenden Telamon, von dem es einst 38 Exemplare gab. An einem Modell des Zeus-Tempels kann man die ursprünglich geplante Größe vorstellen. Eine Sammlung von Vasen, die meist als Luxusgüter aus Athen eingeführt wurden, zeigt die Entwicklung der griechischen Vasenmalerei.

STELL- UND CAMPINGPLÄTZE

CAMPING VALLE DEI TEMPLI

Viale Emporium, 94, 92100 Agrigento AG, campingvalledeitempli.com, GPS: 37.269483, 13.583472. Campingplatz mit Supermarkt, Bar, Swimmingpool und Surfschule. Nach Agrigent kommt man gut mit dem Fahrrad.

TOP ★ ERLEBNISSE

★ HAUS VON PIRANDELLO

Etwa vier Kilometer westlich von Agrigent, in Caos, steht das Geburtshaus von Luigi Pirandello, heute ein Museum, das zahlreiche Dokumente, Fotos und Ehrungen zeigt. Der Dichter wurde 1867 als Sohn eines Schwefelgrubenbesitzers geboren und studierte in Rom und Bonn Philologie. Bereits 1904 konnte Pirandello einen großen Erfolg mit seinem Roman »Mattia Pascal« verbuchen, für Aufruhr sorgten seine Theaterstücke »Sechs Personen suchen einen Autor« und »Heinrich IV.« 1934 wurde Pirandello der Nobelpreis für Literatur verliehen. Adresse: Piazzale Kaos, geöffnet Di–So 9–19 Uhr

★ WUNDER DER NATUR

Bei Realmonte liegen superweiße Felsen, die stufenweise zum Meer hinabgehen. Es heißt, dass diese Treppe der Türken das Einfallstor der Eroberer gewesen sein soll. Ein imposantes Kunstwerk der Natur, eingerahmt vom blauen Meer. Das Betrachten ist leider nur aus der Ferne möglich, denn das Betreten ist aktuell verboten.

WEITERE INFORMATIONEN

livingagrigento.it

Tal der Tempel: geöffnet tgl. 8.30–19 Uhr, im Sommer auch länger, lavalledeitempli.it

97 EIN SUPERLATIV DER NATUR – ÄTNA

Europas mächtigster Vulkan kommt nie zur Ruhe

Dieser Vulkan vereint Superlative. Er ist der höchste Vulkan Europas und einer der aktivsten Feuerspucker der Erde. Seit Jahrtausenden sorgt er für spektakuläre Ausbrüche und gilt als der am besten erforschte Vulkan. Kein Wunder, dass der Ätna zum Place to be auf Sizilien zählt.

Bereits die Griechen und Römer waren sich der Gefahr bewusst. Der römische Dichter Vergil schrieb ein flammendes Epos über einen Ausbruch, aber die fruchtbare Erde lockte die Menschen immer wieder zurück. Beinahe stoisch wurden Städte und Kirchen neu aufgebaut und Straßen verlegt, wenn die erstarrte Lava jeden Zugang für Jahrhunderte blockierte.

Als schwarze Bänder ziehen sich die Lavaströme über die gesamte Region des Vulkans. Je dunkler sich eine Gegend zeigt, desto kürzer liegt der Ausbruch zurück. Jene Gebiete, wo Bäume wieder wachsen, ist seit gut 400 Jahren nicht mehr mit feurigem Gestein konfrontiert worden. Die erkaltete Lava ist ein Paradies für jede Vegetation, hier reifen Zitronen, Orangen, Mandeln, Pfirsiche, Feigen, Pistazien und der Wein. In höheren Lagen wachsen Haselnüsse, Walnüsse und Esskastanien.

Der über 3300 Meter hohe Vulkankegel zieht immer alle Blicke auf sich. Als Solitär erhebt er sich unweit der Küste des Ionischen Meers, zu seinen Füßen liegen die Flüsse Simeto im Westen und Süden und der Alcántara im Norden. Um ihn herum wurden zahllose Orte gegründet, und so gehört das südöstliche Dreieck Nicolosi-Acireale-Etnea zu den dichtest besiedelten Gebieten Siziliens.

Um einer ungezügelten Zersiedelung entgegenzuwirken, wurde 1987 der fast

Die Ruinen des Amphitheaters Teatro Greco in Taormina mit dem Ätna im Hintergrund (unten). Die spektakuläre vielfarbige Kraterlandschaft ist ein beliebtes Ziel bei Wanderern (rechte Seite).

Die Gola del Alcantara ist eine Schlucht, die sich über Jahrtausende in das Lavagestein gefressen hat (unten). Oliven und Obst gedeihen dank der fruchtbaren Vulkanerde (ganz unten). Ginsterbüsche und Eichen sieht man häufig (rechte Seite oben). Der Wanderweg zu den Monti Sartorius ist gut ausgeschildert (rechte Seite unten).

60 000 Hektar große Parco dell'Etna eingerichtet. Seit das Miteinander von Naturschutz und Landwirtschaft geregelt ist, nisten wieder Adler, Falken und Bussarde im Flusstal des Simeto. Für Wanderer und Radfahrer gibt es zahlreiche Ausflüge.

Immer eine Gefahr

So verführerisch die Fruchtbarkeit der Böden ist, der Ätna bleibt unberechenbar. Zwar besteht keine Lebensgefahr wegen eines bewährten Frühwarnsystems, aber einen ernsthaften Ausbruch von einem der vier Gipfelkrater kann niemand voraussehen. Dann schießt das flüssige Magma mit zehn Metern pro Sekunde und einer Austrittstemperatur von 1000 Grad aus dem Schlund, und niemand weiß, welchen Weg die feurige Glut nehmen wird. Heute versucht man die Wege zu kanalisieren, ganz erfolgreich beim Ausbruch in den Jahren 1991/1992, als das Dorf Zafferana Etnea bedroht war. Man griff zu Dynamit, ließ Kanäle und Gräben ziehen, teilte den zerstörerischen Strom mit Zementblöcken. Doch viele Leute in Zafferana verließen sich lieber auf die Madonna und organisierten Marienprozessionen. Als die glühende Lava Anfang Juni 1992 nur 700 Meter vor dem Dorf versiegte, wurde das Überleben der Madonna zugeschrieben. Dort steht heute eine Marienstatue und in die erkaltete Lava hat man eine neue Straße hineingestemmt.

Auch 2001 kam der Lavafluss kurz vor Nicolosi zum Stehen. Ein Jahr später wurde die Region oberhalb von Piano Provenzana mit todbringendem Gestein bedeckt, das Skilifte, Geschäfte und etliche Hotels zerstörte. Im Jahr 2012 richtete sich die Aufmerksamkeit auf den Nordostkrater und nach einem heftigen Ausbruch Mitte April bedeckte eine dicke Schicht aus Lavabrocken die meterhohe Schneedecke. Die Skisaison war in wenigen Minuten beendet.

Der Aufstieg zum Gipfel

Eine Wanderung zum Gipfel ist ein unvergessliches Erlebnis, doch in der Nähe der Krater sollte man nicht ohne Bergführer gehen. Der Gipfel lässt sich von Süden und von Norden erobern, viel mehr Menschen sind jedoch auf der Südseite anzutreffen, die auch touristisch eine bessere Infrastruktur aufweist als die Nordroute.

Von Süden geht es über Nicolosi in weiten Serpentinen hinauf zum Rifugio Sapienza auf 1927 Metern Höhe. Immer wieder fällt der Blick auf gewaltige Flächen von erstarrter Lava. Von der Hütte gelangt man mit einer Seilbahn zur Bergstation, dann geht es weiter mit Geländewagen auf knapp

3000 Meter. Zu Fuß kann man sich durch den Lavasand mühen, doch der Aufstieg zum eigentlichen Kraterrand ist untersagt, da oftmals Gase austreten.

Viel einsamer sind die Wanderungen auf der Nordseite des Ätna. Man fährt durch die beschauliche Örtchen Linguaglossa und Sant'Alfio, den ersten überwältigenden Eindruck von den Lavamassen vermittelt die Valle del Bove. Dieses Hochtal auf 1700 Metern Höhe ist eine vulkanische Caldera, die aufgrund von Ausbrüchen innerhalb der letzten 10 000 Jahre entstanden ist. Ein kleines Stück weiter oben liegt der Rifugio Citelli. Diese Schutzhütte, in der man auch übernachten kann, ist ein idealer Ausgangspunkt für Wanderungen und Skitouren, denn eine Schneehöhe von knapp zehn Metern im Hochwinter ist keine Seltenheit im Ätna-Gebiet.

Bergsport mit Meerblick

Häufig ist die Skistation von Piano Provenzana ein Opfer des launischen Ätna. Erst im Jahr 2002 wurde die gesamte Talstation unter der Asche begraben, denn die feurige Lava hatte eine breite Schneise durch den Föhrenwald geschlagen. Zwei Skilifte sind inzwischen wieder in Betrieb, denn Skifahren am Ätna mit Blick auf das Mittelmeer ist mit Sicherheit ein einmaliges Erlebnis. Die endlosen Lavafelder bieten viel Raum für Wanderwege und Mountainbike-Routen, darunter die sehr beliebte Via Alta Montagna, die rund um den Vulkan führt und dem Mountainbiker viel abfordert. Nicht nur die Anstiege über die rauen Pfade, auch die Höhe über 2000 Meter verlangt ihren Preis. Selbst das Downhill über die Wege mit dem Geröll aus Lava sorgt für viel Nervenkitzel.

Die Schönheit genießen

Wunderbar entspannen nach einer Wanderung lässt sich im Garten des Rifugio Ragabo, und das erste Bier ist hoch verdient. Dann bleibt Zeit für die Gedanken, denn der Ätna lässt niemanden unberührt. Es gibt viele Vulkane, aber dieser oftmals rauchende Kegel hat eine ganz besondere Anziehungskraft. Dabei sind es weniger Bergsteiger, die den Kraterrand erklimmen wollen, sondern oftmals normale Leute, die ein ausdauerndes Stapfen durch knöcheltiefen Lavasand in Kauf nehmen. Da plagte sich der Reiseschriftsteller Johann Gottfried Seume 1802 durch Nebel und Kälte nach oben, Hagelschauern ausgesetzt war Friedrich Schinkel, der Stararchitekt des preußischen Berlins, und Goethe kämpfte 1787 mit Regen und starkem Wind. Am Monte Rosso musste er aufgeben und umkehren, damals lag auch im Mai noch zu viel Schnee.

STELL- UND CAMPINGPLÄTZE

MONS GIBEL CAMPING PARK

Via Nicolosi, Strada Provinciale 4/11, 95032 Belpasso CT, monsgibelcampingpark.it, GPS: 37.608075, 14.997258. Große Campinganlage, auf der auch größere Wohnmobile problemlos unterkommen. Gute Lage südlich des Ätnas.

TOP ★ ERLEBNISSE

★ MONTI SARTORIUS IM PARCO DELL'ETNA

Eine schöne, nicht allzu anspruchsvolle Wanderung führt durch Lavafelder bis zu den Monti Sartorius. Sieben Eruptionskrater, benannt nach dem deutschen Geologen Wolfgang Sartorius von Waltershausen, sind bei einem Ausbruch 1865 entstanden. Wie Minikegel mit abgeflachten Kuppen liegen sie da, beeindruckende Krater, die viele hundert Meter tief sind.
Parco dell'Etna:
parcoetna.it;
viele Tipps zum Wandern: kommot.de

★ WEINE VOM ÄTNA

Jedes bekannte sizilianische Weingut besitzt Weinberge im Dunstkreis des Ätna. Die mineralische Erde, uralte Rebstöcke und aufwendige Handarbeit bringen ungewöhnlich elegante Weine hervor, die angesagte Traubensorte ist Nerello. 140 Betriebe befinden sich am Ätna, darunter Planeta, Tasca d'Almerita, Benanti, Fessina und Cusumano.

★ ERFRISCHENDES NASS

Die Schluchten Gole dell'Alcantara liegen zwischen Taormina und Randazzo, sind bis zu 20 Meter tief und vier bis fünf Meter breit. Über Jahrtausende hat sich der Fluss Alcantara ins Lavagestein gearbeitet. Bei Niedrigwasser kann man durchwaten, allerdings ist das Wasser mit 12 Grad recht kalt, und es gibt eine starke Strömung.

WEITERE INFORMATIONEN
Rifugio Citelli:
rifugiocitelli.net
Rifugio Ragabo: ragabo.it

Nur einen Katzensprung von Trapani entfernt liegt Levanzo, die kleinste der Ägadischen Inseln.

Das Hotel San Domenico Palace in Taormina bietet eine bezaubernde Atmosphäre, am Abend auf der Terrasse bekommt man Lust auf einen Sundowner (oben). Blick auf Taormina und das Meer: Hier wird die Einzigartigkeit der Natur auf Sizilien ganz deutlich (rechte Seite unten). Die Villa Schuler wurde im Jahr 1905 erbaut. Auf Ihrer Terrasse lässt es sich entspannt genießen (rechte Seite oben).

98 DIE GRANDE DAME AUF DEM BERG – TAORMINA

Und immer lockt der Ätna

Die kleine Stadt, die sich am Berg hinaufzieht, ist wie ein Magnet für alle Besucher der Ostküste. Niemand kann dem Charme des Corso Umberto widerstehen, die Piazza IX Aprile ist der Treffpunkt zum ersten Kaffee des Tages, und hier wird auch der Abend mit einem Aperitif eingeläutet. Taormina gilt als ein perfekter Ausgangspunkt für leichte und anspruchsvolle Wanderungen.

Treffpunkt aller Besucher ist die Piazza IX Aprile, die berühmte Terrasse der Stadt, die den ungetrübten Blick auf den Ätna und das Ionische Meer freigibt. Heute zeigt sich der Vulkan in schlechter Stimmung, denn über den Kratern hängen dicke Wolken. Recht langsam erwacht die Stadt, aber gegen elf Uhr sind alle Tische vor der Bam-Bar besetzt, man bestellt eine »granita«, die Spezialität von Ostsizilien und dazu eine Brioche.

On the Map seit dem 19. Jahrhundert

Es ist die Lage auf einer Felsenterrasse, die Taormina so berühmt gemacht hat, denn von hier aus bietet sich eine atemberaubende Sicht auf die Nordflanke des Ätna. Die Begeisterung entfachte Baron Wilhelm von Gloeden, der 1876 einen Ort zur Heilung seiner Lungenkrankheit suchte und von der Schönheit Taorminas überwältigt war. Hinzu kamen die milden Winter, sodass der europäische Adel in Scharen anreiste. Gerne wohnte man im Grand Hotel Timeo, einer standesgemäßen Unterkunft für die Industriellen Krupp, Vanderbilt und Rothschild oder die vergnügungssüchtigen englischen Könige Edward VII. und George V.

Aber die Vorzüge von Taormina waren schon lange bekannt. In der späten Bronzezeit ließen sich die Sikuler auf der 200 Meter hohen Felsempore nieder und zu ihren Füßen wurde Naxos im 8. Jahrhundert v. Chr. von den Griechen gegründet. Die beiden Völker verstanden sich so gut, dass nach der Zerstörung von Naxos durch Dionysios I. aus Syrakus 403 v. Chr. die Hilfesuchenden von den Sikulern aufgenommen wurden. Von den Griechen Tauromenion genannt, galt die Stadt lange Zeit als uneinnehmbar. Mit den Römern hatte die Stadt wenig Glück, aufwärts ging es in byzantinischer Zeit, bevor die spanische Vorherrschaft Sizilien einen Dolchstoß versetzte.

Theater mit Blick zum Ätna

Erst der Tourismus brachte wieder neues Leben nach Taormina, und daran hat sich bis heute nichts geändert. Die große Attraktion ist das antike Theater, das sich perfekt in die Landschaft fügt und zu den bekanntesten Ruinen Siziliens zählt. Heute sieht man die Reste eines römischen Theaters, das den kleineren griechischen Vorgänger in der Mitte des 2. Jahrhunderts v. Chr. ersetzte. Später wurde die Anlage nochmals vergrößert und konnte schließlich mehr Zuschauer aufnehmen als das griechische Theater von Syrakus. Hinreißend und millionenfach fotografiert ist der Blick durch die breite Lücke in der Bühnenwand hinüber zum Ätna. Hier finden jedes Jahr im Juni die Filmfestspiele statt, nach Venedig die zweitältesten in Italien.

Unterhalb der Arena liegt der Stadtpark mit zauberhaften Rosenbeeten. Die heutige Villa Comunale war der private Park der exzentrischen Lady Florence Trevelyan, dazu gehören auch die ausgefallenen Pavillons, die an Theaterkulissen erinnern. In ihrem Besitz befand sich auch die kleine Isola Bella vor der Küste Taorminas. Hier züchtete sie jene exotischen Pflanzen, die später in ihrem Park gepflanzt wurden. Seit 1998 ist die Insel ein Vogelparadies und kann mit Führung besichtigt werden.

Flanieren auf dem Corso Umberto

Der Corso Umberto wird von der Porta Messina und der Porta Catania begrenzt. Unweit der Porta Messina liegt der Palazzo Corvaja (15. Jh.). Im Innenhof befindet sich ein Turm aus arabischer Zeit (10. Jh.), der in den Palast integriert wurde. Gegenüber steht die Katharinenkirche, dahinter liegen Reste eines römischen Odeons. Einen Abstecher wert ist der Dom San Nicolò mit den beiden Gemälden »Heimsuchung Marias« von Antonio Giuffrè (1493–1543) und »Madonna mit Kind und Heiligen« von Antonello de Saliba, einem Neffen des berühmten Antonello da Messina. Nach so viel Kultur ist es eine Erholung, sich von den schönen Boutiquen auf dem Corso verführen zu lassen.

STELL- UND CAMPINGPLÄTZE

WOHNMOBILSTELLPLATZ SANT'ANTONIO

Contrada sant'antonio, 98039 Taormina ME, GPS: 37.861189, 15.293990. Sehr nette Betreiber, aber gewöhnungsbedürftige Lage unter einer Autobahnbrücke. Shuttleservice nach Taormina vorhanden, kann man aber auch gut zu Fuß erreichen.

TOP ★ ERLEBNISSE

★ TERRASSE MIT AUSSICHT

Taormina lässt sich nirgendwo entspannter genießen als auf der Terrasse des Hotels Villa Schuler. Als Anna Schuler das Hotel im Jahr 1905 gründete, konnte sie noch die besten Lage aussuchen, und das bedeutet in Taormina, einen schönen Blick auf den Ätna zu haben.
hotelvillaschuler.com

★ FISCHMARKT VON CATANIA

Man sollte sich früh aufmachen, um die typische Atmosphäre des Fischmarktes von Catania zu erleben. Ganz in der Nähe der Piazza del Duomo, unterhalb der Fontana dell'Armenano quellen die Stände über mit pesce spade, pesce spatola, Tintenfischen, Garnelen und Muscheln. Gegen Mittag ist alles vorbei, es wartet il pranzo zu Hause oder in einer Trattoria.

★ DÖRFER RUND UM DEN ÄTNA

Heute fahren die Besucher mit der Schmalspurbahn Circumetnea von Catania bis Giarre Risposto, um Landschaft und Dörfer rund um den Vulkan kennenzulernen. Eine Visite lohnen Adrano, das älteste Dorf am Ätna und Bronte, das Mekka des Pistazienanbaus, oder Randazzo, das bisher von jedem Lavaausbruch verschont blieb.

WEITERE INFORMATIONEN
taormina.it

SIZILIEN KANN WIEDER MIT LUXUS PUNKTEN

Die Grandhotels Villa Igiea und San Domenico Palace sind wiedereröffnet

Alleine schon ihre privilegierte Lage macht diese Hotels zu einem Mittelpunkt, und die oftmals opulenten Gebäude ziehen immer alle Blicke auf sich. Jeder Ort, der auf eine bedeutende touristische Vergangenheit zurückblicken kann, musste ein Grandhotel vorzeigen, »das erste Haus am Platz«. Daran hat sich bis heute wenig geändert, denn viele Menschen lieben den Charme eleganter Terrassen und vornehmer Foyers.

Immer verführen diese Häuser mit ihrem perfekten Blick auf Sehenswürdigkeiten oder landschaftliche Schönheit. Da macht Sizilien keine Ausnahme. Mit dem Beginn des Tourismus, den sich für lange Zeit nur wohlhabende Leute leisten konnten, entstanden luxuriöse Hotels, um den Gästen ihre gewohnte Umgebung mit einer Prise Fremdheit bieten zu können. Man verlangte nach Zimmerfluchten und breiten Treppen für den großen Auftritt, für das mitreisende Personal mussten es allerdings kleine Kammern sein. Ende des 19. Jahrhunderts entstanden die Grandhotels Villa Igiea an der Bucht von Palermo und San Domenico Palace in Taormina an der Ostküste. Orte, wo man auf seiner Sizilienreise abzusteigen pflegte.

Doch 100 Jahre später nagte der Zahn der Zeit gewaltig an Fassaden und Innenleben, wurden die stattlichen Imposanten eher zu einem Schandfleck und oftmals wurde der Abriss diskutiert.

Beginn einer neuen Ära

Doch beide Grandhotels hatten Glück, denn es fanden sich Investoren. Nach langen Jahren des Umbaus konnte das Schild »chiuso« abgehängt werden, und im Sommer 2021 beginnt nun eine neue Ära. Nichts hat die Villa Igiea von ihrem Charme eingebüßt, allein die direkte Lage am Golf von Palermo und zu Füßen des Monte Pellegrino ist nicht zu überbieten. Auch heute spürt man in den Gärten nichts vom hektischen Alltag Palermos, und die Gäste tauchen in eine verwunschene Welt aus Palmen, Blumen und Wasserspielen ein. Hier ist die Zeit ganz einfach stehen geblieben, und ohne Mühe lässt sich vorstellen, dass die ersten Gäste, die natürlich mit dem Schiff anreisten, im hoteleigenen Hafen von Bord gingen und durch den Garten zum Foyer geleitet wurden.

Etwas urbaner zeigt sich dagegen das San Domenico Palace im Zentrum von Taormina. Sein Name verrät, dass das Grandhotel aus einem Dominikanerkloster entstanden ist und seit dem Ende des 19. Jahrhunderts zum Treffpunkt von Jetset und reichen Bildungsbürger wurde. Für viele ist Taormina ein absolutes Muss in Sizilien, denn hier treffen griechische und römische

Blick über das Hotel San Domenico Palac auf den Ätna

Die Bar im Hotel Villa Igiea

Kultur aufeinander, aber noch viel wichtiger ist der Blick auf den Ätna, dessen spektakuläres Treiben zu allen Tag- und Nachtzeiten zu beobachten ist. Sicherlich haben sich schon die Mönche des Dominikanerklosters für diese Aussicht begeistert, aber auch der Gast des 21. Jahrhunderts schätzt den Aperitif in den Gärten des Hotels, statt höflicher Unterhaltung wird der Vulkan betrachtet. Außer es kommt eine dicke Wolke und versperrt die Sicht.

Taorminas ältestes Hotel

Das Grandhotel Timeo ist besser durch die Zeiten gekommen, obwohl es so manche Schieflage gegeben hat und die Corona-Pandemie sicherlich zu einer Zäsur geworden ist. Das Timeo ist das älteste Hotel in Taormina und befindet sich unmittelbar am Antiken Theater, der größten Attraktion der Stadt neben dem Ätna. Die Geschichte des Hotels ist wie aus dem Märchenbuch, denn im späten 19. Jahrhundert verbrachte der junge deutsche Baron Otto Geleng viele Tage in einem Privathaus namens »Timeo« im Zentrum. Mit seinen Zeichnungen begeisterte er seine Künstlerfreunde in Berlin und Paris, die nun in Scharen ins Timeo reisten. Aus dem schlichten Gästehaus entstand das erste Grandhotel im Ort.

Wer sich keines der teuren Zimmer leisten möchte, kann den Charme dieser Hotels auch bei einem Mittagessen in den Restaurants oder einem Kaffee auf der Terrasse einfangen. Die Kulisse aus Vulkan und der Küste von Gardini Naxos gehört dazu.

Blick von der Terrasse des Grand Hotel Timeo auf den Ätna und Taormina

Auf Lipari, der größten der Äolischen Inseln, gibt es nur Lipari-Stadt und Acquacalda (unten). Vollmond über der Stadt Lipari auf den Liparischen Inseln (rechte Seite oben). Ein Obsidian aus Lipari (rechte Seite unten).

99 DIE CHEFIN IM ARCHIPEL DER ÄOLEN – LIPARI

Traumkulisse für alle Filmemacher

Wie ein weit gespreiztes Ypsilon liegen die sieben Inseln im Tyrrhenischen Meer, die auch nach ihrer Hauptinsel Lipari benannt sind: Auf dem westlichen Arm findet man Alicudi, Filicudi und im Osten Panarea sowie Stromboli. Die Achse bilden dann Vulcano, Lipari und Salina. Auf der Hauptinsel liegt die Hauptstadt Lipari mit ihren 5000 Einwohnern.

Der Archipel verführt durch seine Schönheit und hat viele Regisseure inspiriert. So drehte Michelangelo Antonioni 1960 auf Panarea den Streifen »L'avventura« und machte aus diesem einst ärmsten äolischen Eiland einen Treffpunkt des italienischen Jetsets. Auch der Lavastrand von Pollara auf der Insel Salina wurde weltberühmt, denn »Il Postino« erreichte 1966 fünf Nominierungen für einen Oscar und erhielt insgesamt 18 Filmpreise. Der Postbote Mario (Massimo Troisi) philosophiert mit dem chilenischen Dichter Pablo Neruda (Philippe Noiret) über die Politik und die Liebe. Nicht entscheiden konnte sich der italienische Regisseur Nanni Moretti in »Liebes Tagebuch«, der 1993 in seinem Film alle Inseln außer den entlegenen Alicudi und Filicudi streifte.

Wer alle Inseln besuchen möchte, sollte sich etwas Zeit für Lipari nehmen, denn hier gibt es etliches zu sehen. Abgesehen von der Kultur locken schöne Läden und gute Restaurants zum Verweilen.

An der Ostküste liegt die Hauptstadt, und das alte Zentrum ist der Burgberg. Seit dem 4. Jahrtausend v. Chr. ist Lipari bewohnt, trug den Namen Meliguni in der griechischen Antike und auf dem Burgberg stand die Akropolis. Im 13. Jahrhundert entstand dort eine mittelalterliche Burg und 300 Jahre später wurde eine Festung daraus, erbaut von Karl V. nach der Plünderung durch osmanische Piraten. Westlich davon, erstreckt sich die Flaniermeile der Corso Vittorio Emanuele mit Geschäften, Restaurants und Cafés.

Der Dom San Bartolomeo

Über einen Treppenweg geht es hinauf zum Dom San Bartolomeo, der Ende des 11. Jahrhunderts von dem Normannenkönig Roger I. in Auftrag gegeben wurde. Im Jahr 1654 musste man die dreischiffige Kirche im Stil des Barocks neu aufbauen, da sie durch den Überfall der Korsaren völlig zerstört wurde. An der heutigen Bronzetür ist die Plünderung durch die Piraten dargestellt. Erst vor wenigen Jahren entdeckte man den normannischen Kreuzgang, dort sind die Kapitelle der Säulen mit Tierskulpturen verziert. Im Inneren steht die lebensgroße Silberstatue des Schutzpatrons San Bartolomeo.
Ein Publikumsmagnet ist das Archäologische Museum, das in mehreren Gebäuden rund um die Kathedrale untergebracht ist. Im ehemaligen Bischofspalast wird die prähistorische Sammlung gezeigt, dabei sind die neolithischen Werkzeuge zur Bearbeitung des Obsidian besonders interessant. In dem Gebäude links von der Kathedrale sind Amphoren aus den Nekropolen von Lipari und Milazzo zu sehen.
Bedeutend sind die bunten Vasen des »Lipari-Malers« (300 v. Chr.), die attische Schale mit den roten Figuren (um 470 v. Chr.) und die griechischen Keramiken mit ihren mythischen Motiven, darunter Hippolytos, der ein Vierergespann lenkt – doch ein Meeresungeheuer erschreckt seine Pferde, der Wagen kippt um und begräbt den Fahrer unter sich. Etwas Besonderes sind die Tonstatuetten mit Charaktermasken aus der Mittleren und Neuen Komödie, die im antiken Griechenland sehr geschätzt wurden. Vor dem Museum dokumentiert ein Areal die Besiedelung von Lipari.

Rundfahrt mit der Vespa

Nach so viel antiker Kunst tut etwas frische Luft gut. Da könnte man mit einer Vespa um die Insel fahren, das sind 27 Kilometer. In einer Entfernung von drei Kilometern liegt Canneto mit seiner Bimssteingewinnung, dann der Ort Aquacalda mit einem langen Strand aus dunklem Kies. Nun geht es auf die Hochebene nach Quattropani, und einen Abstecher lohnt das Thermalbad San Calogero mit seiner Bicarbonat-Schwefel-Quelle.

STELL- UND CAMPINGPLÄTZE

VILLAGE CAMPING TOGO TOGO

Via Porto Ponente, 98055 Vulcano ME, campingvulcano.it, GPS: 38.421172, 14.956718. Nach aufwendiger Anreise findet man auf der Insel Vulcano den einzigen Campingplatz, der sich direkt in einer kleinen Bucht befindet und idealer Ausgangspunkt für Touren auf der Insel ist. Von hier aus gelangt man auch zur Insel Stromboli.

TOP ★ ERLEBNISSE

★ OBSIDIAN IN ALLEN FORMEN

Der schwarze Stein des Obsidians ist bei vielen Schmuckdesignern sehr beliebt, weil die Farbe oftmals viel Kontrast in das übrige Design bringt. Auf dem Corso und in den Seitenstraßen von Lipari gibt es Schmuckgeschäfte, die Obsidian als Halskette, Armband und Broschen anbieten.

★ BOOTSFAHRT IM ARCHIPEL

Am besten lassen sich die Inseln bei einer Rundfahrt mit dem Boot erkunden. Dann sieht man auch die Vulkane aus einer anderen Perspektive, ihre Kegel heben sich traumhaft elegant in den Himmel – endlose Begeisterung für das türkisblaue Mittelmeer!

★ SCHLEMMEN AUF VULCANO

Mit Blick auf die Faraglioni von Lipari bei Sonnenuntergang kann man im Sternerestaurant Il Cappero im Therasia Resort an der Inselspitze von Vulcano allerfeinste sizilianische Küche genießen. Am Herd steht Giuseppe Buso aus Palermo. therasiaresort.it

WEITERE INFORMATIONEN
Archäologisches Museum: Via Castello 2, geöffnet Mo–Fr 9–19.30 Uhr, So 9–13.30 Uhr

Der Ort Stromboli schmiegt sich an eine Flanke der kegelförmigen Vulkaninsel (oben). Wer dem Vulkan und dem Meer gleichzeitig ganz nah sein möchte, mietet sich ein Ferienhaus wie die Villa La Pergola (rechte Seite oben). Der Stromboli gilt als aktiver Vulkan, wenngleich er zuletzt im Jahr 2007 ausbrach (rechte Seite unten).

100 DIE FASZINATION EINES VULKANS – STROMBOLI

Bezaubernde Gassen und wilde Natur

Jede Viertelstunde hört man das dumpfe Grollen, dann schießt glühende Lava aus dem Berg und feurige Steine werden auf die Sciara del Fuoco geschleudert, die Feuerrutsche im Nordwesten der Insel. Um einmal die ganze Urgewalt der Erde zu spüren, sollte man an der Flanke des Vulkans hinaufgehen: Bei den Explosionen hier werden rot glühende Brocken in die Luft katapultiert, als wären sie federleicht.

Der Stromboli ist einer der aktivsten Vulkane der Welt und liegt auf einer Insel von rund 13 Quadratkilometern im Nordosten des Archipels. Der Ort Stromboli besteht aus zwei Dörfern, San Bartolo und San Vincenzo.

Eine Wanderung zu den Vulkankratern ist ein einmaliges Erlebnis. In gut drei Stunden hat man das Ziel erreicht. Man sollte Spätnachmittag wählen und in San Bartolo mit der Tour beginnen. Auf einem mit Lavasteinen gepflasterten Weg geht es vorbei an Olivenbäumen, an Sträuchern von Rosmarin, Ginster und Kapern. Dann wird der Pfad durch hohe Schilfgräser eingeengt, und plötzlich liegt eine drückende Hitze über dem Weg, da durch die dichte Vegetation kein Wind mehr durchdringt. Auf engen Serpentinen beginnt nun der Aufstieg durch knöcheltiefen schwarzen Sand. Langsam senkt sich die Dämmerung über die äolische Landschaft und mit dem fehlenden Licht erscheinen die Vulkanausbrüche noch eindrucksvoller. Nach drei Stunden ist die Nähe des Kraterrands erreicht, und in sicherer Entfernung lässt sich das Naturschauspiel gut beobachten, wenn das Magma in die Höhe geschleudert wird.

Es kann auch gefährlich werden

Die letzten großen Ausbrüche ereigneten sich in den Jahren 1930, 1971, 2002/2003 und 2007. Daher gehört der Stromboli neben dem Ätna zu jenen Vulkanen, die ständig beobachtet werden.

Mit der Dunkelheit ist es kalt geworden, und es ist kaum vorstellbar, dass man vor einer Stunde noch unter der Hitze gestöhnt hat. Aber die Eruptionen aus nächster Nähe zu betrachten, das möchte sich niemand entgehen lassen. Doch wie aus dem Nichts zieht eine dicke Wolke heran und setzt sich über den Schlund des Vulkans. Als wäre ein Vorhang heruntergelassen, findet nun das Schauspiel ohne Publikum statt.
Gegen zehn Uhr geht es wieder nach unten, in der tiefen Dunkelheit geht es im knöcheltiefen Lavasand zurück ins Dorf.
Der Vulkan hat diese äolische Insel zu etwas Besonderem gemacht, doch berühmt wurde Stromboli erst durch den Film »Stromboli, terra di Dio« mit dem amerikanischen Filmstar Ingrid Bergman. Das lockte den Tourismus auf die Äolen, deren Bewohner bis dahin von der Fischerei und dem Abbau von Bimsstein lebten.
Das Dorf Ginostra ist völlig abgeschnitten vom Hauptort Stromboli, seit Verwerfungen den früheren Fußweg unpassierbar gemacht haben. So bleibt den 30 ständigen Einwohnern nur der Weg übers Meer, die Tragflächenboote der »aliscafi« sind die einzige Verbindung zur übrigen Welt. Allerdings muss man zunächst beherzt in ein kleineres Boot springen, denn Ginostra hat keinen Anleger. Bei schlechtem Wetter und hohem Seegang ist diese Aktion nicht möglich, dann wird die Insel erst gar nicht angesteuert.

Fruchtbare Erde

Als wäre es eine Art Wiedergutmachung, wächst in der schwarzen Erde von Stromboli alles doppelt so schnell. Da sind drei Ernten im Jahr wie bei den Kartoffeln keine Seltenheit. Beim Blick in die Gemüsegärten der Einheimischen, kann jeder Gärtner aus Deutschland nur neidisch werden. Auch bei den Blüten scheint es regelrechten Wettstreit zu geben. Da bezaubern die lilafarbenen Glyzinien mit dem dunkelroten Hibiskus, die Bougainvilleas in Purpur und die blassblauen Blüten der Kapernbüsche. Man blickt auf pechschwarze Strände und das tiefblaue Tyrrhenische Meer. So ist es kein Wunder, dass mit jedem Jahr die Zahl der Häuser wächst, die mit ihren weißen Mauern und leuchtend blauen Fensterläden das Aushängeschild der äolischen Inseln sind. Heute gehört Stromboli neben Panarea zu den exklusivsten Feriensitzen Italiens.

STELL- UND CAMPINGPLÄTZE

Die kleine Insel Stromboli hat keinen Campingplatz.

TOP ★ ERLEBNISSE

★ TRAUMHAFTE FERIEN UNTER DEM VULKAN

Es gibt noch Geheimtipps in Europa, und die Villa La Pergola auf Stromboli könnte dazugehören. Die Ferienvilla verzaubert mit ihrem grandiosen Blick auf das Meer, und in ihrem Rücken schiebt sich der Vulkan in den Himmel. Von der weitläufigen Terrasse lassen sich die rot glühenden Eruptionen beobachten, in der Dunkelheit besonders eindrucksvoll. Das Grundstück der Villa La Pergola war 1949 übrigens Drehort für den Kultfilm »Stromboli, terra di Dio«. stromboli-ferienhaus.de

★ SEGELTOUR MIT FREUNDEN

Stromboli gehört zu den exklusiven Ferienorten Italiens, dazu passt neben dem üblichen aliscafo eine elegante Segelyacht mit Skipper, um mit Freunden die Äolischen Inseln kennenzulernen. Das Boot hat Raum für zehn Personen, und die Touren können bis zu 14 Tagen dauern. tritour.it

★ FILMMUSEUM STROMBOLI

Seit 2009 gibt es das Museo del Cinema, es hat heute seinen Sitz in der Bibliothek Aimée Carmoz. Besucher können in den Archiven stöbern. Neben großen Arbeiten wie »Stromboli« wurden auch viele Dokumentarfilme zusammengetragen.
Adresse: Via Gorizia.
museodistromboli.it

WEITERE INFORMATIONEN
Anreise: Stromboli ist nur per Boot zu erreichen. Fähren starten ab Neapel oder Milazzo auf Sizilien. libertylines.it

SARDINIEN

Traumhafte Sandstrände und viele Feste

Ein sonniges Plätzchen direkt am Meer ist mit dem Wohnmobil schnell gefunden (oben). Frauen in Festtracht bei der Cavalcata Sarda in Sassari (unten). Traumstrand Cala Sinzias im Gemeindegebiet von Castiadas (links).

101 WER IST DIE SCHÖNSTE? – LA MADDALENA

Trauminseln im westlichen Mittelmeer

Der traumhafte Archipel mit 62 Inseln und Inselchen liegt an der Straße von Bonifacio, der Meerenge zwischen Korsika und Sardinien. Die Inselgruppe erstreckt sich über 20 000 Hektar Land- und Wasserfläche sowie über 180 Kilometer Küstenlinie im marineblau schimmernden Meer. Die bekanntesten und größten Inseln sind La Maddalena, Caprera, Spargi, Budelli, Razzoli, Santo Stefano und Santa Maria.

Arcipelago La Maddalena: Schon der Name weckt bei vielen Assoziationen an strahlend weiße oder rosa schimmernde Sandstrände, türkisfarbenes Meer und Traumbuchten aus verwittertem Granitgestein. Keine Frage – kaum ein Inselarchipel der Erde wird der Bezeichnung Paradies so gerecht wie La Maddalena. Obendrein ist der ganze Archipel ein Nationalpark.

Geistiges Zentrum und Natur pur

Die Schönheiten der Maddalena-Inselwelt dehnen sich im Nordosten von Sardinien aus. Jede der Inseln hat ihren ganz eigenen Charme und besticht durch eine einzigartige Natur in allen Facetten. La Maddalena ist die größte Insel und Hauptort des Archipels. Mit Ausnahme von Caprera und Santa Maria ist sie im Gegensatz zu den anderen Inseln bewohnt. Das quirlige, touristische Hafenstädtchen mit schöner Altstadt blickt auf eine nahezu 200-jährige Geschichte zurück. Durch ihre strategische Position wurde La Maddalena vom Leben und Wirken bekannter Persönlichkeiten geprägt, denn als wirtschaftliches und geistiges, militärisches und politisches Zentrum zog die Stadt große, den jeweiligen Zeitgeist mitbestimmende Persönlichkeiten an. Caprera, die zweitgrößte Insel der Gruppe, beeindruckt mit atemberaubenden Küstenstrichen, herrlichen Stränden und einer außergewöhnlichen Flora: Hier wachsen Pinien- und Steineichenwälder, Wacholderhaine und Macchia mediterranea. Wenn die Sonne scheint, liegt ein betörender Duft von Mastixsträuchern, Myrte und

Die Meerenge zwischen der Punta Sardegna und der Isola Spargi (unten). Via Giuseppe Garibaldi: Die Einkaufsstraße macht Lust auf Schlendern und Shoppen. Zum Abend-Aperitif trifft man sich in der Charlie Bar (rechte Seite oben). Cala Gavetta: der kleine Jachthafen von La Maddalena (rechte Seite unten).

YO!
YOGURT
GELATO

Der Scoglio della Strega, der Hexenfelsen auf der Isola Spargi (unten). Am Strand von Porto Palma auf Caprera (ganz unten). Das Haus des berühmten italienischen Freiheitskämpfers Giuseppe Garibaldi (rechte Seite oben). Das Bildnis von Garibaldi auf Stoff gewebt (rechte Seite unten).

Erdbeerbäumen in der Luft. Die Strände, wie z. B. die Cala Coticciu, Cala Napoletana und die Spiaggia del Relitto, gehören zu den bekanntesten und schönsten im Mittelmeer. Auf dem Eiland, das über eine Brücke mit der Hauptinsel verbunden ist, liegt zudem das Haus des italienischen Freiheitskämpfers Giuseppe Garibaldi. Der Held des italienischen Risorgimento (des Wiederaufblühens) zog sich immer dann gern nach Caprera zurück, wenn er uneins war mit König Viktor Emanuel II. und dem Parlament – was gegen Ende seines Lebens immer häufiger geschah. Die viertgrößte, leicht hügelige Insel des Archipels, die Isola di Santo Stefano, liegt im Süden von La Maddalena. Vielerorts verstecken sich Militäranlagen in den unübersichtlichen Granitblöcken und Tafoni-Felsen. Von 1972 bis 2008 war sie zudem Stützpunkt der Amerikanischen Marine, die hier jahrelang Atom-U-Boote und eine wichtige Abteilung ihrer Mittelmeerflotte stationierte. Heute wird das Eiland, das 1773 auch von Napoleon Bonaparte als Standort für seinen Angriff auf La Maddalena ausersehen war, nur noch von Touristen besucht.

Strände in Rosa und Weiß

Zu den Höhepunkten des Archipels gehört die Isola Budelli mit der berühmten roséfarbenen Spiaggia Rosa, die heute nicht mehr für die Öffentlichkeit zugänglich ist. Malerisch eingebettet zwischen Granitfelsen und ausgedehnter Macchia-Vegetation strahlt die kleine sichelförmige Bucht etwas Paradiesisches aus. Ihre ungewöhnliche Farbe haben ihr winzige Bruchstücke der Skelette von rosa Moostierchen gegeben. Mit macchiagesäumten, blütenweißen Stränden an einem smaragdfarbenen Meer locken aber auch die Buchten an der Ostseite der Isola Spargi: Cala Corsara, Cala Connari und Cala Granara gehören zu den beeindruckendsten Strandperlen des Archipels. Die Isola di Razzoli besticht hingegen durch ihre imposante Küste und die bizarr geformten Felsen, die den abstrakten Skulpturen des englischen Bildhauers Henry Moore ähneln. Stimmungsvoll und imposant wirkt auch der Leuchtturm, der über die Straße von Bonifacio herrscht. Auf der Isola Santa Maria steht noch ein altes Kloster, in dem im Mittelalter Benediktinermönche aus Bonifacio Zuflucht fanden. Zudem besitzt die Insel einen der größten Strände des Archipels, die wunderschöne Spiaggia Cala Santa Maria. An diesem Ort der Ruhe und Entspannung hat der aus Cagliari stammende Schriftsteller, Drehbuchautor und Filmemacher Franco Solinas viele Seiten der wichtigsten Streifen des engagierten italienischen Films verfasst.

Die faszinierendste Landschaft des Archipels ist zweifelsohne der Porto Madonna, eine smaragdfarbene Lagune zwischen den Inseln Budelli, Razzoli und Santa Maria. Dieses kleine Paradies auf Erden mit glasklarem Wasser, Sonne und leichter Meeresbrise zieht viele Schnorchler an und ist wie geschaffen, um abzuschalten und die Seele baumeln zu lassen. Die Gewässer vor Budelli und der Isola Santa Maria zählen zudem zu den besten Spots der Delfinbeobachtung. Neben Großen Tümmlern lassen sich auch Seeschildkröten und ungefährliche, planktonfiltrierende Riesenhaie blicken.

La Maddalena – fast ein Klein-Paris

Das knapp 1200 Einwohner zählende Städtchen mit seinem geschäftigen Hafen Cala Gavetta, den engen Gässchen, steilen Treppen, Palazzi aus dem 18. Jahrhundert, schönen Cafés und typisch mediterranem Flair wurde 1770 im Süden der gleichnamigen Hauptinsel des Archipels gegründet. Nicht nur ihrer Reize wegen, sondern auch wegen ihrer strategisch günstigen Lage zwischen Sardinien und dem italienischen Festland zählte die schmucke Hafenstadt schon in sehr früher Zeit zu den bedeutendsten Orten im Mittelmeer. Das ist wahrscheinlich auch der Grund dafür, dass La Maddalena den Beinamen »Klein Paris« erhielt. Seit der damalige König von Sardinien-Piemont, Viktor Amadeus III., 1767 beschloss, hier einen Stützpunkt der königlich-sardischen Marine zu errichten, waren La Maddalena und die Inseln des Archipels immer wieder in Kriegshandlungen verwickelt. Aus dieser Zeit stammt die Befestigungsanlage San Vittorio, auch Guardia Vecchia genannt, die auf dem höchsten Punkt der Insel thront. Eine solche Position zog natürlich immer auch bedeutende Persönlichkeiten an, darunter Feldherren, Admirale, Patrioten oder Freiheitskämpfer. Mit La Maddalena sind viele berühmte Namen verbunden, Persönlichkeiten, die hier kämpften und lebten. Allen voran Napoleon Bonaparte, der 1793 versuchte, die Insel zu erobern, Admiral Lord Nelson, der sich 1804, vor der Seeschlacht am Kap Trafalgar, im Archipel aufhielt, um die französischen Mittelmeerflotten zu kontrollieren, oder Giuseppe Garibaldi, der sich auf Caprera niederließ und dort starb.

STELL- UND CAMPINGPLÄTZE

CAMPING IL SOLE NUOVA GESTIONE

La Maddalena, Via Indipendenza, 07024 La Maddalena SS, areacamperilsole.it, GPS: 41.220094, 9.429197. Sehr gepflegte, aber kleine Campinganlage, die fußläufig vom Inselort entfernt ist.

TOP ★ ERLEBNISSE

★ VOLKSHELD GARIBALDI

Mit seinen Möbeln und Erinnerungsstücken vermittelt das weitgehend original erhaltene Gutshaus von Giuseppe Garibaldi auf Caprera ein lebendiges Bild seiner Zeit. Ein Rundgang zeigt den berühmten Vorkämpfer für die Einheit Italiens in vielen Facetten seines Lebens und Wirkens. garibaldicaprera.beniculturali.it

★ DELFINBEOBACHTUNG

Luca Bittau ist für die Überwachung von Delfinen an der Nordostküste unterwegs. Der Meeresbiologe erforscht die Wanderrouten dieser Meerestiere. Von Mai bis Oktober nimmt er Urlauber mit auf seine Entdeckungsreise und erklärt, welchen Gefahren die großen Tümmler ausgesetzt sind. Abfahrt im Hafen von La Maddalena oder Palau. seame.it

★ BOOTSTOUR

Für alle, die nicht nur am Strand liegen wollen, eignet sich auch eine Tagestour mit dem Ausflugsboot inklusive Badestopps und Mittagssnack an Bord. Die Touren führen zu den meist unbewohnten Eilanden Spargi, Budelli, Razzoli und Santa Maria. Abfahrt im Hafen von Palau. sardiniaislandtours.com

WEITERE INFORMATIONEN

Nationalpark La Maddalena: lamaddalenapark.it

102 TACCHI D'OGLIASTRA

Fahrt zu den bizarren Felsbrocken

Die Ogliastra an der Ostküste von Sardinien ist berühmt für ihre traumhaften Strände und puderzuckerweißen Buchten. Aber das Inland bietet noch mehr: enge Kurven, Geisterdorf-Romantik und grandiose, blockabsatzähnliche Bergspitzen aus der Zeit des Jura, die zum Wandern und Klettern einladen.

Die Route durch das Inland der Ogliastra beginnt in Jerzu. Wer kurz hinter Tertenia die SS 125 verlässt und die Abzweigung nach links auf die SP 11 nimmt, genießt schon bald herrliche Ausblicke auf beeindruckende Felsformationen. Es sind die sogenannten »Tacchi d'Ogliastra« (»Hacken der Ogliastra«), Felsbrocken aus kalkhaltigem Dolomit, die etwa im Jura, also vor etwa 201 bis 145 Millionen Jahren entstanden sind und wie hohe Blockabsätze aus stumpfkegeligen Plateaus ragen. Die zerfurchten »Tacchi« von Jerzu erheben sich auf dem 849 Meter hohen Monte Troiscu. Sie sind besonders bei Kletterern beliebt, die sich mit Gurt und Helm an den steilen Felswänden emporhangeln.

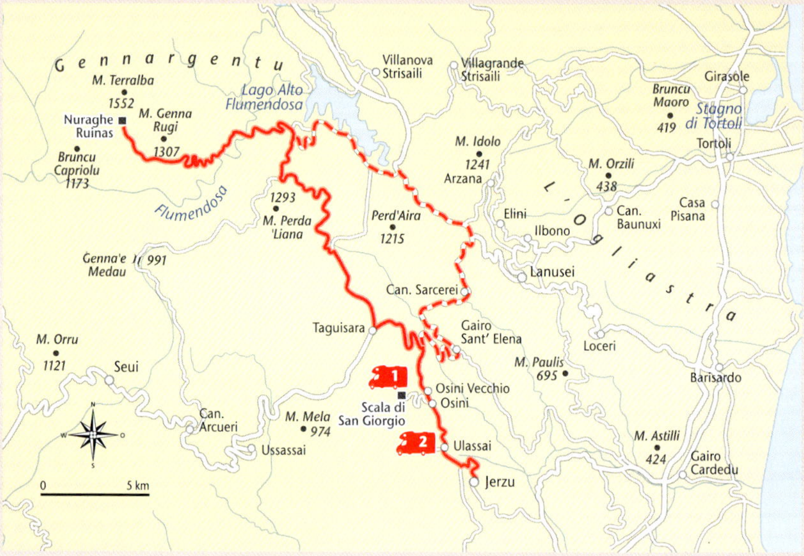

Im abgeschiedenen Ulassai schmiegen sich winzig wirkende Häuser an den steilen und unberührten Tacco di Monte Tisiddu.

Die Perda 'e Liana zählt zu den beeindruckendsten Steinformationen Sardiniens.

Ein Kletterparadies und ein Geisterdorf

Einige Serpentinen weiter führt die SP 11 nach Ulassai. Idyllisch schmiegt sich das verschlafene Bergdorf in 775 Metern über dem Meeresspiegel an die Flanken des mächtigen Monte Tisiddu. Auch hier weisen Bergführer Interessierte in die Kunst des Tacco-Kletterns ein. Ulassai ist aber auch ein Ort für Kunstfans. 1919 wurde hier Maria Lai geboren. Die wandlungsfähige Künstlerin, die Bücher nähte, Kinderreime erfand und Webrahmen zu Skulpturen umgestaltete, gehörte zu den Hauptfiguren der italienischen »Arte Povera«.

Keine zwei Kilometer weiter, eingebettet in die fantastische Landschaft der »Tacchi d'Ogliastra«, liegt Osini Vecchio, ein winziges, bröckelndes Geisterdorf. Der von der Natur überwucherte Ort im einsamen Tal des Rio Pardu wurde im Oktober 1951 nach starken Regenfällen komplett überflutet. Sämtliche Dorfbewohner mussten ihre Wohnungen und Häuser aufgeben. Da weitere Überflutungen drohten, wurde Osini Vecchio aufgegeben. Heute zieht das alte Dorf vor allem Ausflügler an, die den morbiden Charme alter sardischer Dörfer erleben möchten: zugewachsene Gassen, eingefallene Dächer, blau getünchte Wände, zerfallene Treppen und eine alte Kirche.

Auch im rund zehn Autominuten entfernten Gairo Taquisara lebt das alte Sardinien weiter. Der 200-Seelen-Ort war einst Umsteigebahnhof und Durchgangsstation für die Ogliastrini auf dem Weg nach Osini, Ulassai und Jerzu. Die im November 1893 eröffnete und im November 1956 geschlossene Zubringerstrecke war die kürzeste Strecke in der Chronik der sardischen Bahn. Sie war nur neun Kilometer lang, ermöglichte aber eine wesentlich schnellere Beförderung als mit dem Pferde- oder Ochsenkarren. Hinter Gairo Taquisara führen enge Haarnadelkurven auf einer wilden, zuweilen mit Schlaglöchern übersäten Piste zum höchstgelegenen, bronzezeitlichen Rundturm der Insel. Der Nuraghe Ruinas in 1200 Metern Höhe bietet einen atemberaubenden Blick auf die umliegende Landschaft.

Entfernung: Jerzu–Nuraghe Ruinas: 1 Std. 12 Min. (43 km)
Infos: turismo.ogliastra.it, osinivecchio.it, treninoverde.com

STELL- UND CAMPINGPLÄTZE

1 SARDINIA CAMPING TREE OF LIFE

LocalitàTaccu snc, 08040 Osini NU, GPS: 39.816149, 9.457714

2 CAMPING THELEME

Campo sportivo Gedili, 08040 Ulassai NU, www.campingtheleme.com, GPS: 39.813952, 9.493417

TOP ★ ERLEBNISSE

★ ANTICHI PODERI

Auf den Weinbergen der Kellerei Antichi Poderi in Jerzu wachsen rote Trauben besonders gut. Neben dem berühmten Cannonau di Sardegna füllt das Weingut auch einen weißen »Vermentino« ab. Beide Weine sollte man unbedingt bei einer Verkostung probieren. jerzuantichipoderi.it

★ VOM BAHNHOF ZUM MUSEUM

Der ehemalige Bahnhof von Ulassai wurde 1956, nach nur 63 Jahren Betrieb, stillgelegt. 2006 folgte die Eröffnung als »Stazione dell'Arte« (Museum für Gegenwart). Für Kunstinteressierte hat der Bahnhof mehr als 140 Werke der Ulasseser Künstlerin Maria Lai zu bieten. stazionedellarte.com

★ EINBLICKE IN DIE UNTERWELT

In Ulassai verbirgt sich nach Forscherangaben eine der größten Tropfsteinhöhlen Europas: die Grotta Su Marmuri. Im majestätischen »Kaktus-Raum« lässt das schummrige Dämmerlicht einen fast 20 Meter großen Stalagmiten zur Geltung kommen, und im »Fledermaus-Saal« soll die größte Langflügelfledermaus-Kolonie Italiens leben. grottasumarmuri.it

★ VERGESSENER ORT

Wie in Osini Vecchio hat das verheerende Hochwasser von 1951 auch aus Gairo Vecchio ein Geisterdorf gemacht. Wer die Abgeschiedenheit zu schätzen weiß, kann durch die seit Jahrzehnten verlassenen Sträßchen des Ortes spazieren.

★ NATURDENKMAL

Die 50 Meter hohe Felsformation Perda 'e Liana erhebt sich schroff und kahl am Südausläufer des Gennargentu in 1293 Metern über dem Meeresspiegel. Der Weg zum berühmtesten »Tacco« der Ogliastra ist nicht besonders steil und gut markiert.

Die durch große Granitfelsen zweigeteilte Bucht von Capriccioli ist wunderschön und windgeschützt (oben). Poltu Liccia: ideal für alle, die Einsamkeit und Ruhe zwischen Felsen und duftender Macchia suchen (rechte Seite).

103 DIE EXKLUSIVE KÜSTE – COSTA SMERALDA

Oase der internationalen High Society

In dem unwegsamen Landstrich Monti di Mola lebten einst nur wenige Menschen. Dafür tummelten sich an der Smaragdküste umso mehr Kühe, Turmfalken und Kormorane. Bis eine Clique aus Bankern, Industriellen und einem Prinzen Anfang der 1960er-Jahre aus dieser unbedeutenden Ecke die Heimat des internationalen Jetsets machte, die im Sommer noch heute Milliardäre, Prominente und Filmsternchen anzieht.

Das Ende Sardiniens lag einst in den Monti di Mola, den sogenannten Mühlstein-Bergen. Wer in dieses einsame und unwegsame Gebiet im Nordosten der Insel vordrang, musste gute Gründe haben, denn der Weg führte entweder über das Wasser oder über unbefestigtes Gelände. Bis Anfang der 1960er-Jahre verschlug es an den von wenigen Bauern bewohnten, ausgedörrten Küstenstrich bestenfalls eine Handvoll Ziegenhirten und ein paar Rinderzüchter. Neben den grasenden Tieren gab es dort vor allem helle Granitfelsen, duftende Macchiasträucher und sichelförmige, weiße Sandbuchten an einem glasklaren, smaragdfarbenen Meer. Ein Paradies für Schildkröten, Wildschweine, Füchse, Hasen und Vögel. 1958 entdeckte John Duncan Miller den mit Wacholder und Ginster bewachsenen Küstenstreifen. Der englische Banker war überwältigt von so viel Schönheit und ließ sich inspirieren. Zusammen mit finanzkräftigen Freunden wie dem irischen Industriellen Patrick Guinness, dem Schriftsteller René Podbielski und dem geistigen Oberhaupt der Ismailiten, Prinz Karim Aga Khan IV. gründete er am 14. März 1962 die »Interessengemeinschaft Costa Smeralda« und erwarb das gewinnversprechende Gebiet zwischen Liscia di Vacca und Cala Razza di Junco für wenig Geld. Schon bald wurden auf der 3500 Hektar großen Fläche Wege und Straßen gebaut, Trinkwasser- und Stromleitungen gelegt.

Luxuriöse Großbaustelle

Die wilde Smaragdküste glich schon bald einer exklusiven Großbaustelle, auf der Luxusvillen, Jachthäfen, Partyclubs und einer der schönsten Golfplätze der Welt entstanden. Gebaut wurde nach detaillierten Vorschriften: Die Häuser mussten sich harmonisch in die Landschaft einfügen und durften maximal dreigeschossig sein. Auch die Baumaterialien waren festgelegt. Verkleidungen und Kunststoff waren verpönt. Türen und Fenster mussten aus Holz sein, die Mauern aus Naturstein oder nur blass gestrichen. Meist hellgelb oder lachsfarben, um die Tönung des Granitsteins wieder aufzunehmen. All diese Kriterien, Finessen und Künste galten auch für die öffentlichen Gebäude und Plätze. So entstand mit den verbindlichen Normen eine neue architektonische Stilrichtung, die von unterschiedlichen mediterranen Elementen wie Terrassen, Treppen und Türmchen geprägt wurde.

Das beste Beispiel dafür ist das Luxushotel Cala di Volpe, das der französische Architekt Jacques Couëlle im Stil eines alten sardischen Fischerortes entwarf. Die Kapitalsicherheit Aga Khans und der landschaftliche Zauber lockten den internationalen Jetset an. Die bis dahin unbedeutende Smaragdküste entwickelte sich in rasantem Tempo zum exklusiven Tummelplatz der Mächtigen, Schönen und Reichen. Mondäne Fünfsternehotels und prunkvolle Apartmenthäuser schossen wie Pilze aus dem Boden und gaben dem Küstenstrich ein rustikal-vornehmes Ambiente. Der damalige Ölminister Saudi-Arabiens, Ahmed Zaki Yamani, war ein ebenso oft gesehener Gast wie Prinzessin Margaret, Countess of Snowdon, der ehemalige spanische König Juan Carlos I., der italienische Industrielle Gianni Agnelli, Jacqueline Kennedy Onassis und zahlreiche andere Persönlichkeiten aus Politik, Wirtschaft und Kultur. Hier traf man sich insbesondere während der Sommermonate, um die feinen weißen, zuweilen rosa getönten Sandbuchten und das glasklare Meer zu genießen, um Kontakte zu pflegen und neue zu knüpfen. 1963 gründete Prinz Karim sogar seine eigene Fluggesellschaft, um eine schnellere Anbindung an das Festland zu gewährleisten. Die ursprünglich mit achtsitzigen Flugzeugen vom Typ Beechcraft C-45 ins Leben gerufene »Alisarda« hat in den Jahren darauf sowohl im Charter- als auch im Liniengeschäft kräftig zugelegt.

Die »geraubte Küste«

Das Land, das das Konsortium unter der Führung des reichen Prinzen billig erworben hatte, gehörte armen Bauern. Mit der Aussicht, pro Hektar 550 000 Lire, umgerechnet

Pfarrkirche an der zentralen Piazza in San Pantaleo (unten). Faszinierende, alte Autos: an der Costa Smeralda findet man sie am häufigsten (ganz unten). Wunderbarer Blick vom Hotel auf die unberührte Küstenlandschaft an der Cala di Volpe (rechte Seite oben). Rosa schimmernde Granitberge – typisch für San Pantaleo (rechte Seite unten).

knapp 284 Euro, zu verdienen, ließen viele von ihnen sich einst dazu verleiten, die als mehr oder weniger nutzlos erachteten Küstengebiete zu verkaufen. Dann kam der Bauboom, und die ehemaligen Herren der Ländereien starrten verbittert auf die florierende Erschließung der Smaragdküste. Sie fühlten sich übervorteilt. Schon bald machte das böse Wort von der »costa rubata«, der »geraubten Küste«, die Runde, und es regte sich erstmals Widerstand gegen den geplanten Ausbau der Flächen. Man wollte eine Abschottung der Küste nicht zulassen und befürchtete, dass die eigenen Rechte nicht gebührend geschützt wurden. Die mondäne Spielwiese der Stars und Sternchen galt plötzlich als »Störenfried«, den es in Schach zu halten galt.
Hinzu kam, dass ein Großteil des erwirtschafteten Geldes von der Insel abfloss. Andererseits vermochte kein Sarde die landschaftlichen Reichtümer der Insel in solch einen unfassbaren wirtschaftlichen Aufschwung umzumünzen wie die internationale Investmentgruppe um den Ismailiten-Prinzen. Und auch wenn viele Sarden die exklusive Smaragdküste nicht für das »echte« Sardinien halten, so ist dieser faszinierende Küstenstrich an landschaftlicher Schönheit nur schwer zu überbieten.

Wo der bekannteste Spion der Welt baden ging: Drehort Costa Smeralda

Ein Autofahrer kommt von der Landungsbrücke ab und stürzt mit seinem Wagen ins Meer. Ein Hubschrauber verfolgt das Fahrzeug und kreist suchend über dem Wasser. Es sind spannungsgeladene und hochdramatische Szenen, die sich im Sommer 1976 am Bootssteg des Hotels Pitrizza bei Liscia di Vacca abspielten: Vor 39 Jahren nutzte der britische Regisseur Lewis Gilbert die atemberaubende Landschaft der Smaragdküste als Kulisse für einige Szenen seines großen Kinofilms »Der Spion, der mich liebte«. Der hochgerüstete Bond-Lotus war natürlich wasserdicht und konnte dank ausfahrbarer Propeller wieder wohlbehalten am schneeweißen Strand von Capriccioli auftauchen. Die Macher des zehnten »007«-Films, in dem Roger Moore (James Bond) und Barbara Bach (Anya Amasova) gegen Curd Jürgens als Bösewicht Karl Stromberg kämpfen, hatten zuvor die Insel erkundet und mehrere Drehorte ausgewählt. Auf den Kinostart im Jahr 1977 freuten sich nicht nur Fans von James-Bond-Filmen, sondern auch die ausländischen Geldanleger, denn der Kinoerfolg brachte der Smaragdküste einen weiteren weltweiten Werbeeffekt.

STELL- UND CAMPINGPLÄTZE

VILLAGGIO ISULEDDA

Località La Conia 07021, Cannigione SS, isuledda.it, GPS: 41.132545, 9.442250. Großer Campingplatz mit vollständiger Ausstattung, der eine gesamte Halbinsel für sich einnimmt. Egal also, auf welcher Parzelle man steht, Wasser ist immer in der Nähe.

TOP ★ ERLEBNISSE

★ BUMMELN

Einen Abstecher wert ist San Pantaleo. Das hübsche Dorf liegt nur 14 Kilometer von der Costa Smeralda entfernt und lockt mit engen Gassen, Granitsteinhäusern und hübschem Blumenschmuck. Ateliers, Galerien und Boutiquen offerieren Keramik, Schmiedekunst, Holzarbeiten und Antiquitäten.
sardegnaturismo.it/it/esplora/san-pantaleo-0

★ AUSFLUG ZUM MONTE MORO

Wer eines der schönsten Panoramen Sardiniens sehen möchte, ist auf dem Monte Moro richtig. Der 422 Meter hohe Berg nordöstlich von Santa Teresina bietet mit seinem atemberaubenden Blick auf das Maddalena-Archipel, die Gallura und das azurblaue Meer herrliche Fotomotive. Der Gipfel ist zu Fuß, auf dem Rad oder mit dem Auto erreichbar.

★ ANSTOSSEN

Aperol Spritz oder Ichnusa: Das Phi Beach in Baja Sardinian ist einer der besten Orte für den perfekten Aperitif auf Sardinien. Hier lässt sich live verfolgen, wie die Sonne hinter dem Maddalena-Archipel am Horizont verschwindet. Wer sich davon nicht losreißen kann, bleibt zum Abendessen.
phibeach.com

WEITERE INFORMATIONEN
Consorzio Costa Smeralda:
consorziocosta
smeralda.com

104 DAS PARADIES KANN WARTEN – STINTINO

Karibik im Mittelmeer

Blütenweißer Strand und azurblaues Wasser – wer hier an einschlägige Tropenparadiese denkt, kennt Stintino noch nicht. Am äußersten Zipfel der Nordwestküste, knapp fünf Kilometer vom kleinen Fischerort entfernt, lockt zwischen immergrüner Macchia und türkisblauem Meer die weiße Spiaggia La Pelosa. Ein kleines Stück Karibik mitten in Europa.

Eine kleine, flache Landzunge im Golfo dell'Asinara, Salzlagunen, karger Schieferfelsen, zwei schmale Fjorde, ein junges Dorf und etliche kleinere sowie größere Fels- und Sandstrände – das ist Stintino. Erst 129 Jahre ist es her, dass das Fischerdorf auf dem Capo Falcone gegründet wurde. Als Italien Ende des 19. Jahrhunderts ein Straflager auf der dem Kap vorgelagerten Asinara-Insel bauen ließ, mussten die Familien, die das Eiland bewohnten, ihre Heimat verlassen. Die neuen Häuser, Plätze und Höfe der einstigen Thunfisch-Fischer entstanden 1885 an zwei schmalen Fjorden im Osten der flachen, baumlosen Halbinsel. Ein Aufenthalt im kleinen Fischerort ist allerdings nur kurz: Das moderne Zentrum mit rechtwinklig angelegten Straßenzügen ist klein und überschaubar. Aufschlussreich ist eigentlich nur das Thunfischfangmuseum, das in einem ehemaligen Gebäude für Fischverarbeitung mit Blick auf den Porto Minore, den alten Hafen, liegt. Es erinnert an die Fischer, die dem Meer einst ihren Lebensunterhalt abtrotzten, aber auch an das Schicksal der Thunfische, die hier nach der Tradition der Mattanza, was so viel wie abschlachten bedeutet, gefangen wurden. Im Sommer zieht das Dorf Touristenscharen an, denn wer an einen Ausflug nach Stintino denkt, meint damit immer auch La Pelosa.

Porto Minore: ein Hafen mit Charme, maritimem Flair und herrlichem Blick auf den historischen Ortskern (unten). Im Hochsommer strömen Einheimische wie Touristen in Scharen an die Spiaggia La Pelosa. In der Nebensaison ist kaum noch jemand am Strand (rechte Seite oben). Der berühmteste Pfannkuchen von Sardinien: die Fainè (rechte Seite unten).

Traumstrand La Pelosa

Der kalkweiße, flach abfallende Strand La Pelosa ruht zu Füßen des Capo Falcone an einer kleinen Meerenge vor der Isola Piana. Wer hier im weiß leuchtenden Sand steht und über das ultratürkisblaue Meer blickt, kann bis hinüber zur unter Naturschutz stehenden Asinara-Insel sehen. Unverbaut und mit klarstem Wasser gesegnet, ist diese Strandperle einer der größten Trümpfe der Nordwestküste. Gäbe es Palmen und tropische Fische, könnte man sich in der Karibik wähnen, und nicht auf der italienischen Mittelmeerinsel Sardinien.

Gut geschützt von den Klippen des Kaps und den Eilanden Piana und Asinara bietet der Strand, der von seiner Form einem Dreieck ähnelt, beste Badebedingungen: Er fällt seicht ab, und auch wenn ein kräftiger Mistral weht, gibt es kaum Wellen. Im Hintergrund kleine Sanddünen und hier und da einige Wacholderbüsche. Nur wenige Meter entfernt thront auf einem begehbaren, klitzekleinen Eiland die markante Torre della Pelosa – ein stumpfkegeliger Schieferturm aus dem 16. Jahrhundert, der dem karibisch anmutenden, kurzen Sandstreifen seinen Namen gegeben hat. Zur Saison bevölkern Touristen aus aller Herren Länder den Strand. Wirklich traumhaft ist es dort daher nur im Frühjahr und Herbst, wenn vom Meer her schon oder immer noch ein laues Windchen weht und die seichte Brandung mit einem Plätschern im Sand ausrollt. Kein Gedränge, kein Gebrüll, keine Bars – genau der richtige Ort, um abzuschalten.

Ein Stück Wildnis am Capo Falcone

Am Nordende der Halbinsel stürzt ein großer Schieferfels steil in das tiefblaue Meer hinab: im Westen schroffe von Wind und Meer umtoste Klippen, in deren Felsspalten noch der Wanderfalke nistet, im Osten ruhige, seicht abfallende Strände mit kristallklarem Wasser. Das Capo Falcone verkörpert die Kraft von Meer und Wind. Den Camper lässt man gleich hinter der Straßengabelung auf dem kostenpflichtigen Parkplatz links stehen. Von der Landspitze hat man einen atemberaubenden Blick auf das glasklare Wasser, die Torre della Pelosa, die Isola Piana und die Asinara-Insel. An der Westseite des Kaps ragt ein weiterer Wachturm 189 Meter ü. d. M. in den Himmel: Die 1577 errichtete Torre del Falcone, die bei gutem Wetter einen unvergesslichen Blick bis nach Porto Torres und Castelsardo freigibt. Ein perfekter Ort, um auf das Meer zu schauen und dieses wunderbare Gefühl von Freiheit in sich zu fühlen.

STELL- UND CAMPINGPLÄTZE

WOHNMOBILSTELLPLATZ LA PINETA

SP34, 22, 07040 Stintino SS, stintinocamper.it, GPS: 40.868989, 8.236457. Der Name passt, hier campt man unter Pinienbäumen und bekommt alles, was man sich wünscht. Ver- und Entsorgung, Sanitär, Strom und sogar Brötchenservice vorhanden. Um den Platz herum ist allerdings nichts.

TOP ★ ERLEBNISSE

★ AUSFLUG ZUM EINSTIGEN GEFANGENENLAGER

Auf der vor dem Capo Falcone schlummernden Insel Asinara waren jahrelang schwere Jungs inhaftiert. Einst saßen hier die schlimmsten Verbrecher Italiens ein. Heute ist das Eiland ein Naturreservat und eine der letzten Bastionen vieler bedrohter Tierarten, darunter Blattfingergeckos, Wanderfalken, Mufflons und die berühmten weißen Esel. parcoasinara.org

★ KIRCHENBESUCH

Imposant und anmutig zugleich: Die Basilika des heiligen Gabinus im nur 17 Kilometer von Stintino entfernten Porto Torres ist nicht zu übersehen. Die Kirche aus dem 11. Jahrhundert ist eines der größten Beispiele romanischer Architektur und mit ihrem ausgedehnten Langhaus und den zwei endständigen Apsiden ein Unikat auf der Insel. comune.porto-torres.ss.it

★ NASCHEN

Ein knuspriger Pfannkuchen aus Kichererbsenmehl: Die Fainè ist eine Spezialität, die besonders im Raum Porto Torres und Sassari verbreitet ist. Die »Farinata di Ceci«, die wahrscheinlich im späten Mittelalter mit den Genuesern auf die Insel kam, ist sowohl bei Fleischessern wie auch bei Vegetariern und Veganern beliebt. Eine sehr gute Fainè findet man in Sassari bei Benito in der Via Sant'Apollinare 37 oder bei Sassu in der Via Usai 17/21.

WEITERE INFORMATIONEN
comune.stintino.ss.it/index.php

SA PRIMA ESSIA, SA SARTIGLIA, SANT'EFISIO

Sardinien ist bekannt für seine vielen Feste

Mehr als 1000 Feste prägen den Jahresverlauf auf Sardinien, denn nahezu jedes Dorf hat einen eigenen Feiertag. Daneben bestimmen Faschings-, Oster- und Erntefeste sowie traditionelle Festumzüge den Verlauf des Jahres. Viele der Dorffeste sind mehr als bloßes Zusammensein. Da werden Partnerschaften angebahnt, Gelübde eingelöst, Traditionen bewahrt und überliefert.

Am 16. Januar riecht es in vielen Dörfern nach Lagerfeuer und Mandelgebäck, dazu tränt ein rubinroter Wein im Glas. Auf etlichen Plätzen werden nach Leibeskräften Baumstämme für das Antoniusfeuer aufgetürmt. Die brennenden Scheiterhaufen haben ihren Ursprung in der Wintervertreibung. Das archaische Feuer erweckt ein Zusammengehörigkeitsgefühl. Die Menschen stehen beieinander, und »der Wein und das Gebäck für alle« haben ihren ganz besonderen Reiz. Das Antoniusfeuer kündigt auch immer das Fasching-Opening »Sa Prima Essia« am 17. Januar in Mamoiada an, bei dem eine Schar bizarrer Zottelviecher mit Gruselmaske durch die Straßen des Dorfes zieht. Diese Tradition, die wohl erst im Lauf der Zeit dazukam, ist heute so beliebt, dass man sich zeitig einfinden muss, um einen guten Zuschauerplatz zu ergattern.

Jecken messen sich beim Reiter-Wettstreit »Sa Sartiglia«

Zu den größten Faschingsfesten auf Sardinien gehört der Karneval in Oristano. Bei »Sa Sartiglia« messen sich zahllose Reiter in ihrer Fertigkeit, im Galopp mit dem Degen zielsicher einen im Wind schwingenden Stern zu treffen und aufzuspießen. Die daran anschließenden »Pariglie« sind nichts für schwache Knochen, denn bei den Einzel- und Gruppenfiguren auf dem Rücken der galoppierenden Pferde sind auch Voltigier- und Akrobatikkünste gefragt. Wie viele andere Dorffeste auf der Insel galt »Sa Sartiglia« einst als eine Art Brautschaufest. Die prächtigen Kostüme und der Wagemut der Burschen waren bei der Damenwelt einstmals sehr beliebt. (facebook.com/SaSartiglia)

Unheimliche Kapuzenprozessionen in der Karwoche

Kapuzenträger, Holzkreuze, Klagegesänge, Böllerschüsse und Honignougat: In der Karwoche und an Ostern besinnen sich die Sarden auf ihre Tradition. Am stillen Montag ziehen Gläubige unter weißen Kutten und Kapuzen in einer unheimlich anmutenden Prozession durch die Gassen von Castelsardo. In Alghero beleuchten betende Kirchengänger am

Pferde mit geschmücktem Schirrzeug und tollkühne Reiter sorgen jedes Jahr für aufsehen in Oristano.

Typisches Büßergewand bei der Mysterienprozession im südwestlichen Iglesias

Die Osterprozessionen gehören in Cagliari zu den wichtigsten Veranstaltungen in der Karwoche.

Karfreitag mit ihren Kerzen die Kreuzabnahme und Grablegung Jesu. Gewehr- und Pistolenschüsse peitschen am Ostersonntag durch die Straßen und Plätze von Oliena. Christi Erfüllung des göttlichen Erlösungsauftrags wird mit Böllern, Musik und Tanz gefeiert. Auf die Ostervöllerei folgt am Ostermontag das Honignougat-Fest »Sagra del Torrone« in Tonara.

Frommes Gelübde zu Ehren von »Sant'Efisio«

Von 1652 bis 1656 plagte die Pest die Menschen in Cagliari. In ihrer Not schworen sie, dem Sant'Efisio zu huldigen, falls der Seuche Einhalt geboten werde. Dabei wollten sie die Figur des Heiligen von Cagliari über Pula bis nach Nora tragen, wo Ephisius im Jahr 303 den Märtyrertod starb. Tatsächlich ließ sich die Pest besiegen. Seitdem lösen die Sarden ihr Gelübde alljährlich vom 1. bis 4. Mai mit einem großen Volksfest, einer bunten Trachtenschau und einer vier Tage währenden Prozession ein. (festadisantefisio.it)

Mit der Nelke, Symbol des Barfußrennens, zollen die Läufer dem Heiligen Respekt.

Barfußrennen »Corsa degli Scalzi«

Hunderte Menschen drängen sich in Cabras jedes Jahr am ersten Samstag im September rechts und links entlang der Hauptstraße und lassen nur eine schmale Gasse für den schwankenden 40-Kilo-Schrein des Salvator Mundi frei. Männer und Burschen tragen barfuß die Statue des Heilands ins knapp sieben Kilometer entfernte San Salvatore di Sinis. Nach den Strapazen, so ist es heute noch üblich, werden Vernaccia-Flaschen entkorkt und Meeräschen gegrillt. Denn bei der »Corsa degli Scalzi« geht es nicht nur um einen Bittgang, sondern auch ums Essen.

Die Torre und Piazza di Porta Terra: Der imposante Turm war der einzige Zugang von der Landseite (oben). Blick auf Algheros Altstadt mit der Kathedrale und der barocken Jesuitenkirche (rechte Seite unten). Die Faszination der Neptungrotte wird durch eine unbeschreibliche Welt der Farben ausgelöst (rechte Seite oben).

105 IM ZEICHEN DER KRONE VON ARAGÓN – ALGHERO

Katalanische Enklave auf Sardinien

Aus der kuriosen Sprachinsel Alghero, in der man Katalanisch spricht, stammen nicht nur edle Weine und erlesenes Olivenöl, sondern auch köstliche Langusten und kostbarer Korallenschmuck. Nur einen Steinwurf entfernt liegen die lange Strandpromenade und ein herrlicher, von Pinien eingerahmter Sandstrand.

Das Städtchen an der berühmten Korallenriviera ist ein wahres Schmuckstück. Mehrere prachtvolle Kirchen aus dem 14. bis 16. Jahrhundert erheben sich aus dem Labyrinth hoher Häuserfronten und enger, gepflasterter Gassen. Die farbenprächtige Majolikakuppel der barocken Jesuitenkirche Chiesa di San Michele und der achteckige Glockenturm der Kathedrale Santa Maria aus gotisch-katalanischer Gründungszeit sind schon von Weitem zu sehen. Nicht weniger prachtvoll sind die meterdicken Mauern und Bastionen der mittelalterlichen Befestigungsanlage mit großzügigem Meerblick.

Die ganz besondere Atmosphäre der alten, von Genuesern, Spaniern und Piemontesern regierten Stadt erschließt sich am besten in der bezaubernden Altstadt. Wo man auch hinschaut, in allen Ecken und Winkeln begegnet man auf Schritt und Tritt Geschichte zum Anfassen: Adelsfamilien, Aragoni Konquistadoren und das italienische Königshaus Savoyen haben in Türmen, Gotteshäusern, Fassaden und Balustraden ihre Spuren hinterlassen. Es war die genuesische Familie Doria, die die Stadt im 11. Jahrhundert befestigte und zum Schutz gegen die Pisaner eine solide Festung errichtete. Im 14. Jahrhundert eroberte Peter IV., König von Aragón, das Städtchen. Unter der fast 400 Jahre währenden spanischen Herrschaft entstand eine katalanische Enklave, losgelöst von der sardischen Welt, die sie umgab. Die mächtigen Basteien wurden verstärkt und die katalanische Mundart eingeführt. Erst im 18. Jahrhundert fiel Alghero an Savoyen.

STELL- UND CAMPINGPLÄTZE

WOHNMOBILSTELLPLATZ S'ABBA DRUCHE

SP49, km 4, 08013 Bosa OR, abbadruche.it, GPS: 40.316340, 8.473512. Einfacher Stellplatz, aber herrliche Lage direkt am Strand. Zunächst fährt man durch ein Wäldchen, doch sobald sich das weitet, blickt man aufs Meer und kann sich ausbreiten. Shop und Restaurant vorhanden.

Stadt der Palazzi und Türme

Der alte Stadtkern, an drei Seiten vom Wasser umgeben, ist nicht groß und lässt sich in ein paar Stunden erkunden. Verwinkelte Gassen führen vorbei an kleinen Häusern, malerischen Wehranlagen, beleibten Türmen, schattigen Plätzen und herrlichen, mehrere Hundert Jahre alten Palazzi. Ein katalanischer Prachtpalast ist der Palazzo D'Albis aus dem 15. Jahrhundert mit spitzbogigen Zwillingsfenstern. Hier soll sogar Karl V. schon logiert haben. Eine ganz besondere Attraktion ist auch die gotisch-katalanische Chiesa di San Francesco aus dem 14. Jahrhundert mit romanischem Kreuzgang aus Sandstein. Das Kirchlein mit schlichter Fassade wurde im 16. Jahrhundert erweitert und weist Stilmerkmale verschiedener Epochen auf. Sehenswert sind auch die Wehrtürme Torre Sulis, Torre di San Giovanni und Torre di San Giacomo sowie die Torre Porta a Terra, die eine schöne Terrasse und einen kleinen Saal beherbergt, wo ein historisches Stadtmodell das Bild einer mittelalterlichen Kleinstadt zeigt. Hoch oben auf den Bastioni Marco Polo wartet ein Platz, von dem man einen guten Überblick hat: auf die malerische Altstadt, wo zur Saison Einheimische und Touristen gleichermaßen flanieren, auf das endlos weite Meer und auf das ellenlange Capo Caccia, das aus der Ferne betrachtet wie ein schlafender Riese aussieht.

Der wahre Schatz liegt vor den Toren des Städtchens

Von der idyllischen Altstadt sind es nur ein paar Schritte zum pittoresken Fischer- bzw. Jachthafen und zur herrlichen Promenade von Alghero. Der weiße Sandstrand ist die Trumpfkarte Algheros. Das wussten schon betuchte Briten und Könige, die sich bereits zu Zeiten der Belle Époque hier niederließen oder zur Sommerfrische an die Korallenküste kamen. Das lange, sich kilometerweit bis nach Fertilia ziehende Sandband dient den Algheresi heute als Hausstrand. Auf der Nordseite, am Ortsausgang, lockt der schöne, breite Badestrand Spiaggia di Maria Pia mit feinem, weißem Sand und vom Wind verwehter Dünenkulisse, uraltem, knorrigem Wacholder sowie den allgegenwärtigen Pinien im Hintergrund. Auf der Südseite, am Lido di San Giovanni mit Blick auf den Hafen und die Masten der im Wasser dümpelnden Segelboote und Jachten, lässt es sich hingegen wunderbar chillen und flanieren. Besonders vor Sonnenuntergang sind die Promenade und die kleinen Strandbars ein beliebter Treffpunkt zum Schlendern und Entspannen. Wer will, kann sich nach den Strapazen des Sightseeings in den Sand setzen und den romantischen Anblick der untergehenden Sonne genießen.

TOP ★ ERLEBNISSE

★ SHOPPEN

Antonio Marras, der bis 2011 als künstlerischer Leiter für Kenzo tätig war, zählt zu den bedeutenden Modemachern Italiens. Heute entwirft der Designer aus Alghero Outfits, die an die sardische Tradition anknüpfen. Wer Mode liebt, sollte seine Boutique in der Piazza Civica 9 besuchen.
antoniomarras.com

★ WEINVERKOSTUNG

Eine Attraktion für Freunde eines edlen Tropfens ist der Besuch der alten Kellerei Sella & Mosca. Bei einer Führung hat man die Möglichkeit, den historischen Holzfasskeller und das gutseigene kleine Weinbaumuseum zu besichtigen. Außerdem gibt es auf dem Anwesen der Domäne eine urgeschichtliche Nekropole zu bestaunen.
sellaemosca.com

★ HÖHLENLABYRINTH

Aus der Ferne betrachtet mutet das steil aufragende Capo Caccia wie die Silhouette eines schlafenden Riesen an. In seinem Bauch erstreckt sich ein verworrenes Labyrinth aus beeindruckenden Höhlen. Die berühmteste von allen ist die dem römischen Gott des Meeres gewidmete Grotta di Nettuno, die sowohl mit dem Boot als auch zu Fuß über eine steile Treppe mit 656 Stufen zu erreichen ist.
grottadinettuno.it

WEITERE INFORMATIONEN
algheroturismo.eu

Alghero in der Abenddämmerung. Der majestätische Wehrturm Torre Sulis wurde einst zur Verteidigung gegen Übergriffe vom Meer errichtet. Seinen Namen trägt der Turm zu Ehren des sardischen Revolutionärs Vincenzo Sulis, der dort 22 Jahre lang eingeschlossen war.

106 BURG MIT MALERISCHER ALTSTADT – BOSA

Hier zeigt sich Sardinien von seiner gelassenen Seite

Das mittelalterliche Städtchen gilt als einer der schönsten Orte der gesamten Insel. Die verwinkelten Gassen ziehen sich steil den Hügel hinauf, auf dem das Castello dei Malaspina thront. Das Häusergewürfel leuchtet in frischem Pastellrosa, Apricot und Blau. Am Kai flicken Fischer ihre Netze, und vor der palmengesäumten Uferpromenade gleiten Fischerboote langsam über den Temo hinaus aufs Meer.

Bosa ist unbestritten das Aushängeschild der mittleren Westküste. Ruhig liegt das Städtchen mit seinen mittelalterlichen Gassen in einem fruchtbaren Tal, durch das der Temo in kleinen Serpentinen sein Wasser führt, bevor er im azurblauen Mar di Sardegna mündet. Im Hintergrund ragen die trutzigen Mauern der Burg des Markgrafen von Malaspina würdevoll aus der macchiabedeckten Hügellandschaft empor.

Wie aus dem Bilderbuch

Die sanften Anhöhen und Ebenen am Flussufer sind von umwerfender Schönheit und bescheren den Winzern sonnengereifte, weiße Reben. Am Fuß des Schlosses liegt die mittelalterliche Altstadt Bosas. In den schmalen gepflasterten Straßen von Sa Costa strahlen die einst glanzvollen, heute in die Jahre gekommenen Palazzi den Charme vergangener Zeiten aus. Auch die prächtigen barocken Kirchen wie die Kathedrale der Immacolata oder die Madonna del Rosario mit ihrer riesigen Uhr von 1875 ziehen Besucher in ihren Bann. Die idyllische Piazza Costituzione mit Brunnen aus Marmor und rotem Trachyt lädt zum Verweilen oder zur Einkehr in eine Bar ein, die den vollmundigen Malvasia-Wein stilecht in kleinen Gläsern serviert. Hier und da kann man den Frauen beim Netzknüpfen über die Schulter blicken, wenn sie ihre Stühle vor die Haustüren rücken und sich über den Filetgrund beugen.

Herrlicher Ausblick über Bosa, das Häusermeer, den Temo-Fluss und das Meer (unten). Via Sas Conzas: alte Gerberhäuser am linken Flusslauf des Temo. Die ersten Handwerksbetriebe wurden bereits im 17. Jahrhundert urkundlich erwähnt (rechte Seite oben). Schabernack mit Familie (rechte Seite unten).

Majestätische Burgruine

Das im 12. Jahrhundert erbaute Castello dei Malaspina besticht mit seiner besonderen Lage. Auf dem 81 Meter hohen Hügel von Serravalle ragt majestätisch das Kastell des Grafengeschlechtes aus der Lunigiana aus der duftenden Macchia empor. Von hier öffnet sich ein spektakulärer Blick über die verschachtelten roten Altstadtdächer Bosas, den Fluss und das grüne Temo-Tal. Wehrhaft und idyllisch zugleich ist die mittelalterliche Festung mit ihren Aussichtstürmen, Wehrgängen, Bastionen und Kanonen das Ergebnis jahrhundertelanger Um- und Ausbaumaßnahmen. Um 1112 ließ die italienische Adelsfamilie das Schloss als Palais errichten. Im 14. Jahrhundert wurde das ursprüngliche Gemäuer zu einer Festung ausgebaut. Um eine noch bessere Verteidigung zu ermöglichen, verstärkten die Aragonier das Schloss im 15. Jahrhundert mit einer gewaltigen Burgmauer und weiteren wuchtigen Türmen. Zwei Jahrhunderte später endet die eigentliche Geschichte des Burgbaus, denn die folgenden Jahrzehnte standen vor allem im Zeichen der Räumung und der Zerstörung.

Zu den Attraktionen bei einem Rundgang zählt auch die Via Sas Conzas mit ihren Gerberhäusern am etwas träge dahinfließenden Temo. Bosa war früher eine wahre Gerber-Hochburg. Der Fluss lieferte das nasse Element, die Schafe das Fell und der Macchia-Wald die Lohe. Um 1800 waren am linken Flusslauf, kurz vor dem Ponte Vecchio, mehr als 28 Gerbereien ansässig. Knapp 100 Jahre später waren es nur noch die Hälfte. Als sich die Zahl der Handwerksbetriebe auch im 20. Jahrhundert weiterhin reduzierte, blieb im Jahr 1962 nur noch die Schließung der letzten Gerberei.

Sitzt man auf der herausgeputzten und von Kuttern gesäumten Uferpromenade Via Lungo Temo, kann man den ehemaligen Trubel am gegenüberliegenden Ufer nur noch erahnen. Heute atmet man hier die frische Luft, die ein angenehmer Wind von der blauen Küste her bläst. Die frische Brise erinnert einen auch ständig daran, dass man nah am Meer ist. Ockergelb und an windigen Tagen geschützt vor der grollenden Brandung dehnt sich an der Flussmündung der rund ein Kilometer lange Sandstrand von Bosa Marina aus, der sich wegen seiner leichten Grobkörnigkeit im Sommer großer Beliebtheit erfreut. Davor ragt ein trachytfarbener Sarazenenturm auf der Isola Rossa in den Himmel.

STELL- UND CAMPINGPLÄTZE

AGRICAMPING SU'E LENTU

Via Regennara, 08013 Bosa OR,
GPS: 40.312038, 8.529459. Sehr einfacher Campingplatz im Stil des Ökotourismus vor den Toren der Stadt. Ruhige Lage, spärliche Ausstattung, aber dafür viel Erholung.

TOP ★ ERLEBNISSE

★ KUNST IM PALAZZO

Die in einem Palazzo aus dem 19. Jahrhundert untergebrachten Ausstellungsräume der Casa Deriu erstrecken sich über drei Etagen. Gezeigt werden die Werke des Bosaner Künstlers Melkiorre Melis, Handwerksobjekte und wechselnde Kunstausstellungen. Als ein Höhepunkt gilt die vollständig eingerichtete Stadtwohnung im zweiten Stock.
bosaturismo.it

★ ABWECHSLUNGSREICHE BAHNFAHRT

Wer nach Strand, Altstadt und Gerbermuseum noch Lust auf mehr hat, steigt in den Trenino Verde ein. Die sardische Schmalspurbahn rasselt von Bosa Marina durch das herrliche Inland bis nach Macomer. Die knapp 46 Kilometer lange Fahrt ist eine atemberaubende Reise der Gegensätze.
treninoverde.com

★ KARNEVALSTRADITIONEN

Wenn Karneval kommt, sind die Bosani anders. Am Faschingsdienstag verwandelt sich das mittelalterliche Städtchen unter der Herrschaft von schwarz gekleideten Klageweibern in ein Tollhaus. Nach Sonnenuntergang treten die Klageweiber ganz in Weiß auf. Sie jagen den Giolzi – das lasterhafte Treiben. Dabei machen sie vor niemandem halt, und leuchten den Menschen sogar unters Gewand.

WEITERE INFORMATIONEN
comune.bosa.or.it

An der kilometerlangen naturbelassenen Spiaggia di Piscinas (oben). Direktionsgebäude der Miniera d'Ingurtosu e Gennamari (rechte Seite oben). Gleitschirmflieger an der Spiaggia di Scivu. Ein leichter Wind sorgt für optimale Bedingungen (rechte Seite unten).

107 FAST WIE IN DER SAHARA – COSTA VERDE

Sardiniens unberührte, wilde Seite

Zwischen dem Capo Pecora im Süden und dem Capo Frasca im Norden breitet sich an der einsamen Costa Verde eine beinahe surreal anmutende Welt aus gigantischen Sanddünen, verlassenen Bergwerksdörfern und blaugrün funkelndem Wasser aus. Hier liegen einige der längsten und einsamsten Strände der Insel, die zum Teil nur auf staubigen Schotterpisten oder langen Serpentinen zu erreichen sind.

Es gibt Straßen, große Maschinenhallen, alte Waschanlagen, schmucke Verwaltungsgebäude, ein modernes Krankenhaus, eine private Schule und eine Filiale der Post. Das Bergwerk Ingurtosu sieht fast genauso aus wie zum Zeitpunkt seiner Schließung. Nur die Kumpels mit den kohleverschmierten Gesichtern, die die lauten Druckluftwerkzeuge bedienten, fehlen …

Über Hunderte von Jahren haben sich Bergleute bei Arbus durch die Vallata delle Anime, die »Talebene der Seelen«, gegraben – auf der Suche nach verborgenen Mineralien. Seinen Anfang nahm das Abenteuer im Jahr 1857. Als sich die französische Société Civile des Mines d'Ingurtosu et Gennamari die Abbaurechte für Grubenfelder in Ingurtosu, Naracauli, Gennamari, Bau, Pitzinurri und Bidderdi sicherte und große Mengen Galenit und Zinkblende zutage förderte. Eingebettet zwischen sanften grünen Hügeln, nur wenige Kilometer von der Zeche von Montevecchio entfernt, entstanden die ersten Schächte, Stollen und Bahngleise, eine Waschanlage und eine Grundschule. Als man 1898 weitere gewaltige Erzadern entdeckte, gingen die Grubenfelder an die Pertusola Mining Ltd. Company über. Unter der Leitung von Lord Thomas Alnutt Brassey aus London wurde das Bergwerk erweitert und modernisiert. Man schuf neue Schächte, eine mechanische Waschanlage und ein Krankenhaus, in dem über Jahre wissenschaftliche Studien zur Vorbeugung gegen die Kiesellunge entwickelt und ausgewertet wurden. Mit viel Geld und Größenwahn sollte Ingurtosu das

Der Strand von Scivu ist usprünglich und von großem ökologischen Wert (unten). Akkordeonspieler begleiten die Antonius-Prozession mit ihren Melodien (ganz unten). Der erste schriftliche Beleg über die Festa di Sant'Antonio da Padova in Arbus stammt aus dem Jahr 1694 (rechte Seite oben). Auch das Besucherbergwerk »Montevecchio« bei Guspini wirkt wie ein großes Freilichtmuseum (rechte Seite unten).

bedeutendste Bergwerk der Insel werden – mitten im sonnenbeschienenen Wald, wo der Rio Irvi in vielen Kehren durch das Tal und an gigantischen Dünen vorbei bis ins türkisgrüne Meer fließt.

Päpstlicher Obolus fürs Seelenheil

Sogar Pius X. spendete Anfang des 20. Jahrhunderts 20 000 Lire für das Seelenheil der Arbeiter und unterstützte den Bau der Chiesa di Santa Barbara, die 1916 bei Ingurtosu eingeweiht wurde. Doch die Zechenleitung war zu optimistisch, und mit den Erzen war Ende der 1960er-Jahre Schluss. Durch die beiden Weltkriege, die darauffolgende Wirtschaftskrise und die gesunkenen Metallpreise reduzierte sich die Belegschaft des Bergwerks drastisch, bis die Mine 1968 geschlossen wurde. Heute ragt hier noch der Obelisk in den Himmel, den die Zechenarbeiter Lord Brassey zugedacht haben. Auf einer Hügelspitze thronen die Villa Wright und die Villa Ginestra aus blank geputztem Granit. Arbeiterwohnungen und Schächte säumen die Straßen. Nur die Menschen fehlen. Fast 50 Jahre nach der Schließung leben dort, wo einst Tausende von Grubenarbeitern wohnten, weniger als 20 Personen.

Einsame, lebendige Welt

Der Duft von Salz strömt aus dem Meer, wilder Wacholder und Büschel von Esparto-Gras wachsen in den gigantischen Dünen von Piscinas. Westlich von Ingurtosu, wo früher die sortierten Erze mit der Bahn zum Strand transportiert wurden, um dann auf Schleppkähne geladen zu werden, erstreckt sich die größte Wüstenlandschaft Sardiniens. Wie ein weiter Ozean ziehen sich die sanft geschwungenen, goldgelb leuchtenden Sandberge fast drei Kilometer an der Küste entlang. Unberührt, bizarr und beinahe wie ausgestorben wirkt dieser Landstrich auf den ersten Blick. Doch wer sich zwischen den Dünen verliert, spürt, dass sie voller Leben sind. Trotz der Trockenheit haben sich Pflanzen und Tiere perfekt an diese Wüstenlandschaft angepasst. Wacholderbüsche und Mastixbäume krallen ihre Wasser speichernden Wurzeln tief in den feinen Sand. Im Frühling blühen wilde Lilien, Levkojen und Sandmohn.

Mit etwas Glück kann man am späten Nachmittag den Sardischen Hirsch beobachten, wie er durch die ockerfarbenen Sandhügel springt. Oder den Wanderfalken, wie er majestätisch durch die Lüfte segelt. In lauen Sommernächten kommen sogar die Weibchen der Unechten Karettschildkröte *(Caretta caretta)* bei Dunkelheit aus dem Meer. Sie kriechen an den Strand und graben flache Gruben, in die sie ihre Eier ablegen. Nach

etwa 50 bis 60 Tagen krabbeln die frisch geschlüpften Schildkrötenbabys vom Mondlicht geführt zurück ins dunkle Wasser.

Die sardische Sahara

Einen wirklichen Eindruck von der Ausdehnung der »sardischen Sahara« erhält man, wenn man eine dieser vom Seewind genährten Dünen erklimmt. Mit ihren bis zu 60 Metern sind sie höher als das Kolosseum und zählen zu den höchsten Wanderdünen Europas. Oben pfeift der Wind und weht eine Erdschicht über den Dünengipfel. Der Ausblick auf die Millionen Kubikmeter Sand, die sich knapp zwei Kilometer ins Landesinnere hineingefressen haben, die umliegenden grünen Berge und das blaugrüne Wasser ist atemberaubend. Am unberührten Strand, an dem noch die Reste einiger Bahngleise mit rostigen Loren zu sehen sind, ist man fast unter sich. Hier kann man entspannt sonnenbaden, zu einem untergegangenen Schiffswrack hinabtauchen oder dem Wellenrauschen lauschen. Am Ende des Tages wartet das Schauspiel des Sonnenuntergangs, der alles in ein warmes orangefarbenes Licht taucht.

... und die Luft schmeckt nach Salz

Nur wenige Kilometer südlich von Piscinas liegt der Strand von Scivu. Er ist einer dieser wunderbar einsamen Flecken, wie man sie nur noch im Westen der Insel findet. Hier gibt es keine Ortschaft, kein Gebäude, und in der Nebensaison trifft man kaum auf andere Menschen. Dafür gibt es abschüssige Sandsteinwände und meterhohe Dünen, immergrüne Macchia und kristallklares Meer. Vor allem die unterschiedlichen Farbtöne machen den südlichen Zipfel der Costa Verde zu einer faszinierenden Landschaft. Grün-, Gelb- und Blautöne überwiegen neben selteneren dunklen und roten Nuancen. Der beständige Wind treibt schneeweiße Wölkchen vor sich her, und die Luft schmeckt nach Salz.

Die idyllische Stille wird hin und wieder vom Kreischen der Möwen unterbrochen, ansonsten ist man mit sich und der Welt allein. Wegen des guten Wetters, der richtigen Thermik und des konstanten Windes ist Scivu nicht nur ein Eldorado für Surfer, sondern auch für Gleitschirmflieger, die hier mit Nylonschirm, Leinen und Gurtzeug gekonnt über die Dünenspitzen gleiten. Aber auch ein zauberhaftes Hideaway für Romantiker. Denn hier kann man wunderbar im Sand liegen, und wenn zur Abendstunde die Sonne am Horizont untergeht, tunken ihre letzten Strahlen die Sandsteinfelsen in ein herrliches Rot.

STELL- UND CAMPINGPLÄTZE

CAMPING SCIOPADROXIU

Strada Ingurtosu, 09031 Arbus SU, campingsciopadroxiu.com, GPS: 39.524866, 8.474166. In einem kleinen ruhigen Tal gelegen, nur wenige Gehminuten bis zur Dünenlandschaft. Die Anfahrt sollte man aber mit viel Geduld und Gelassenheit in Angriff nehmen.

TOP ★ ERLEBNISSE

★ ZWISCHEN DÜNEN SCHLAFEN

Die schönsten Sanddünen Sardiniens hat der Piscinas Strand bei Arbus. Wer in den Dünen logieren möchte, kann im Hotel Le Dune Piscinas unterkommen. Im 19. Jahrhundert wurden hier die Mineralien aus dem nahe gelegenen Bergwerk gelagert. Heute können Gäste in einer Suite mit Meerblick schlafen. ledunepiscinas.com

★ FEST DES HEILIGEN ANTONIUS

Das größte Wallfahrtsfest der Südwestküste hat seinen Auftakt jedes Jahr Mitte Juni in Arbus. Im Laufe der vier Tage dauernden Feier wird das Standbild des heiligen Antonius von Padua zu Fuß ins knapp 35 Kilometer entfernte Sant'Antonio di Santadi gebracht. Nach der Prozession gibt es auch immer etwas Leckeres für den Gaumen und abends ein großes Feuerwerk. festasantantonio disantadi.com

★ SCHAUBERGWERK

Zink und Blei: Die Mine von Montevecchio gehört zu den größten Bergbaulandschaften im Südwesten von Sardinien. Bereits 1848 schürften die Bergleute bei Guspini nach den ersten Schwermetallen. Erst 1991 – fast 150 Jahre später – wurde die Miniera di Montevecchio geschlossen. Heute können Urlauber das Bergwerk besichtigen. minieradimontevecchio.it

WEITERE INFORMATIONEN
prolocoarbus.it

108 ALT TRIFFT MODERN – CAGLIARI MIT CASTELLO-VIERTEL

Steinerne Zeugen des Mittelalters

Nach der Gründung durch die Phönizier wurde Cagliari im Mittelalter von den Pisanern erobert und zu einer beinahe uneinnehmbaren Festung ausgebaut. Mächtige Schutzwälle, trutzige Türme, alte Kirchen und verwinkelte Gassen bestimmen das »Castello«. Heute, fast 800 Jahre nach dem Bau des Kastells, ist das alte Burgviertel in der Oberstadt das schönste Aushängeschild der südlichen Inselmetropole.

Lebendig und abwechslungsreich, überschaubar und idyllisch, mehr als 2800 Jahre alt und dennoch modern geblieben: Das alles ist Cagliari, und genau diese Mischung macht für viele Besucher ihren Reiz aus. Die Nordafrika zugewandte und von riesigen Salzseen umgebene Metropole im Süden der Insel ist Sitz des gleichnamigen Erzbistums und hat ihren historischen Charakter bewahrt. Sie gilt für viele als eine der schönsten Städte Sardiniens. Sie ist das wirtschaftliche, politische und kulturelle Zentrum der Insel – hier wird regiert, gewirtschaftet, geplant und geforscht.

Viele Besitzer und eine bewegte Geschichte

Die vier Ortsteile der Altstadt bilden das Zentrum der etwas mehr als 150 000 Einwohner zählenden Gemeinde. Auf dem Schlossberg, auf dem die Pisaner im 13. Jahrhundert eine Burg errichteten, liegt das malerische, mittelalterliche Castello-Viertel. Unterhalb der mächtigen Festungsmauern und um den Stadthügel herum erstrecken sich die hübschen Gassen und Fassaden der weiteren drei Stadtteile: das Hafenviertel La Marina, Stampace, das Viertel der Händler und Kunsthandwerker, sowie Villanova, der Bezirk, in dem die Bauern einst ihre Felder und Weingärten hatten. Geschichte geschrieben wurde in Cagliari freilich schon viel früher. »Tyrio fundata potenti«: Mit diesen Worten beschrieb Claudian, der bedeutende lateinische Dichter der Spätantike, die Gründung von Karalis durch die Phönizier im 8. Jahrhundert v. Chr. Später sammelten Punier, Römer, Vandalen und Byzantiner hier ihre Truppen, um die gesamte Insel zu erobern.

Wie Rom liegt Cagliari auf sieben Hügeln (unten). Nahe beim Elefantenturm bietet der Bastione di Santa Croce einen der schönsten Panoramablicke des Burgviertels (rechte Seite oben). Sardiniens größtes Volksfest, die farbenfrohe Sagra di Sant' Efisio (rechte Seite unten).

Das große Volksfest zu Ehren des Heiligen Ephysius startet alljährlich auf dem Kirchplatz der Chiesa di Sant'Efisio (unten). Das Libarium Nostrum ist ein angesagtes Lokal der Cagliaritaner Szene (ganz unten). Die Apixedda eignet sich perfekt für eine Stadtrundfahrt (rechte Seite oben). Seit Jahrzenten schon gibt es Kolonien wilder Flamingos in Cagliari (rechte Seite unten).

Zur 1. Jahrtausendwende wurde Cagliari freie Stadt und das mächtigste der vier Judikate der Insel. Noch einmal knapp zwei Jahrhunderte später eroberte Lamberto Visconti di Eldizio diesen wichtigen Handels- und Hafenplatz. Auf einem Kalkmassiv gründeten die Pisaner das befestigte Castel di Castro. Bereits knapp hundert Jahre später kam die Stadt in den Besitz der Krone Aragóns, die das mächtige Kastell einnahm und belagerte. Die Burgherren wurden vertrieben und siedelten sich in der Marina an. Erst der Spanische Erbfolgekrieg Anfang des 18. Jahrhunderts beendete die Ausbeutung durch Aragonien. Danach gelangte Cagliari

für Jahre in den Besitz des Hauses Savoyen. Trotz heftigen Bombenhagels im Zweiten Weltkrieg sind viele Spuren und Zeugnisse der wechselhaften Stadtgeschichte erhalten geblieben.

Stadtteil mit mittelalterlichem Gesicht

Schmale Gassen, von denen einige mit Rundbogen überspannt sind, ein Stadttor mit eindrucksvollem Fallgitter, dazu mittelalterliche Fassaden und Kopfsteinpflaster, wohin das Auge reicht: Im 1217 gegründeten Burgviertel Castello scheint die Zeit stehen geblieben zu sein. Viel Fantasie braucht der Besucher des 21. Jahrhunderts nicht, um sich hier edle Ritter in blitzenden Kettenhemden auf reinrassigen Rössern und liebliche Burgfräulein mit ihren Zofen und Mägden vorzustellen. Das auf einem Kalkmassiv ruhende Schlossviertel erinnert mit seinem geschlossenen Mauerring und seinen Wachtürmen immer noch an die wehrhafte Stadt der Pisaner. Einst lebte an diesem Ort nur der Adel. Regierung, Verwaltungsbeamte und Klerus hatten hier ihre prunkvollen Amts- und Wohnsitze. Die Domkirche Cattedrale Santa Maria Assunta e Santa Cecilia dominiert den Piazza-Palazzo. Um sie herum tut sich eine Welt voller großartiger Paläste auf: prachtvolle Herrschaftshäuser, das erzbischöfliche Palais, die kleine Chiesa di Nostra Signora della Speranza, das frühere Rathaus, einst Sitz der spanischen und piemontesischen Vizekönige, sowie der Königspalast, in dem heute die Präfektur residiert. Wer am Fuß der Kathedrale steht, kann sich kaum vorstellen, dass die Fassade eigentlich fast neu ist. Mit dem Bau des Gotteshauses durch die Pisaner wurde im 13. Jahrhundert begonnen. Doch schon wenig später nahmen die Spanier barocke Anbauten und Änderungen am ursprünglich gotisch-romanischen Bau vor. In den 1930er-Jahren riss man die überladene Fassade ab und baute sie im pisanisch-lucchesischen Stil wieder auf. Heute

erstrahlt die helle Marmorfront mit ihren Säulenreihen, Mosaiken und eingelegten Farbrauten wieder im ursprünglichen Glanz.

Zeugnis der ehemaligen Stadtbefestigung

Zum festen Bestandteil des alten Stadtteils gehören auch die im Jahr 1305 durch den sardischen Architekten Giovanni Capula erbaute Torre di San Pancrazio im Norden sowie ihr zwei Jahre später errichteter Zwilling, die Torre dell'Elefante im Westen des Castello. Die beiden alten, zum Schlossviertel hin offenen Türme sind nicht nur eines der Wahrzeichen der Stadt, sondern überdies ein eindrucksvolles Beispiel für die Militärarchitektur des Mittelalters. Die mehr als 30 Meter hohen Tortürme dienten als Eingang zum Burgviertel. Mit seinem drohenden Fallgitter mit rostigen Spitzen zieht vor allem der Elefantenturm aus dem Jahr 1307 große wie kleine Besucher in seinen Bann. An dem kleinen Marmorelefanten über dem Durchgang wurden früher die Köpfe der Hingerichteten öffentlich zur Schau gestellt. Heute sind beide Torri als Aussichtsturm begehbar. Auf steilen Holztreppen, die die verschiedenen Etagen miteinander verbinden, gelangt man zur obersten Turmplattform, von der man einen atemberaubenden 360-Grad-Blick über die Stadt und das tiefblaue Meer hat.

Bastion mit Panoramablick

Eine herrliche Aussicht eröffnet sich auch von dem beeindruckenden Bastione di Saint Remy im Süden des Castello-Viertels. Wer von der Piazza Costituzione die 170 Stufen der imposanten Marmortreppe bis zur Aussichtsterrasse Terrazza Umberto I erklimmt, genießt einen Panoramablick über die Altstadt, den Golfo degli Angeli, die Hügel von Monte Urpino und Bonaria sowie die brackigen Lagunenseen im Hintergrund. Der klassizistische Monumentalbau mit extravagantem Triumphbogen wurde in den Jahren 1896 bis 1901 auf dem alten, aus spanischer Zeit stammenden Bastione dello Sperone neu gebaut und nach dem ersten piemontesischen Vizekönig, Filippo-Guglielmo Pallavicini, Baron von Saint Remy, benannt. Allein die Aussicht lässt einen nachvollziehen, was den berühmten englischen Schriftsteller D. H. Lawrence Anfang des 20. Jahrhunderts in Verzückung geraten ließ, als er die Stadt in einem Reisebuch beschrieb: »Ein nacktes, bernsteinfarbenes Juwel, das sich plötzlich, wie eine Rose, aus der Tiefe der breiten Bucht öffnet.«

STELL- UND CAMPINGPLÄTZE

CAMPER CAGLIARI PARK

Via Stanislao Caboni, 13, 09125 Cagliari CA, campercagliaripark.it, GPS: 39.210233, 9.127663. Zentral gelegener Stellplatz, von dem aus man gut zu Fuß in die Stadt gelangt. Auch als Übernachtungsplatz vor oder nach der Fährüberfahrt ideal. Aber kein klassischer Urlaubsort. Dafür rund um die Uhr bewacht, Strom sowie Ver- und Entsorgung vorhanden.

TOP ★ ERLEBNISSE

★ FAHRT IN DER »BIENE«

Im Kultfahrzeug der 1960er-Jahre können Besucher durch die Inselhauptstadt knattern und sich den Duft von Dolce Vita um die Nase wehen lassen. Die Fahrt in der dreirädrigen Ape (»Biene«) führt durch die historischen Stadtviertel. Zum Ende der Tour hält die Ape Calessino im Schlossviertel – in der trendigen Bar Libarium. Abfahrt: Via Roma auf der Höhe des Caffè Roma. cagliaritouring.com

★ FRISCHES VOM MARKT

Ob Tintenfisch, Miesmuscheln, Auberginen, Pfirsiche, Schafskäse oder Olivenöl: Wer fangfrischen Fisch, sonnenverwöhntes Gemüse, duftendes Obst und sardische Leckerbissen sucht, wird im Mercato di San Benedetto fündig. Die rund 8000 Quadratmeter große Markthalle in Cagliari ist der Treffpunkt für Hausfrauen, Gourmetköche und Feinschmecker. mercatosanbenedetto.it

★ FAUNA DER SALZSEEN

Im Speckgürtel der Inselhauptstadt liegen die Salinen und Lagunen von Molentargius. Die Salzseen sind Lebensraum für Tausende von rosa Flamingos, Stelzenläufer, Fischreiher sowie Kormorane und ein ideales Ausflugsziel, um zu Fuß oder mit dem Rad auf Vogelbeobachtung zu gehen. parcomolentargius.it

WEITERE INFORMATIONEN

Touristeninformation: cagliariturismo.it

Nur mit dem Boot zu erreichen: die einsame Cala dei Gabbiani hinter dem Capo Monte Santo (oben). Eingerahmt von glasklarem Wasser ragt die Perda Longa bei Baunei aus dem Meer (rechte Seite).

109 WILDE SCHÖNHEIT – GOLFO DI OROSEI

Grandiose Steilküste

Manche Traumziele rühmen sich märchenhafter Sandstrände, andere trumpfen mit grandiosen Felslandschaften auf. Der Golf von Orosei hat beides. Schmale Pfade führen zu luftigen Panoramaplätzen hoch über dem Meer, aus dem die gewaltigste Steilküste des Mittelmeerraums ragt. Oder sie dringen durch tiefe Schluchten zu bildschönen Sandbuchten vor, die sonst nur über das Wasser zu erreichen sind.

Nirgendwo sonst auf Sardinien als am Golfo di Orosei gehen Wildheit und Schönheit eine derart atemberaubende Verbindung ein: von Macchia überzogene, zerklüftete Felswände, enge Schluchten und bezaubernde kleine Sandbuchten. Der Meerbusen erstreckt sich über eine Länge von gut 40 Kilometern, von der Punta Nera nordöstlich von Orosei bis zum Capo di Monte Santu nördöstlich von Baunei. Nach Olbia im Norden sind es anderthalb Stunden, nach Cagliari im Süden etwa drei Stunden. Der Golf sieht aus, als ob ein Riese turmhohe Felswände ins Meer gewuchtet hätte. In Wirklichkeit haben die mächtigen Ausläufer des Supramonte hier ihre tonnenschwere Steinfracht in den Golf ergossen. Mit ihren hellen Kalksteintafeln, die bis zu 400 Meter aus dem glasklaren, blaugrünen Wasser ragen, ihren gewaltigen Höhlungen, tiefen Fjorden und fantastischen Panoramen hat die Landschaft fast unwirkliche Züge. In Jahrmillionen haben tosende Flüsse und rauschende Bäche tiefe, ins Meer mündende Schluchten in den Kalkstein gefräst. Zwischen den Felsen verborgen liegen winzige, verschwiegene Buchten, die nur bei einer Wanderung oder mit dem Boot zu erreichen sind. Würden zur Saison nicht die Ausflugsschiffe regelmäßig ihre Bahnen im Blau des Mittelmeers ziehen, könnte man meinen, dieser Küstenstrich sei menschenleer und unberührt.

Die beeindruckende Tropfsteinhöhle Grotta del Fico birgt noch viele Geheimnisse (unten). Der malerische natürliche Felsbogen Arco Lupiru liegt 320 Meter über dem Meer (rechte Seite oben). Aufregender Bootsausflug zur herrlichen Cala Luna im Golf von Orosei (rechte Seite unten).

Bis heute ist das Gebiet die Heimat von Eleonorenfalken, Mäusebussarden, Mufflons und Wildziegen. Wildschweine, Füchse, Marder und Wiesel streunen durch die Macchia und leben in friedlicher Eintracht mit der Natur. Mit dem Tourismus kamen vor einigen Jahrzehnten auch die Menschen – zu Fuß quer über die Küste oder mit Booten. Wo die abweisende Steilküste durch Einschnitte unterbrochen wird, ankerten sie in paradiesischen Buchten. Doch im Gegensatz zu den Inselgebieten, in denen Milliardäre seit den 1960er-Jahren Resorts und Jachthäfen gründeten, fand sich hier kein Zoll Land zum Urbarmachen. Einzig mit der ehemals verschlafenen Cala Gonone ließ sich Geld verdienen. Wo einmal eine ärmliche Ansammlung windschiefer Fischerhütten stand, dominieren heute Hotelbauten, Reihenhäuser und ein künstlich aufgeschütteter Sandstrand. Seinen plötzlichen Aufschwung verdankt der Ferienort ausschließlich der heute unter Naturschutz stehenden gigantischen Steilküste und ihren märchenhaften Buchten mit den paradiesischen Farben.

Makellose Idylle

Naturbelassen und in makellosem Weiß liegt die abgeschiedene Cala dei Gabbiani der felsigen Küste zu Füßen. Das Wasser leuchtet in hellem Blau und Türkis und ist so glasklar, dass man bis auf den Meeresboden blicken kann. Sogar die Flossen und Kiemen der sich im Wasser tummelnden Fische sind bis ins kleinste Detail erkennbar. In die traumhafte Cala Sisine verirren sich außer Bootstouristen auch gelegentlich Wanderer, denn die einsame Bucht kann man ebenfalls auf Schusters Rappen erreichen. Der holprige Weg, der immer am Bach Codula di Sisine entlangführt, ist kaum zu verfehlen. Die Luft duftet nach Wacholder und Oleander. Durch enge Schluchten und vorbei an riesigen Felsbrocken, die das Rinnsal nach starken Regenfällen talwärts schiebt, endet der unbefestigte Pfad schließlich in der malerischen Bucht. Obwohl dieses herrliche Fleckchen Erde im Sommer oft überlaufen ist, lädt der breite Kieselstrand zu anderen Jahreszeiten dazu ein, sich in aller Ruhe von den Wanderstrapazen zu erholen. Ein weiteres Postkartenmotiv ist die Cala Mariolu. Sie zählt zu den schönsten Stränden der Steilküste und macht der Cala Goloritzè und der »Mondbucht« Konkurrenz. Der Legende nach verdankt die Bucht ihren Namen einer diebischen Mönchsrobbe: Ohne zu wissen, dass dieser Küstenstrich ein Rückzugsort der seltenen Meeressäuger war, stellte ein Fischer aus der Gegend von Neapel früher seinen Fang vorübergehend in einer kleinen Höhle in Strandnähe ab. Für die Robbe war die Grotte dagegen eine Art Selbstbedienungsladen. Sie zeigte wenig Scheu und ließ es sich schmecken, was den Neapolitaner zu dem Ausruf veranlasste: Acca cestà Mariolu (»Hier gibt es einen Dieb«).

Einblicke in die Unterwelt

Ob man den Golfo di Orosei am besten von Norden oder von Süden aus erkundet, bleibt jedem selbst überlassen. Für Cala Gonone als Ausgangspunkt spricht die Nähe zur unvorstellbar schönen Felsenküste, zu deren Reizen die Traumbuchten Cala Fuili und Cala Luna sowie die nur vom Wasser zu erreichende Grotta del Bue Marino gehören. Die Klippen, in denen sich die Grotte befindet, sind Teil der Steilküste, in die sich vor Millionen Jahren ein Fluss sein Bett gegraben hat. In früheren Zeiten bewohnten Meerochsen, die mit Mönchsrobben identisch sind, die Tropfsteinhöhle südlich der Cala Gonone. Doch schon seit Jahren wurde keines dieser Raubtiere, die zu den seltensten Meeressäugern Europas zählen, mehr gesichtet. Das liegt zum einen daran, dass die Robben bei den Fischern wenig beliebt waren. Schließlich zerbissen sie unter Wasser die teuren Netze, um den Fisch zu stehlen, woraufhin sich die Fischer rächten. Zum anderen aber auch daran, dass der von den vielen Ausflugsbooten verursachte Lärm die auf ihr Gehör angewiesenen Säugetiere beeinträchtigt und schließlich aus dem Gebiet vertrieben hat.

Es schmeckt nach Weite

Von Süden her ist die Anfahrt zum Golf eine einzige Augenweide. Die Landschaft vor dem Capo di Monte Santu ist lieblicher als an der schroffen Steilküste. Die Felsen fallen nicht ganz so senkrecht ins Wasser hinab, und das Grün der Macchia verliert sich im Blau des Sommerhimmels. Kurz vor Baunei geht es in Serpentinen schroff bergab zum etwa 128 Meter hohen Kalkmonolithen Perda Longa, der wie ein Turm aus dem Wasser ragt. Wenige Kilometer nördlich führen die stark ansteigenden Kurven vorbei an üppigen Steineichen und Olivenbäumen auf die Hochebene Su Golgo. Auf dem zerklüfteten, ungebändigten Kalksteinplateau hat sich im Jura ein großes Karstloch aufgetan. Doch das Plateau ist auch eine obligatorische Anlaufstelle für Wanderfans, um von hier aus zu Fuß zur berühmten Cala Goloritzè zu laufen. Vor allem im Frühling schmeckt es an diesem Ort nach Weite, Wind, endlosem Himmel und salziger Luft.

STELL- UND CAMPINGPLÄTZE

CAMPING PALMASERA

Viale Bue Marino, 08022 Cala Gonone NU, campingcarpalmasera.com, GPS: 40.279690, 9.629373. Gemütliches Camping im Schatten der Bäume. Kurze Wege zum Strand. Terrassenförmig angelegter Platz mit großen Parzellen. Komplett ausgestattet.

TOP ★ ERLEBNISSE

★ ABWECHSLUNGSREICHE BOOTSTOUR

Von Cala Gonone, Santa Maria Navarrese oder Arbatax kann man mit dem Ausflugsboot den Golf von Orosei entlangschippern. Der Tagesausflug mit Sergios Helios V ab Arbatax ist besonders zu empfehlen. Er sorgt für Badepausen und Schnappschüsse. Zur Mittagszeit gibt es Meeresfrüchte und frittierten Fisch. heliosturismo.com

★ BADEN IN DER MONDBUCHT

Wer auf den Spuren von Berühmtheiten und Freaks wandeln will, kann das in der Mondbucht tun. Die flach ins Wasser abfallende Cala Luna, die zu den schönsten Buchten im Golf von Orosei gehört, war in den 1970er-Jahren ein Mekka der Alternativkultur. 2002 drehte der britische Regisseur Guy Ritchie mit seiner damaligen Ehefrau, der Sängerin Madonna, hier den Film »Stürmische Liebe – Swept Away«.

★ WANDERUNG ZUR CALA GOLORITZÈ

Die Cala Goloritzè ist nur über das Wasser oder auf Schusters Rappen zu erreichen. Die Wanderung beginnt auf der Hochebene Su Golgo und führt in etwa anderthalb Stunden zur schneeweißen Kieselbucht. Den richtigen Weg, der nicht zu verfehlen ist, weist eine steil aufragende Felsnadel.

WEITERE INFORMATIONEN
enjoydorgali.it,
turismobaunei.eu

Die mondsichelartige Cala Luna an der Steilküste von Orosei ist keine Fata Morgana. Mächtige Karsthöhlen dienen als natürlicher Sonnenschutz. Am schönsten, weil nicht so voll, ist es in der Vor- oder Nachsaison.

FRANKREICH
SCHWEIZ
Salzburg
ÖSTERREICH
Innsbruck
Graz
366
367
Lausanne
Bozen/
Bolzano
UNGARN
Maribor
SLOWENIEN
Trient
Ljubljana
ZAGREB
364
Bergamo
Brescia
Verona
365
Triest
KROATIEN
MAILAND
Venedig
Rijeka
TURIN
BOSNIEN UND
HERZEGOWINA
Parma
GENUA
BOLOGNA
Rimini
La Spezia
FRANKREICH
Florenz
Pisa
Nizza
Livorno
Ancona
Adriatisches Meer
Split
Ligurisches Meer
368
Perugia
369
ITALIEN
Pescara
ROM
Korsika
Foggia
Bari
371
NEAPEL
372
Salerno
373
Tarent
Lecce
Sassari
Tyrrhenisches Meer
370
Sardinien
Cosenza
Cagliari
Messina
374
PALERMO
375
Reggio di Calabria
MITTEMEER
Ionisches Meer
Sizilien
Siracusa
TUNESIEN
MALTA

LEGENDE

- Autobahn
- Schnellstraße
- Fernstraße
- Nebenstraße
- Sonstige Straße
- Fahrweg
- Eisenbahn
- Flüsse
- See
- Bebauung
- Natur-, Nationalpark
- Staatsgrenze

- Sehenswürdigkeit - Kultur
- Sehenswürdigkeit - Natur
- Sehenswürdigkeit
- Kirche, Kloster
- Schloss
- Schlossruine
- Museum
- Höhle
- Windmühle
- Leuchtturm
- Aussichtspunkt
- Flughafen

HUBER KARTOGRAPHIE

N

0 50 km

1 : 1.200.000

366

Léman
Vevey
Montreux
Blonay
Thonon-les-Bains
Chillon
Vouvry
Aigle
le Sépey
Gsteig
Leukerbad
Gampel
Sierre
Sion
Visp
Blatten
Brig
Fiesch
Binn
Formazza
M. Basòdino 3273
Fusio
P. Campo Tencia
San Remigio
Biasca
Bernardino
Cévio
3 Castles
Campo
Màggia
Grono
Castello Sasso Co
Gordola
Locarno
Bellinzona
Brissago
Bogno
Abb. di Piona
Menàggio
Monthey
Champéry
Dents du Midi
St-Maurice
Gr. Muveran 3051
Naturpark Pfyn-Finges
Simplon-pass
Gondo-schlucht
Domodóssola
Zinal
Weisshorn 4506
Saas Fee
Taninges
Sixt
Martigny
Flaine
Chamonix-Mt-B.
Col de la Forclatz
Orsières
Arolla
Lac des Dix
Lac de Mauvoisin
Grand Combin 4314
Mte. Cervino Matterhorn 4478
Zermatt
Monte Rosa 4634
Mattmarksee
Piedimulera
Parco Nazionale d. Val Grande
Lugano
Megève
Ferret
Aig. du Midi 3843
Tunnel du Mt. Blanc
Glacier
Breuil Cervinia
St. Jacques
Parco Naturale dell'Alta Valle Antrona
Alagna V.
Rimasco
Gravellona Toce
Omegna
Lago Maggiore
Campo dei Fiori Reg. Park
S. Calerina di Sasso
Nesso
Les Contamines Montjoie
Mont Blanc 4810
Aosta/Aoste
Gressoney-la-Trinité
Val d'Ayas
Varallo
Lago d'Orta
Varese
Malnate
Como
Châtillon
Castrum
Erba
Col du Pit.St-Bernard
2188
Villeneuve
Acquedotto
Parco Naturale Mont Avic
Issime
Piedi-cavallo
Borgosésia
Arona
Lago di Varese
Tradate
Cantù
Séez
Vàl-grisenche
Cogne
Pont-St.-Martin
Valle Mosso
Borgo-manero
Gallarate
Saronno
Désio
Les Arcs
Parco Nazionale del Gran Paradiso
Campìglia Soana
Biella
Cossato
Oléggio
Lonate Pozzolo
Parc
Tignes
Forzo
2612
C. d. Nivolet
Traversella
Gattinara
Momo
Cour-chevel
Carpignano Sésia
Galliate
Rho
National
Massif de la Vanoise
Gorges de la Lenta
Locana
Pont Canav.
Ivrea
Buronzo
Bollengo
Novara
Pinacoteca di Brera
Parc de la Vanoise
Orco
Rivarolo Can
Strambino
Cavaglià
Abbiate-grasso
MAIL
Forno A. Gràie
Lanzo Tor
Caluso
Vercelli
Parco Agricolo Sud Milano
Lanslebourg-Mont-Cenis
Balme
Viù
Ciriè
Tronzano Verc.
Vigévano
Val Thorens
3538
Stura di Lanzo
Volpiano
Livorno Ferr.
Róbbio
Mortara
Certosa di Pavia
S. Àngel Lodigian
Modane
St-Pierre d'Extravache
Rocciamelone
Margone
Villanova Monf.
Sesia
Ticino
Garlasco
Pavia
Bardone-cchia
Bussoleno
Venaria Reale
Chivasso
Brusasco
Casale Monf.
Càndia Lom.
Lomello
Bressana Bottarone
Exilles
Dora Riparia
TURIN
Superga
Brózolo
Crea
Po
Pieve d. Càiro
Cesana Tor.
Chisone
Massello
Perosa Argentina
Chieri
Calliano
Valenza
Stupinigi
Moncalieri
S. Salvatore Monf.
Castelnuovo Scrìvia
Voghera
Briançon
Ghigo
Pinerolo
Airasca
Sàntena
Asti
Ovíglio
Alessan-dria
Godiasco
Parco Naturale della Val Troncea
Carignano
Carmagnola
Zona di Salva-guardiadei Boschi
Nizza Monf.
Tortona
Varzi
Abriès
Parc Naturel Regional du Queyras
Bóbbio Péllice
Péllice
Cavour
Crissolo
Canale
Canove
Cassine
Serravalle Scrìvia
S. Sebastiano Curone
Savig-liano
Bra
Canelli
Acqui Terme
Novi Lìg.
3841
M. Viso
Paesana
Revello
Alba
Bormida
N.D. de Clausis
S. Anna
Saluzzo
Varaita
Genola
Gavi
Castello della Pietra
Marsàglia
St-Paul-s-U.
Castel-delfino
Costigliole Saluzzo
Fossano
Narzole
Cortemìlia
Molare
Parco Naturale Regionale del Beigua
Busalla
M. Àntola 1597
Trébbia
Grand Bérard
Accéglio
Màira
Centallo
Dogliani
Piana Crixia
Campo Lìg.
3084
Colle d. Maddalena o Col de Larche
Barcelo-nnette
2955
Campo molino
Caráglio
Mondovì
Carrù
Murazzano
Dego
C. d. Giovo 516
Urbe
Mad. d. Guardia
Dória
876
Mont Pelat
Parc National du Mercantour
Santo di S. Anna
Cúneo
Ceva
Cárcare
Arenzano
GENUA
Na. Sa di Mon
3051
Colmars
Auron
Stura di Demonte
Borgo S. Dalmazzo
Villanova Mond.
Varazze
Rapallo
Portofino
Terme di Valdieri
Parco Naturale Alta Valle Pesio
C. di Melogno
Savona
Spotorno
Sestri Levant
Var
Mont Mounier
Parco Naz. delle Alpi Marittime
Cime du Gelas
Garéssio
Noli
Guillaumes
2817
3143
Ormea
Grotte di Toirano
Finale Lígure
Gorges de Daluis
Beuil
Tende
Mónesi
Loano
Parco Naz.
N. D. des Carmes
Tinée
2085
Gorges de Saorge
Gorges de Berghe
Triora
Albenga
Golf von Genua
N. D. des Miracles
Alássio
Laiguéglia
Entevaux
Sospel
Pigna
Airole
M. Bignone 1299
Tággia
Oneglia
Mtgne du Chairon 1777
Clus du Chaudan
Gorges de la Vésubie
Imperia
Ventimiglia
Bordighera

364
368

366
367

368
369

366
364
368
Luzern
Stans
Küssnacht a. Rigi
Schwyz
Euthal
Näfels
Vierwaldstättersee
Altdorf
Muotathal
Höllochgrotten
Glärnisch 2914
Spitzmeilen 2501
Schwanden
Mels
Piz Sardona 3056
Tektonikarena Sardona
Glarner Alpen
Engelberg
Titlis 3239
Amsteg
Oberalpstock 3328
Tödi 3620
St. Martin
Sustenpass
Dammastock 3447
Andermatt
Gletsch
Chur
Schloss Baldestein
Ilans/Glion
Arosa
Vaz/Obervaz
Davos
Landquart
Gargellen
St. Gallenkirch
Galtür
Bielerhöhe 2036
Silvrettagruppe
Samnaun
Trisannabrücke
Serfaus
Hexen-K. 3038
Kajetansbrücke
Schrankogel 3496
Sölden
Mittelberg
Vent
Ötztaler Alpen
Pso. d. Rombo Timmelsjoch 2474
Parco Naturale Gruppo del Tessa
Schl. Tirol
2693
Flüelapass 2383
Susch
Zernez
3229 P. Vadret
L. di Résia/ Reschensee
Marienbg.
Fürstenbg.
Málles V./ Mals i. V.
2149
Val Venosta
Graubünden
Piz Medel 3210
Tödi 3620
Vals
Albulapass 2312
Pass dal Fuorn/ Ofenpass
Livigno
Spondigna/ Spondinig
S. Gertrude/ St. Gertraud
Olivone
3402 Rheinwaldhorn
Splügenpass Pso. d. Spluga 2115
Piz d'Err 3378
Samedan
Piscine romane
2291
Bórmio
Parco Naz.
Inn
Madesimo
Juf
Silvaplana
Pso. di Foscagno 2328
U. l. Frau im Walde
M. Basódino 3273
Fusio
3072 P. Campo Tencia
San Remigio
S. Bernardino
Mésocco
1815 Pso. d. Bernina
Malója-P.
Pzo. Bernina 4049
Ortles
d. Stélvio
Péio
Dimaro
Malè
Revò
Cles
Biasca
Cévio
Campo
3 Castles
Mággia
Chiavenna
Bagni d. Másino
M. Disgrázia 3678
Chiesa in Valm.
Poschiavo
Sóndalo
Ponte di Legno
Cusiano
C. Presanella 3558
Mezzolombardo
Grono
Gordola
Castello Sasso Corbaro
Locarno
Brissago
Bellinzona
Tirano
Parco Naturale Adamello
Cascata di Nardis
1176
Bogno
Lago di Como
Cólico
Sondrio
Valtellina
Adda
Pso. dell'Aprica
Édolo
Lavis
Trento
Parco Nazionale d. Val Grande
Abb. di Piona
Menággio
Dérvio
Valbondione
Incisioni rupestra
Passo della Morte
Lugano
Gerola Alta
Fóppolo
Pso. d. Vivione 1828
Tione di Trento
Sarche
Cast. Toblino
Varenna
2554 Pzo. d. Tre Signori
Val Camonica
Val Camonica
Drena
Campo dei Fiori Reg. Park
Bellagio
Madonna di Ghisallo
Valtorta
Piazza Brembana
Via Mala Lombarda
Breno
Riva d. Garda
Dro
Lago Maggiore
S. Calerina di Sasso
Nesso
Clusone
Chiese
Bezzecca
Rovereto
G. d. Bala
2162
Varese
Malnate
Como
Lecco
Parco dell'Alto Sebino
Darfo
Magasa
Storo
P. R.
2235 Pasubio
Castrum
Erba
Calolziocorte
Gandino
Lovere
Lago d'Idro
Monte Baldo 2218
Arona
Lago di Varese
Tradate
Cantù
Alzano Lomb.
Albino
Lago d'Iseo
Mard. d. Ceriola
Mad. d. Gastello
Barghe
Ossário d. Pas.
S. Pietro
Gallarate
Autodromo
Bérgamo
Sarezzo
dell'Alto
Lago di Garda
Olèggio
Saronno
Désio
Monza
Iseo
Vobarno
Gattinara
Lonate Pozzolo
Palazzolo sull'Oglio
Rovato
Brescia
Salò
Garda
Badia Calavena
Momo
Galliate
Rho
Melzo
Travagliato
Lonato
Sirmione
Bussolengo
Verona
Novara
Pinacoteca di Brera
MAILAND
Caravággio
Romano d. Lomb.
Bagnolo Mella
Ghedi
Montichiari
Abbiategrasso
Parco Agricolo Sud Milano
Melegnano
Crema
Orzinuovi
Castiglione d. S.
Valéggio s. M.
Villafranca di V.
Vigévano
Lodi
Manèrbio
Parco
Certosa di Pavia
S. Angelo Lodigiano
Castelleone
Soresina
Pralboino
Gámbara
Santa Maria d. Grazie
Palazzo Ducale
Castel d'Ario
Bovolone
Róbbio
Mortara
Casalpusterlengo
Ásola
Cerea
Garlasco
Pavia
Pizzighettone
Vescovato
Ostiano
Castellúcchio
Mantova
Nogara
Cándia Lom.
Lomello
Bressana Bottarone
Chignolo Po
Codogno
Cremona
Piádena
Valenza
Pieve d. Cairo
Po
del Mincio
Bózzolo
Campitello
Govérnolo
Stradella
Piacenza
Mantua and Sabbioneta
Salvatore Monf.
Castelnuovo Scrívia
Voghera
S. Maria d. V.
Agazzano
Cortemaggiore
Sissa
Suzzara
Guastalla
S. Benedetto Po
Alessándria
Godiasco
Rivergaro
Lugagnano V. d'A.
Fontanellato
Colorno
Brescello
Concórdia s. S.
Ovíglio
Tortona
Varzi
Zavattarello
Valverde
Fidenza
Sórbolo
Carpi
Cassine
Serravalle Scrívia
S. Sebastiano Curone
Perino
Salsomaggiore Terme
Noceto
Castelnovo di S.
Bóbbio
Béttola
Parma
Correggio
Sórbara
Novi Lig.
Marságlia
Pso. di Pellizzone 1029
Bore
Fornovo di Taro
Reggio Emilia
Módena
Gavi
Castello della Pietra
Varano de'M.
Calestano
Scandiano
Formígine
Molare
Parco Naturale Regionale
Busalla
M. Ántola 1597
Ottone
Ferriere
Bardi
Ghiare
Campo Líg.
Rezzoáglio
M. Pelpi 1480
Berceto
Tizzano V. Parma
Sassuolo
Vignola
Bazzano
Mad. d. Guardia
La Forcella
Bedónia
Pso. della Cisa 1039
Corniglio
GENUA
876
Na. Sa. di Montallegro
1055
Pso. di Cento Croci
Varese Líg.
Pontrémoli
Parco Storico di Monte Sole
Zola P.

366
367
365
369

364
366
368
371
GENUA
Arenzano
Varazze
Savona
Spotorno
Noli
Urbe
Mad. d. Guardia
Rapallo
Portofino
Na. Sa di Montallegro
Sestri Levante
Monéglia
Cinque Terre
Parco Naz. delle Cinque Terre
La Spézia
Portovenere
Lerici
S. Pietro Vara
Pso. d. Bracco
Varese Lig.
Borghetto di Vara
Psp. di Cento Croci
Bedónia
Pso. della Cisa
Pontrèmoli
Bagnone
Aulla
Sarzana
Carrara
Massa
Parco Nat. d. Alpi Apuane
Forte dei Marmi
Pietrasanta
Viareggio
Parco Naturale Migliarino-San Rossore Massaciúccoli
Lucca
Pisa
Certosa di Pisa
Piazza del Duomo
Marina di Pisa
S. Piero a. Grado
Livorno
Antignano
Rosignano Marittt.
Rosignano Solvay
Vada
Cécina
S. Guido
Donoratico
S. Vincenzo
Populónia
Piombino
Follonica
Golf von Follónica
Pta. Ala
Punta Ala
Castiglione della Pescáia
Parco Naturale della Maremma
Talamone
Porto S. Stéfano
Conv. t Passionis
Sassuolo
Vignola
Montecùccoli
Pavullo n. Fr.
Vergato
Parco Storico di Monte Sole
Ligónchio
Pso. d. Cerreto
Foce Carpinelli
Parco Nazionale dell'Appennino
Abetone
S. Marcello Pist.
Vérnio
Montecatini Terme
Pescia
Pistoia
Ville e giardini medicei in Toskana
Fucécchio
Pontedera
S. Miniato
Castelfiorentino
Ponsacco
Casciana Terme
Certaldo
Pieve di Céllole
Póggio di Mela
Saline di Volterra
Larderello
Colline Metallífere
S. Galgano
Riserva Naturale die Caselli
Campíglia Maritt.
Massa Maríttima
Ribolla
M. d'Alma
Tirli
Maremma
Golf von Genua
Ligurisches Meer
I. di Gorgona
Parco Naz. dell' ArcipelagoToscano
Capraia
I. di Capraia
Can. di Piombino
C. Vita
Portoferràio
Marciana Marina
M. Capanne
Rio Marina
Marina di Campo
Parco Naz. dell' Arcipelago Toscano
I. Pianosa
Pianosa
I. di Montecristo
I. del Gíglio
Gíglio Porto
Korsika
Cap Corse
Macinaggio
Pino
Sta. Catterina
Mte. Stello
Marine de Sisco
Nonza
Erbalunga
Bastia
Etang de Biguglia
Lozari
Calvi
St. Antonino
N. D. de la Serra
Muro
Mte. Asto
Casamozza
Castifao
Mte. Padro
Ponte Leccia
Galéria
Mte. Cinto
Haut-Asco
Mte. S. Petrone
Piedicroce
Folelli
Parc Naturel Régional
Corte
Cervione
Porto
Golf von Porto
Col de Sevi
Mte. Rotondo
Moïta
Bravone
St. Roch
Soccia
Vivario
Col de Sorba
Cargèse
Salice
Cateraggio
Aléria
Sagone
Golf von Sagone
Col de Verde
Ghisonaccia
Prunelli-di-Fiumorbo
Ajaccio
Cauro
Zicavo
Chisa
Travo
Mte. Incudine
Solenzara
Porticcio
Zonza

365 367

371 372

Caldarello
Île des Moines
Sta. Manza
Bonifacio
Îles Lavezzi
Bocche di Bonifacio
Í. S. Maria
Parco Nazionale dell´ Arcipelago della Maddalena
Í. Maddalena
S. Teresa Gallura
La Maddalena
Capo Testa
Í. Caprera
Costa Smeralda
Pto. o Pozzo
Palau
C. Ferro
Pta. Caprara o dello Scorno
Parco Nazionale dell'Asinara
Bassacutena
Í. Asinara
Cala d'Oliva
Arzachena
Aglientu
Fornelli
S. Antonio
C. Figari
Golf dell'Asinara
C. del Falcone
Stintino
Nur. Maiori
L. di Liscia
Calangiánus
Golf von Ólbia
Castelsardo
Ólbia
Í. Tavolara
Porto Torres
N. S. de Tergu
Témpio Pausánia
M. Limbara 1362
Telti
Í. Molara
Pozzo S. Nicola
Sorso
Nur. Sas. Ládas
Perfugas
Monti
Lóiri
C. Coda di Cavallo
Monte d'Accoddi
Padru
San Teodoro
Argentiera
Nurra
Sássari
Berchidda
S. Antioco di Bisarcio
Ósilo
Óschiri
971
Budoni
Santa Maria la Palma
S. Michele di Salvénero
L. del Coghinas
Nur. Ruju
Posada
Lodè
Posada
Nur. Palmavera
Íttiri
Pattada
la Caletta
Sant. di Valverde
Logudoro
Buddusò
Siniscóla
C. Cáccia
Alghero
Mores
Ozieri
Osidda
C. Comino
Mannu
Lula
S. Nicolò di Trullas
Bultei
Bitti
Bono
Benetutti
Orune
Montresta
Cedrino
Marina di Orosei
Tirso
C. Marárgiu
Nur. M. Muradu
Nur. S. Barbara
Nuoro
Sorg. su Cologne
Grotta di Ispingoli
Golf von Orosei
Bosa
Suni
S.M. di Corte
Macomér
Cala Gonone
Sardinien
Mamoiada
Flumineddu
Ottana
Parco Naz. del Golfo di Orosei
M. Ferru 1050
Pso. di Caravai
Genna Cruxi
Ghilarza
Zuri
Nur. Abini
906
Cornus
Taloro
L. Omodeo
1118
Urzulei
C. di M. Santu
C. Mannu
Nur. Fruscus
P. La Marmora 1834
Parco Naz. del Gennargentu
Putzu Idu
Í. di Mal di Ventre
S. Mauro
Stagno di Cabras
Villanova Strisáili
Arbatax
S. Giovanni di Sinis
Simáxis
Samugheo
Aritzo
Tirso
Oristano
Tortolì
Tharros
Flumendosa
Laconi
Capo S. Marco
Seui
Gáiro
Barí Sardo
Golf von Oristano
Arborea
Nurallao
Capo d. Frasca
Áles
Sénis
Nur. Accodulazzo
Pelau
S. Vittoria
S. António di Santadi
L. del Flumendosa
Tertenía
Nur. Su Nuraxi
Nurri
S. M. di Neápoli
Úras
Mannu
Collínas
Mandas
Perdasdefogu
Villamar
Costa Verde
Guspini
Nur. Piscu
Lago Mulárgia
Pranu Mutteddu
Sanluri
Senorbì
Árbus
Flumendosa
Samassi
S. Andrea Frius
C. Pecora
Villacidro
S. Vito
Muravera
Témpio di Antas
Monastir
Dolianova
Buggerru
Decimomannu
Burcei
S. Priamo
P. Serpeddì 1067
Iglesias
Silíqua
Sestu
C. Ferrato
Nur. Seruci
Quartu S. Elena
Gonnesa
M. is Caravius 1116
Castiádas
Portoscuso
Cágliari
Carbónia
C. Poetto
Carloforte
M. Sirai
Villasimíus
L. di M. Pranu
Narcao
la Maddalena
Í. di S. Pietro
Capo Carbonara
Calasetta
Golf von Cágliari
Santadi
Í. dei Cávoli
Giba
Sarroch
S. Antioco
Golfo di Pálmas
S. Anna Arresi
Pula
Í. di S. Antíoco
Capo Sperone
Pto. Pino
Domus de Maria
Bithia
C. Teulada
Golf von Teulada
Capo Spartivento

368
369
372
374
Tolfa
Bracciano
M. Tolfáccia
579
Bracciano
Necropoli
S. Marinella
S. Severa
Ladíspoli
Castello Odescalchi
Prima Porta
Mentana
Orvínio
Turano
Ársoli
S. M. in Valle Porclaneta
Parco Naturale Regionale Monti Simbruini
Subiaco
Tivoli
ROM
Settecamini
Palestrina
S. Cesáreo
Fregene
Focene
Frascati
Valmontone
Fiuggi
Marino
M. Cavo
948
Ferentino
Alatri
Foce d. Tévere
Lido di Óstia
Colleferro
Sgúrgola
Riserva Naturale di Decima Malafede
Pomézia
Velletri
Norma
Frosinone
Sezze
Ceccano
Lavínio-Lido di Enea
Nettuno
Ánzio
Borgo Piave
Abbazia di Fossanova
Amaseno
Sonnino
Pontínia
Torre Astura
Parco. Naz. d. Circeo
Fondi
Sabáudia
M. Circeo
Terracina
Grotta di Tibéri
541 S. Felice Circero
I. Zannone
I. Palmarola
I. di Ponza
Tyrrhenisches Meer

369
371

374
375

Adriatisches Meer
Golf von Manfredonia
Canale di Ótranto
Golf von Tarant
Vieste
Testa del Gargano
S. Michele
Parco Naz. del Gargano
Margherita di Savóia
Barletta
Trani
Bisceglie
Molfetta
Ándria
Palese
Bari
Corato
Mola di Bari
Grotta Palazese
Polignano a Mare
Bitonto
Rutigliano
Minervino Murge
Palo d. Colle
Monópoli
Parco Nazionale Alta Murgia
Quasani
Acquaviva d. Fonti
Conversano
Spinazzola
Cassano d. Murge
Grotte di Castellana
Fasano
Villanova
Gravina di Púglia
Putignano
Altamura
Alberobello
Genzano di Lucánia
Gioia d. Colle
Santeramo in Colle
Trullo
Cisternino
Ostuni
S. M. d. Casale
Grotta S. Biagio
Ceglie Messapica
Brindisi
Irsina
Gravina
Sassi di Matera
Massafra
Matera
Bilioso
Grottaglie
Torre S. Gennaro
Mesagne
Grassano
L. di S. Giuliano
Palagiano
Ginosa
Casalabate
Francavilla Fontana
S. Maria di Cerrate
S. Giórgio Iónico
Squinzano
Bradano
Taranto
S. Cataldo
Salandra
Pomárico
Basento
M. Grande
Sava
Manduria
Lecce
Bernalda
C. S. Vito
Murge Tarantine
Talsano
Corleto Pert.
Stigliano
Veglie
Avetrana
Pisticci
Lido di Metaponto
Marúggio
Copertino
Martano
Craco
Cavone
Galatina
Ótranto
Aliano
Sáuro
Laghi Alimini
Agri
Scanzano
Nardò
C. d'Ótr.
Tursi
S. M. d' Anglona
Policoro
Galatone
Cutrofiano
Maglie
S. Cesárea Terme
Lido di Policoro
Nocíglia
Grotta Romanelli
Gallipoli
Lago di Monte Cotugno
Nova Siri Scalo
Chiesa di Casanarello
Casarano
Grotta Zinzulusa
Rocca Imperiale
Tricase
Francavilla in Sinni
Oriolo
Rácale
Alessano
Parco Nazionale
Terranova di Pollino
Capo Spúlico
Presicce
Patù
Gagliano d. Capo
Rotonda
Pláta ci
M. Pollino 2248
Marina de Leuca
Capo S. Maria di Léuca
Trebisacce
Grotta del Romito
Cassano allo Jónio
Castrovillari
Sibari
Firmo
Spezzano Albanese
Rossano
Corigliano Calabro
S. Maria d. Pátire
S. Marco
S. Marco Argentano
Acri
Cropalati
Cariati
Crati
Abba d. Sambucina
Parco
M. Pettinascura
Crúcoli
L. di Cecita
Cirò. Marina
Umbriático
Páola
S. Fili
375
S. Giovanni in Fiore
Cosenza
Stróngoli
Aprigliano
Rocca
della Sila

371
372

Tyrrhenisches
Meer
Í. di Ústica
Ústica
Ísole E
Í. Filicudi
Pecorini
Í. Alicudi
Perciato
C. S. Vito
Golf von Castellammare
Pta. Ráisi
C. Gallo
S. Vito lo Capo
Terrasini
Carini
PALERMO
Castelluzzo
Riserva Naturale dello Zingaro
S. Martino d. Scale
Aspra
Solunto
Golf von Termini Imerese
Érice
Monreale
Bagheria
Cefalù
S. Stefano di Camastra
Caronía
Capo
S. Á di Mili
Ísole Égadi
Trapani
Castellammare d. Golfo
Partinico
Riserva Naturale Orientata Pizzo Cane
Imera
Collesano
Castelbuono
Í. di Levanzo
Paceco
Alcamo
L. Poma
Sant. d. Rosario
Riserva Naturale Orientata
Cerda
P. Carbonara
1979
Parco delle Madonie
Nébr
Í. Marettimo
Favignana
Segesta
Bosco
Madonie
Í. Favignana
Mozia
Salemi
Riserva Naturale Orientata Bosco della Ficuzza
Cerami
Íe. d. Stagnone
Belice sin.
Belice dest.
Soprana
Nicosia
Marsala
Corleone
Plla. Imbriaca
Lercara Friddi
Vallelunga Pratameno
Gibellina Vecchia
Alimena
Strasatti
S.S. Trinita di Delia
Bisacquino
718
Castello Manfredónico
832
Plla. di Recattivo
Leonforte
Castelvetrano
902
Plla. Mola
Mazara del Vallo
Bivona
Cate
Rocche di Cusa
L. Aráncio
Casteltermini
Plla. d. Vento
611
Enna
Menfi
Riserva Naturale Orientata Monti
Mussomeli
Valgu
Carop
C. Granitola
Selinunte
S. Calogero
Cianciana
S. Cataldo
Caltanissetta
C. S. Marco
Sciacca
Ribera
Plátani
Racalmuto
Pietra-perzia
Villa del Cas
Eraclea Minoa
Aragona
Canicattì
Gela
Agrigento
Ravanusa
Riesi
L. d. Disueri
Favara
Naro
Caltag
Porto Empedocle
Salso Imera Merid.
Butera
Sizilien
Castello di Falconara
Niscemi
Licata
Gela
Acate
Vittoria
Scoglitti
S. Croce Camerin
Marina di Rag

374

372
373
Cosenza
Aprigliano
1928
della
Fiumerfreddo Brúzio
Colle d'Ascione
Lago
Amantea
Savuto
Soveria M.
Ampollino
Petilia Policastro
Rocca di Neto
Strongoli
Crotone
Cámpora San Giovanni
Nocera Tirin.
Nicastro
Serrastretta
Taverna
Sersale
Cutro
Ísola di Capo Rizzuto
Soveria Símeri
Tiriolo
Le Castella
Capo Rizzuto
S. Eufémia Lamézia
Catanzaro
Máida
Girifalco
Catanzaro Marina
Golf von Santa Eufémia
Squillace
Golf von Squillace
Pizzo
Briatico
Chiaravalle Centrale
Soverato
Tropea
Vibo Valentia
Dávoli
Badolato
C. Vaticano
La Certosa
Riserva Statale Marchesale
1335
Nicotera
Rosarno
1110
Passo P. Spada
S. Ferdinando
Pso. Croce Ferrata
M.-Marina
Gioia Tauro
Caulónia
Punta Stilo
Palmi
Polístena
Parco Museo S. Barbara
M. S. Elia
Marro
952
Pso. d. Mercante
Bagnara Calabra
Siderno
Parco
Duverso
Villafranca Tirrena
Spartà
Ardore
Locri
C. di Milazzo
Milazzo
Str. von Messina
Villa S. Giov.
Nazionale
S. Luca
Messina
Bovalino
C. Calavà
dell' Aspromonte
Bianco
Patti
Barcellona Pozzo di Gotto
Scaletta Zanclea
Reggio di Calabria
Ucria
Tortorici
1264
Plla. d. Zoppo
1125
Plla. Mandrazzi
Alì Terme Roccalumera
Pentedáttilo
Brancaleone Marina
Gola d. Alcantara
S. Alessio Siculo
Melito di Porto Salvo
Bova Marina
C. Spartivento
dei Nébrodi
Randazzo
Cutò
Castello Maniace
Mazzaro
Cesarò
Parco
Giardini-Naxos
Monte Etna
Troina
Bronte
3323
Riposto
Giarre
dell' Etna
Adrano
Nicolosi
Acireale
Ionisches Meer
Paternò
Belpasso
Misterbianco
Aci Castello
Catania
Gerbini
Golf von Catania
Palagonia
Brúcoli
Lentini
Scordia
Francofonte
Augusta
Grammichele
Melilli
Golf von Augusta
Vizzini
Sortino
Palazzolo Acreide
Floridia
Siracusa
Capo Murro di Porco
Cassíbile
Comiso
Ragusa
Noto
Ávola
Calabernardo
Módica
Rosolini
Scicli
Ispica
Pachino
Cava d'Aliga
Pozzallo
Portopalo di Capo Passero
Ísole Lípari
S. Vincenzo
Ginostra
Í. Strómboli
Í. Panarea
S. Pietro
Í. Salina
S. Marina Salina
Rinella
Í. Lípari
Lípari
Porto Levante
Í. Vulcano

San Gimignano, die Stadt der Türme, gilt auch als das »Mittelalterliche Manhattan«.

Würstchen-Paprika-Kasserolle

VORBEREITUNG: 15 Minuten **GARZEIT:** 35 Minuten **PORTIONEN:** 2
ZUBEHÖR: Hitzebeständige Auflaufform, die in Ihren Airfryer passt

Das ist ein wunderbar wärmendes Gericht und perfekt für kühle Herbsttage geeignet. Ich serviere es gern mit knusprigem Brot, das ich in große Stücke breche, um damit die leckere Tomatensoße aufnehmen zu können. Wenn Sie möchten, können Sie diese Kasserolle aber auch gut mit Kartoffelpüree reichen. Bevorzugen Sie eine vegetarische oder vegane Variante, ersetzen Sie die Würstchen einfach durch eine pflanzliche Alternative und lassen die Worcestershire-Soße weg.

6 Chipolata-Würstchen
1 EL Pflanzenöl
1 große rote Zwiebel
1 rote Paprikaschote
1 Knoblauchknolle
1 Dose (400 g) gehackte Tomaten
1 TL Worcestershire-Soße
Meersalz und schwarzer Pfeffer aus der Mühle
knuspriges Brot zum Servieren

1. Die Chipolata-Würstchen in die Auflaufform legen und mit dem Öl beträufeln. Im Airfryer bei 190 °C etwa 10 Minuten garen.

2. Während die Würstchen garen, Zwiebel und Paprika in Scheiben schneiden und den Knoblauch schälen und fein hacken. Die Würstchen nach 10 Minuten kurz durchrütteln und Zwiebeln, Paprika, Knoblauch und Dosentomaten zufügen. Alles mit 1 Schuss Worcestershire-Soße abrunden und nach Geschmack mit Salz und Pfeffer würzen.

3. Die Auflaufform zurück in den Airfryer stellen und das Gericht weitere 10–15 Minuten garen, bis die Würstchen durchgebraten sind und eine schöne dicke Soße entstanden ist. Die Form vorsichtig aus dem Airfryer nehmen und den Auflauf mit knusprigem Brot servieren, damit man damit die köstliche Tomatensoße auftunken kann!

Tandoori-Blumenkohlsteaks

VORBEREITUNG: 5 Minuten, plus Zeit zum Marinieren **GARZEIT:** 15 Minuten **PORTIONEN:** 2

Oberleckere Gewürzmischungen sind heutzutage weitverbreitet, daher sollte es nicht allzu schwierig sein, hier etwas zu finden, das den guten alten Blumenkohl geschmacklich aufpeppt. Süßes Mango-Chutney und frische Kräuter liefern hier eine tolle Beilage.

1 kleiner Kopf Blumenkohl
Olivenöl zum Besprühen
2 EL Tandoori-Rub (Tandoori-Gewürzmischung)

Zum Servieren:
1 Handvoll frische Korianderblättchen, gehackt
Mango-Chutney zum Servieren

1. Beim Blumenkohl die äußeren Blätter entfernen und den Blumenkohl wässern. Anschließend den Kopf in etwa 2 cm dicke Scheiben schneiden. Nebeneinander auf eine große Platte legen, auf beiden Seiten mit etwas Olivenöl besprühen und mit dem Tandoori-Gewürz bestreuen. Etwa 5–10 Minuten durchziehen lassen.
2. Den Airfryer auf 190 °C einstellen und die Blumenkohlsteaks auf den Boden des Garbehälters legen. Nach etwa 15 Minuten sollten die Steaks durchgegart sein und eine goldgelbe Färbung angenommen haben. Mit gehacktem Koriander bestreut und mit einem Schälchen Mango-Chutney servieren.

Champignons mit Wildreisfüllung

VORBEREITUNG: 15 Minuten **GARZEIT:** 15 Minuten **PORTIONEN:** 4

Ich serviere diese herzhaften gefüllten Champignonköpfe gern mit einem gemischten grünen Salat und knusprigem Brot. Der Wildreis steckt voller Geschmack.

4 große Champignons
100 g frischer Spinat
1 Beutel (250 g) gekochter Wildreis
3 Knoblauchzehen, gerieben
Meersalz und schwarzer Pfeffer aus der Mühle
4 EL Panko (japanisches Paniermehl)

Zum Servieren:
gemischter grüner Salat
knuspriges Brot

1. Die Stiele von den Champignons entfernen, sodass die vier Kappen übrig bleiben. Die Stiele in dünne Scheiben schneiden und für die Füllung beiseitestellen.
2. Spinat ein paar Minuten lang über einem Topf mit kochendem Wasser dämpfen. Anschließend zwischen zwei Lagen Küchenpapier legen und so viel Feuchtigkeit wie möglich herausdrücken.
3. In einer großen Schüssel Spinat, in Scheiben geschnittene Champignonstiele, gekochten Reis sowie den Knoblauch mischen und alles mit Salz und Pfeffer würzen. Die Füllung mit einem Löffel in die Champignonköpfe füllen und das Paniermehl darüberstreuen.
4. Die gefüllten Champignonköpfe im Airfryer bei 180 °C etwa 15 Minuten garen, bis die Pilze weich sind, die Füllung an allen Stellen kochend heiß ist und sich die Oberfläche goldgelb gefärbt hat. Mit einem gemischten grünen Salat und knusprigem Brot als Beilage reichen.

Thunfischsteaks à la Mexiko mit Avocado-Salsa

VORBEREITUNG: 20 Minuten **GARZEIT:** 10 Minuten **PORTIONEN:** 2
ZUBEHÖR: Große Silikonform

Diese feurigen Thunfischsteaks werden auf einem Bett aus delikatem geröstetem Gemüse angerichtet. Sie sind von den würzigen Aromen Mexikos durchzogen, die durch eine cremige Avocado-Salsa perfekt ausbalanciert und gemildert werden. Die Thunfischsteaks sind köstlich, wenn sie wie beschrieben serviert werden – haben Sie aber einen ganz besonderen Leckerbissen im Auge, können Sie das Gericht auch in weiche Tortilla-Wraps verpackt servieren.

2 Thunfischsteaks (TK-Ware vor dem Kochen auftauen)
1 TL Koriandersamen
1 rote Paprikaschote, fein geschnitten
1 rote Zwiebel, fein geschnitten
1 TL Paprikapulver
½ TL zerdrückte Chiliflocken
fein geriebene Schale von 1 Limette
1 EL Olivenöl
Meersalz und schwarzer Pfeffer aus der Mühle

Für die Avocado-Salsa:
1 Avocado
1 Handvoll frischer Koriander
3 kleine Tomaten
Saft von 1 Limette

1. Die Thunfischsteaks aus dem Kühlschrank nehmen. Zum Trocknen auf Küchenpapier legen und beiseitestellen. Die Koriandersamen zerdrücken, entweder mit Mörser und Stößel oder mit der flachen Seite eines Küchenmessers.

2. Die fein geschnittene Paprikaschote und Zwiebel in eine Schüssel geben und die zerdrückten Koriandersamen, das Paprikapulver, die Chiliflocken, die Limettenschale und das Olivenöl zufügen. Mit Salz und Pfeffer würzen und die Zutaten gut miteinander vermengen.

3. Die Thunfischsteaks und den Gemüse-Mix in die Silikonform geben und in den Airfryer stellen. Bei 190 °C etwa 8–10 Minuten garen, bis das Gemüse weich und der Thunfisch durchgegart, aber in der Mitte noch ein wenig rosa ist.

4. Während der Fisch gart, die Avocado-Salsa zubereiten. Dafür die Avocado schälen, in kleine Stücke zerteilen und in eine Schüssel legen. Den frischen Koriander hacken und zu der Avocado geben. Die Tomaten waschen, in Würfel schneiden und zusammen mit dem Limettensaft in die Schüssel geben. Die Salsa nach Geschmack würzen und zu den Thunfischsteaks reichen.

Vegane Hotdogs mit Balsamico-Zwiebeln

VORBEREITUNG: 10 Minuten **GARZEIT:** 20 Minuten **PORTIONEN:** 6
ZUBEHÖR: 1–2 kleine Silikonformen

Süße Röstzwiebeln gehören meiner Meinung nach unbedingt zu einem klassischen Hotdog – und wenn man sie mit Balsamico veredelt, werden sie noch süßer und absolut unwiderstehlich. Zu diesen veganen Hotdogs passen meine »Pommes mit roten Zwiebeln, Knoblauch und Rosmarin« von Seite 144 ganz hervorragend.

1 braune Zwiebel
1 EL Balsamico
1 TL Olivenöl
Meersalz und schwarzer Pfeffer aus der Mühle
6 vegetarische Hotdogs
6 Hotdog-Brötchen
Würzsoßen nach Wahl (optional) zum Servieren

1. Die Zwiebel längs in Scheiben schneiden und die kleine Silikonform damit auslegen. Je nachdem, wie groß Ihre Zwiebel ist, brauchen Sie dafür eventuell 2 Silikonformen. Den Balsamico über die Zwiebelscheiben träufeln, ein wenig Olivenöl hinzufügen und alles mit Salz und Pfeffer würzen. Die Form(en) anschließend beiseitestellen.

2. Die Hotdogs in den Airfryer legen und bei 180 °C etwa 8–10 Minuten garen. Die Hotdogs anschließend wenden und die Silikonform(en) mit den Zwiebelscheiben zu den Würstchen in den Airfryer stellen. Alles weitere 10 Minuten garen, dabei die Zwiebeln nach der Hälfte der Zeit durchrühren.

3. Die Hotdogs in die Brötchen legen und mit 1 EL Balsamico-Zwiebeln krönen. Entweder pur oder mit Würzsoßen Ihrer Wahl servieren.

Hähnchenkeulen in Jerk-Soße

VORBEREITUNG: 15 Minuten, plus Zeit zum Marinieren
GARZEIT: 20–25 Minuten **PORTIONEN:** 4 **ZUBEHÖR:** Mixer

Das ist eines jener Gerichte, die nach einem sonnigen Tag und einem kühlen Bier schreien (und im Idealfall nach einem karibischen Strand, aber alles auf einmal ist ja bekanntlich nicht zu haben!). Die Marinade kann schon im Voraus zubereitet werden, sie hält sich in einem entsprechenden Behälter im Kühlschrank bis zu einer Woche. Ich lege Ihnen dringend ans Herz, nicht an der Zeit zum Marinieren zu sparen: Es sollten mindestens ein paar Stunden sein. Das volle Aroma erzielen Sie jedoch nur, wenn Sie die Marinade schon am Vortag zubereiten und das Fleisch über Nacht durchziehen lassen, damit es auch wirklich alle Geschmacksnuancen aufnehmen kann. Dieses Rezept hat Feuer, ohne dabei explosiv zu sein – aber passen Sie die Menge an Chilischoten, die Sie verwenden, gern den Vorlieben Ihrer Familie an.

8 Hähnchenunterkeulen (Drumsticks)

Für die Jerk-Soße:
3 kleine rote Chilischoten, grob gehackt
1 kleine rote Zwiebel, grob gehackt
4 Frühlingszwiebeln, grob gehackt
4 Knoblauchzehen
1 EL Weißweinessig
2 EL Sojasoße
1 daumengroßes Stück frischer Ingwer, geschält und grob gehackt
2 EL brauner Zucker
1 EL Pflanzenöl
Saft von 1 Limette
½ TL gemahlener Piment
1 TL flüssiger Honig
Meersalz und schwarzer Pfeffer aus der Mühle

1. Für die Jerk-Soße alle Zutaten in den Behälter eines Mixers oder eines Smoothie-Makers geben und zu einer glatten Paste verarbeiten. Falls sie zu dick gerät und sich nur schlecht vermischen lässt, ein bisschen mehr Öl zufügen.

2. Die Hähnchenkeulen auf dem Boden eines Behälters mit Deckel verteilen, mit der Jerk-Soße übergießen und die Soße in die Keulen einmassieren, damit das Fleisch auch wirklich an allen Stellen damit in Berührung kommt. Den Deckel auflegen und die Drumsticks in den Kühlschrank stellen, am besten über Nacht.

3. Die marinierten Hähnchenkeulen nebeneinander auf den Boden des Garbehälters legen und darauf achten, dass sie sich nicht überlappen. Die Drumsticks bei 180 °C etwa 20–25 Minuten garen, bis das Fleisch zart und der austretende Bratensaft klar ist. Nicht vergessen, die Hähnchenkeulen nach der Hälfte der Garzeit zu wenden. Je nach Größe Ihres Airfryers müssen Sie diesen Schritt eventuell in mehreren Arbeitsgängen erledigen.

4. Die Hähnchenkeulen heiß servieren. Dazu passen Salate und Slaws ganz wunderbar, oder auch Reis mit Erbsen für den echten Geschmack nach karibischer Sonne.

Teriyaki-Lachs mit Brokkoli und grünen Bohnen

VORBEREITUNG: 15 Minuten, plus Zeit zum Marinieren
GARZEIT: 25 Minuten **PORTIONEN:** 2 **ZUBEHÖR:** Kleiner Topf (optional) und Backpapier oder große Silikon-Einlage (Silikon-Liner) für Airfryer

Teriyaki-Soße ist für mich eine Art Grundnahrungsmittel, das ich gern vorrätig habe. Sie können die Soße leicht selbst machen (siehe Rezept unten) oder im Laden kaufen – es gibt eine große Vielfalt an Marken, die sehr unterschiedlich im Preis sein können. Eine Flasche sollte für drei oder vier Portionen reichen. Ich lasse meine Lachsfilets möglichst über Nacht durchziehen, dann hat der Lachs genügend Zeit, um all die Aromen aufzunehmen.

2 Lachsfilets
200 g grüne Bohnen, geputzt
½ Kopf Brokkoli
gekochter Reis zum Servieren (optional)

Für die Teriyaki-Soße:
4 EL leichte Sojasoße
1 EL brauner Zucker
1 daumengroßes Stück frischer Ingwer, geschält und gerieben
2 Knoblauchzehen, gerieben

1. Für die Teriyaki-Soße alle Zutaten in einem kleinen Topf mit 1 EL Wasser mischen. Die Soße unter häufigem Umrühren ein paar Minuten leise köcheln lassen, bis sich der Zucker aufgelöst und die Teriyaki-Soße eine dicke, silbrig schimmernde Konsistenz angenommen hat. Beiseitestellen und abkühlen lassen.

2. Die Lachsfilets in eine Auflaufform legen und mit der abgekühlten Teriyaki-Soße übergießen. Die Form zudecken und den Fisch im Kühlschrank mindestens 1 Stunde, besser jedoch über Nacht durchziehen lassen.

3. Die marinierten Lachsfilets auf ein Stück Backpapier oder in die Silikon-Einlage legen. Den Fisch im Airfryer bei 190 °C etwa 10 Minuten garen.

4. Während der Lachs gart, das Gemüse zubereiten. Die Bohnen und den Brokkoli waschen, anschließend den Brokkoli in Röschen zerteilen. Nachdem der Lachs 10 Minuten gegart hat, den Airfryer öffnen und das Gemüse rings um die Lachsfilets verteilen (das Gemüse kann direkt in den Garbehälter gegeben werden). Alles weitere 5 Minuten im Airfryer garen – behalten Sie aber den Fisch dabei gut im Auge, da die Dicke der Fischfilets die Garzeit bestimmt: Dicke Filets brauchen eventuell ein bisschen länger, um gar zu werden. Den Lachs mit dem Gemüse und einer Reisbeilage servieren.

Fajitas mit Steakstreifen

VORBEREITUNG: 15 Minuten **GARZEIT:** 15 Minuten **PORTIONEN:** 2
ZUBEHÖR: Hitzebeständige Auflaufform, die in Ihren Airfryer passt

Dieses Essen kommt bei meiner Familie immer bestens an! Ich stelle einfach das fertig gekochte Gericht in der Auflaufform und alle weiteren Zutaten auf den Tisch und lasse alle ihre eigene Kreation zusammenstellen. Dieses Rezept ist für zwei Personen berechnet, aber Sie können es leicht verdoppeln, wenn Sie mehr Gäste verköstigen möchten.

2 mittelgroße Rumpsteaks, in Streifen geschnitten
1 rote Paprikaschote, in Streifen geschnitten
1 weiße Zwiebel, fein geschnitten
1 EL Olivenöl
1 TL Cayennepfeffer
1 TL Chilipulver, mehr nach Geschmack
1 TL Knoblauchpulver
1 TL Paprikapulver
Meersalz und schwarzer Pfeffer aus der Mühle

Zum Servieren:
kleine Tortilla-Wraps
Sauerrahm
1 Handvoll frischer Koriander, gehackt
1 frische rote Chilischote, fein gehackt
1 Limette, in Keile geschnitten

1. Die Steakstreifen zusammen mit den Paprikastreifen und Zwiebeln in eine hitzebeständige Form legen. Das Öl zufügen und alles gut durchmischen. Nun mit Cayennepfeffer, Chilipulver, Knoblauch- und Paprikapulver bestreuen und mit Salz und Pfeffer würzen. Mögen Sie gern scharfes Essen, geben Sie etwas mehr Chilipulver hinzu. Mischen Sie die Zutaten gut durch, damit Fleisch und Gemüse auch wirklich gut von den Gewürzen ummantelt sind.

2. Die Auflaufform in den Airfryer stellen und das Gericht bei 190 °C etwa 10–15 Minuten kochen, bis alles durchgegart und gebräunt ist, dabei nicht vergessen, das Fleisch und Gemüse ab und zu durchzurühren. Die Auflaufform anschließend vorsichtig aus dem Airfryer nehmen.

3. Um die Steakstreifen stilecht im Wrap zu servieren, zunächst jeweils 1 EL Sauerrahm auf die Tortilla-Wraps geben. Darauf kommt etwas von dem würzigen Fleisch und abschließend eine Schicht Gemüse. Nun wird das Ganze noch mit frischem Koriander und gehackter Chilischote bestreut und mit 1 Spritzer Limettensaft abgerundet. Und jetzt: Viel Spaß beim Essen!

Beilagen

Es gibt so viel mehr als Pommes!

Rosenkohl mit geriebenem Parmesan und frischem Chili

VORBEREITUNG: 5 Minuten **GARZEIT:** 10 Minuten **PORTIONEN:** 2–4

Dieses leckere, würzige Rezept für knusprigen, mit Käse überbackenen Rosenkohl wird Sie dazu bringen, die wunderschönen grünen Röschen ins Herz zu schließen. Gibt es irgendetwas, was im Airfryer nicht gelingt?

300 g Rosenkohl
Meersalz und schwarzer Pfeffer aus der Mühle
10 g geriebener Parmesan
½ frische rote Chilischote, fein gehackt

1. Rosenkohl putzen und die äußeren Blätter entfernen. Die Röschen in den Airfryer geben und bei 160 °C etwa 10 Minuten garen, bis sie weich sind, aber noch Biss haben. Nach der Hälfte der Garzeit den Garbehälter einmal kurz durchrütteln. Wenn die Röschen ziemlich groß sind, kann sich die Garzeit verlängern.
2. Den Rosenkohl aus dem Airfryer nehmen, in eine Servierschüssel geben, salzen, pfeffern und mit dem geriebenen Parmesan bestreuen.
3. Abschließend die fein gehackte Chilischote über das Gemüse streuen, den Rosenkohl in der Schüssel kurz durchschütteln und servieren.

Knusprige Karottensticks

VORBEREITUNG: 5 Minuten **GARZEIT:** 10 Minuten **PORTIONEN:** 2–4

Diese knusprigen Karottensticks schmecken köstlich und sind gleichzeitig supergesund. Dadurch eignen sie sich bestens als Beigabe zu jeder Mahlzeit, insbesondere wenn bei Ihnen Kinder am Tisch sitzen, die ganz verrückt nach Pommes jeglicher Art sind!

4 Karotten
2 TL Olivenöl zum Besprühen
1 TL Paprikapulver
½ TL Chilipulver

Für die Sriracha-Mayo:
2 EL Mayonnaise
1 TL Sriracha-Soße (oder Menge nach Geschmack)

1. Die Karotten schälen und der Länge nach in pommesähnliche Stäbchen schneiden.
2. Die Karottensticks in eine Schüssel legen, mit Olivenöl besprühen (2–4 Sprühstöße) und mit Paprikapulver und Chilipulver bestäuben. Alles gut vermengen, dabei darauf achten, dass sich die Karotten gleichmäßig mit Öl und Gewürzen überziehen.
3. Die Karottensticks im Airfryer bei 200 °C etwa 8–10 Minuten garen, bis sie eine goldgelbe Färbung angenommen haben. Den Garbehälter nach der Hälfte der Garzeit einmal kurz durchrütteln.
4. Während das Gemüse gart, die Sriracha-Mayo zubereiten. Dazu die Zutaten in einer kleinen Schüssel verrühren.
5. Die Karottensticks heiß servieren und ein Schälchen mit Sriracha-Soße zum Dippen dazustellen. Sie passen ganz hervorragend zu jedem Gericht, das traditionell mit Pommes oder Kartoffelspalten als Beilage serviert wird.

Bombay-Kartoffeln

VORBEREITUNG: 5 Minuten **GARZEIT:** 10 Minuten **PORTIONEN:** 2

Diese köstlich duftenden, würzigen Kartoffeln ergeben eine herrlich wärmende Beilage zu Ihrem Lieblings-Curry. Auch als Freitagabend-Snack zu einem Glas Bier ist das Gericht unschlagbar. Passen Sie die Menge an Gewürzen Ihrem persönlichen Geschmack an – wenn Sie die Bombay-Kartoffeln für Kinder zubereiten, lassen Sie das Chilipulver eventuell ganz weg.

2 große Kartoffeln (400 g), geschält und in mundgerechte Würfel geschnitten
1 TL Knoblauchsalz
1 TL Chilipulver
1 TL Currypulver
1 TL gemahlener Kreuzkümmel
2 TL Pflanzenöl zum Besprühen (optional)
¼ Bund Koriander (15 g), frisch gehackt, zum Garnieren
1 EL Mango-Chutney zum Servieren (optional)
1 EL Raita zum Servieren (optional)

1. Die Kartoffelwürfel in eine große Schüssel geben und mit Knoblauchsalz, Chilipulver, Currypulver und gemahlenem Kreuzkümmel würzen. Alles so lange wenden, bis sich die Kartoffelwürfel gleichmäßig mit den Gewürzen überzogen haben. Damit sie noch knuspriger werden, die Kartoffeln mit Öl besprühen (2–3 Sprühstöße) und nochmals alles gut durchmischen.

2. Nun die Kartoffelwürfel nebeneinander in nur einer Lage in den Garbehälter des Airfryers legen und bei 200 °C etwa 10 Minuten rösten, bis sie goldgelb schimmern. Den Behälter nach der Hälfte der Garzeit einmal kurz durchrütteln. Die Kartoffeln, falls notwendig, wieder in die Fritteuse geben und nochmals 5 Minuten garen.

3. Die Knusperkartoffeln mit frischem Koriander servieren. Dazu eine großzügig bemessene Menge Mango-Chutney und Raita anbieten.

Süßkartoffelspalten mit leckerem Topping

VORBEREITUNG: 5 Minuten **GARZEIT:** 15 Minuten **PORTIONEN:** 2 als Hauptgericht oder 4 als Snack
ZUBEHÖR: Hitzebeständige Form, die in Ihren Airfryer passt

Das ist ein geniales Essen für einen dieser Freitagabende, an dem ein Spielfilm auf dem Programm steht und sich die ganze Familie auf eine wirklich leckere und supereinfache Mahlzeit freut. Ich schlage für dieses Rezept Süßkartoffeln vor, aber normale Kartoffeln funktionieren genauso gut – nehmen Sie, was Sie gerade zur Hand haben.

2 große oder 3 mittelgroße Süßkartoffeln, geschält und in Spalten geschnitten
1 TL Chilipulver
1 TL Paprikapulver
1 TL Pflanzenöl
75 g Chorizo, gewürfelt
200 g geriebener Mozzarella-Käse
Sauerrahm zum Dippen
ein paar Stängel Schnittlauch, fein gehackt, zum Garnieren (optional)

1. Süßkartoffelspalten in eine große Schüssel geben, dann Chilipulver, Paprikapulver und Pflanzenöl zugeben und alles so lange durchmischen, bis sich die Süßkartoffeln gut mit der Gewürzmischung überzogen haben.

2. Süßkartoffelspalten in den Garbehälter des Airfryers geben und etwa 10 Minuten garen, den Behälter dabei nach der Hälfte der Garzeit kurz durchrütteln.

3. Die noch nicht vollständig durchgegarten Süßkartoffelspalten in eine hitzebeständige Form geben, die in Ihren Airfryer passt. Mit der gewürfelten Chorizo und dem geriebenen Mozzarella bestreuen. Nun die Form in den Airfryer stellen und bei 200 °C etwa 5 Minuten erhitzen, bis der Käse geschmolzen ist und leise blubbert. Nun sollten auch die Chorizo knusprig und die Süßkartoffelspalten weich sein.

4. Die Form aus dem Airfryer nehmen – achten Sie darauf, sich hierbei nicht zu verbrennen, das Gerät wird sehr heiß! Nun das Gericht mit ein paar Klecksen Sauerrahm verzieren und mit gehacktem Schnittlauch bestreuen (falls verwendet).

5. Ich stelle bei einem ungezwungenen Abendessen gern einfach die Auflaufform mitten auf den Tisch, dann können sich alle nach Lust und Laune bedienen. Sie können die Süßkartoffeln aber genauso gut auf Tellern anrichten. Das Gericht auf jeden Fall heiß servieren.

Simple Kartoffelspalten

VORBEREITUNG: 5 Minuten **GARZEIT:** 15–20 Minuten **PORTIONEN:** 2–4

Ich kann kein Airfryer-Kochbuch schreiben, ohne Ihnen ein Rezept für klassische Kartoffelspalten mit auf den Weg zu geben. Die Zubereitung ist supereinfach, aber für die meisten Leute sind Kartoffelspalten das erste Gericht, das sie in ihrem neu erworbenen Airfryer ausprobieren. Und nicht umsonst spricht man hier von einem Küchenklassiker!

4–6 Kartoffeln ähnlicher Größe (400 g)
1 EL Olivenöl zum Besprühen
1 TL Cajun-Gewürz
1 TL Knoblauchpulver
Ketchup oder Mayonnaise zum Dippen

1. Wenn ich Kartoffelspalten zubereite, schäle ich die Kartoffeln zuerst – aber Sie können die Schale auch dranlassen, wenn Ihnen dies lieber ist.
2. Die Kartoffeln in Spalten schneiden und in eine große Schüssel geben. Mit ein wenig Olivenöl besprühen und Cajun-Gewürz und Knoblauchpulver zufügen. Alles gut durchmischen, damit sich die Kartoffelspalten gleichmäßig mit den Gewürzen überziehen.
3. Die Kartoffelspalten im Airfryer bei 200 °C etwa 15 Minuten garen, den Behälter während der Garzeit ein paarmal kurz durchrütteln. Sollen die Spalten superkross werden, die Garzeit um 5 Minuten verlängern.
4. Heiß servieren und dazu Ihre Lieblingssoße in einem Schälchen auf den Tisch stellen. Die Kartoffelspalten einstippen und genießen!

Pommes mit roten Zwiebeln, Knoblauch und Rosmarin

VORBEREITUNG: 5 Minuten, plus Zeit zum Einweichen **GARZEIT:** 18 Minuten **PORTIONEN:** 2–4

2020, als ich meinen Airfryer geschenkt bekam, wusste ich lediglich, dass ich damit ziemlich viel Energie einsparen – und Pommes zubereiten – konnte! So machte ich es mir zur Aufgabe herauszufinden, welche anderen Gerichte ich dem Airfryer anvertrauen konnte. Dazu gehören natürlich auch TK-Pommes – und das Beste daran: Sie brauchen für die TK-Ware überhaupt kein Öl! Die Pommes gelingen immer perfekt und sind kross und lecker. Die Faustregel dabei: Für dünne Pommes sind 10 Minuten bei 200 °C ausreichend. Je kürzer und dicker, desto länger wird die Garzeit. Und rütteln Sie den Garbehälter nach der Hälfte der Garzeit auf jeden Fall kurz durch. Achten Sie auch darauf, nicht zu viele Pommes auf einmal einzufüllen!

2–4 mittelgroße Kartoffeln (400 g)
1–2 TL Olivenöl
1–2 rote Zwiebeln, grob zerteilt
4 Knoblauchzehen
2 Zweige frischer Rosmarin, Nadeln grob gehackt

1. Ich bevorzuge diese Pommes ungeschält, aber wenn Sie die »cleane« Variante vorziehen, schälen Sie die Kartoffeln, bevor Sie sie der Länge nach in dünne Stäbchen schneiden. Die Pommes in eine mit Wasser gefüllte Schüssel geben und etwa 1 Stunde stehen lassen – hierdurch wird die Stärke aus den Kartoffeln entfernt und die Pommes werden später superkross.

2. Anschließend abgießen und die rohen Pommes mit einem sauberen Küchentuch abtupfen, um so viel Feuchtigkeit wie möglich zu entfernen. In eine Schüssel geben, das Olivenöl darübergeben und alles gut vermengen, damit sich die Pommes gleichmäßig mit dem Öl überziehen. In den Airfryer geben und bei 200 °C etwa 5 Minuten garen. Dann das Gerät öffnen und rote Zwiebeln, ganze Knoblauchzehen sowie gehackten Rosmarin zufügen und den Behälter kurz durchrütteln. Die Pommes weitere 8–10 Minuten garen, bis sie kross sind, dabei den Behälter ab und zu durchschütteln. Heiß servieren.

Top-Tipp

Denken Sie daran: Je mehr Kochgut im Airfryer ist, desto länger wird die Garzeit. Lassen Sie das Gericht also 5 Minuten länger im Airfryer, wenn das Gerät sehr voll ist.

Perfekt knusprige Kartoffeln

VORBEREITUNG: 5 Minuten **GARZEIT:** 10 Minuten **PORTIONEN:** 2–4

Diese herrlich krossen Knusperkartoffeln rangieren irgendwo zwischen Bratkartoffeln und Kartoffelchips und ergeben eine leckere Beilage, die zu fast jedem Gericht passt. Ich mag sie auch gern als Snack, mit Rosmarin und Meersalz veredelt und mit einer leckeren Soße zum Dippen.

2–4 mittelgroße Kartoffeln (400 g), mit oder ohne Schale
1–2 TL Olivenöl zum Besprühen
2 Zweige frischer Rosmarin, Nadeln grob gehackt, zum Servieren
1 TL Meersalz

1. Ich bevorzuge die Kartoffeln für dieses Gericht ungeschält, aber Sie können sie natürlich auch schälen, wenn Ihnen das lieber ist. Jede Kartoffel quer in dünne Scheiben schneiden, die an Kartoffelchips erinnern. Die Scheiben in eine mit Wasser gefüllte Schüssel legen und etwa 1 Stunde einweichen lassen – hierdurch wird die Stärke aus den Kartoffeln entfernt und sie werden später im Airfryer superkross.

2. Die Kartoffelscheiben anschließend abgießen und mit einem sauberen Küchentuch abtupfen, um so viel Feuchtigkeit wie möglich zu entfernen. In eine Schüssel geben, mit ein wenig Olivenöl besprühen und alles gut vermengen, damit sich die Kartoffelscheiben gleichmäßig mit dem Öl überziehen.

3. Die Kartoffelscheiben in den Garbehälter des Airfryers legen, dabei darauf achten, dass sie sich nicht zu stark überlappen. Bei 190 °C etwa 8–10 Minuten garen und den Behälter alle paar Minuten kurz durchrütteln. Je nachdem, wie dünn Ihre Kartoffelscheiben sind, kann sich die Garzeit auch verkürzen. Die Kartoffelscheiben mit gehacktem Rosmarin und einem Hauch Meersalz bestreut servieren.

Top-Tipp

Während des Garprozesses sollten Sie den Behälter mit den Kartoffeln immer wieder durchrütteln, da es unvermeidlich ist, dass sich die Kartoffelscheiben überlappen. Dadurch stellen Sie sicher, dass die Scheiben von allen Seiten knusprig werden.

Freitagabend-Knoblauchbrötchen

VORBEREITUNG: Weniger als 5 Minuten **GARZEIT:** 8 Minuten **PORTIONEN:** 2–4

Diese Brötchen, die so intensiv und lecker nach Knoblauch schmecken, sind mein ultimatives Wohlfühlessen. Sie sind die perfekte Beilage und lassen jedes Gericht ein kleines bisschen extravaganter wirken!

4 Aufback-Brötchen

Für die Knoblauchbutter:

4 EL gesalzene Butter, zimmerwarm
1 Bund Petersilie, fein gehackt
3 Knoblauchzehen, gerieben
1 EL Olivenöl
10 g Parmesan, gerieben
1 TL getrockneter Oregano

1. In einer kleinen Schüssel Butter, Petersilie, geriebenen Knoblauch und Olivenöl mischen.
2. Die Brötchen jeweils vier- oder fünfmal quer einschneiden, dabei darauf achten, sie nicht vollständig durchzuschneiden. Die Knoblauchbutter gleichmäßig in die Einschnitte streichen. Die Brötchen anschließend bei 180 °C etwa 8 Minuten im Airfryer backen, bis die knusprig sind und die Butter geschmolzen ist.
3. Die Brötchen mit geriebenem Parmesan und einem Hauch Oregano bestreuen und heiß servieren.

Snacks und Appetithappen

Leckere Häppchen für jede Tageszeit!

Samosas mit Gurken-Raita

VORBEREITUNG: 30 Minuten **GARZEIT:** 15 Minuten **ERGIBT:** 12 Stück

Dieses Gericht können Sie mit oder ohne Fleisch zubereiten. Auf jeden Fall eignet sich der leckere Snack super zur Verwertung der Reste vom Sonntagsessen!

1 Süßkartoffel, geschält und gerieben
1 kleine weiße Zwiebel, fein geschnitten
1 große Möhre, gerieben
¼ Kopf Weißkohl, fein geschnitten
2 Knoblauchzehen, gerieben
2 rote Chilischoten, fein gehackt
2 TL Currypulver
übrig gebliebenes gebratenes Hühnerfleisch, Schweinefleisch etc. (optional)
6 große Filoteig-Blätter
Pflanzenöl
1 TL schwarze Senfkörner

Für die Raita:
1 Handvoll Minzeblätter, gehackt
¼ Gurke, gewürfelt
4 EL griechischer Joghurt
Meersalz und schwarzer Pfeffer aus der Mühle

1. Das vorbereitete Gemüse mit Knoblauch, Chilischoten und Currypulver in eine große Schüssel geben. Nach Belieben übrig gebliebene Fleischreste zufügen, etwa zerkleinertes Hühnerfleisch oder dünn aufgeschnittenen Schweinebraten. Alle Zutaten gut miteinander vermischen.

2. Ein Filoteig-Blatt der Länge nach halbieren und so auf die Arbeitsplatte legen, dass eine der Schmalseiten nach vorn zu Ihnen zeigt. Ungefähr 1 EL der vorbereiteten Füllung in die untere linke Ecke geben. Nun die Ecke über der Füllung einschlagen, sodass ein Dreieck entsteht. Das Filoteig-Blatt mit Wasser befeuchten und das Dreieck an seiner Oberkante erneut umschlagen. Diesen Arbeitsschritt wiederholen, bis das Ende des Teigstreifens erreicht ist. Durch diese Falttechnik wird die Füllung versiegelt und kann nicht austreten. Das Teigdreieck mit ein wenig Pflanzenöl besprühen und ein paar schwarze Senfkörner darüberstreuen. Die restlichen Filoteig-Blätter auf dieselbe Weise halbieren und füllen, sodass am Ende 12 Samosas entstanden sind.

3. Den Garbehälter Ihres Airfryers mit Backpapier auslegen und die Samosas hineinlegen. Die Teigtäschchen bei 180 °C etwa 15 Minuten backen. Während des Garprozesses die Samosas regelmäßig kontrollieren und einmal wenden.

4. Während die Samosas im Airfryer backen, die Raita zubereiten. Dafür alle Zutaten in einer kleinen Schüssel mischen und mit Salz und Pfeffer abschmecken.

5. Die Samosas vorsichtig aus dem Airfryer nehmen, sobald sie eine goldene Färbung angenommen haben und knusprig geworden sind. Zusammen mit der Gurken-Raita servieren.

Rote-Bete-Feta-Törtchen

VORBEREITUNG: 10 Minuten **GARZEIT:** 15 Minuten **ERGIBT:** 6 Stück
ZUBEHÖR: 6 Muffinförmchen aus Silikon

Diese edel aussehenden kleinen Törtchen eignen sich perfekt als Kanapees für eine Party und lassen sich blitzschnell aus einer Handvoll Zutaten herstellen – damit sind sie eine geniale Option für stressfreie Einladungen. Sie eignen sich auch super als Vorspeise für eine Dinnerparty, wenn man die Mengen etwas vergrößert und die Törtchen mit einem schlichten Beilagensalat serviert.

1 Packung Blätterteig
½ gekochte und geschälte Rote Bete, gerieben
100 g Feta-Käse, zerkrümelt
1 Ei, verquirlt
Meersalz und schwarzer Pfeffer aus der Mühle
Crema di Balsamico Glaze (Balsamico-Glasur) und frische Salatblätter zum Servieren (optional)

1. Den Blätterteig auf seiner Unterlage aus Backpapier entrollen und mit einem runden Ausstecher kleine Kreise (Ø 9 cm) ausstechen. Den Teig möglichst komplett aufbrauchen.

2. Die Muffinförmchen aus Silikon mit den Blätterteigkreisen auskleiden, der Teig bedeckt hierbei nicht nur den Boden, sondern auch die Seitenwände der Förmchen.

3. Jeweils 1 TL geriebene Rote Bete auf dem Boden der Törtchen verteilen. Darauf jeweils eine Schicht aus zerkrümeltem Feta-Käse geben. Diese Arbeitsschritte noch zweimal wiederholen, sodass jedes Törtchen mit 3 Lagen Bete und 3 Lagen Feta-Käse gefüllt ist. Mit dem verquirlten Ei bestreichen und mit Meersalz und Pfeffer würzen.

4. Die gefüllten Törtchen im Airfryer bei 180 °C etwa 8–10 Minuten backen, bis der Teig knusprig ist und der Käse goldgelb schimmert.

5. Die Törtchen auf einer Servierplatte oder einzelnen Tellern anrichten und heiß servieren, nach Belieben mit einer Garnitur aus Salatblättern und Balsamico Glaze.

Baguette-Burger

VORBEREITUNG: 10 Minuten **GARZEIT:** 10 Minuten **ERGIBT:** 12 Stück **ZUBEHÖR:** Backpapier

Wenn man für diesen Snack fertig gekaufte Hackfleischbällchen nimmt, lässt er sich blitzschnell zusammenstellen. Drücken Sie die Fleischbällchen einfach ein bisschen flach – und schon werden daraus perfekte kleine Frikadellen, mit denen sich Ihre Baguette-Burger super füllen lassen. Da gute Burgerbrötchen mitunter schwer zu bekommen sind, greife ich stattdessen zu Baguettescheiben, die innen weich und außen knusprig sind – eine leckere Kombination. Als Füllung schlage ich hier Tomaten, Käse, Salat und Cornichons vor, aber experimentieren Sie gern und kreieren Sie Ihre eigene Variante!

12 Hackfleischbällchen (im Laden gekauft oder selbst gemacht, siehe Rezept auf Seite 107)
2–3 Tomaten, aufgeschnitten
6 Scheiben Cheddar-Käse
12 Salatblätter (von Romanasalatherzen)
12 Cornichons
1 Baguette
Ketchup zum Beträufeln

1. Die Hackfleischbällchen auf einer Lage fettdichtem Pergamentpapier auslegen, dabei zwischen den Bällchen ausreichend Platz lassen. Die Hackbällchen nun mit einer weiteren Lage Pergamentpapier bedecken und mithilfe eines Arbeitsbrettes flach drücken. Die Burger anschließend bei 180 °C für etwa 10 Minuten im Garbehälter des Airfryers garen – eventuell auf Backpapier –, dabei darauf achten, dass sie sich nicht überlappen.

2. Während die Burger brutzeln, die restlichen Zutaten vorbereiten. Dafür die Tomaten in dünne Scheiben schneiden und die Käsescheiben vierteln. Den Salat waschen und die Salatblätter auf Küchenpapier trocknen lassen. Nun die Cornichons der Länge nach halbieren und ebenfalls auf Küchenpapier legen, damit überschüssige Feuchtigkeit herausgezogen wird. Das Baguette in kleine Scheiben schneiden – das werden die Brötchen für die Burger.

3. Die fertig gegarten Hackfleischbällchen vorsichtig aus dem Airfryer nehmen und die 12 Baguette-Burger zusammensetzen. Jede Füllung besteht aus einem Hackfleischburger, 2 Scheibchen Käse, 1 Cornichon, 1 Tomatenscheibe, 1 Salatblatt und 1 Spritzer Ketchup – die Reihenfolge dabei bleibt Ihnen überlassen.

Brokkoli-Blumenkohl-Häppchen

VORBEREITUNG: 10 Minuten **GARZEIT:** 10 Minuten **PORTIONEN:** 4–6 als Snack

Hier kommt ein einfacher Vorschlag, um das vielleicht vom Sonntagsessen übrig gebliebene Gemüse lecker zu verwerten. Ich hatte von meinem Blumenkohl-Käse-Auflauf, den es am Wochenende gab, noch rohe Brokkoli- und Blumenkohlröschen übrig und dachte mir, dass ich sie am Montag zu einem Snack verarbeiten könnte. Achten Sie darauf, dass die Röschen eine ähnliche Größe haben, dann werden alle gleichzeitig gar.

1 kleiner Kopf Brokkoli, in kleine Röschen geteilt
1 kleiner Kopf Blumenkohl, in kleine Röschen geteilt
100 g Mehl
1 TL Paprikapulver
2 Eier
Meersalz und schwarzer Pfeffer aus der Mühle
100 g Panko (japanisches Paniermehl)
Mango-Chutney oder Minze-Raita zum Servieren

1. Brokkoli- und Blumenkohlröschen waschen und mit Küchenpapier trocken tupfen.
2. Nun die Fertigung in Serie vorbereiten: Dazu das Mehl in einen tiefen Teller geben und das Paprikapulver untermischen. Die Eier in einem zweiten tiefen Teller behutsam verquirlen, salzen und pfeffern und das Paniermehl auf einen dritten tiefen Teller geben. Die Röschen einzeln nacheinander zuerst in dem Mehl wälzen, bis sie komplett ummantelt sind. Dann in die verquirlten Eier tauchen und abschließend in der Panade wenden.
3. Die panierten Röschen in den Airfryer geben und bei 180 °C je nach Größe etwa 8–10 Minuten garen, bis sie kross geworden und sich goldgelb gefärbt haben. Mit Mango-Chutney oder cremiger Minze-Raita servieren.

Kürbis-Burger

VORBEREITUNG: 5 Minuten **GARZEIT:** 12–15 Minuten **ERGIBT:** 9–10 Stück
ZUBEHÖR: 1 große Silikonform (optional)

Das ist ein genialer und superpraktischer Snack, wenn Sie im Kühlschrank noch Reste haben, die aufgebraucht werden müssen. Die Kürbis-Burger (der Kürbis ersetzt dabei die klassischen Burgerbrötchen!) schmecken lecker und helfen gleichzeitig dabei, Abfall zu vermeiden! Bis auf den Kürbis soll Ihnen dieses Rezept in Sachen Zutaten eher als Richtschnur dienen. Ich habe diese Kürbis-Burger schon mit Schinken, Oliven und Cheddar-Käse zubereitet – experimentieren Sie also nach Herzenslust.

½ Butternuss-Kürbis, obere (kernlose) Hälfte verwenden, geschält
80 g Mozzarella-Käse, gerieben
8–10 Scheiben Chorizo (nehmen Sie lieber die vorgeschnittene Chorizo im Salami-Stil und nicht die kleinen Scheiben, die aus einem Ring herausgeschnitten werden)
20 sonnengetrocknete Tomaten
Olivenöl zum Besprühen

Für die Sriracha-Mayonnaise:

2 TL Sriracha-Soße (oder Menge nach Geschmack)
2 EL Mayonnaise

1. Den Butternuss-Kürbis mit einem scharfen Messer in 5 mm dicke Scheiben schneiden. Am Ende sollten 18–20 Scheiben dabei herauskommen.
2. Die Hälfte der Kürbisscheiben auf dem Boden einer großen Silikonform verteilen, dabei darauf achten, dass sie sich nicht überlappen. Alternativ können Sie die Kürbisscheiben auch in den Garbehälter des Airfryers legen, allerdings sollten Sie den Boden des Behälters zuvor mit Backpapier bedecken. Jede Scheibe mit 1 knappen Handvoll geriebenem Mozzarella, 1 Scheibe Chorizo und ein paar sonnengetrockneten Tomaten belegen. Den Deckel bildet jeweils eine weitere Scheibe Butternuss-Kürbis.
3. Die Kürbis-Burger mit etwas Öl besprühen, dann etwa 12–15 Minuten Airfryer garen, bis das Kürbisfleisch weich geworden und der Käse geschmolzen ist.
4. Während die Kürbis-Burger brutzeln, die Sriracha-Mayonnaise zubereiten. Dafür Sriracha-Soße und Mayonnaise in einer kleinen Schüssel verrühren.
5. Die Kürbis-Burger heiß servieren und die Sriracha-Mayonnaise als Dip dazu reichen.

Muffins mit Karotte und Rote Bete

VORBEREITUNG: 5 Minuten **GARZEIT:** 15 Minuten **ERGIBT:** 6 Stück
ZUBEHÖR: 6 Muffinförmchen aus Silikon

Diese pikanten Muffins sind im Handumdrehen zubereitet und lassen sich problemlos als Mittagssnack mitnehmen. Variieren Sie ruhig die Gemüsezutaten und verwerten Sie das, was sich bei Ihnen noch hinten im Kühlschrank tummelt. Um die Beten aufzubrauchen, bereiten Sie entweder die doppelte Menge an Muffins zu oder greifen Sie zu dem Rezept für Rote-Bete-Feta-Törtchen auf Seite 154.

½ gekochte und geschälte Rote Bete, gerieben
2 Karotten, geschält und gerieben
50 g Parmesan, gerieben (oder mehr nach Geschmack)
1 Ei
100 g Mehl
1 TL gemahlene Kurkuma
1 TL Zwiebelgranulat
Meersalz und schwarzer Pfeffer aus der Mühle

1. Geriebene Rote Bete und geriebene Karotten in einer großen Schüssel gut miteinander vermengen. Den geriebenen Parmesan zufügen (die Menge richtet sich danach, wie viel Käse Sie mögen), dann das Ei in die Schüssel schlagen und alles so lange durchrühren, bis sich die Zutaten gut miteinander verbunden haben.

2. Mehl, Kurkuma und Zwiebelgranulat in die Schüssel sieben und alles großzügig mit Salz und Pfeffer würzen. Die Mischung durcharbeiten, bis das Mehl gerade eben eingearbeitet ist. Den Teig anschließend mit einem Löffel gleichmäßig auf die Silikon-Muffinförmchen verteilen.

3. Die gefüllten Förmchen in den Airfryer stellen und bei 180 °C etwa 15 Minuten backen. Die Muffins sind fertig, wenn sie gut aufgegangen sind und ein in die Mitte gestochener Holzspieß sauber wieder herauskommt. Andernfalls noch ein paar weitere Minuten garen.

4. Die Muffins auf einem Kuchengitter abkühlen lassen. Sie halten sich in einem luftdicht verschlossenen Behälter bis zu 3 Tage.

Mini-Tortilla-Cups mit Chorizo und sonnengetrockneten Tomaten

VORBEREITUNG: 10 Minuten **GARZEIT:** 10 Minuten **PORTIONEN:** 4 als Snack
ZUBEHÖR: Kleine runde Silikonformen

Diese Tortilla-Cups eignen sich perfekt zur Resteverwertung. In meiner hier präsentierten Lieblingskombination kommen Zutaten zum Einsatz, die am Vortag bei der Zubereitung unserer Pizza übrig geblieben sind. Ich liebe dieses Rezept – und Sie können die Zutaten ganz nach Ihrem persönlichen Geschmack variieren.

3 Tortilla-Wraps
80 g Mozzarella, gerieben
6–7 Scheiben Chorizo, grob zerkleinert
1 Handvoll sonnengetrocknete Tomaten, grob gehackt
1 kleine rote Zwiebel, gewürfelt
1 Handvoll frisches Basilikum, grob gehackt

1. Aus den Tortilla-Wraps kleine Kreise ausstechen. Dafür entweder eine Ausstechform benutzen oder kleine Schüsseln, die mit der Öffnung nach unten auf die Wraps gesetzt und mit einem scharfen Messer umfahren werden. Die Tortilla-Kreise jeweils in die Silikonformen pressen und die Förmchen damit auskleiden.

2. Jedes Förmchen mit Mozzarella, Chorizo, Tomaten, roter Zwiebel und Basilikum bestücken, dabei darauf achten, die Zutaten gleichmäßig auf die Förmchen zu verteilen.

3. Die Tortilla-Cups bei 180 °C etwa 10 Minuten im Airfryer garen, bis der Käse geschmolzen und die Tortilla-Wraps kross geworden sind.

Mini-Zucchini-Pizzas

VORBEREITUNG: 10 Minuten **GARZEIT:** 15 Minuten **PORTIONEN:** 2 als Snack
ZUBEHÖR: 1 große Silikonform

Lassen Sie den langweiligen Teigboden weg und nehmen Sie für diese supergesunden Mini-Pizzas, die gleichzeitig witzige Appetithäppchen sind, lieber Zucchinischeiben!

1 große Zucchini
1 EL rotes Pesto
1 kleine rote Zwiebel
80 g Cheddar-Käse, gerieben
1 TL getrockneter Oregano
1 knappe Handvoll Basilikum, in Streifen geschnitten

1. Die Zucchini waschen und quer in Scheiben schneiden. Die Zucchinischeiben in die große Silikonform legen.
2. Jede Scheibe gleichmäßig mit Pesto bestreichen. Die Zwiebel in Ringe schneiden und jeweils 2 Zwiebelringe auf jede Zucchini-Scheibe legen. Die Scheiben mit Cheddar-Käse bestreuen und abschließend 1 Prise Oregano darüberstreuen.
3. Die Form in den Airfryer stellen und die Mini-Pizzas bei 180 °C etwa 15 Minuten garen, bis die Zucchinischeiben weich sind. Der Käse sollte jetzt geschmolzen und die Oberfläche der Appetithäppchen goldgelb gefärbt sein. Die restlichen Zwiebelringe und das Basilikum darüber verteilen.

Parmesanplätzchen mit Ziegenkäse und grünem Pesto

VORBEREITUNG: 20 Minuten **GARZEIT:** 8–16 Minuten **ERGIBT:** etwa 24 Stück **ZUBEHÖR:** Küchenmaschine und runder Ausstecher mit Ø 5 cm

Diese perfekten kleinen Kekse sind ideale Kanapees für eine Party oder zu jeder Gelegenheit! Mit nur einer Handvoll Zutaten sind sie wirklich schnell zubereitet. Ihre Gäste werden Sie bestimmt nach dem Rezept fragen.

- 90 g Butter, in Würfel geschnitten und weich
- 120 g Mehl, plus mehr für die Arbeitsfläche
- 100 g Parmesan, gerieben
- 1 TL Paprikapulver
- 1 Glas grünes Pesto
- ½ Ziegenkäserolle, in kleine Stücke gezupft
- 1 knappe Handvoll Basilikum, Blätter gehackt
- 1 EL Pinienkerne

1. Butter und Mehl in die Küchenmaschine geben und so lange durcharbeiten, bis eine brotkrümelähnliche Konsistenz erreicht ist. Nun Parmesan, Paprikapulver und 1 EL Wasser zufügen. Die Maschine wieder anschalten und die Mixtur durcharbeiten, bis sich der Teig zusammenballt.

2. Den Teig auf die bemehlte Arbeitsfläche geben und etwa 5 mm dick ausrollen. Mit dem Ausstecher ungefähr 24 Plätzchen ausstechen. Die Plätzchen auf ein Stück Backpapier legen, dabei auf ausreichenden Abstand zueinander achten.

3. Die Plätzchen mitsamt dem Backpapier in den Airfryer geben. Bei 180 °C etwa 8 Minuten backen, bis sie goldgelb und knusprig sind. Je nachdem, welches Fassungsvermögen Ihr Airfryer hat, müssen Sie diesen Schritt gegebenenfalls in mehreren Arbeitsgängen erledigen. Die fertig gebackenen Plätzchen auf einem Kuchengitter auskühlen lassen.

4. Die abgekühlten Plätzchen mit ein wenig Pesto bestreichen und mit Ziegenkäsestückchen belegen. Abschließend mit gehacktem Basilikum und ein paar Pinienkernen bestreuen.

Mini-Pasta-Häppchen

VORBEREITUNG: 10 Minuten **GARZEIT:** 5–8 Minuten **PORTIONEN:** 2 **ZUBEHÖR:** Kleine Muffinförmchen aus Silikon

Wenn ich Pasta zubereite, dann immer zu viel! Als ich neulich wieder einmal etwas gekochte Pasta übrig hatte, dachte ich mir, ich mache daraus einfach einen kleinen Snack zum Mittagessen – in Gestalt dieser wunderschönen Häppchen! Als Hülle für die leckere Füllung eignet sich Schinken in perfekter Weise. Es muss kein Serranoschinken sein, jeder übrig gebliebene Schinken funktioniert und schmeckt lecker, das gilt auch für fleischfreien Schinken.

Olivenöl-Spray
Serranoschinken
gekochte Pasta
Pastasoße nach Wahl
(ich bevorzuge Carbonara)
schwarzer Pfeffer
Rucola-Brunnenkresse-Salat
zum Servieren

1. Die Silikon-Muffinförmchen mit etwas Olivenöl einsprühen und anschließend sorgfältig mit dem Serranoschinken auskleiden, dabei darauf achten, dass sowohl der Boden als auch die Seitenwände der Förmchen bedeckt sind.

2. Die Förmchen mit der gekochten Pasta füllen, dann die Soße Ihrer Wahl darüber träufeln. Die Oberfläche der Pasta-Häppchen mit etwas schwarzem Pfeffer bestreuen.

3. Die Förmchen in den Airfryer stellen und bei 180 °C etwa 5–8 Minuten garen, bis die Pasta-Füllung durcherhitzt und der Schinken kross geworden ist. Mit einem Rucola-Brunnenkresse-Salat als Beilage servieren.

Paprika-Kichererbsen mit knusprigen Zwiebeln und Chili

VORBEREITUNG: 5 Minuten, plus Zeit zum Trocknen **GARZEIT:** 10 Minuten
PORTIONEN: 2–4 als Snack

Ich weiß ja nicht, wie es euch geht, aber nachmittags um drei bin ich am Verhungern! Dann brauche ich einfach einen schnellen Energiekick, der mich durch den Nachmittag bringt. Die perfekte Lösung dafür sind diese Kichererbsen – eine wunderbare kleine Leckerei, die man nach der Zubereitung ein paar Tage lang aufheben kann.

1 Dose (400 g) Kichererbsen
Olivenöl-Spray
1 EL Paprikapulver
1 gehäufter EL Röstzwiebeln
1 TL zerdrückte Chiliflocken
Meersalz

1. Die Kichererbsen in einem Sieb oder Durchschlag gut abtropfen lassen, dann auf ein sauberes Küchentuch geben und dort etwa 30 Minuten trocknen lassen.
2. Die Kichererbsen anschließend in eine Schüssel geben und mit ein wenig Olivenöl besprühen. Das Paprikapulver darüberstreuen und alles gut vermischen, damit sich die Kichererbsen gleichmäßig mit dem Gewürz überziehen.
3. Anschließend die Kichererbsen in den Garbehälter des Airfryers geben und bei 190 °C etwa 10 Minuten garen, dabei den Behälter ab und zu kurz durchrütteln. Die fertig gegarten Kichererbsen aus dem Airfryer nehmen und ein wenig abkühlen lassen.
4. Die Kichererbsen mit den knusprigen Zwiebeln, den zerdrückten Chiliflocken und dem Meersalz bestreuen und alles gut vermengen. Das komplett abgekühlte Gericht hält sich in einem luftdicht verschlossenen Behälter bis zu 1 Woche.

Süße Versuchungen

SHINE ON

Jeder Tag verdient eine Belohnung!

Salzkaramell-Cupcakes mit Bananen und Biscoff-Buttercreme

VORBEREITUNG: 5 Minuten **GARZEIT:** 15–30 Minuten **PORTIONEN:** 8
ZUBEHÖR: 8 Muffinförmchen aus Silikon, Handmixer

Es mutet vielleicht seltsam an, im Airfryer Kuchen zu backen, aber für kleine Gebäckstücke funktioniert dies ganz hervorragend – das beste Beispiel dafür sind diese leckeren süßen Cupcakes mit Karamell und Bananen. Einige Airfryer verfügen über ein spezielles Backprogramm, bei dem die Geschwindigkeit des Ventilators reduziert wird, aber die Cupcakes gelingen auch tadellos, wenn Ihr Gerät diese Funktion nicht hat.

100 g Milchschokolade mit Salzkaramell
140 g ungesalzene Butter, zimmerwarm
140 g selbsttreibendes Mehl (Mix aus Mehl, Backpulver, Salz, Natron)
140 g Streuzucker
1 TL Backpulver
2 große Eier, verquirlt
2 reife Bananen, in kleine Stücke geschnitten
2 EL Biscoff-Aufstrich

Für die Buttercreme:
175 g ungesalzene Butter, zimmerwarm
175 g Biscoff-Aufstrich
350 g Puderzucker

1. Eine hitzebeständige Schüssel auf einen Topf mit leise köchelndem Wasser setzen. Die Schokolade in die Schüssel bröseln und unter Rühren im Wasserbad schmelzen lassen.
2. In einer zweiten großen Schüssel Butter, Mehl, Streuzucker, Backpulver, Eier, zerkleinerte Bananen und Biscoff-Aufstrich mit einem elektrischen Handmixer oder einem Holzlöffel zu einer homogenen Masse verarbeiten. Die geschmolzene Schokolade zufügen und nochmals alles durcharbeiten, bis sich alle Zutaten miteinander verbunden haben.
3. Den Teig gleichmäßig auf die Muffinförmchen verteilen, ohne sie zu überfüllen. Anschließend die Förmchen behutsam in den Airfryer stellen. Bei 180 °C etwa 15 Minuten backen, bis der Teig richtig aufgegangen ist und ein in die Mitte gestochener Holzspieß sauber wieder herauskommt. Wenn Sie einen relativ kleinen Airfryer haben, müssen Sie diesen Schritt eventuell in zwei Arbeitsgängen à 4 Förmchen erledigen.
4. Während die Cupcakes backen, die Buttercreme zubereiten. Dafür die weiche Butter, den Biscoff-Aufstrich und den Puderzucker zu einer fluffig-schaumigen Masse schlagen.
5. Die Buttercreme auf die abgekühlten Cupcakes spritzen oder mit einem Löffel auf die Oberfläche geben. Und jetzt – genießen!

Erdbeertörtchen mit Biscoff

VORBEREITUNG: 5 Minuten **GARZEIT:** 10 Minuten **PORTIONEN:** 4
ZUBEHÖR: 8–10 Muffinförmchen aus Silikon

Diese hübschen Törtchen lassen sich im Handumdrehen zubereiten – und schon hat man eine köstliche Leckerei für Freunde und Familie. Sie sehen schön aus, schmecken lecker und sind schnell gemacht. Nehmen Sie die Törtchen in Ihrer Lunchbox mit, servieren Sie sie als Dessert oder genießen Sie sie als dekadenten Nachmittagssnack zum Tee!

6–7 Filoteig-Blätter
4 EL Biscoff-Aufstrich
200 g Erdbeeren, geputzt und geviertelt
Puderzucker zum Bestäuben

1. Den Filoteig vorsichtig entrollen und jedes der Teigblätter in 6–8 gleichmäßige Quadrate teilen. Sie brauchen hier nicht übertrieben penibel vorzugehen, da die Quadrate so in die Muffinförmchen gedrückt werden, dass sie einander überlappen.
2. Ist der Filoteig entsprechend vorbereitet, kleiden Sie die Muffinförmchen mit den Teigquadraten aus, sodass kleine Nester entstehen. Ich nehme in der Regel 3–4 Quadrate pro Förmchen.
3. In die mit Teig ausgekleideten Muffinförmchen nun jeweils 1 TL Biscoff-Aufstrich geben. Die Förmchen anschließend in den Airfryer stellen und bei 180 °C etwa 10 Minuten backen, bis der Teig knusprig und goldgelb gefärbt ist.
4. Sind die Teignester fertig gebacken, die geviertelten Erdbeeren hineingeben, mit ein wenig Puderzucker bestäuben und die Törtchen servieren.

Cornflakes-Riegel

VORBEREITUNG: 5 Minuten **GARZEIT:** 10–15 Minuten **PORTIONEN:** 4–6 **ZUBEHÖR:** Backform, die in Ihren Airfryer passt (egal ob quadratisch, rechteckig oder rund), Backpapier

Das ist ein wirklich einfaches, witziges Rezept, bei dem auch die Kids super mithelfen können! Machen Sie sich nicht zu viele Gedanken über die Größe Ihrer Backform – nehmen Sie einfach die, die am besten in Ihren Airfryer passt! Diese Cornflakes-Riegel ergeben übrigens auch einen perfekten Snack, der sich gut in der Lunchbox mitnehmen lässt.

150 g gesalzene Butter plus etwas mehr zum Fetten der Backform
75 g Farinzucker (brauner Zucker)
30 g flüssiger Honig
75 g Cornflakes
150 g Haferflocken
50 g Trockenfrüchte (Rosinen oder Sultaninen funktionieren gut)

1. Die hitzebeständige Kuchenform mit ein wenig Butter fetten und anschließend mit Backpapier auskleiden.
2. In einem kleinen Topf die Butter bei niedriger Temperatur schmelzen, bis sie seidig-glatt ist. Dann Farinzucker und Honig zufügen und alles gut miteinander verrühren. Den Topf vom Herd nehmen und die Cornflakes, die Haferflocken und die Trockenfrüchte unterrühren. Alle Zutaten gut miteinander vermengen.
3. Die Mischung in die vorbereitete Kuchenform geben und bei 170 °C etwa 10–15 Minuten backen, bis die Masse gerade eben fest geworden ist.
4. Die Kuchenform herausnehmen und zum Abkühlen beiseitestellen. Erst dann die Masse aus der Form lösen, in gleichmäßige Quadrate schneiden und die Cornflakes-Riegel servieren.

Saftiger Zitronenkuchen

VORBEREITUNG: 5 Minuten **GARZEIT:** 10 Minuten **PORTIONEN:** 4 **ZUBEHÖR:** Kleine Kastenform (Fassungsvermögen 450 g), die in Ihren Airfryer passt, Backpapier, Handmixer

Unser aller Lieblingskuchen zum Tee – direkt aus dem Airfryer! Dieser zitronige Kuchen ist ein echter Klassiker und die ganze Familie holt sich mit Sicherheit ein zweites Stück auf den Teller. Die Kastenform passt allerdings nur in etwas größere Airfryer, aber der Teig funktioniert auch perfekt, wenn Sie daraus Muffins backen – eine praktische Lösung für kleinere Geräte. Reduzieren Sie in diesem Fall einfach die Garzeit, 15 Minuten sollten reichen.

200 g ungesalzene Butter, zimmerwarm, plus etwas mehr zum Fetten der Backform
200 g Streuzucker
3 Eier
200 g Mehl
1 EL Backpulver
Schale und Saft von 1 Zitrone

Für den Guss:
Saft von 1 Zitrone
80 g Puderzucker

1. Die Kastenform mit etwas Butter fetten und mit Backpapier auskleiden. Beiseitestellen und den Kuchenteig vorbereiten.
2. In einer großen Schüssel Butter und Streuzucker mit einem elektrischen Handmixer so lange verquirlen, bis eine leichte und schaumige Masse entstanden ist. Nun nacheinander die Eier in die Schüssel geben, die Mischung nach jeder Ei-Zugabe erneut aufschlagen. Im Anschluss Mehl und Backpulver in die Schüssel sieben und alles zu einem glatten Teig verarbeiten. Zitronensaft und -schale zufügen und den Teig erneut durcharbeiten.
3. Den Teig in die vorbereitete Kastenform geben und glatt streichen. Die Form in den Airfryer stellen und den Zitronenkuchen bei 170 °C etwa 20–25 Minuten backen (nach 15 Minuten anfangen, den Backfortschritt regelmäßig zu überprüfen), bis er sich goldgelb gefärbt hat und aufgegangen ist. Ein in die Mitte gestochener Holzspieß sollte nun sauber herauskommen.
4. Kurz vor Ende der Garzeit den Guss zubereiten, dafür Zitronensaft und Puderzucker in einer kleinen Schüssel verrühren.
5. Den fertig gebackenen Kuchen aus dem Airfryer nehmen und mit einem Holzspieß über die gesamte Oberfläche verteilt kleine Löcher stechen. Nun den Guss langsam über den Kuchen gießen, er soll die Oberfläche vollständig bedecken und in die Löcher sickern. Den Kuchen in der Form abkühlen lassen, dann herausnehmen, aufschneiden und servieren.

Unwiderstehliche Cookies

VORBEREITUNG: 5 Minuten **GARZEIT:** 10–12 Minuten **ERGIBT:** 16–20 Stück
ZUBEHÖR: Große Silikonform oder Backpapier

So leckere Cookies – und so einfach herzustellen! Noch dazu können Sie den rohen Teig in einem verschließbaren Gefrierbeutel für den späteren Gebrauch einfrieren und die Plätzchen direkt aus dem Gefrierfach in den Airfryer legen – in diesem Fall erhöht sich die Backzeit allerdings um 5 Minuten. Das geht superschnell und Sie haben jederzeit Cookies zur Hand!

150 g gesalzene Butter, zimmerwarm
80 g hellbrauner Muscovado-Zucker
80 g Kristallzucker
1 großes Ei, verquirlt
225 g Mehl
½ TL Natron
200 g Zartbitter-Schokotropfen oder -splitter

Top-Tipp

Wenn Sie größere Cookies backen wollen, verlängern Sie die Backzeit um etwa 5 Minuten und kontrollieren Sie den Backfortschritt regelmäßig.

1. In einer großen Schüssel Butter, Muscovado-Zucker, Kristallzucker, Ei, Mehl und Natron zu einem festen Teig verarbeiten. Die Schokolade zufügen und gut einarbeiten.

2. Mit den Händen golfballgroße Stücke vom Teig abreißen und zu Kugeln rollen, bis der gesamte Teig auf diese Weise verarbeitet ist. (Falls Sie nicht alle Cookies auf einmal backen möchten, können Sie auch eine Portion einfrieren und zu einem späteren Zeitpunkt backen.)

3. Sie können die Cookies in einer großen Silikonform oder auf Backpapier backen. Legen Sie die Teigkugeln in den Airfryer und achten Sie darauf, dass der Abstand zwischen den Kugeln nicht zu klein ist, da sie während des Backprozesses aufgehen. Die Cookies bei 180 °C 10–12 Minuten backen, bis sie goldgelb gefärbt, aber noch ziemlich weich sind (sie werden beim Abkühlen fester). Je nachdem, wie groß Ihr Airfryer ist und wie viele Cookies Sie backen möchten, müssen Sie den Backvorgang gegebenenfalls in mehreren Arbeitsgängen erledigen. Die Cookies etwas abkühlen lassen und dann entweder noch warm oder kalt auf den Tisch bringen. Servieren Sie sie zu einer Tasse Tee oder einem Glas Milch – und mit einem Lächeln im Gesicht!

SHINE ON

Rhabarber-Ingwer-Schoko-Kekse

VORBEREITUNG: 5 Minuten **GARZEIT:** 12–15 Minuten **PORTIONEN:** 2–4
ZUBEHÖR: 12 Muffinförmchen aus Silikon

Rhabarber und Ingwer sind schon allein eine geniale Kombination – kommt noch Schokolade dazu, fühle ich mich wie im Himmel! Diese Wohlfühlkekse stecken voller Geschmack und sind in weniger als 30 Minuten fertig!

200 g ungesalzene Butter, zimmerwarm
100 g Streuzucker
200 g Mehl
1 Ei
75 g Schokoladentropfen
2 Stangen Rhabarber, geputzt und fein gehackt
1 daumengroßes Stück frischer Ingwer, geschält und gerieben

1. In einer großen Schüssel Butter, Streuzucker, Mehl und Ei zu einem Teig verarbeiten. Anschließend Schokoladentropfen, Rhabarber und geriebenen Ingwer zufügen und alles gut durcharbeiten.
2. Jeweils 1 EL der Teigmischung auf den Boden der Muffinförmchen geben – der Boden sollte vollständig bedeckt sein – und die Förmchen bei 180 °C etwa 12–15 Minuten im Airfryer backen, bis die Kekse sich goldgelb gefärbt haben und knusprig sind. Eventuell müssen Sie den Backvorgang in mehreren Arbeitsgängen erledigen.
3. Die Muffinförmchen aus dem Airfryer nehmen und zum Abkühlen beiseitestellen. Dann die Kekse aus den Förmchen lösen. Warm oder auf Zimmertemperatur abgekühlt zu einer schönen Tasse Tee servieren.

Cupcakes mit Haferflocken und Bananen

VORBEREITUNG: 5 Minuten **GARZEIT:** 12–15 Minuten **PORTIONEN:** 4
ZUBEHÖR: 8 Muffinförmchen aus Silikon

Wenn Sie diese Cupcakes schon am Vortag zubereiten, haben Sie am nächsten Morgen ein perfektes Frühstück zum Mitnehmen, wenn Sie schnell losmüssen und rasch eine sättigende, gesunde Mahlzeit brauchen! Die Cupcakes lassen sich auch super einfrieren, sodass Sie einen Vorrat davon im Gefrierschrank aufbewahren und jederzeit darauf zurückgreifen können.

1 reife Banane, in mundgerechte Stücke zerteilt
1 EL Ahornsirup
3 mittelgroße Eier, verquirlt
2 EL Milch
1 TL Backnatron
½ TL Zimt
40 g Haferflocken
1 EL flüssiger Honig

1. In einer großen Schüssel Bananenstücke, Ahornsirup, Eier, Milch, Backnatron, Zimt, Haferflocken und Honig gründlich miteinander vermischen, damit sich die Zutaten gut verbinden.

2. Den Teig gleichmäßig auf die Muffinförmchen verteilen, diese dabei jedoch nicht überfüllen. Die Förmchen anschließend in den Airfyer stellen und bei 180 °C etwa 12 Minuten backen, bis der Teig fest geworden und aufgegangen ist. (Eventuell müssen Sie dies in mehreren Arbeitsgängen erledigen.) Die Cupcakes etwas abkühlen lassen, dann servieren. Ich reiche sie gern mit einem Klecks fettarmem Joghurt.

Register

T

V

W

Z

Danksagung

Wo soll ich nur anfangen? Ich habe das große Glück, einige wunderbare Menschen in meinem Leben zu haben, aber der erste, dem ein riesiges Dankeschön gebührt, ist mein Sohn Jack – mein bester und ehrlichster Gastro-Kritiker und ein sprudelnder Quell uneingeschränkter Unterstützung: Mehr kann sich eine Mutter nicht wünschen. Bleib, wie du bist, ich liebe dich.

Ich danke meinem Vater: Wo wäre ich ohne dich und deine unendliche Liebe und Unterstützung? Du bist mein größter Fan, so wie ich der deinige bin. Ein Dank geht auch an meine große Schwester, die immer für mich da ist, nur einen Telefonanruf entfernt – und hey, es geht dabei nicht nur um Kartoffelspalten! Und an Nancy und Charlie, Worte reichen nicht aus, um auszudrücken, wie dankbar ich euch beiden bin. Und an Will, meinen Fels in der Brandung. Was hätte ich nur ohne dich gemacht? Vorwärts, Team! Ich danke dir, Rich, dafür, dass du meine Liebe zum Kochen und Essen entfacht hast. Und dir, Emma, für die Tage im Freien, unsere Spaziergänge und die frische Luft, die mir geholfen haben, den Kopf freizubekommen – all das brauchte ich mehr, als dir bewusst war. Tracy, danke für deine unerschöpfliche Energie und positiven Vibes! Ein Dank geht auch an meine Tante Net – für deine nie endende Liebe und Unterstützung. Und an alle meine wunderbaren Freunde und Familienmitglieder, die ich hier nicht namentlich erwähnt habe – ihr wisst, wer ihr seid, und ich liebe euch alle.

Danke auch an das fantastische Team von Penguin Michael Joseph: Ohne euch wäre nichts von all dem möglich gewesen. Ich werde euch ewig dankbar sein. Absolut Spitze waren Dan Hurst, Aggie Russell, Georgie Hewitt, Danielle Wood, Ted Allen, Katy McClelland, Troy Willis, Sarah Berks, Ellie Morley und Kallie Townsend. Ihr seid superklasse!

Last, but not least danke ich der tollsten Instagram-Fangemeinde, die ich mir nur wünschen konnte: Durch eure unglaubliche Unterstützung habt ihr meine Träume wahr werden lassen!